Das Buch

Dörfliche Steuerregister, Katasterschätzungen, Notariatsakten, Arbeitsverträge und Rechnungsbücher – dies sind die wichtigsten Quellen, aus denen Le Roy Ladurie schöpft, um die Sozialgeschichte des Languedoc vom 14. bis zum 18. Jahrhundert zu rekonstruieren. Das klingt fürchterlich trocken, ist es aber nicht, denn der Autor führt dem Leser ein atemberaubendes Kunststück vor: Er läßt ihn zusehen, wie sich ungezählte, teils banale, teils abstrakte Einzelinformationen verknüpfen zu einem höchst anschaulichen Bild des bäuerlichen und städtischen Lebens in jenem wenig fruchtbaren Landstrich zwischen den Pyrenäen und der Rhone.
Am Beispiel der Bauern des Languedoc verfolgt Le Roy Ladurie die Geschichte der Entstehung des Kapitalismus im Europa der frühen Neuzeit. Er erzählt, wie das Kapital den Boden eroberte und wie eine städtische Bourgeoisie aus Grundbesitzern und Geschäftsleuten entstand, aber auch von der großen Pest, von Klimakatastrophen und dem Bevölkerungsdruck und wie sie die wirtschaftliche Umwälzung beeinflußten. Diese grundlegende Studie ist ein Standardwerk der modernen Sozial- und Wirtschaftsgeschichte, der Mentalitätsgeschichte, sie ist ein methodisches Vorbild für die »Nouvelle Histoire« und ein Stück großer Geschichtsschreibung.

Der Autor:

Emmanuel Le Roy Ladurie, geb. 1929 in der Normandie, ist seit 1974 Professor für Kulturgeschichte der Neuzeit am Collège de France und Generaldirektor der Bibliothèque Nationale in Paris. Mit dieser Studie und dem Buch »Karneval in Romans. Eine Revolte und ihr blutiges Ende« profilierte er sich als einer der führenden Vertreter des Kreises um die Zeitschrift »Annales«. Internationalen Ruhm erlangte er mit »Montaillou. Ein Dorf vor dem Inquisitor« (deutsch 1980).

Emmanuel Le Roy Ladurie:
Die Bauern des Languedoc

Klett-Cotta
im
Deutschen
Taschenbuch
Verlag

Die französische Originalausgabe – eine gekürzte Fassung der 1966 vom Centre de Recherches Historiques veröffentlichten Habilitationsschrift – erschien 1969 bei Flammarion, Paris, unter dem Titel »Les Paysans de Languedoc«.

Aus dem Französischen übersetzt von Charlotte Roland.

Von Emmanuel Le Roy Ladurie ist im Deutschen Taschenbuch Verlag erschienen:
Karneval in Romans. Eine Revolte und ihr blutiges Ende, 1579–1580 (4498).

März 1990
Deutscher Taschenbuch Verlag GmbH & Co. KG, München

ISBN 3 608 93025 6
Umschlaggestaltung: Celestino Piatti
Vorlage: Monat August aus dem Stundenbuch des Duc de Berry
Gesamtherstellung: C. H. Beck'sche Buchdruckerei, Nördlingen
Printed in Germany · ISBN 3 423 04555 8

Inhalt

Einleitung

Im Jahre 1955 erzählte mir Raymond Dugrand zum ersten Mal von den *compoix* oder Flurbüchern des Languedoc; er schlug mir vor, eine Studie darüber zu schreiben. Die *compoix,* so sagte er, sind alte Grund-Liegenschaftskataster, die nur in Gegenden mit Realsteuerwesen angelegt wurden. Die ältesten von ihnen gehen bis ins 14. Jahrhundert zurück. Sie beschreiben mit Genauigkeit den Besitz der Grundeigentümer nach Fläche, Natur und Wert. Sie machen es möglich, eine Geschichte des Grundbesitzes über eine lange Zeit hin zu verfolgen und können ein entscheidendes Licht auf den weit zurückliegenden Beginn der Eroberung des Bodens durch das Kapital werfen; mit anderen Worten, auf einen wesentlichen Aspekt der Entstehung des Kapitalismus.

Die Aufgabe schien erdrückend; es gab in den Archiven der Departemente oder der Dörfer mindestens Hunderte umfangreicher, abschrekkend aussehender *compoix.*

Aber ich war jung; ich war Lehrer in Montpellier, also an Ort und Stelle; ich unterrichtete in der untersten Gymnasialklasse und hatte Mußezeit; ich hatte eine Neigung für die ländliche Geschichte und die Landschaften des Mittelmeers; ich war fasziniert vom Ursprung des Kapitalismus. Ich entschloß mich, dem Rat meines Freundes zu folgen.

Meine Erwartung wurde durch die ersten Resultate nicht enttäuscht; zuerst fand ich in den *compoix* genau das, wonach ich suchte, nämlich klassisches Verhalten kapitalistischer Bodenaufkäufer, wie es bereits von Febvre, Bloch, Merle, Raveau, Venard und anderen beschrieben worden ist; Lattes, ein vorstädtisches Landgebiet in der Nähe der Patrizierstadt Montpellier, veranschaulichte für das 16. und 17. Jahrhundert aufs beste das alte und immer wieder neue Schema des Grunderwerbs durch die Städter; ist nicht ein solches Schema wesentlich für die ländliche Geschichte geworden? 1956 habe ich dann einen Artikel darüber geschrieben.

Doch nach und nach erschienen mir diese schönen Gewißheiten zwar keineswegs unrichtig, aber ungenügend. Meine statistischen Methoden bei der Auswertung der Flurbücher vervollkommneten sich, spielten sich ein und wurden umfassender. Meine Untersuchung dehnte sich aus auf das flache, fast rein bäuerliche Land und das von den aufkäuferischen Städten weit entfernte Gebirge. Und dabei zogen neue Phänomene, die in das traditionelle Schema nicht hineinpaßten und somit auch nicht meiner ursprünglichen Arbeitshypothese entsprachen, meine Aufmerksamkeit auf sich. Der Konzentrationsprozeß verlor seine geradlinige Einfachheit; und ich sah Phasen fast völliger Zerstückelung des Bodens, die mehr als hundert Jahre dauerten, sich herausheben. Der bäuerliche Grundbesitz schien sich über mehrere Generationen hin fast in Nichts aufzulösen, während die Zahl der Eigentümer von meist winzigen Grundstücken ins Unermeßliche stieg. Die Zersplitterung, die sich da unbarmherzig vollzog, ließ die dennoch ständig andauernden Bemühungen der Adligen, Städter oder Dorfgrößen, die sich als Aufkäufer betätigten, oft ganz unerheblich erscheinen.

Zu anderen Zeiten, in der darauffolgenden Phase, kam der Grundbesitz wieder zu Kräften, während sich gleichzeitig eine starke Abnahme der Zahl der Steuerpflichtigen bemerkbar machte: für etwas mehr oder weniger als ein Jahrhundert schien sich langsam eine Konzentration des Grundbesitzes durchzusetzen. Aber diese Zusammenschlüsse waren weder irreversibel noch endgültig. Wieder begann die Zerstükkelung ihren Vormarsch, wuchs die Zahl der als Grundbesitzer Eingetragenen, während gleichzeitig die Besitzflächen kleiner wurden ... Mit leidenschaftlichem Interesse verfolgte ich diese die Jahrhunderte durchziehende Wechselbewegung und es war mir, als vernähme ich den gigantischen Atem eines Gesellschaftskörpers.

Nunmehr befand ich mich mitten in der rein ländlichen Geschichte und weit entfernt von jenem »Ursprung des Kapitalismus«, mit dem sich meine Gedanken anfänglich beschäftigt hatten. Es war das ewige alte Mißgeschick: Ich hatte mich eines Dokumentes bemächtigen wollen, um darin die Bestätigung der Gewißheiten meiner Jugend zu finden; stattdessen hatte sich das Dokument meiner bemächtigt, hatte mir seinen Rhythmus, seine Chronologie und die ihm eigene Wahrheit aufgezwungen. Die anfänglichen Vorstellungen waren stimulierend gewesen; jetzt waren sie überholt.

Nach und nach drängte sich eine Periodisierung auf; trotz normaler Ausnahmen ergab sie sich zwingend aus den Dokumenten von gut hundert Gerichtsbezirken – die *compoix* und königlichen Steuerbücher wurden im 19. und 20. Jahrhundert durch die Grundbücher und Grundsteuerrollen der beiden Kaiserreiche, die Klassenwahlmonarchien und der aufeinander folgenden Republiken abgelöst. Durch die Periodisierung erhielt ich sofort den Zugang zu den langen Zeiträumen der ländlichen Geschichte.

Ausgangspunkt war Mitte oder Ende des 15. Jahrhunderts ein

Zustand relativer Bodenkonzentration – relativ im Vergleich zu der vorhergehenden Periode (vor 1350) und der nachfolgenden (nach 1500). Augenscheinlich handelte es sich dabei nicht um ein derzeitiges Stadium des kapitalistischen Grunderwerbs, sondern um die Konsequenz bäuerlichen Bevölkerungsrückgangs aufgrund von Krisen, Pest und Kriegen. Dieser Bevölkerungsrückgang machte der früher bestehenden und noch im ersten Teil des 14. Jahrhunderts andauernden Zerstückelung ein Ende.

Jedoch fing die Zerstückelung nach dieser Phase der Verödung und vorübergehenden Erstarrung am Ende des Mittelalters nach 1500 in vollem Umfang wieder an und setzte sich das 16. Jahrhundert hindurch mit äußerster Stärke fort; desgleichen, wenn auch viel langsamer, während eines guten Teils des 17. Jahrhunderts; und so ging es weiter bis zu einer Art kritischer Schwelle, bis zu einem Sättigungspunkt, einem Parzellenstau, der ab 1680 erreicht wurde.

Da kam die Entwicklung zum Stillstand und verwandelte sich sehr langsam in ihr Gegenteil: Erneut kam es zu einer Konzentration des Grundbesitzes; sie schied die marginalen Stückchen Boden aus und wählte für die Zusammenlegung die geeignetsten, die reichsten oder die am meisten vom Glück begünstigten Eigentümer aus; sie begünstigte die überlebenden Erben oder die aufkaufenden Städter; sie dezimierte die kleinen Steuerpflichtigen, um mit ihrer Hinterlassenschaft den Besitz der großen und mittleren abzurunden.

Um 1750–1770 neue Wende oder vielmehr neue Umkehrung; und, angespornt von dem Bevölkerungsaufschwung und verstärkt durch den Weinanbau (der die Einheitseinkommen vervielfacht und die Rentabilitätsschwelle des Bodens herabsetzt), Wiederbeginn der Zerstükkelung: diesmal überstieg die Großoffensive der Aufsplitterung in Parzellen alle Rekorde der Vergangenheit; und sie dauerte ein gutes Jahrhundert bis zu der Reblauskatastrophe (1870–1873) und bis hin zu den Vorbedingungen der Landflucht.

Dann setzte mit weiser Langsamkeit die Flurbereinigung ein, wie wir sie heute kennen. Sie läßt noch immer massive Dickichte parzellierten Grundbesitzes bestehen und ist noch lange nicht abgeschlossen.

Eine solche Geschichte des Grundbesitzes, wie wir sie hier kurz skizziert haben, wäre an sich nur von juristischem oder rein technischem Interesse gewesen, hätte sie nicht die Rolle einer die Jahrhunderte festhaltenden photographischen Platte gespielt, hätte sie nicht aus erster Hand stammende Aufschlüsse über die Langzeitgeschichte der Gesellschaft geliefert, in der sie sich abgespielt hat.

Sowohl chronologisch wie ihrer Bedeutung nach hätten die Phänomene des Bodenbesitzes wohl ein anderes Bild geboten, wenn meine Untersuchung sich auf den Norden Frankreichs bezogen hätte, wo der Großanbau vorherrscht. Aber in dem durch den Kleinanbau gekennzeichneten Süden mit seinem Gewimmel kleinster Landstücke, besaß das Hin und Her der Parzellierung einen starken Aussagewert. Es unterstrich die Schwierigkeiten der Gesamtgesellschaft; es überschnitt sich teilweise mit anderen Typen von Langzeitbewegungen; mehrmals war es auch bezeichnend für eine Situation, in der die Landwirtschaft des Südens an ihre *Grenzen* gestoßen war.

Drei Mal, so schien es, ist die bäuerliche Gesellschaft des Languedoc am Ende einer langen Expansionsperiode an einen solchen Grenztypus gestoßen, der sich, ohne es jemals ganz zu unterbrechen, ihrem langsamen Wachstum in unserem Jahrtausend (11. bis 19. Jahrhundert) immer wieder entgegengestellt hat.

Das erste Mal wohl im 14. Jahrhundert, kurz vor dem großen Zusammenbruch, der allgemein durch die schwarze Pest und die Kriege mit England symbolisiert wird.

Ein zweites Mal unter Ludwig XIII. oder Ludwig XIV. an der schlimmen Übergangsstelle zum 17. Jahrhundert, die je nach dem Ort, wie wir noch genau sehen werden, manchmal schon um 1630, allgemein um 1675–1680 liegt.

Ein drittes Mal um 1873–1876, am sowohl durch Reblausbefall wie allgemein wirtschaftlich bedingten Ende der langen Weinbauexpansion, die sich von Ludwig XV. bis zum zweiten Kaiserreich hinzieht.

Das vorliegende Buch beschäftigt sich vorwiegend mit den Problemen der zweiten Grenze, jener, die im letzten Viertel des 17. Jahrhunderts der seit der Renaissance begonnenen ländlichen Entwicklung ein Ende setzt.

Es war nämlich unmöglich, die gesamten, auf sehr lange Dauer bezogenen Auskünfte der *compoix* und Kataster zu bearbeiten. Sobald erst einmal die Langzeitchronologie herausgeschält und die wesentlichen Wendepunkte zeitlich fixiert waren, mußte ausgewählt, tief ins lebendige Fleisch der Geschichte hineingeschnitten werden. Drei große Phasen von Ebbe und Flut boten sich zum Studium an: Die mittelalterliche Phase (11. bis 15. Jahrhundert); die neuzeitliche Phase (Ende des 15., Anfang des 18. Jahrhunderts), die gegenwärtige Phase (von 1750 bis 1950).

Die dritte Phase war ziemlich überschaubar und dank der Arbeiten der Geographen, Agronomen und Historiker des Languedoc im großen ganzen wohlbekannt, sie konnte zwar noch durch genauere Daten bereichert werden, hatte aber kaum noch Entdeckungen zu bieten; im Verlaufe dieser Phase hatten die Landwirte des Languedoc aufgehört, *Bauern* zu sein, zu deren traditionellen Merkmalen der gemischte Landanbau und die Selbstversorgung der Familie gehören; sie waren moderne Winzer geworden, die ihren Eigenbedarf kauften und nur für den Markt produzierten.

Die erste Phase, das Mittelalter, war ganz das Gegenteil: Es war schwierig, sie zu erkennen, denn die auf sie bezüglichen *compoix* waren selten und besonders aus zu später Zeit (frühestens 15. Jahrhundert).

Ich habe daher – außer für kurze Seitenblicke wenn es unumgänglich nötig war – die auf die mittelalterliche Expansion und den sie abschließenden Rückschlag bezüglichen Fragen beiseite gelassen. Und ich habe als strategischen Ausgangspunkt die mittlere Phase gewählt, die Phase des neuen Atems, als die Gesellschaft des Languedoc sich am Ende des 15. Jahrhunderts aus ihren Trümmern erhob und als sie in die moderne Zeit aufbrach.

Für diese lange Phase, die von Ludwig dem XII. bis Ludwig XIV. und von einem Aufschwung bis zu einer Rückflut reicht, können die *compoix* die Grenzsteine markieren; sie legen eine Grundchronologie fest und enthüllen gewisse Wendezeiten; aber man kann nicht verlangen, daß sie alles aufklären.

Die Probleme, die durch die Expansion einer traditionellen Gesellschaft gestellt werden und durch die Grenzen, an die diese Expansion zwangsläufig stößt, erfordern die Anwendung mehrerer Methoden und die Ausnutzung sehr verschiedener Dokumente und Dokumentationsreihen; geht es doch darum, über die Abstraktionen der Grundbücher hinaus zu dem konkreten Bewegungsfluß vorzudringen.

Seit 1958 habe ich daher die Geschichte des Grundbesitzes hinter mir gelassen. Und ich habe den Versuch gemacht, hinter den Grundeigentumsstrukturen andere Konstanten und andere Variablen sichtbar werden zu lassen.

Konstanten: Sollte ich, der Historiker, genötigt sein, wegen der Unterlassung einer Nachbardisziplin mit mangelndem Sachverstand die geographischen Gegebenheiten meines Languedoc zu beschreiben? Das Glück war mir hold: Raymond Dugrand, Geograph seines Zeichens, hat mich durch seine 1963 vorgelegte, beachtliche Habilitationsschrift dieser Aufgabe enthoben.

Infolgedessen habe ich mich mit freiem Kopf der eigentlichen Aufgabe des Historikers widmen können und konnte manche anthropologischen Konstanten herausarbeiten; paradoxerweise wurzeln diese, wie man noch sehen wird, in der Mobilität, in dem als Dauerzustand bestehenden Herumziehen der Menschen von früher, in den Wanderungen ihrer Herden und den Wegen, auf denen die von ihnen angebauten Pflanzen sich weiter verbreitet haben. [1]

Nach den Konstanten die Variablen; deren unbeständige Chronologie, das unablässige hin und her der Beziehungen zwischen ihnen sind das eigentliche Thema meines Buches. Dabei habe ich auch die meteorologische Variable nicht vernachlässigt, da ja in der Agrargeschichte das Wetter eine bedeutende Rolle spielt: sie verhilft – hauptsächlich für die Kurzzeit – zum Verständnis der Veränderungen des Ernteertrags und der Launen des Angebots.

Aber im Hinblick auf die Tendenzen mit langer Dauer interessierten mich vor allem die großen Variablen, die möglicherweise dauerhafte Wandlungen und jahrhundertelange Bewegungen verursachen konnten, und zwar: Die Bevölkerung; die diversen Produktionen und das regionale Bruttoprodukt; die Preise und zwar die Tagespreise sowohl wie ihr Wert in Metall; das nominale und das reale Gesamteinkommen; die Einzeleinkommen oder -abgaben: Grundrente, Zehent, Steuer, Zinsen, Gewinne oder Einkommen aus Bewirtschaftung; Entlohnung in Geld, Entlohnung in Naturalien und gemischte Entlohnung. Und hinter diesen immer noch abstrakten, aber keineswegs starren Kategorien erblickte ich am Ziel eines langen Marsches die Menschen selbst, die Bauern des Languedoc und ihre Gesellschaftsgruppen.

Begonnen hatte ich zu Anfang damit, Hektare und Grundbucheinheiten zusammenzuzählen; am Ende meiner Suche gelangte ich dahin, lebendige Menschen handeln, kämpfen und denken zu sehen.

Denn die materielle und quantitative Geschichte selbst, so erschöpfend und genau sie auch sein mochte, konnte mich nicht völlig befriedigen. Sie war nur eine zwar unentbehrliche, aber noch grobe Ausgangsbasis.

Mein Laienverstand sagte mir, daß die malthusianischen Schranken, an die die Expansion stieß, nicht nur materieller Natur waren; ich spürte das phantastische Hindernis, das die Mentalitäten schufen; ich ahnte religiös bedingte innerliche Schranken, die zwingendsten von

[1] Die diesen Problemen gewidmeten Abschnitte finden sich in der kompletten französischen Ausgabe dieses Buches.

allen. Nach und nach lernte ich, sie zu erkennen: Anhand der Chronik hoffnungsloser Revolten und der blutigen Geschichte der ländlichen Religionen.

Mit den Mitteln, die mir zu Gebote standen und im begrenzten Rahmen einer einzelnen Menschengruppe habe ich mich dann in das Abenteuer einer Gesamtgeschichte gestürzt.

Erster Teil
Malthusianische Renaissance

Erstes Kapitel
Niedriger Pegelstand einer Gesellschaft

Das Jahrhundert des Menschenmangels

Der tragische Bevölkerungsrückgang des 15. Jahrhunderts, der Mangel an Menschen ist die wesentliche Tatsache, die gerade vor dem großen Aufschwung der neuen Zeit der Inbesitznahme des Bodens, dem Wirtschaftsleben und den gesellschaftlichen Beziehungen ihre besondere Färbung verleiht.

Mangel an Menschen vor allem im Vergleich zu früheren Jahrhunderten: War doch das Languedoc zwischen dem Jahr tausend und der schwarzen Pest (1348) der Schauplatz einer außerordentlichen Bevölkerungsexplosion gewesen: Obwohl es keine Volkszählungen darüber gibt, legen doch die großen Rodungen, die von zwei Fronten gleichzeitig, vom Meer und vom Gebirge her, vorgetrieben wurden, ein eindrucksvolles Zeugnis davon ab.

Auf der Meerseite bedeutete es den Angriff auf die Ebene, auf stehendes, fauliges Gewässer, es bedeutete, daß sich hinter dem Pioniersaum des von den Klöstern ameliorierten Landes die Bevölkerung in Massen niederließ: Mit großen Mitteln an Kapital und Arbeitskraft legten nämlich die Abteien die Sümpfe trocken und die drei Klöster Psalmody, Saint Gilles und Fourquevaux verwandelten zwischen Nîmes, der Rhone und dem Meer den sumpfigen Teich in sauberen Boden und den Morast in anbaufähige Erde. Im Jahre 1147 wurde an dem vom Fieber verseuchten Ufer des Scamandreteichs das Zisterzienserkloster Fourquevaux gegründet. Und am Fuße des alten Enserunehügels zeugte ein sternförmig angelegtes, von glitzernden Kanälen durchzogenes Landgebiet von der Meisterschaft des unbekannten, genialen Künstlers, der die Entwässerung erdacht und die Pläne gezeichnet hatte. Der Besiedlung der Ebene durch Äbte und Herren stand von der Gebirgsseite her ein mehr individualistisches und demokratisches Vordringen der Bevölkerung gegenüber. Hier kamen die zahlreichen Siedler aus eigener Initiative und die Abteien beschränkten sich darauf, ihnen Privilegien zu gewähren und zwar anhand der Errichtung sogenannter *sauvetés,* geschützter Freiräume, »diese von Kreuzen begrenzten Gemarkungen, wo jeder Einwanderer ein Stück Bauland und einige Felder zum Roden bekam und den Schutz der Kirche genoß«: So z. B. im Schwarzen Gebirge und im mittleren Languedoc zwischen 1045 und 1102. In den Cevennen ging die Besiedlung noch einfacher vor sich: Spontan gebildete menschliche Ansiedlungen in der Nähe eines alten castrum (fester Platz) wuchsen mehr und mehr an. Auf dem felsigen Boden entstand ein unregelmäßig gezeichnetes Parzellenmuster, ein Mosaik winziger Äcker, von denen jeder kaum eine Maß Saat benötigte; Olivenbäume klammerten sich an die Hänge; kleine Ritter, die ihren Boden selbst bewirtschafteten und zu arm waren, um von ihren Renten zu leben, wurden zu Führern der zahlreichen Siedler. Die Rolle der Kirche blieb darauf beschränkt, zu gegebener Zeit ein neues Gotteshaus zu gewähren.

Begünstigt von fortschreitendem Bevölkerungszuwachs entstand schließlich ein neues Geflecht von Städten, die wie Pilze aus dem Boden schossen. Und dies wiederum führte zu der Anlegung gutbewässerter Gemüsegärten auf den Anschwemmgebieten der nahen Flüsse: Die Trancavels, Seigneurs von Béziers, hatten Kohl gebaut, bevor sie zu Säulen der Ketzerei wurden.

Die Bevölkerung vermehrte sich mit Macht; sie füllte die Kirchsprengel bis zum Rande; sie bevölkerte die Städte, deren Einzugsgebiet sich von der Rhone bis zu den Pyrenäen erstreckte; sie trug auch bei zur Neubevölkerung des von Frankreich aus besiedelten Spanien; sie ermöglichte das Wunder der Länder der Ocsprache, die Blütezeit des 12 Jahrhunderts: Gewürzhandel, Troubadourdichtung, die Katharerbewegung.

Der entscheidende Punkt ist der Dauercharakter dieses zahlenmäßigen Anwachsens der Bevölkerung: Es geht nämlich auch nach dem Kreuzzug gegen die Albigenser, den manche Historiker zu Unrecht als einen Haltepunkt der Expansion betrachten noch weiter. Im Jahre 1232, vier Jahre nach dem Pariser Vertrag[1] werden in Montpellier sechs neue Backöfen gebaut, um der Ernährung der Bewohner zu genügen. Und weiter geht es mit dem Bevölkerungszuwachs: Zwischen 1222 und 1340 erreichen die gerodeten, von Strauchwerk befreiten Flächen mit der Errichtung von 400 oder 500 Bastiden oder befestigten Gehöften eine Höchstzahl. Diese neuen Anbaugebiete, Asyle der Freiheit, ziehen

---

[1] Setzt den Schlußstrich unter die Tragödie der Albigenser (Katharer und Waldenser) die unter Ludwig dem Heiligen (IX.) besiegt werden (Anm. d. Übers.).

die Siedler an. Auch die Cevenne im Osten verharrt im Aufschwung; und angeregt von der Waldrodung erscheinen 1240 die ersten bäuerlichen Kohlenzechen, die »Fuchslöcher« der ländlichen handwerklichen Bergleute. Sie fördern die Kohle von Alès, die älteste Frankreichs, die zu der ältesten in Europa geförderten Kohle gehört. Auch um 1300 steigt die Welle der Bevölkerung weiter an. Haushaltslisten bezeugen es; es gibt solche, die 1293 und andere, die 1322 angelegt wurden und sie zeigen zwischen diesen beiden Daten in den ländlichen Herrschaftsgebieten des Landes um Nîmes ein Ansteigen des Menschenbestandes von 23 %. In dieser Gegend, in dem kargen, von immergrünem niedrigem Strauchwerk bestandenen Heideland, den *garrigues,* besteht bereits 1293 eine ähnliche Bevölkerungsdichte wie im 18. Jahrhundert. Auch auf dem flachen Land der Ebene befindet sich Anfang des 14. Jahrhunderts die Bevölkerung in vollem Anstieg. Untersuchungen des Jahres 1322 verzeichnen die verschiedensten Aspekte dieses Zahlenanstiegs: Einwanderung und übermäßige Zerstückelung des Erbes.

Diese zu zahlreiche Bevölkerung hat unter starken Ernährungsnöten zu leiden; und zwar in den sechsundvierzig Jahren von 1302 bis 1348; in zwanzig von ihnen wird das Languedoc durch Nahrungsmangel und Hungersnot verheert. Vier schlechte Jahre (1302, 1303, 1304, 1305) leiten das überbevölkerte 14. Jahrhundert ein. Die Kornausfuhr wird verboten. Die Scheuern werden durchsucht, die Vorräte zwangsverkauft; die Juden, diese ewigen Sündenböcke, werden mißhandelt. Die sintflutartigen Regenfälle des Jahres 1310 eröffnen einen neuen unheilvollen Zyklus (Lebensmittelmangel in den Jahren 1310 und 1313). Danach kommen die Getreidekatastrophen der Jahre 1322 und 1329: Genau wie die fanatischen *Pastoureaux*[2] gaben die verzweifelten Menschen den Juden, den Aussätzigen und Zauberern die Schuld. Den

---

[2] *Pastoureaux,* das kleine Hirtenvolk, war der Name für Bauernbanden aus fanatischen Schwarmgeistern, die von eifernden Anführern (wirklichen, entsprungenen oder vorgeblichen Priestern) zum Kreuzzug aufgerufen wurden und aus plündernden, raubenden Banditen, die im 13. und 14. Jahrhundert, unter der Regentschaft Blanches de Castille (Mutter Ludwigs des Heiligen) und in der Regierungszeit Philipps V. manchmal bis zu 60 000 Mann zählten und zeitweise fast ganz Frankreich unsicher machten. In einem Ort an der Garonne trieben sie 500 Juden in einen Turm und ermordeten sie darin. Die Unruhen erfolgten in den Jahren 1214, 1251 und 1320 und wurden jeweils durch das Eingreifen lokaler oder königlicher Truppen beendigt (Anm. d. Übers.)

ganzen Winter 1332 hindurch leben die Armen von rohem Gras. Am Ende aber steht die ganz besonders gräßliche Zeit von 1335 bis 1347, in der Hungersnot und Nahrungsmangel einander ablösen. Während dieser zwölf Jahre sind die armen Klassen das Opfer immer wiederkehrenden Hungers. Welch »großartiger« Aufnahmeboden für die schwarze Pest des Jahres 1348, das Massensterben der Unterernährten.

Man kennt diese überall grassierende Epidemie im Languedoc aus zeitgenössischen Texten, aus denen in der Hauptsache die große Sterblichkeit der regierenden Körperschaften hervorgeht; aus denen auch die Sterblichkeit in den Ordensgemeinschaften hervorgeht, in denen das enge Zusammenleben die Ansteckung begünstigt: in Montpellier scheinen von hundertvierzig Predigerbrüdern nur sieben übrig geblieben zu sein.

Mit mehr Einzelheiten und größerer Genauigkeit bestätigen statistische Dokumente die finstere Beredsamkeit der Texte. In Albi, wo die *compoix* von 1343 und 1357 einen engen Rahmen um die Pest bilden und wo diese Dokumente viel vollständiger sind als in Toulouse, wirkt das Zuschlagen der Epidemie erschütternd: Von 10000 Albigensern sind 5000 verschwunden. Eine Sterblichkeit von 50%. Mehrere, teils veröffentlichte, teils unveröffentlichte Statistiken geben gleichlautende Auskünfte über die bäuerliche Welt: In Marsillargues, einem großen Marktflecken in der Ebene, verschwinden in den katastrophalen Ereignissen von 1348 50% der Bevölkerung. In Ganges, einem Flecken in der Cevenne, dasselbe Erscheinungsbild: 1339 sind bei der Wahl der Ortsvorstände 305 benannte, eingetragene Wähler bei der »Generalversammlung der Männer der Stadt Ganges« anwesend; im Jahre 1366 ist die Cevenne entvölkert; mehr als die Hälfte der Wähler von Ganges ist verschwunden: nur noch 132 Familienvorstände sind anwesend; 1433 sind es nur noch 89.

Das Languedoc, wie die ganze Küste des Golfe du Lion, die erste von der anstürmenden Welle der Bazillen erreichte Zone, ist also schwer getroffen; mehr, ganz zweifellos, als manche entlegene Gebiete in den Bergen – Rouergue oder Béarn – die zwischen 1348 und 1349 weniger schwere Verluste erleiden. Aber fünfzehn Jahre später, im Jahre 1363, beginnt die »Gebirgspest« die Zahl der Opfer anzugleichen ...

Denn die Katastrophe ist keineswegs vorübergehend. Einmal im Rollen – wenn man so sagen darf – scheint die Bevölkerung des Languedoc noch lange nach 1348 und bis hinein in das erste Drittel des 15. Jahrhunderts weiter abzunehmen. Danach stabilisiert sie sich auf äußerst niedrigem Stand bis gegen 1480 und sogar 1500. So ist es in

Toulouse und Montpellier. Auch in Nîmes ist noch im Jahre 1498 die Hälfte der Häuser unbewohnt.

Hat das nur mit der Wirtschaft der Städte zu tun? Mit dem Rückgang des großen Handels? Nein, nein, es ist mehr als das: Ähnliche Studien, die in den Flecken und Dörfern durchgeführt worden sind, enthüllen eine gründliche Übereinstimmung für die ganze Gegend; wo immer man eine *compoix*-oder-Steuerbücherreihe einsehen kann, zeichnen sich für die Zeit von 1348 bis 1480 die gleichen Grundtendenzen ab: Bevölkerungsabfall, dann Stagnation. Irgendwann in der Mitte des 15. Jahrhunderts erreicht die Bevölkerung des Languedoc die Talsohle. Denn der menschliche Pegelstand von 1450 ist nicht nur der niedrigste seit 1300; er ist auch der niedrigste Stand, das absolute Minimum der ganzen Periode von 1450 bis 1790; die Anzeichen dafür sind zahlreich: man kann nämlich für viele Dörfer und Flecken Reihen von Steuerbüchern, *compoix* und Katastern rekonstruieren, in denen in diesem Lande der Realsteuer die Berechnungs- und Voranschlagsgrundlagen jahrhundertelang die gleichen geblieben sind; homogene Reihen also: Sie beleuchten die Langzeit, den Bewegungsverlauf über die Jahrhunderte (1450–1790). Es wäre leicht, sie anhand der Kataster und Grundsteuerbücher bis 1950 zu verlängern.

Doch nie haben die Dörfer in ihrer Gesamtheit so wenig Steuerzahler und in der Tat so wenig Familienvorstände gehabt wie im 15. Jahrhundert. Um 1450 gibt es zwei bis drei Mal weniger Steuerpflichtige als um 1680 oder 1780. Der Ausdruck »niedriger Pegelstand« der Bevölkerung scheint somit für diese Periode durchaus angebracht. Zwischen dem Mittelalter und der Neuzeit und Gegenwart, zwischen den großen Rodungen und der Weinmonokultur sinkt die Bevölkerung des Languedoc – wie übrigens auch die ihrer Nachbarin, der Provence – auf ihren niedrigsten Stand.

Der niedrige Bevölkerungsstand von 1450 (als Datum im weiten Sinne) verleiht dem Lande Languedoc vorübergehend ein besonderes Gesicht. Die Siedlungsweise, die bäuerliche Landschaft, die Pflanzengesellschaften, das Grundeigentum, die Bewirtschaftung des Bodens, der Lebensstil der Bauern – alles trägt den unauslöschlichen Stempel dieses »Grad Null« des Bevölkerungsstandes.

Folgen: Die Landschaft

Die Entvölkerung, der Verfall der Städte, durch den der Absatz ins Stocken kommt, führen zuerst einen verhängnisvollen Schlag gegen die teuren Anbauten: Gemüsegärten und Weinanpflanzungen, die vor 1350 so blühend waren. Bereits 1401 sind die Gräben von Montpellier »wo früher Obstgärten und Bäume waren . . . voll von Gestrüpp und Dornen und voll Schlangen und Eidechsen«. Der Weinanbau seinerseits hatte seine schöne Zeit zwischen 1250 und 1350 gehabt. Die örtliche – aber auch die von außen, von Genua und in manchen Fällen Paris kommende – Nachfrage hatte sein Wachstum gefördert: Z. B. war die Gemarkung Lattes, die im 16. und 17. Jahrhundert reines Getreideland ist, im 13. Jahrhundert fast nur Weinland; noch im Jahre 1353 werden in einem Dorf im Umland von Beziers auf 100 Felder noch 40 Rebflächen gezählt; das Tief am Ende des Mittelalters macht den Verlust dieser Weinbauten endgültig: Ende des 15. Jahrhunderts 6 Rebflächen auf 100 Felder. 1520 (kurzer Aufschwung) sind es dann erneut 20 Rebflächen auf 100 Stücke Land. Dieser Rückgang des Weinbaus am Ausgang des Mittelalters ist im übrigen dem ganzen Midi gemeinsam: Man findet ihn entlang der Rhone ebenso wie in der Guyenne.

Im ganzen gesehen ist der nebensächliche Weinbau, der auf schlechter Erde betrieben wird, am stärksten betroffen. Er ist am wenigsten rentabel, wird daher als erster geopfert. Nehmen wir z. B. das Umland von Lodève: In den dortigen guten Anschwemmgebieten halten sich die Abgaben vom Wein an die Grundherrschaft im Jahre 1393 auf genau der gleichen Höhe wie im Jahre 1236. Aber einige Meilen weiter, auf den dürftigen, roten, unfruchtbaren Mergelböden der *ruffes*, ist der durch die Abgabenverzeichnisse des Jahres 1236 wohlbezeugte Weinbau 1393 völlig verschwunden. Die *ruffes* erzeugen keinen Tropfen Wein mehr: In der Zeit des großen Weinbaurückgangs (1350 bis 15. Jahrhundert) ist das Kriterium der Rentabilität (so gering diese auch sein mag) ausschlaggebend. Die Menschen, die geringer an Zahl für einen zusammengeschmolzenen Markt und auf menschenarmem Lande arbeiten, entscheiden sich dafür, ihre Anstrengungen auf den Weinbau in der Ebene zu konzentrieren, wo die Erträge höher, die Gewinne sicherer sind. Die *garrigues* dagegen werden ihrem traurigen Schicksal überlassen. Die Reaktion der Winzer von Lodève ist die gleiche wie die der florentinischen Bauern, die nach der Pest nur noch die besten Böden bearbeiten wollen und den Boden von geringerer Güte unbebaut lassen.

Auch das Korn geht im 15. Jahrhundert zurück und die gepflügte Erde, das Ackerland schrumpft sehr. Das einst im 11. Jahrhundert urbar gemachte Land liegt jetzt wieder brach: In den morastigen Ebenen und auf den Hängen der Berge. In der sumpfigen Küstenzone wird zuerst das Land mit *schlechter Luft* oder hohem Salzgehalt aufgegeben; es liegt dem Meer und den Teichen, dem Salz, den Mücken und dem Fieber am nächsten. Ganze Kirchsprengel, die während der großen Expansion des 11. Jahrhunderts entstanden sind, werden nach 1350 für immer verlassen: Maureilhan an der Küste hatte im 12. Jahrhundert drei Kirchen; in der Neuzeit finden wir dort nur noch ein paar armselige, von Krankheiten verzehrte Pächter; und als die Luftwaffe in Fréjorgues einen Flugplatz baute, legte sie ihre Startbahnen an, ohne zu ahnen, daß eine Abwanderung im 15. Jahrhundert die Enteignung vereinfacht hatte. Manchmal allerdings trägt ein einsames Gehöft, ein *mas*, oder die Ruine einer Kapelle noch den Namen der verschwundenen Gemeinde, des *lost village*... Diese ziemlich häufige Aufgabe von Gebieten ist aber weniger schlimm als die in Deutschland zur selben Zeit erfolgte, die bis zur Aufgabe von 40 % der Siedlungsgebiete gehen kann.

Ist sie andererseits vergleichbar mit dem Bauernlegen in England (am Ende des Mittelalters), als die Grundherren im Vertrauen auf die Anarchie der Rosenkriege und der ihnen daraus erwachsenen Macht sich die Entvölkerung zunutze machten, um ihre Getreidepächter zu verjagen und ihre Güter zu vergrößern, auf denen sie dann Schafe züchteten? Nein, im Languedoc haben die Wüstungen nicht diesen voluntaristischen Aspekt. Das Beispiel von Coussergues ist dafür bezeichnend.

Coussergues, eine alte römische Villa, deren Boden mit Münzen und Fragmenten von Amphoren gespickt ist, war im 13. Jahrhundert ein kleines befestigtes Dorf, ein *castrum* mit Türmen und Mauern: 24 Familienvorstände im Jahre 1317, eine dem heiligen Martin geweihte Kirche, kleine Landstücke mit Gerste und Weizen, etwas Wein, Wiesen und die *garrigues*, die die Heidekrautbündel für die Bäckerei und das Holz der Zwergeichen hergaben. Neben dieser demokratischen Siedlung gab es noch einige große Güter mit einsamen Höfen.

1348–1355 wird Coussergues von den Katastrophen ereilt: Schwarze Pest und schwarzer Prinz. Die eine entvölkert es zum Teil, der andere zerstört das *castrum*, das nun von den Überlebenden geräumt wird; im Jahre 1496 erscheint ein Adliger, Pierre de Sarret, ein ehemaliger Soldat der Kriege mit Italien; im gemeinschaftlichen Besitz mit seiner Mutter verfügt er über ein großes Familienvermögen; damit kauft er Coussergues, das Land, die Ruinen und die Seigneurie. Und nicht zufrieden damit, sich ein ausgestorbenes Dorf anzueignen, erheiratet der unersättliche Mensch mit 50 Jahren noch eine große Mitgift: Die junge Jaquette de Bozène, Enkelin eines Geldwechslers. Mit der Mitgift erschließt er sein neues, weiträumiges Gebiet. Und legt damit den Grundstein zu einem vier Jahrhunderte überdauernden Grundbesitzvermögen.

Die *Wüstungen* im Languedoc sind also offenbar nicht (wie in England) von einem vorsätzlichen Vorgehen der Grundherren verursacht. Sie sind einfach eine der Folgen der Katastrophen am Ende des Mittelalters; die Herren beschränken sich darauf, die für sie vorteilhaften Konsequenzen daraus zu ziehen. Das Endresultat kommt allerdings – wenn auch in kleinerem Maßstab – demjenigen in England ziemlich nahe: es ist die langfristige Gründung einiger Großgrundbesitztümer in der Küstenzone, auf dem Gebiet früherer dörflicher Gerichtsbezirke.

Man mache sich aber über diese künftigen schönen Güter keine Illusionen: Die Küstenebene des Golfe du Lion bietet im 15. Jahrhundert einen traurigen Anblick. Die sich selbst überlassenen Entwässerungskanäle füllen sich mit stehendem Wasser, eine Brutstätte für die Anophelesmücken, Träger der Malariakrankheit. Salzwasserrinnen, die *sansouires,* bilden sich wieder und der salzige Aussatz zerfrißt die zerstörten Furchen. Das Salzkraut wächst massenhaft aus dem Boden: In den 1480er Jahren wird es mit der Abgabe des Zehent belegt. An der sterbenden Küste hören auch die Häfen zu existieren auf: z. B. Lattes, der Hafen von Montpellier, von dessen ehemaligem Glanz nur noch eine romanische Apsis und ein kleines Stück Festungswall zeugen, und vor allem Aiguesmortes, dessen vorzeitiger Verfall es in dem geometrischen Grundriß versteinert hat, der im 13. Jahrhundert von seinen Gründern gezeichnet wurde.

Auf der anderen Seite des gerodeten Gebietes, im Gebirge, ist der Zusammenbruch weniger total. Die Malaria, die die schon von Pest und Kriegen ausgezehrten Menscheninseln an der Küste völlig vernichtet oder vertreibt, spielt hier keine Rolle. Zwar erleben auch die Gebirgszonen, Dörfer und Kirchsprengel, einen Rückgang ihrer Menschenzahl, aber sie überleben. Keine plötzlich auftretende tödliche Krankheit; aber ein Prozeß unheilbarer Blutarmut. Die Dörfer werden von den *Wüstungen* verschont, die Gehöfte dagegen erliegen ihnen. In Cessenon findet man im Jahre 1374 außerhalb des Fleckens noch sechs abgelegene Häusergruppen. In den *compoix* des 16. Jahrhunderts (1560) erscheinen noch drei von ihnen; drei sind verschwunden. Eine Sterblichkeit von 50%. Das ist viel, selbst wenn man annimmt, daß es die kleinsten, also die anfälligsten Weiler sind, die ausgestorben sind.

Eine Bestätigung dafür sind die Bürger von Cessenon, die im Jahre

1401 einem das schwarze Gebirge und das Espinouse bereisenden Hofbeamten gegenüber klagen, daß viele *masages,* Kleinstsiedlungen von Pachthäusern abgabenpflichtiger Bauern, leerstehen: Die Entvölkerung hat ihren höchsten Grad erreicht, die Hälfte des bebaubaren Bodens liegt brach; die Bewohner müssen ihre Ernte bewachen, um sie gegen die Verheerungen zu schützen, die wilde Tiere – Rehe, Hirsche, Wildschweine und andere – anrichten. Der Wald, der nur wenige Minuten von dem Marktflecken entfernt liegt, breitet sich nach allen Seiten aus, selbst auf das Weideland. Die Armut ist so groß, daß die Steuerpflichtigen die direkte Steuer nicht bezahlen können. Der König möge daher den Anrainern gestatten, den Wald zu nutzen, um das Holz nach Béziers zu verkaufen.

Nichts ist auffälliger an den Klagen der Gebirgler als die quälende Vorstellung von einer ausufernden Natur, dem Überhandnehmen von Tieren und Pflanzen. Es ist die Rache für die große Urbarmachung. Das entvölkerte Gebirge bringt kein Getreide mehr hervor, dafür aber das naturgewachsene Holz. Der Forstmann Lannoy, der Wald- und Forstmeister, hat diese Probleme und den Umfang der Gefahr verstanden. Er läßt die Idee einer Gegenoffensive zu. Den Leuten des schwarzen Gebirges sagt er dementsprechend im Jahre 1401: »Geht in den Wald, fällt die Bäume, rodet, brennt Kohle, brecht den Boden um, stellt Asche, Gips und Kalk her; laßt euer kleines und großes Vieh darin weiden; jagt Rehe, Rebhühner, Kaninchen, Wildschweine und anderes Getier; fischt im Orb und dem Vernazobres wie es euch gelüstet.« Auch die Nachfolger Lannoys nehmen noch 1444 und 1467 diese Haltung ein. erst 1559, zu einer Zeit, als der Wald von neuem vor dem Menschen zurückweicht, besinnt sich der nunmehrige Wald- und Forstmeister wieder auf seine Berufung als Beschützer des Waldgebiets und bestreitet den Einheimischen das mehr als hundertjährige Privileg der Waldnutzung.

Imperialismus der Wälder: Nicht nur das Brachland oder das Heideland, nein, die Pflanzengesellschaft der Nach-Anbauzeit – weites offenes Gras- und Weideland, *saltus* in der Sprache der antiken Landwirtschaftsschriftsteller – ersteht zu neuem Leben an der Stelle der verlassenen Felder. Darüber hinaus ist es die ursprüngliche Pflanzenwelt, das *climax* der Pflanzensoziologen, der Steineichenwald. Der *ager* weicht dem *saltus,* und der *saltus* wiederum der *silva.* Das agro-silvo-pastorale Gleichgewicht von Wald, Weideland und Acker ist gestört zugunsten der beiden ersten Elemente; die offensive Wiederkehr des Steineichenwaldes am Ende des Mittelalters wird an der unteren Rhone, in der Gegend von Glanum, wohl auch durch die verbrannte Waldschicht bezeugt, die die archäologischen Reste des 13. Jahrhunderts überlagert.

In den wachsenden Hochwäldern nimmt die Menge des Wildes zwischen 1360 und 1500 beunruhigende Ausmaße an: Schon am Ende des 14. Jahrhunderts sind die Herren der Cevenne nicht mehr allein imstande, genügend wildes Getier zu erlegen. Und zwischen 1361 und 1377 wird in der Baronie Hierle den Bauern zum ersten Mal das Recht gewährt, Bären, Wildschweine und Rehe zu jagen; an Wild ist nämlich kein Mangel; der braune Cevennenbär ist massenweise auf die Hänge des Aigoual zurückgekehrt; Hirschrudel durchschweifen die Heide und den Steineichenwald; das Causse, die Kalkhochebene, ist voll von Wölfen; die Rebhühner werden so gewöhnlich wie die Haushühner; und bis Anfang des 16. Jahrhunderts bleibt die bäuerliche Jagd völlig frei, so grenzenlos scheint der Wildvorrat. Auch in der Geschichte der Jagd, die Marc Bloch so gerne geschrieben hätte, gibt es Zeiten der Konjunktur.

Die Neuverteilung des Bodens

Was ist auf diesem Boden, wo Baum und Getier im Vormarsch sind, wo die Menschen seltener werden, aus der Verteilung des Grundes geworden? Zu dieser Frage liefern die *compoix,* Kataster und Steuerdokumente reichliche Antworten. Im Languedoc ist die Steuer nämlich objektbezogen, d. h. eine Realsteuer; und die *compoix* sind von einer Genauigkeit, die denen der Grundbuchverzeichnisse des 19. Jahrhunderts würdig an die Seite gestellt werden kann. Aus dem Studium der frühesten *compoix* ergibt sich eine Schlußfolgerung: Was den Grundbesitz betrifft, hat sich am Ende des 15. Jahrhunderts das engmaschige Netz, das die Eigentümer des Bodens über das Land gebreitet hatten, weitgehend gelockert. An die Stelle des feinen Netzes aus kleinen Besitztümern und winzigen zinspflichtigen Anwesen des 13. Jahrhunderts, die ein Anerkennungszins bereits als erblich ausweist, tritt am Anbruch der Neuzeit ein viel weiteres Gitterwerk aus mehrheitlich mittlerem Besitz. Man hätte Unrecht, hier eine Folge kapitalistischer Konzentration zu vermuten: Es handelt sich ganz einfach um die unvermeidliche Neuverteilung des Bodens, die der Rückgang der Bevölkerung in den Jahren 1350–1450 mit sich bringt. Einer Phase der Zerstückelung, der *Teilung,* wie die Untersuchungsbeamten von 1322 sagten, folgt eine Phase der Zusammenlegung der Erbnachlässe.

Betrachten wir die ältesten *compoix*-Reihen des Languedoc, die von

Albi. Im Jahre 1343 teilen sich in dieser Stadt 1623 Steuerpflichtige 68000 Pfund im Kataster eingetragener Vermögenswerte, meistens Liegenschaften und besonders Ackerland und Weingärten. Im Jahre 1357 sind es nur noch 686 Steuerpflichtige; sie teilen sich in ein Liegenschaftskapital, das dem von vor der Pest fast gleich ist: 55000 Pfund Katasterwert. Das Gesamteigentum ist also bis auf 10% das gleiche geblieben. Aber der Besitz der einzelnen hat sich durch die Wirkung der Erbschaften vergrößert. Er ist von 400 auf 800 Pfund pro Kopf und auf das Land bezogen von 0,5 Hektar auf 1,3 Hektar gestiegen.

Wenn wir uns die Vermögen in allen Einzelheiten betrachten, finden wir diese erste Diagnose bestätigt. Ordnen wir die Albigenser Steuerpflichtigen nach ansteigendem Vermögen in ein Stufendiagramm ein und vergleichen wir im Abstand von 15 Jahren die Verteilung der Vermögen in den Jahren 1343 und 1357. Als erstes sehen wir die Zahl der kleinen Steuerzahler stark abnehmen, besonders die der kümmerlichen Steuerpflichtigen, deren Besitz (ein Häuschen, ein Kohlbeet ...) auf weniger als 10 Pfund veranschlagt ist. Diese machen im Jahre 1343 30% der steuerzahlenden Albigenser aus; 1357 sind sie nur noch 17,8% einer um die Hälfte verringerten Gesamtzahl; die Pest hat die Reihen dieser Armen, deren Besitz so winzig ist, daß sie beinahe Proletarier sind, erheblich gelichtet. 1343 waren sie in zwei übervölkerten Stadtvierteln zusammengedrängt. Beide zusammen verlieren zwischen 1343 und 1357 62% ihrer steuerpflichtigen Bewohner. Die zahllosen Todesfälle haben zu einer Konzentration des Bodens in den Händen einer geringeren Erbenzahl beigetragen: 1343 besitzen 11% der Eigentümer je 100 Pfund und mehr; 1357 sind es 20%. Das Vermögen der Verstorbenen hat das der Überlebenden vergrößert. Unter diesen »Neureichen« haben wir Bernhard Davisat, der mit den Erbschaften nach Guilhem Davisat und der Witwe Teisseire, beide nach 1343 verschieden, seine Habe verdreifacht hat. Ein konkretes Beispiel, das uns deshalb interessiert, weil es eine Illustration der allgemeinen Regel ist: Die Gesamtzahl der Besitztümer nimmt um die Hälfte ab; das Format eines jeden nimmt in entsprechendem Maße zu und infolgedessen gibt es viel weniger kleine Parzellen und mehr mittlere oder sogar große Güter. Hinter dieser nüchternen Statistik verbergen sich unzählige Familiendramen. Und es sei uns gestattet, uns das Rauschgefühl mancher Erben vorzustellen, die sich, wie in Florenz zur selben Zeit oder wie in der Normandie, mit einer Flut unerwarteter Erschaften über ihre Trauer hinwegtrösten.

Zeigt nun die weitere Geschichte des Languedoc, daß der Boden im

15. Jahrhundert in der Umschichtung, einer ausgesprochenen Umverteilung begriffen ist? Machen wir die Probe. Nehmen wir den *compoix* irgendeines Dorfes dieser Provinz, eines zwischen 1400 und 1500 angelegten *compoix;* und vergleichen wir es – nach Fläche und Wert, soweit aus den Dokumenten ersichtlich, – mit einem *compoix* desselben Ortes aus dem 16. und 17. Jahrhundert.

Hier haben wir also ein großes Dorf im Hérault. Im Jahre 1690 drängen sich 357 Grundbesitzer auf 4 922 Setérées[3] zusammen. Doch 1460, bei Anbruch der Renaissance, haben auf einer bis auf 10 % gleichen Gemarkung (4569 Setérées) 189 Besitzer verhältnismäßig viel Ellbogenfreiheit und von diesen hat eine richtige Mittelklasse – 62 Steuerpflichtige, ein Drittel der Gesamtzahl – Güter von passablen Ausmaßen (20 bis 100 Setérées); insgesamt besitzt diese wohlhabende Gruppe die Hälfte des Bodens (2 354 Setérées). Es vergehen zwei Jahrhunderte: vergleichen wir das Stufendiagramm des Jahres 1690 mit dem von 1460, – bei nach zunehmender Größe ihrer Fläche angeordneten Grundbesitzvermögen – so scheint diese Mittelklasse wie Schnee an der Sonne dahingeschmolzen zu sein: 1690 macht die Kategorie der »Mittleren« nämlich nur noch ein Zehntel der Besitzerzahl aus; es gehört ihr nur noch ein Viertel des Bodens. Dagegen finden wir im linken Teil des Stufendiagramms eine Unzahl einzelner Parzellen. Sie bilden die ärmste Kategorie, die Kategorie des Kleinstbesitzes (0 bis 20 Setérées); sie ist im Jahre 1690 an Zahl und Bodenfläche doppelt so groß wie im Jahre 1460; eine wahre Atomisierung des Grundbesitzes, die eine Schicht von Mikrobesitzern erzeugt. Doch ist die Aufsplitterung des Bodens nichts anderes als die Projizierung der normalen Folgen der Vervielfachung der ländlichen Bevölkerungszahl auf die Grundbücher; und eine solche Zerstückelung ist nicht immer ein Anzeichen für das Wohlergehen der bäuerlichen Wirtschaft. Viele der winzigen Grundbesitzer von 1690 haben kaum mehr als ein »champ al Causse«, ein Stückchen Land auf dem kalkigen Boden der Hochebene, von dem sie in guten Jahren knapp das Dreifache der Aussaat ernten.

[3] Eine Setérée ist die altertümliche Bezeichnung für die Bodenfläche, auf der ein Bauer ein Sétier Saat aussäen konnte; ein Sétier wiederum ist ein Hohlmaß, dessen Wert je nach der Gegend oder dem zu messenden Inhalt schwankt. In Paris war der Sétier Weizen auf 12 Scheffel festgesetzt, für Hafer oder Salz z. B. galten andere Werte (24 bzw. 16 Scheffel). Wir können also für unsere Zwecke davon ausgehen, daß eine Setérée einer Bodenfläche entspricht, auf der 12 Scheffel Weizen gesät werden (Anm. d. Übers.).

Und mehr als einer von ihnen wird in den Wirren der Krisen, die das Ende der Herrschaft Ludwigs des XIV. begleiten, verschwinden: Die »champs al Causse« von 1690 werden im nächsten Jahrhundert die »verlassene Erde« sein.

Die wuchernde Vermehrung scheint noch ungesünder, wenn man sich ansieht, auf welche Art sie zustande kommt: Auf dem Rücken welcher Kategorie hat sich denn dieses neue Gewimmel kleiner Anwesen gebildet? Ist es auf dem Rücken des Großgrundbesitzes des 15. Jahrhunderts geschehen? In unserem Kirchsprengel ist dem nicht so. Weit entfernt von einer Aufsplitterung der Kategorie der größten Güter – mit mehr als 100 Setérées – zugunsten der kleinen Landbauern und Tagelöhner, hat diese in der Zeitspanne zwischen Ludwig XI. und Ludwig XIV. ihren Anteil an dem Kuchen noch vergrößert. Die Kategorie der Größten verzeichnet im Jahre 1460 neun Großgüter, die zusammen 1490 Setérées bedecken (30% der Gemarkung). Aber 1690 ist ihr Anteil gewachsen, denn es werden in dieser Kategorie zwölf Großgüter gezählt, die 2237 Setérées, also fast die Hälfte des Bodens bedecken.

Die Großen gedeihen, die Kleinen vermehren sich wie die Kaninchen; was zurückgeht, sind die Mittleren: Der ganze mittlere Grundbesitz trägt die Kosten der Zerstückelung zu Beginn der Neuzeit; er zerfällt im 16. und 17. Jahrhundert buchstäblich zu Staub. Dagegen hatte er im 15. Jahrhundert in unserem Dorf zeitweise eine vorherrschende Stellung.

Der gesellschaftlichen Stellung nach waren diese mittleren Grundbesitzer weder Seigneurs noch Adlige gewesen, auch keine städtischen Patrizier. Die Auswärtigen aus der nahen Stadt oder die Träger eines Titels, deren Namen sich mit einem *Moussen*, einem »Herr von . . .« schmückten, waren in den *compoix* von 1460 nur eine Handvoll. Die große Mehrheit der Güter und besonders der mittelgroßen Güter (20 bis 100 Setérées), die in dieser Gemeinde im Jahre 1460 das Gerüst des Grundbesitzes bilden, gehören Dörflern, Einheimischen ohne Titel, die weder adlig noch Bürger oder Handwerker sind, sondern wohlhabende Bauern, Hofbesitzer und Ackerbauern mit Ochsen- oder Maultiergespannen. Sie bilden eine Art einflußreicher *yeomanry*, wohlversehen mit Land und fest auf ihren Gütern verwurzelt.

Und diese ausgewogenen Strukturen sind die paradoxale Frucht der Entvölkerung. Welcher Unterschied zu den polarisierten Strukturen des 17. Jahrhunderts: 1690 finden wir einerseits die ganz Großen, den Edlen von Nattes, den Abt von St. Tibery usw., denen die Hälfte des

Landes gehört und andererseits auf armseligen Parzellen zusammengedrängte ganz Kleine; die einstige *yeomanry* des 15. Jahrhunderts, die von den großen Landraffern zurückgedrängt wird, hat sich bereits durch die Auswirkung der Erbschaftszerstückelung und der Bevölkerungszunahme zersetzt.

Dasselbe Bild in Lespignan: Im 15. Jahrhundert eine Grundbesitzstruktur, in der der mittlere oder große Grundbesitz (über 25 Setérées) vorherrscht. Eineinhalb Jahrhunderte später ist diese Struktur gesprengt. Die großen Güter überleben; der mittlere Grundbesitz verschwindet und hinterläßt sehr zahlreiche »Mikrogüter«, die oft wirtschaftlich in Not sind.

Außer für Albi habe ich bisher Schätzungen des Grundbesitzes nach dessen Fläche benutzt (Setérées oder Hektar); im Falle der betrachteten Dörfer konnte man nicht anders verfahren. Sehen wir nun, ob die Schlüsse, die wir auf die im Grundbuch eingetragenen Werte gründen können, die Deduktionen bestätigen, die wir aus den Flächenmaßen gezogen haben.

Der große Dokumentarwert, den die von den Landmessern, den »compésieurs« des Ancien Régime vorgenommenen Schätzungen des Grundbesitzwertes haben, ist wohlbekannt. Sie beweisen eine echte Bemühung um Gewichtung, deren Nützlichkeit für den Forscher unbestreitbar ist. In manchen Fällen kann nämlich das bloße Vertrauen in das Flächenmaß zur Sinnlosigkeit führen. Wer würde die Gleichung wagen: 1 ha *garrigues* = 1 ha Schlickboden. Die Gewichtung durch den Wert erlaubt dagegen eine konkrete und trotzdem quantitative Sicht der Ländereien; der Hektar oder die Setérée »guter« Erde wird von den *compésieurs* je nach dem Fall auf den 3,5 bis 10fachen Wert eines Hektars »schwacher« Erde oder eines Hektars *garrigues* geschätzt; derartige Methoden, die allen *compoix* gemein sind, erlauben uns, die geometrische Abstraktion der Hektare hinter uns zu lassen, um zu den Realitäten zu kommen, die Gewichtung der Flächen durch den Wertvergleich der Ländereien.

Allerdings gibt es verschiedene Gründe, die den unerläßlichen Wertvergleich zwischen zwei im Abstand von 50 oder 100 Jahren angelegten *compoix* zu einer heiklen Angelegenheit machen. Einerseits müßte man die Währungsveränderungen und die Preisbewegung berücksichtigen. Man müßte also, um den Wert der Ländereien in den *compoix* ein und desselben Dorfes in den Jahren 1480, 1560, 1650 zu vergleichen, diese Fehlerquellen dadurch ausschließen, daß man ein Äquivalent in Edelmetall oder noch besser in Weizen benutzt, an dem man an den verschiedenen Daten den Wert der vermessenen Liegenschaften messen würde: Ein solcher Versuch ist schon an sich allein ziemlich gewagt.

Nun droht aber dieses heikle Unternehmen auch noch überflüssig zu werden. Die *compésieurs* sind nämlich auf fiskalische Nützlichkeit, nicht auf wirtschaftliche Wahrheit aus. Oft kümmern sie sich überhaupt nicht um den Kaufwert der Landstücke, die sie »schätzen«. Sie suchen nur nach einem gültigen Maßstab für die verschiedenen Böden, von den schlechtesten bis zu den besten und besteuern die letzteren je nach dem Fall zwei, drei oder viermal höher als die ersteren. Die innere Hierarchie, die sie errichten, entspricht unbestreitbar der realen Hierarchie der unterschiedlichen Ländereien. Aber die absoluten Zahlen, die sie einsetzen, sind im allgemeinen willkürlich: Sie messen nämlich nach fiktiven Pfunden, *compoix*-Pfunden oder, wie sie selbst sagen, »livres livrantes«[4], die keinen Bezug zu dem absoluten, schwankenden Kaufwert der Ländereien haben. So verlieren die Vergleiche der »absoluten« Werte zweier *compoix,* von denen das eine aus dem 15. das andere aus dem 16. und 17. Jahrhundert stammt und die nach diesen Maßstäben angelegt worden sind, jegliches Interesse für uns.

In Wahrheit erscheinen nur zwei Arten von Wertvergleich legitim. Der erste Fall ist der Vergleich einer Familie von *compoix* mit den Steuerrollen. Nehmen wir ein solches um 1500 angelegtes *compoix.* Solche Verzeichnisse werden von den Konsuln oder Ortsvorständen und unter ihrem Befehl von den Gerichtsschreibern oder Urkundsbeamten verwendet, um jedes Jahr die Steuerrollen anzulegen. Wenn z. B. die Gesamtheit der im *compoix* eingetragenen individuellen Grundbesitzquoten, die gesamte »Wertfestsetzung« 1000 Pfund beträgt (1000 livres livrantes), andererseits die dem Dorf vom König auferlegte Steuer 3000 Pfund (der Währung entsprechende Pfunde), dann braucht man nur die Grundbesitzquote jedes Steuerzahlers mit 3 zu multiplizieren, um seinen Steuerbeitrag für das laufende Jahr zu ermitteln. Die jährliche Steuerrolle erscheint daher unter Berücksichtigung eines nach Steuerhöhe und Jahr variablen Koeffizienten ein-

---

[4] Livre livrante kommt von *Allivrement,* Wertfestsetzung in Pfunden; das *allivrement* berechnet sich nach der *livrée* = dem Stück Land, für das ein Wert von *einem* Pfund (= livre) festgesetzt wird. 10 solcher Landstücke werden also mit 10 Pfund, 100 mit 100 Pfund berechnet usw. Es handelt sich also um rein rechnerische Werte, an die keine absoluten Maßstäbe angelegt werden können (Anm. d. Übers.).

fach als die verkürzte Zusammenfassung des *compoix:* wenn dieses verloren ist, kann der Forscher den im *compoix* festgesetzten Wertanteil jedes Steuerzahlers anhand der Steuerrolle wiederfinden.

Es kommt sogar noch besser: Der Gerichtsschreiber berücksichtigt bei der Anlegung der Steuerrolle in den Jahren 1510, 1520, 1530... Umschreibungen des Bodens im Grundbuch, die die Quote eines Steuerzahlers »entlasten« und die eines anderen »belasten«. Diese Umschreibungen, die Jahr für Jahr am Rande des *compoix* und gegenüber dem »Manifest«[5] jedes Steuerpflichtigen vermerkt werden, werden dann von den einanderfolgenden Steuerrollen berücksichtigt. Ein im Jahre 1500 angelegter *compoix* kann von den Konsuln etwa fünfzig Jahre benutzt werden (1500–1550); während dieser Zeit erzeugt er eine Steuerrollenfamilie (1501, 1502, 1503 ... 1549), die bei richtiger Benutzung die Grundbesitzgeschichte der Gemeinde erzählt.

In einem gegebenen Kirchspiel kann man daher die Gesamtheit der Grundstücke, Äcker, Rebflächen usw. und der Häuser mit einem Spiel Karten vergleichen. Der *compoix* zeigt für das Jahr seiner Herstellung die Verteilung der Karten unter die Spieler an, mit anderen Worten, die Verteilung der Bodenparzellen unter den Steuerpflichtigen oder Grundbesitzern. Aber die Jahre gehen vorüber: Die Karten werden pausenlos gemischt und auf der Grundlage der Umschreibungen, der Erbschaften, der Zusammenlegungen und Zerstückelungen neu verteilt; ein Steuerpflichtiger, der als junger Mann im Jahre 1500 mit 3 Pfund im *compoix* veranschlagt war, hat im Jahre 1540 durch Zuerwerb 15 Pfund; ein anderer ist gestorben und seine 20 Pfund im *compoix* sind an seine vier Kinder verteilt worden, so daß daraus 4 Quoten zu je 5 Pfund geworden sind. Nach Berichtigung des Steuerkoeffizienten durch Berücksichtigung der für das betreffende Jahr geltenden Wertfestsetzung gibt das Steuerbuch für das Jahr seiner Erstellung den diesjährigen Stand der Verteilung der »Karten« und den diesjährigen Stand der Wertfestsetzung für jeden Steuerzahler an.

Der Vergleich zwischen dem Original eines *compoix* und einer fünfzig Jahre später nach im berechneten Steuerrolle ist ein zulässiger Vergleich von Vergleichbarem: Die Karten, die ununterbrochen zwischen den Spielern hin und her gehen, sind ja seit fünfzig Jahren dieselben: Die Anmerkungen über die jeweilige Fruchtbarkeit der Grundstücke – ob magere oder fette Erde – bleiben gültig von Generation zu

[5] Manifest: detaillierte Aufzählung des Liegenschaftsbesitzes (Land oder Haus) eines Steuerzahlers mit Begrenzung, Fläche und Grundbuchwerten.

Generation. Gewiß ist unser Vergleich nicht perfekt (kein Vergleich der Werte, aber auch kein Vergleich von Flächen ist perfekt und es wird immer einen Bodensatz von *Unbestimmbarkeit* in der quantifizierten Sozialgeschichte geben, an dem sich die Hyperkritischen weiden werden). Die Unvollkommenheit kommt daher, daß sich der Wert mancher Karten leicht verändert, z. B. dadurch, daß Äcker zu Weingärten geworden sind oder umgekehrt. Trotzdem, und darin besteht die hier vorgeschlagene *Annäherung,* ist zweifellos erkennbar, wie das Spiel gespielt worden ist und die Karten unter den Spielern neu verteilt worden sind (wobei manche Karten auch noch in drei bis vier Stücke »zerrissen« worden sind, da Erbteilungen diesen oder jenen Acker, diesen oder jenen Weingarten zerschnitten haben).

Ein gutes Beispiel bietet das Dorf Fontès, das eine der schönsten fiskalischen Dokumentenreihen besitzt, die man erträumen kann. Kurz vor 1505 ist dort ein *compoix* angelegt worden, von dem wir wissen, daß die Gesamtwertfestsetzung 2010 Pfund betrug. Dieses *compoix* ist in den Jahren 1505, 1533 und 1539 zur Erstellung von Steuerbüchern benutzt worden. Das erste »Buch«, dasjenige von 1505, trägt noch den Stempel des dürftigen Bevölkerungsstandes des 15. Jahrhunderts: 105 (einheimische) Steuerpflichtige, eine Ziffer, die der von 1427 (hundert Steuerpflichtige) noch sehr nahe kommt. Nach 1505 zeigt sich der gewohnte Anstieg der steuerzahlenden Bevölkerung: 136 einheimische Steuerzahler im Jahre 1533, 172 im Jahre 1539 (also eine Bestandszunahme von +65% innerhalb einer Generation (1505 bis 1539).

Der Vergleich der Steuerbücher von 1505 und 1539 bedeutet also die Gegenüberstellung zweier Epochen, die durch eine Revolution des Bevölkerungsbestandes voneinander getrennt sind; es bedeutet die gleichzeitige Betrachtung zweier Dokumente derselben Familie, desselben *compoix.* Um das vorige Bild wieder aufzunehmen, wir folgen noch immer dem gleichen Spiel, dessen Karten im Jahre 1505 an ziemlich wenige Spieler und im Jahre 1539 an sehr viel mehr Spieler ausgegeben worden sind.

Reihen wir die Vermögen von Fontès nach ansteigendem Katasterwert geordnet in ein Stufendiagramm ein, so bestätigt dieses die Erkenntnisse, die wir aus den vorher angefertigten, auf die Flächen bezogenen Stufendiagrammen gewonnen haben: Zerstückelung der Güter. Die Bruchstelle bilden hier die Quoten von 20 Katasterpfunden. Im Jahre 1505 hatte noch ein Steuerpflichtiger auf zwei oder drei (30 Steuerpflichtige auf 105) mehr als 20 im *compoix* festgesetzte Pfund, besaß also eine Mindestparzelle, die dem Wert von 1% der gesamten Gemarkung entsprach (deren Wert, wie wir uns erinnern, auf 2010 Pfund festgesetzt ist). Eine Generation später sind zwar die Berechnungsgrundlagen für den Kataster die gleichen geblieben, da ja noch immer nach dem alten, durch die Umschreibungen revidierten *compoix* berechnet wird; aber jetzt erreicht oder übersteigt nur noch *ein* Steuerzahler auf neun den Stand von 20 Grundbuchpfund, der die Grenze zu dem mittleren oder großen Grundbesitz bildet. Es gibt also weniger wohlhabende Spieler, von denen jeder ein ordentliches Spiel Karten in der Hand hat und mehr kleine mit nur zwei oder drei Karten oder Kartenschnipseln. 1539 finden wir nämlich auf der linken Seite des Stufendiagramms 152 kleine Steuerpflichtige unterhalb von 30 Pfund, der entscheidenden Schwelle; 1505 waren es nur 75. Aufgrund der Bevölkerungszunahme haben sich die kleinen Quoten wie Pilze vermehrt und bilden eine große Katasterplebs. Im Gegensatz dazu erscheint das letzte Ende des 15. Jahrhunderts noch als vom mittleren Grundbesitz beherrscht, eben jenem, der durch die Bevölkerungsexplosion des 16. Jahrhunderts auseinandergesprengt wird.

In unserem präzisen Fall hat uns das Studium der Werte die Schlußfolgerungen aus den vorhergehenden, auf das Flächenmaß bezogenen Stufendiagrammen bestätigt…

Die aus ein und demselben *compoix* abgeleiteten Steuerrollenreihen ermöglichen es uns jedoch nicht, die chronologischen Vergleiche sehr lange fortzuführen. Nach sechzig, achtzig oder hundert Jahren ist das durch zahllose Umschreibungen überladene, durch Durchstreichungen entstellte Original des *compoix*, die Stammrolle, nur noch für die Ratten brauchbar. Aufgrund neuer Vermessungen muß ein neues hergestellt werden. Und auch dieses wird zwei oder drei Generationen hindurch wieder eine neue Steuerrollenfamilie erzeugen, die Jahr für Jahr eine in ständigem Wechsel begriffene Grundbesitzgeschichte erzählt. Wir haben gesagt, daß dem absoluten Wert nach diese beiden *compoix* und ihre jeweiligen Familien von einer Familie zur anderen schwer zu vergleichen sind: wegen der Währungs- und Preisschwankungen und mehr noch wegen der fiktiven Katasterschätzungen, die sich mehr an die relative Einstufung der Ländereien als an den absoluten Marktwert halten.

Soll man deshalb darauf verzichten, die *compoix*-Reihen oder Steuerrollenreihen ein und desselben Dorfes zu vergleichen, weil man weder den Hektar noch eine gemeinsame Wertfestsetzungsgrundlage als gemeinsamen Nenner hat? Für diese schwierige Situation bietet sich die prozentuale Methode an. Man wird von ihr – wie immer bei den Statistiken früherer Gesellschaften – keine absoluten Wertindikationen, sondern Tendenzindikationen verlangen.

Saint-Guilhem-le-Désert liegt an der Héraultschlucht, in einer vertikal ansteigenden Landschaft aus Kalkwänden, die hie und da von den Stufen der terrassenförmigen Olivenanpflanzungen unterbrochen werden. Ein solcher »Boden« ist schlecht nach Hektaren zu schätzen. Was zählt, ist der Wert der Erde: hier ein Stück nackten Heidelandes, wo zwischen den Zacken der *lapiaz* oder unter dem Geröllschutt der Fels sichtbar wird; dort grüne Wiesen am Ufer des Hérault, die Gold wert sind, vergleicht man sie mit den Zistrosen und dem Rosmarin der *garrigues*.

Dieses Dorf, in dem die Steuer real ist, wie überall im Languedoc, verfügt über eine großartige Reihe von Steuerrollen, die auf Schätzungen oder aufeinanderfolgende *compoix* aufgebaut sind und die den Maßstab für das Vermögen aller Steuerzahler in den Jahren 1398, 1442, 1486, 1570, 1615 und 1654, 1675 und 1750 liefern. Wie aber soll man zwischen diesen, dem Inhalt nach homogenen, der Form nach jedoch heterogenen Dokumenten vergleichen? Nicht zwei von ihnen stammen vom gleichen *compoix* oder vom gleichen Kataster als gemeinsamem Vorfahren ab. Der Zufall hat gewollt, daß jedes von ihnen auf einer besonderen Schätzung beruht, die ihrem absoluten Wert nach weder auf eine frühere noch auf eine spätere zurückgeführt werden kann. So beträgt denn die Gesamtwertfestsetzung oder auch in einigen Fällen ganz einfach die Steuerauflage des Dorfes im Jahre 1398 47 Pfund, 1442: 321 Pfund, 37, 10 Pfund im Jahre 1486, 84 Pfund, 16 im Jahre 1570, 64,2 Pfund im Jahre 1615, 1043 Pfund im Jahre 1654, 397 Pfund im Jahre 1675, 352 Pfund im Jahre 1750, 8364 Pfund im Jahre 1751. Das sind aus der Luft gegriffene absolute Gesamtwerte, die je nach den Schätzmethoden der *compoix* oder nach der Besteuerung variieren und an denen in Wahrheit nur eines wichtig ist: die Verteilung unter den Steuerzahlern.

Verzichten wir in diesem besonderen Fall auf jeden Vergleich der absoluten Werte von einem Dokument zu anderen. Dagegen sind prozentuale Vergleiche durchaus denkbar. Zwar kennen wir nicht die realen Ausmaße des »Kuchens«, den sich die »Tischgäste« teilen (nämlich den realen Wert des Landes, das die Besitzer unter sich aufteilen). Doch können wir ziemlich genau die (wechselnde) Anzahl dieser »Tischgäste« und den verhältnismäßigen Wert der Portion eines jeden erkennen. Die einen, die am oberen Ende des Tisches sitzen, schneiden sich ein gutes Stück des Kuchens ab. Die anderen, von denen es mehr gibt, erhalten nur noch einige Krümel. Ist es gleichgültig, zu wissen, wie diese Verteilung sich in jeder Generation vollzieht? Unsere Unkenntnis der absoluten Werte der verteilten Ländereien ist weniger wichtig als wenn wir es mit dem Wirtschaftsleben einer Stadt zu tun hätten, dessen Dynamik fast keine Grenzen hat. Dagegen bewegt sich die Elastizität der ländlichen Gebiete in engen Grenzen, wie wir aus dem Vergleich der Flächen erfahren. Die Wachstumskapazitäten des Gesamteinkommens der Landwirtschaft in einem gegebenen Gebiet sind in dem alten Wirtschaftssystem ziemlich gering, selbst wenn es in diesem System Expansion gibt. Diese relative Stabilität der unter den Besitzern aufzuteilenden Flächen und Werte verleiht den Problemen der wechselnden Verteilung, des wechselnden prozentualen Anteils der verschiedenen Kategorien von Besitzern, den großen und den kleinen am Gesamtbesitz, eine große Bedeutung.

In Saint-Guilhem haben wir von 1398 bis 1442, in der Zeit starker Verringerung der Steuerzahler (deren Zahl von 132 auf 115 sinkt) die übliche Vermögenskonzentration. Die kritische Schwelle, die Bruchlinie beim Vergleich der beiden auf die Vermögensverteilung bezüglichen Stufendiagramme liegt bei den Quoten, die 0,8 % des Gesamtbodenwertes darstellen: Quoten von 0,38 Pfund im Jahre 1398, von 2,6 Pfund im Jahre 1442. Die Zahl der kleinen Steuerpflichtigen, denen ein geringerer Prozentsatz als dieser gehört, sinkt von 98 im Jahre 1398 auf 68 im Jahre 1442. Zum Ausgleich zeigt sich eine Tendenz zur Neubildung mittlerer Quoten (von jeweils über 0,8 % des Gesamtbesitzes); 1398 werden 34 solcher Güter gezählt, 1442 sind es 47. Ein wichtiges Anzeichen der gesellschaftlichen Entwicklung. Die Konzentration des 15. Jahrhunderts hat sich im Jahre 1442 nicht als kapitalistische Konzentration vollzogen, zum Vorteil von einem oder zwei großen »Häuptlingen« der Dörfer, von Adligen oder Patriziern, sondern durchaus zum Vorteil einiger Dutzend mittlerer Besitzer, die entweder von der größeren Zahl der Bauern im Jahre 1398 übrig geblieben oder an deren Stelle getreten sind; sie ist das Resultat des hin und her der Erbschaftsteilungen angesichts der verringerten Zahl von Erbberechtigten. Im 16. Jahrhundert tendiert dieses in der Zeit Karls VII. zu mittlerer Größe zusammengefaßte Besitztum wieder zur Aufsplitterung durch die Auswirkung zentrifugaler Kräfte. Verglichen mit 1442 verdoppelt sich die steuerpflichtige Bevölkerung; im Jahre 1570 haben wir 210 Steuerpflichtige, und wie immer zerfällt der mittlere Besitz in Stücke. Er geht von neuem in einer Fülle winziger Parzellen unter.

Andererseits sehen wir, wie es oft (aber nicht immer) der Fall ist, auf der rechten Seite unseres Stufendiagrammes den Großgrundbesitz zwischen 1442 und 1570 wieder anwachsen. In einem bipolaren Prozeß, aufgrund einer Dialektik der Gegensätze wird der mittlere Grundbesitz von beiden Seiten her, von der der Kleinen und der der Großen, angenagt.

In unserem speziellen Fall erbringt der Vergleich mit der Zeit vorher und mit der Zeit nachher den Beweis dafür, daß um 1450 eine durch den geringen Bevölkerungsstand des 15. Jahrhunderts begünstigte Mittelklasse bäuerlicher Grundbesitzer auf ihrem Höhepunkt ist. Die anderen Dörfer, die einen Vergleich der Prozentsätze zulassen, erbringen den gleichen Beweis.

Von welcher Seite aus man also das Problem des Grundbesitzes in Angriff nimmt, ob von der Seite der Flächen, der absoluten Katasterwerte oder der Wertanteile, immer kommt man zu den gleichen Schlußfolgerungen (und das Studium des 16. Jahrhunderts wird für diesen Punkt neue Bestätigungen bringen): Kurz vor dem Anbruch der Neuzeit spannt sich über dem Languedoc ein Grundbesitznetz mit ziemlich weiten Maschen aus; es entsteht durch die Gunst einer Rarifizierung der Bevölkerung; es ist deren Projizierung auf den Boden und ihre im Grundbuch sich niederschlagende Konsequenz. Es kommt die Neuzeit: Manche der »weiten Maschen«, unter ihnen die ausgedehntesten, konsolidieren sich oder vergrößern sich auch manchmal; sie haben eine Tendenz, sich wie richtige kapitalistische Zellen zu verhalten. Doch hat diese moderne Konzentrationsentwicklung nicht den gleichen Umfang wie in manchen Gebieten des Nordens, in England oder dem Poitou. In Wirklichkeit verschwinden die meisten dieser »weiten Maschen« unter der Einwirkung der Bevölkerungsexplosion nach 1500 wieder in dem feinmaschigen Netz kleiner Besitzungen.

Die Zusammenfassung der Sippen

Bis hierher sind wir in der Abstraktion der Grundbesitzstrukturen geblieben. Nun müssen wir die lebendigen menschlichen Beziehungen betrachten und die Keimzelle landwirtschaftlichen Lebens, die bäuerliche Familie. Was waren kurz vor Beginn der Neuzeit auf deren Ebene die Konsequenzen der *Wüstungen* und des großen Bevölkerungsrückgangs? Zwei komplementäre Bewegungen werden sichtbar: Auflösung – Einbindung.

Zuerst Auflösung vieler Familien und sogar ganzer Sippen. Die noch fragmentarischen Untersuchungen der Personennamen in den Katastern beleuchten das Phänomen. Nehmen wir das Beispiel von Albi, das älteste. Die Personennamenstudie, die dort in einem großen Stadtviertel mit zwei vollständig erhaltenen *compoix* unternommen worden ist, ist äußerst aufschlußreich. Von den 638 im Viganviertel im Jahre 1343 aufgeführten Namen erscheinen 1358 im gleichen Viertel noch 74 und 68 in anderen Stadtvierteln; dagegen verschwinden 498, also 78%, vollständig. »Die Personennamen waren in den Städten des 14. Jahrhunderts bereits so festgelegt, daß die Ungewißheit, die aus möglichen Namensänderungen folgt, gering war.« Es scheint also, daß schon nach der ersten Katastrophe in Albi acht Familien von zehn schlicht und einfach aus den Katastern verschwunden sind (durch völligen Verlust ihres Vermögens, durch Auswanderung oder, sehr oft, durch physisches Verschwinden). Eine unglaublich hohe Ziffer, die aber durch andere Arbeiten bestätigt wird. Hier nun ein Weiler in der Nähe des Schwarzen Gebirges, der *masage* Prades im Jahre 1375. In jenem Jahre findet ein Untersuchungsbeamter dort sechs armselige Familien in sechs Haushaltungen. Alle bis auf eine sind als notleidend bekannt. Alle verschwinden sie, soweit es die männliche Linie betrifft. Denn im Jahre 1634 trägt in demselben Weiler niemand mehr ihre Namen. Andere, frisch eingewanderte Familien sind an ihre Stelle getreten; sie stellen 1634 in diesem *masage* 43 Steuerpflichtige, von denen 25 zur selben Familie gehören. So ist der Bruch zwischen der Bevölkerung des ausgehenden Mittelalters und der neuzeitlichen Bevölkerung vollständig. Die neue Bevölkerung hat die frühere ganz und gar ersetzt, höchstens daß noch eine Verwandtschaft in weiblicher Linie besteht. Man spreche also für diese Gegend und in der vorneuzeitlichen Periode nicht von Stabilität der bäuerlichen Familien.

Kann man durch Vergleich die Entwurzelungsrate der Sippen des Languedoc im 15. Jahrhundert grob bemessen? Hier einige Daten: In Saint-Guilhem tragen 78 der 132 Steuerpflichtigen des Jahres 1398 einen Namen, den man im Steuerbuch von 1442 nicht mehr findet. Desgleichen hinterlassen von 117 Steuerpflichtigen des Jahres 1442 62 keine Spur ihrer Namen in den Steuerbüchern von 1486. Der Familienverschleiß ist also sehr stark. Im Durchschnitt verschwinden von 1398 bis 1486 in jedem Jahrzehnt 27% der Steuerpflichtigen, ohne am Orte männliche und steuerpflichtige Erben zu hinterlassen (auf die Jahrzehnte bezogen betragen die Raten genau 13,4% zwischen 1398 und 1442 und 12% zwischen 1442 und 1486). Das ist zwar nicht mehr der entsetzliche Aderlaß der Jahre der Albigenser Pest (in 15 Jahren verschwinden acht von zehn Familien). Aber der Substanzverlust bleibt erheblich.

Die Gegenprobe ist leicht zu bewerkstelligen. Nach 1500 sinken die Verschleißraten der im Kataster aufgeführten Personennamen auf ein niedrigeres Niveau als im 15. Jahrhundert. In der Gemeinde Saint-Guilhem, in der alle 40 Jahre ein neues Steuerbuch angelegt wurde, die alle noch vorhanden sind und bis ins 18. Jahrhundert hineinreichen, kann man feststellen, daß die Bauernfamilien in der Neuzeit viel stärker verwurzelt sind als im 15. Jahrhundert. Von einer Steuerliste zur nächsten verschwindet nach 1500 nur noch ein Viertel der Steuerpflichtigen ohne eine Spur seines Namens zu hinterlassen, während es im 15. Jahrhundert weit mehr als 50 % waren. Benutzen wir wieder eine auf das Jahrzehnt bezogene Rate, die präzise Vergleiche ermöglicht, so läßt diese deutlich einen Bruch um das Jahr 1500 herum erscheinen; nach diesem Datum ist die Rate im 15., 17. und 18. Jahrhundert nie höher als 6 % und bewegt sich meistens um 4,5 % herum. Wir haben indes gesehen, daß sie zwischen 1400 und 1500 12 und 13 Prozent beträgt; deshalb ist das 15. Jahrhundert gewiß eine Zeit der Entwurzelung der Sippen.

In Fontès ermöglicht uns eine schöne Reihenfolge von *compoix* und Steuerbüchern ähnliche Statistiken. Auch in diesem Dorf erreicht die auf das Jahrzehnt bezogene Verflüchtigungsrate der Namen im Kataster ihr Maximum zwischen 1427 und 1505 (8,5 % pro Jahrzehnt). Dann geht sie zurück und sinkt im 18. Jahrhundert auf 3 %. Eine Zeit relativer Sicherheit (in der die Familien am Ort sich zusammenscharen und mit Hilfe der Bettlervertreibung ein gut Teil Neueinwandernder an der Niederlassung hindern) tritt endlich an die Stelle der spätmittelalterlichen »Zeit der Wirren«; die Dörfer reißen ihre steinernen Mauern nieder; dafür errichten sie friedlich gesellschaftliche Mauern…

Im 15. Jahrhundert gibt es noch nichts dergleichen; die alten Sippen lösen sich auf und verschwinden; der Zustrom neuer Einwanderer, neuer Familien, so intensiv er auch ist, genügt im Moment nicht, um den Verschleiß auszugleichen; wie werden die überlebenden Familien auf diese schwierigen Umstände reagieren? Wenige Worte genügen zu einer Beschreibung: Sie verstärken und erneuern die Sippensolidarität; die Familien werden zusammengelegt, wie man den Grundbesitz zusammenlegt, wie man Felder und Wiesen miteinander vereinigt. Im 15. Jahrhundert herrscht im Languedoc die Bestrebung, über der ehelichen Zelle die alte Einheit frühgeschichtlicher Gesellschaften wiederherzustellen; die erweiterte, patriarchalische Familie, die bäuerliche »Großfamilie«.

Diese Entwicklung vom Ehepaar zur Sippe zeichnet sich im Languedoc in der depressiven Atmosphäre der Zeit von 1350–1480 ab. Natürlich konnte man erweiterte Familien, *affrèrement* oder *frérèche*[6] auch schon vor diesem Datum und in der besten Zeit des 12. und 13. Jahrhunderts finden. Aber, wie Hilaire bemerkt, »diese Gemeinschaftspraktiken nehmen in der zweiten Hälfte des 14. Jahrhunderts, im engen Zusammenhang mit der Zeit der Wirtschaftskrise des 14. und 15. Jahrhunderts beträchtlich zu«. Tatsächlich kommt mit den wirtschaftlichen Schwierigkeiten und dem Bevölkerungsrückgang unter dem Formalismus des geschriebenen Rechts, des theoretisch im ganzen Süden souverän herrschenden römischen Rechts, das alte Urgestein des Gewohnheitsrechts wieder zum Vorschein; und von einer weit zurückliegenden Vergangenheit vermachte Familienstrukturen erleben vor dem Anbruch der Neuzeit eine überraschende Wiederauferstehung.

In der Gegend von Montpellier haben wir Notariatsakten seit dem Ende des 13. Jahrhunderts. Aus ihnen ist zu ersehen, wie nach 1350 im bäuerlichen Milieu plötzlich eine Reihe patriarchalischer oder Sippen- und Verbrüderungseinrichtungen in Blüte stehen, die in vorhergegangenen Generationen nicht im Schwange waren; von nun an hören sie nicht mehr auf, sich zu vermehren und zu vervollkommnen. Blättern wir in den Akten: Fiktive Schenkungen des Drittels, der Hälfte oder gar der Gesamtheit des väterlichen Besitzes an die Kinder (das ist eine juristische Fiktion, die dem Vater ausdrücklich den Niesbrauch an all seinem Eigentum und die Herrschaft über das Haus der Familie, in dem seine verheirateten Kinder leben, bis zu seinem Tode vorbehält); Gemeinschaften von drei Ehepaaren, die unauflöslich zusammengeschweißt sind, wie im Jahre 1452, wo ein Vater zwei aus dem Gebirge stammenden Brüdern, die keinen roten Heller haben, seine beiden Töchter zur Ehe gibt: Die beiden jungen Ehepaare versprechen, in Haus- und Tischgemeinschaft mit ihm zu leben und sich in vollem Gehorsam *unter das Joch* des Alten zu beugen.

---

[6] affrèrement oder frérèche: beide Ausdrücke gehören der langue d'oc an und sind so wie die Sache selbst, die sie bezeichnen, längst außer Gebrauch. Im Deutschen könnte man dafür den Ausdruck »Anbrüderung« verwenden, wenn es ihn gäbe, und der der »affratatio« der Langobarden entspricht; es bedeutet ungefähr Verbrüderung und Brüderschaftlichkeit (Anm. d. Übers.).

Neben der totalen Unterwerfung ist ein anderer Zug des versippten 15. Jahrhunderts das fast vollständige enge Zusammenleben des alten mit den jungen Paaren: man teilt Wohnstube und Tisch, ißt und trinkt »gleiches Brot und gleichen Wein«; es gibt nur eine Kasse, die vom Vater verwaltet wird und der verheiratete Sohn kann ohne die vom Vater ausdrücklich gegebene Einwilligung keine Summe über fünf Sous im Besitz haben. Schön steht er da, der vierzigjährige Sohn der Großfamilie, mit seinen drei Sous in der Tasche! Es gibt jedoch eine Entschädigung für die Unterdrückung durch den Vater: Das ist dessen Verpflichtung, das junge Paar zu ernähren, Keller und Scheuer der Gemeinschaft vorsorglich zu verwalten, für den Lebensunterhalt zu sorgen; in der Befehlsgewalt ist eine Gegenleistung für die geleisteten Dienste enthalten.

Das enge Zusammenleben der Familiengruppe schafft antagonistische Spannungen zwischen ihren Mitgliedern. Spannungen, die dramatisch werden können, wenn der verwitwete Vater wieder heiratet und eine Fremde in den Familienkreis einführt. Manche verwitweten Patriarchen scheuen sich auch nicht, ihre verheirateten Kinder, die mit ihnen zusammenleben, durch die »Drohung mit der Stiefmutter« zu erpressen. »Wenn ihr mich schlecht behandelt, heirate ich wieder«, sagt Hugues, ein Ackerbauer aus den Cevennen, seinen frisch verheirateten Kindern, die mit ihm leben. In unserer eigenen Zeit erinnert der Fall Domenici[7], so extrem er ist, daran, daß es nicht immer ein Vergnügen ist, unter der Fuchtel eines Gebirgspatriarchen zu leben, der ein Gemisch von Jupiter und Ubu[8] ist; die Großfamilie des Languedoc hat

---

[7] Der »Fall Domenici« hat in den späten fünfziger Jahren in Frankreich großes Aufsehen erregt: Die kleine Tochter eines in der Nähe des Domenicischen Besitzes kampierenden englischen Ehepaares wurde erschlagen aufgefunden und nach einem langwierigen Prozeß wurde der Vater Domenici, ein Greis von nahezu 80 Jahren und das Oberhaupt einer großen Familie mit Kindern und Kindeskindern, für die Tat verurteilt. Im Laufe der Untersuchung und des Prozesses entrollte sich vor den staunenden Augen der Öffentlichkeit das Bild einer patriarchalischen Großfamilie, die nach außen eng zusammenhielt, im Innern aber voller Haß und Unterdrückung war. Obwohl der Alte für die Tat büßen mußte, ist nie wirklich klar geworden, ob nicht einer der Söhne der Täter war und der Vater sich entweder schützend vor ihn stellte oder der Rest der Familie die Gelegenheit ergriff, um sich des Alten zu entledigen! (Anm. d. Übers.)

[8] Ubu, der groteske Held der Komödie *Ubu roi* (König Ubu) von Alfred Jarry (1873–1907), eine lächerliche Karikatur engen bürgerlichen Geistes. (Anm. d. Übers.)

nichts von einer idyllischen Schäferei: Die Cevennenromane schildern sie erfüllt von gegenseitigem Haß und Verdrängung und manchmal als Stätte von Inzest und Verbrechen.

Im übrigen sollen besondere Bestimmungen dazu dienen, einer immer möglichen Revolte der Kinder gegen den Alten der Familie vorzubeugen: Der Gemeinschaftsvertrag bestimmt, daß das Bett des Alten genau wie seine Lebensmittelration unantastbar ist. Wehe dem jungen Paar, das versuchen sollte, das eine zu verkaufen oder die andere zu verringern! Wehe der Enkelin, die das Bett oder die Bettdecke der Großmutter verkaufen will!

Die Mitgiftsbestimmungen sind wesentlich zum Verständnis dieses Gemeinschaftsimperialismus des vorneuzeitlichen Zeitalters. Im Falle einer Gemeinschaft ist der wahre Herr der Mitgift der Vater des Bräutigams: Er nimmt die Mitgift in Empfang und macht sie nutzbar. In Großfamilien, die sich durch Heirat verschwägern, wird die Mitgift von Vater zu Vater ausgezahlt; und in der Cevenne des 15. Jahrhunderts findet man die klassischen Bestimmungen über die Rückführbarkeit der Mitgift, in denen Ethnologen eine der Charakteristiken der Großfamilien des Maghreb sehen: Zur Zeit Ludwigs XI. bringt der Schwiegersohn einer Großfamilie der Cevenne seine »Morgengabe«; er kann sie wieder mitnehmen, wenn er die Familie nach dem Tode seiner Frau verläßt. Selbstverständlich tauschen im Lande um Montpellier die großen bäuerlichen Sippen vor dem Austausch der Mitgift, am Ende langer sachkundiger Verhandlungen von Macht zu Macht, ihre jungen Mädchen und Männer aus.

Alle diese Bestimmungen zeigen eine erstaunliche Stärkung des Sippenwesens um 1350 bis 1500. Es ist eine paternalistische, erstikkende Einrichtung, die den Kindern, die sich unterordnen, Schutz bietet, doch sich hart zeigt gegen Töchter, die ihrer Neigung folgen. Die derart gestaltete Sippe ist so unauflösbar wie die Ehe. Auch für sie gibt es keine Scheidung. In der Großfamilie sind die alten und die jungen Paare fürs Leben aneinander geschmiedet, »verheiratet« für gute und schlechte Zeiten.

Die gleichen Faktoren, die sich zugunsten der Großfamilie auswirken, führen um 1350–1500 auch zur Schaffung zahlloser *affrèrements*, die nach dem Tode des Vaters die Unteilbarkeit des Besitzes und die gemeinsame Bewirtschaftung des Bodens fortsetzen. Zwar ist das *affrèrement*, ob stillschweigend oder ausdrücklich vertraglich festgelegt, ein alter Brauch im Midi. Aber im 15. Jahrhundert erlebt es eine neue Blütezeit, die sich bald zu einem wahren Rausch steigert: Das

Wort selbst, *affrairamentum,* erhält im Jahre 1420 seine endgültige, feste Bedeutung. Gleichzeitig werden auch die charakteristischen Bestimmungen endgültig festgelegt: Gütergemeinschaft unter Brüdern, die sich als symbolische Handlung gegenseitig die Hälfte ihres Besitzes schenken; enges Zusammenleben der Ehepaare, gleiches Brot, gleicher Wein, gemeinsame Gewinne und Verluste... Psychologisch gesehen schwebt noch immer der tote Vater über der Gemeinschaft der brüderlichen Ehepaare, die auf ungeteiltem Besitz eng zusammen leben. Wenn nötig, übernimmt es der Seigneur des Dorfes selbst, dem Willen des verstorbenen Vaters Geltung zu verschaffen und einen widerborstigen Sohn daran zu hindern, einseitig eine Teilung des Vermögens anzustreben.

Das gemeinsame Leben geht sehr weit: Wohnstube, Hof, Brot, Wein, Küche und Tisch, Kasse und Schulden, alles ist gemeinschaftlich. Es gibt eine einzige Truhe, in der das Geld der Brudergesellschaft verwahrt wird. Jeder Bruder hat einen Schlüssel dazu, aber das Taschengeld beträgt nicht mehr als 5 Sous je Bruder; einer der Brüder, gewöhnlich der älteste, führt das Ruder und nennt sich *gubernator* der Hausgemeinschaft. Die Mitgift der Ehefrauen der Brüder ist selbstverständlich Teil der gemeinsamen Masse; nur in dem unwahrscheinlichen Fall einer Auflösung der Gemeinschaft muß sie zurückgegeben werden: Es gibt nur ganz seltene Texte über solche Auflösungen; wenn man sich verbrüdert, so ist es fürs Leben; es ist eine Verbindung von schwerwiegender Bedeutung für die Brüder, für ihre Frauen und für ihre Kinder.

In der Cevenne, dem klassischen Boden des *affrèrement,* wird die Verbrüderung im 15. Jahrhundert schließlich zu einer wesentlichen Dimension des gesellschaftlichen Lebens. Sie erfaßt alle möglichen Beziehungen: Ein Freund verbrüdert sich mit einem Freund, eine Tochter mit ihrem Vater; Bande der Zuneigung und Nützlichkeitsbande sind schwer voneinander zu unterscheiden. Nehmen wir Jean Rey im Jahre 1446: Seine Frau hat ihn verlassen. Sie ist »ein schlechtes Weib«. Zum Glück hat Rey einen engen Freund, Colrat. Er liebt ihn und wird von ihm geliebt. Gescheiterte Ehe, leidenschaftliche Zuneigung zweier Männer (in diesem wie in einigen anderen Fällen nicht ohne Zweideutigkeit): Rey und Colrat verbrüdern sich. Sie schenken sich gegenseitig ihr ganzes Vermögen. Sie bewirtschaften ihren Besitz gemeinschaftlich; und als Marguerite, die ungetreue Ehefrau Reys, zurückkommen will, um »mit ihnen zusammen zu leben« und sich als »gute Ehefrau« aufzuführen, versprechen die beiden Männer, sich verständnisvoll zu zeigen: Sie werden sie an ihrem Herd aufnehmen. Sie werden verzeihen.

Ab 1440 scheint die ganze Cevenne von einem wahren Verbrüderungstaumel ergriffen zu sein, der sich sogar auf die Ehebande erstreckt. In diesen Gebieten nehmen die *affrèrements* von Ehepaaren zusehends zu. Die jungen Ehegatten nehmen alle Pflichten der Verbrüderung auf sich: Gemeinsames Vermögen, gemeinschaftliches Leben, Arbeit in Gemeinschaft, gemeinsame Kasse mit Ausnahme der 5 Sous Taschengeld für jeden von ihnen. Einzige spezielle Klauseln beim Verbrüderungsvertrag unter Eheleuten ist die beiderseitige Beachtung der Treuepflicht und die Verpflichtung des Ehemanns, seine Frau anständig zu kleiden; es gibt junge, derart verbrüderte Eheleute, die sich sogar versprechen, *Tag und Nacht wie Brüder* einander zu Diensten zu sein.

Die Wiederherstellung einer patriarchalischen oder brüderlichen Großfamilie im Cevennengebiet des Languedoc am äußersten Ende des Mittelalters ist von großer Bedeutung in der Volkskundegeschichte. Die Bewegung ist zeitlich genau begrenzt: Sie beginnt um 1350, als plötzlich Verträge dieser Art sich häufen; ihr Höhepunkt liegt um 1450–1510; nach 1550–60 sind die Akten über Gemeinschaftsfamilien oder *affrèrements* bei den Notaren von Ganges selten, bei denen von Montpellier nicht existent. Die Einrichtung verschwindet zwar nicht ganz, spielt aber von jetzt an nur noch eine geringe Rolle, wird zur Ausnahme. Allmählich wirkt sie nur noch wie ein Relikt.

Duby hat aufgezeigt, wie die Krisen des 10. Jahrhunderts und des Jahres 1000 beim Zusammenbruch der politischen und gesellschaftlichen Gliederung zum vorübergehenden Wiedererwachen des Sippenwesens geführt haben. In ähnlicher Weise haben die Krisen des 14.–15. Jahrhunderts in Frankreich ein neues und letztes Wiedererwachen der Großfamilie begünstigt. Ein zwar vorübergehendes, aber allgemeines Wiedererwachen: Ist es doch gerade zu dieser Zeit, im Jahre 1484, daß auch von einem Haus bei Caen berichtet wird, in dem zehn Paare und siebzig Seelen in Haus- und Küchengemeinschaft leben!

Es wäre ungemein geistlos, diese Erscheinungen nur mit wirtschaftlichen, fiskalischen oder sozialen Betrachtungen zu erklären; es ist vor allem die das 15. Jahrhundert beherrschende Angst und als Gegenstück das von dieser erzeugte dringende, gefühlsbetonte Sicherheitsbedürfnis, das die allgemeine Rückkehr zu Archetypen der Familie erklärt. Weder das dahinsiechende Königtum noch die schwachen Territorialherren sind imstande, dem einzelnen den materiellen und moralischen Schutz zu bieten, den er braucht. Die *libidobesetzten* (Freud) *staatlichen Strukturen* sind zusammengebrochen oder haben sich in der Zeit der Kriege mit England als ohnmächtig erwiesen; gewiß, der einzelne kann immer noch eine ferne Liebe für seinen König empfinden, eine mit Verehrung gemischte und auf abstrakte Weise nach dem Bilde der Liebe zu seinem Vater gestaltete Liebe; aber er weiß jetzt, daß er für seine Zuneigung und seinen Gehorsam nicht die normalen Gegenleistungen erhält, die seine Vorfahren genossen haben: Ordnung, friedliche Arbeit, Sicherheit und die Vorteile, die aus der beiderseitigen Achtung der Rechtsordnung erwachsen. So kehrt denn der Mensch in seinem Gefühlsleben wie in den juristischen Formen zu seinen ursprünglichen natürlichen Beschützern zurück: Dem väterlichen Patriarchen oder seinem Vertreter, dem älteren Bruder.

Kein Zweifel, die zeitweise Mode der Bildung großer Familienmoleküle hängt mit den besonderen Umständen der *Wüstungen* und der Entvölkerung zusammen, die vor dem großen Bevölkerungsaufschwung der Neuzeit herrschen. Die *frérèches* wachsen nach Ansicht der Historiker, die sich mit ihnen beschäftigt haben, besonders im Gebirge wie Pilze aus dem Boden: In einem Gebiet weitauseinanderliegender, verstreuter Siedlungen, wo die Urbarmachung schwer und oft wenig rentabel ist, in einer Zeit, in der Arbeitskräfte rar und teuer sind angesichts der Entvölkerung und des Anstiegs der Reallöhne im 15. Jahrhundert. Die großen Gebirgshöfe stehen um 1420–1450 vor einer dramatischen Entscheidung: Die Bewirtschaftung durch ein einziges Paar ist unmöglich, man müßte Knechte einstellen, Kapital oder große Geldeinnahmen haben; beides ist undenkbar. Es heißt also aufgeben oder seine Zuflucht nehmen zu der ältesten und leistungsfähigsten Form der Besiedelung des Gebirges: Der Großfamilie mit ihren unbezahlten Arbeitsleistungen, ohne fremde Arbeitnehmer. Es ist klar, daß diese Hinwendung zur *frérèche* auf dem kargen Boden der Berge des Midi im 15. Jahrhundert die Erhaltung menschlicher Inseln möglich gemacht hat. Sie hat auch um 1467–1508 den ersten Versuch der Wiederbesiedlung der verlassenen Landstriche begünstigt, bei der Pioniere wieder mit der Urbarmachung begonnen haben. Erst nach 1500, als es im Gebirge wieder eine starke Bevölkerung und zahlreiche Arbeitskräfte gibt, geht die *frérèche*, die große, unterdrückende und brüderliche Sippe der Cevennen oder des Vivarais zurück, nachdem sie ihre historische Rolle ausgespielt hat; sie gibt den Weg frei für die kleinen Höfe, die von der Klein- oder Kernfamilie bewirtschaftet werden oder für die großen kapitalistisch bewirtschafteten Güter, die Olivier de Serres befürwortet.

Die Leiden der Grundrente

Wir sind nun (auf dem Umweg über den Grundbesitz und über die bäuerliche Familie, die Keimzelle der landwirtschaftlichen Produktion) bei den Problemen der Bewirtschaftung des Bodens am Vorabend der Neuzeit angekommen. Wie immer ist es eine Dokumentenreihe, der Vergleich ein und desselben Gutes oder ein und desselben Typs der Pacht zu verschiedenen Zeiten, der es uns ermöglicht, in dieser Hinsicht eine Epoche zu beleuchten und zu charakterisieren.

Begeben wir uns auf die Güter des Domkapitels Saint-Nazaire de Béziers mit ihrem wohlerhaltenen Satz von Rechnungsbüchern und Pachtverträgen, der sich über 400 Jahre erstreckt (1380–1780). Im 16., 17. und 18. Jahrhundert werden diese Güter immer auf der Basis einer Korn- oder Geldrente an Pächter vergeben oder auf Halbfrucht (50 % des Korns) verpachtet. Aber am Ende des 14. Jahrhunderts sind die Kapitelherren von Béziers weniger anspruchsvoll: Ihre Pächter in den Jahren 1384 und 1389 geben ihnen nur ⅖ der Ernte ab; das ist ein bescheidener Anteil, den wir namentlich auf dem St. Peterhof finden, der mitten in der fruchtbaren Ebene liegt und eine wahre Weizenfabrik ist. Nicht weit davon liegt das große Gehöft Viala; der Pächter im Jahre 1393 hat nur ein Viertel der Erträge abzugeben, desgleichen sein Nachfolger im Jahre 1397. Im 16. Jahrhundert jedoch, in den Jahren 1544 und 1587, pachten die damaligen Landwirte das Gehöft auf Halbfrucht; und bestimmt hätten sie das Los ihrer Vorgänger in der Zeit Karls VI. beneidet. In der Epoche des wahnsinnigen Königs scheint eher der Eigentümer bedauernswert zu sein: Er erhält nur ein Viertel der Ernte statt die Hälfte wie unter Franz I. oder Heinrich III.

Es kommt das 15. Jahrhundert: Noch immer verliert der Grundeigentümer, der Pächter verbessert seine Stellung noch weiter; die gute Erde des St. Peterhofs kostete 1393 noch ⅖ der Ernte; 1413 erhält der Herr des Bodens nur noch ein Drittel des Ertrags. Im 16. Jahrhundert erhalten die Kapitelherren von Saint-Nazaire 15 Sack von 30 Sack Ernte; 1393 sind es 12 Sack, 1413 nur noch 10. Wie arm sie sind im Jahre 1413, die Kapitelherren von Saint-Nazaire: Ihrem Pächter aber geht es besser als seinem fernen Nachfolger des Jahres 1585, der nun wirklich Halbpächter ist und vom Ertrag des St. Peterhofs 50 % abführt.

In vier Meilen Entfernung zahlen die besten Böden des Gebiets von Narbonne mit der fettesten Anpflanzungserde im Jahre 1430 nur ein Viertel der Ernte. Im Westen des Languedoc, in der Gegend von Lauragüe, einer anderen Kornkammer, ist es zwischen 1350 und 1450 »selten, daß der Wirtschafter mehr als ein Drittel der Ernte an den Grundeigentümer abführen muß; oft behält er ¾ oder ⅘ für sich selbst... das Regime ist den arbeitenden Menschen sehr günstig«.

Ist diese geringe Grundrente mit geringerer Leistung zu erklären? Das ist wenig wahrscheinlich: Die Technik des Weizenbaus und die landwirtschaftliche Produktivität haben sich im Languedoc vom 14. Jahrhundert bis zum 17. Jahrhundert kaum verändert; die Pachtverträge und Bestandsaufnahmen des Jahres 1384 tragen zur Charakterisierung des Bodens bereits den klassischen Vermerk: *mi-garach-mi-rastouilh,* was soviel heißt wie zweijährlicher Fruchtwechsel, einen Vermerk, der für dieselben Böden unverändert auch in den Jahren 1542 oder 1780 erscheint.

Was nun die Ackerbestellung mit dem primitiven Pflug betrifft, die ein weiterer Produktivitätsfaktor ist, so sind die Pächter in der Zeit Karls VI. oder Karls VII. in dieser Beziehung genauso leistungsfreudig wie ihre Nachfolger zur Zeit der Liga oder der Fronde, wenn nicht sogar noch mehr: Auf dem Peterhof beackert Ermengard im Jahre 1384 sieben Felder im Jahr, und Agulhon im Jahre 1389 neun. Die Bauern im 16. und 17. Jahrhundert machen es nicht besser.

Weder die Fruchtbarkeit noch die Produktivität haben sich viel verändert; die Produktion ist gleichmäßig geblieben. Aber ihre Verteilung hat sich deutlich gewandelt. In der Neuzeit ist die Verteilung günstig für den Grundeigentümer; dagegen ist sie am Ende des Mittelalters von Vorteil für den Pächter. Die Ursachen? Mindestens eine davon ist wohlbekannt: In der damaligen menschenarmen Welt sind viele Felder unbebaut. Die Erde bietet sich demjenigen an, der bereit ist, sie zu nehmen. Und die Herren des Bodens sind nicht mehr in der Lage, ihr Gesetz zu diktieren, denn die Gesellschaft ist zwar reich an Boden, aber arm an Händen. Die Bauern, die gewillt sind, den Boden zu bebauen, können daher ihre Bedingungen stellen oder sogar diktieren, können zu ihren Gunsten und zu ungunsten des Eigentümers die beiderseitigen Anteile an der eingebrachten Ernte verändern: Die Pächter triumphieren über die Verpächter.

Die Grundbesitzer des 15. Jahrhunderts sind also in einer mißlichen Lage. Gewiß, ihre Güter zeigen als Folge der allgemeinen Neuverteilung eine Tendenz zur Arrondierung. Aber wenn sie aus dieser Entwicklung Vorteile ziehen wollen, wenn sie von diesem größeren Grundbesitz besser leben wollen, müssen sie ihn selbst bewirtschaften und die magere Grundrente mit dem substantielleren Einkommen des Anbauunternehmers vereinen. Sie müssen aufhören, grundrentenbeziehende Eigentümer zu sein und statt dessen selbstwirtschaftende Eigentümer werden. Sie lassen es sich auch nicht zweimal sagen: Sehen wir uns die Narbonner Kapitelherren auf ihren gewaltigen Getreidehöfen an. Nach 1550 und im 17. Jahrhundert werden diese gewöhnlich in Pacht oder Halbpacht gegeben. Aber im 15. Jahrhundert triumphiert auf eben diesen Böden die direkte Selbstverwaltung. Die Kapitelherren stellen selbst die Erntearbeiter an, sie lassen heuen, schneiden, in Garben binden und entkörnen (alles Routine- oder Knechtsaufgaben, die sie nach 1550 und im 17. Jahrhundert, als die Grundrente zu ihrem Glück genügt, gern einem Pächter überlassen).

Unter Ludwig XI. steht niemand zwischen den Kapitelherren und ihren Landarbeitern. Ein einfacher Vorarbeiter, im Languedoc *bayle* genannt, übermittelt die Befehle. Seine Führungsrolle ist sehr beschränkt; er ackert, seine Frau kocht. Das Wesentliche bleibt »in der Hand« der Kapitelherren, die die Bücher führen, die Löhne auszahlen und an den *bayle* und die Knechte ihre jährliche Ration an Weizenmehl, Öl, Salz, Wein und Trester austeilen; der *bayle* selbst ist nur eine Art Großknecht, ein analphabetischer Landwirtschaftsgefreiter mit der Bezahlung eines guten Ochsentreibers.

Das sind also die Folgen des niedrigen Bevölkerungsstandes am Ende der Periode von 1350–1480: Einerseits erweitert er den Umfang des Grundeigentums; andererseits jedoch vergrößert er den Ernteanteil des Bewirtschafters. Der Gewinner ist unter diesen Umständen nicht der Grundeigentümer als solcher, nicht der Grundrentenbezieher; es ist der selbstwirtschaftende Grundeigentümer, sei er nun ein richtiger Bauer oder ein Adliger, Priester oder Bürger.

Sind nach dieser Feststellung die Umstände in der vorneuzeitlichen Gesellschaft der Entwicklung eines ländlichen Kapitalismus günstig und etwa einer Klasse von Großpächtern, landwirtschaftlichen Unternehmern, die kein Land, aber Geld im Säckel haben, mit dem sie die Güter anderer betreiben können? Es sieht nicht so aus. Nehmen wir wiederum den großen St. Peterhof in der Nähe von Béziers. Im 16. und 17. Jahrhundert gibt es dort zwar gewisse Anzeichen von Großanbau: Ein großer Pächter, ein Dorfbonze, betreibt den Hof mit Dutzenden von Ochsen- und Maultiergespannen; jedes Jahr sät er mehrere tausend Sétiers Korn. Doch ein oder zwei Jahrhunderte vorher ist die Lage nach den fragmentarischen Pachtvertragsunterlagen, die wir besitzen, ganz anders. Wohl bleibt der Grund und Boden des St. Peterhofes in einer Hand, aber seine Bewirtschaftung wird geteilt, in kleinsten Parzellen betrieben; 1389 werden 7 Hektar davon für vier Jahre anteilig an drei Bauern vermietet; 1413 wird der ganze Hof in sieben Parzellen geteilt und für ein Drittel der Erträge an sieben Landwirte verpachtet; alle sind kleine Bauern einer Nachbargemeinde; sie übernehmen auf sechs Jahre die Bebauung der Felder des Hofes, der eine 30 Setérées, andere 10, 6 oder 8 Setérées. Sie haben weder Geld noch Gerät: Das Kapitel ist gezwungen, einigen von ihnen mittels eines sechs Jahre laufenden Kredits von 16 Pfund, den primitiven Schwingpflug und die schwere eiserne Pflugschar, sowie ein einziges Paar Ochsen zu verkaufen, damit sie ihren Acker bestellen können. Unter Franz I., unter Sully oder Ludwig XII. dagegen übernimmt ein einziger Pächter, ein Kapitän der Landwirtschaft, die ungeteilte Befehlsgewalt über den Hof; er ist nach dem Eigentümer der einzige Herr an Bord.

Dennoch sind theoretisch schon im 15. Jahrhundert alle Bedingungen für den Großanbau gegeben: Große Güter, weiträumige Gehöfte, die teils alten gallo-romanischen Villen entstammen, teils ehemalige herrschaftliche Speicher sind. Was Ende des Mittelalters zum Großanbau fehlt, ist weder der Grund noch die Gebäude, es ist das Geld und es ist der Mensch; das Fehlen einer Klasse reicher, wagemutiger, großer bäuerlicher Unternehmer macht sich schmerzlich bemerkbar.

Gewiß, im Languedoc gibt es auch schon am Ende des Mittelalters den einen oder anderen Pächter großen Stils; am 8. September 1395 nimmt Jean Montagnac für die Summe von 40 Pfund im Jahr und auf vier Jahre den großen Gutshof Amilhac in Pacht; damit verhält er sich wie ein großer Landwirtschaftsunternehmer. Aber Leute dieser Art gibt es als häufige Erscheinung erst sehr viel später. Jedes Mal wenn man zeitlich hintereinander Zehent für Zehent, Gut für Gut, Dorf für Dorf, 15. mit 16. oder 17. Jahrhundert vergleicht, findet man, daß am Vorabend der Neuzeit die kapitalistische Pacht noch in den Kinderschuhen steckt.

Warum? Aus Geldmangel vor allem. Die Dauerkrise der Währung im 15. Jahrhundert ist eine wohlbekannte Tatsache; im Languedoc geht sie erst unter der Regierung Franz I. langsam zurück: Zwischen 1453 und 1504 muß sogar die königliche Steuer in mehr als einem Dorf in Öl und Weizen bezahlt werden; dafür finde ich nach 1505 kein Äquivalent mehr. Die gleichen Währungsursachen, die in der Stadt die Bildung eines reichen landerwerbenden und landzusammenlegenden Bürgertums verhindern, bremsen auf dem Lande die Schaffung einer kapitalistischen Pächterklasse.

Zu den Währungsursachen kommen noch andere, die mit der Verteilung des Bruttoeinkommens aus der Bewirtschaftung zu tun haben: Was der Landpächter durch die erzwungene Mäßigung seines Eigentümers mit einer Hand gewinnt, verliert er es nicht aus der anderen durch die Ansprüche seiner Arbeiter? Damit stellt sich nach dem Problem der Grundrente das Problem des landwirtschaftlichen Lohnes am Anfang unserer Periode.

Die goldene Zwischenphase der Löhne

Um 1480: Die goldene Zwischenphase der Löhne. Für die städtischen Lohnarbeiter, für die der Geldlohn das Haupteinkommen darstellt, ist diese Benennung in gewissen Grenzen angebracht; ist sie es aber auch für den typischsten der Landarbeiter, den Knecht in Kost und Logis, dessen Naturallohn jedes Jahr durch einige Geldstücke ergänzt wird?

Von der bis heute noch wenig erforschten Entwicklung der gemischten, aus Naturallohn und Geldlohn bestehenden Entlohnung hängt nämlich das Los des ländlichen Proletariats ab. Betrachten wir die Archive der einem Kapitel gehörenden Höfe: Ein sorgfältig aufgestellter Vertrag regelt das Los des Großknechts oder *bayle* und der Gespannführer oder *boyers,* die ihm unterstehen. Dieser Vertrag wird zwischen 1475 und 1510 regelmäßig geschlossen und noch bis in die Jahre 1600–1650 ist gelegentlich von ihm die Rede. Sein ökonomischer Wert wird zwar geringer, aber seine formalen Verfügungen bleiben von Jahrhundert zu Jahrhundert dieselben; daher ist ein Vergleich möglich. Der *bayle* erhält von seinen Herren (den Kapitelherren von Narbonne) einen Teil seines Lohnes in Geld; in Geld auch die sogenannte *pitance* oder *companage,* das Zehrgeld oder Zubrot, mit dem er für sich und seine Familie sowie die Ochsentreiber die notwendigen, nicht vom Hof gelieferten Lebensmittel, vor allem Fleisch zu kaufen hat; an Naturalien erhält er Korn, Wein, Öl und Salz, auch wieder für sich und seine Familie und die ihm unterstehenden Arbeiter. Das ist der Prototyp des gemischten Lohnes eines Arbeiterkollektivs. Vergleichen wir nun Punkt für Punkt die drei Bestandteile des Vorarbeiterlohns im Abstand von hundert Jahren, d. h. am Anfang und am Ende unserer Dokumentenreihen (1480–1580), so werden wir besser sehen, inwieweit der Landarbeiter des 15. Jahrhunderts privilegiert ist.

1. Geldlohn

Im Jahre 1478 ist der Geldlohn auf beiden bekannten Höfen, La Bastide und Védilhan, der gleiche: Béraud Crozat erhält »für ihn und seine Frau« 24 Pfund und 12 Sous pro Jahr; derselbe Lohn auf dem anderen Hof. Was ist nach hundert Jahren daraus geworden? Wenn man die enorme Preisinflation der Zwischenzeit bedenkt, so ist es fast unglaublich, daß dieser Lohn am Ende des 16. Jahrhunderts sich kaum erhöht hat: 1571–1585 beträgt er auf beiden Höfen immer noch 24 Pfund (8 Ecus); 1583 beträgt er 30 Pfund, 1590 25 Pfund, 36 Pfund in den Jahren 1593, 1596 und 1600. Im Jahre 1480 bedeuteten die 24 Pfund, die der Vorarbeiter erhielt, einen recht ansehnlichen Lohn, der einer Kaufkraft von 30 Sétiers Weizen entsprach, also fast der jährlichen Weizenration von drei Landarbeitern[9]; bei dieser Bezahlung konnte sich die »baylesse«, die Frau des Vorarbeiters, in der Zeit Ludwigs XI. oder Karls VIII. ein paar hübsche Kleidungsstücke leisten. Dagegen sind die 30 und 36 Pfund, die um 1583 bzw. 1593 der *bayle* Jean Cassagnol von der Bastide als »Entgelt für ihn und seine Frau« erhält, nur noch 8–10 Montpelliersétier Korn wert; kaum eine einzige jährliche Landarbeiterration. Welcher Niedergang; ein radikales Absinken der Kaufkraft (um ⅔).

Im Jahre 1480 erhielt der *bayle* einen substantiellen Lohn in Geld; 1580 bekommt er nur noch eine Art Trinkgeld, als lächerliche Ergänzung einer Entlohnung, die nun im wesentlichen ein Naturallohn ist.

2. Das Zubrot

Tatsächlich erhält aber die Arbeiterschaft eines jeden Hofes noch eine ergänzende Geldsumme: Es ist dies das Zubrot, das für gewisse Ausgaben, besonders den Einkauf von Fleisch, bestimmt ist. Im Jahre 1480 beträgt diese Summe für Béraud Crozat, seine Frau, »die beiden Ochsentreiber« und den Kleinknecht der Bastide 12 Pfund 6 Sous pro Jahr, also pro Kopf 2 Pfund 9 Sous 2 Denier. Die Narbonner Kapitelherren verhalten sich in bezug auf dieses Zehrgeld in späterer Zeit wie moderne Unternehmer, die den Grundlohn auf gleicher Höhe halten, aber »etwas springen lassen«, indem sie Prämien (Leistungsprämien, Transportprämien u. dgl.) bezahlen. Wie wir gesehen haben, halten die Kapitelherren im 16. Jahrhundert den eigentlichen Lohn des Vorarbei-

[9] Sétiers von Montpellier, d. h. 49 Liter der Sétier.

ters sehr niedrig, erhöhen dafür aber die Zubrotentschädigung: von 2 Pfund 9 Sous pro Kopf und Jahr um 1480 steigt diese auf beiden Höfen auf 6 Pfund in den Jahren 1585–1590 an; nominal fast das Dreifache, während jedoch die Fleischpreise um das Vierfache gestiegen sind. Die Verringerung des realen Zehrgeldes ist ganz deutlich, hat jedoch nicht den skandalösen Charakter der Entwertung, von der der vorher betrachtete Grundlohn in Geld betroffen ist.

3. Zuteilungen in Naturalien

Wenn der Naturallohn im 16. Jahrhundert in ähnlicher Weise zurückgegangen wäre wie die oben erörterten Geldbestandteile, wäre dem Proletariat nur noch der Selbstmord übrig geblieben.

Dem ist aber nicht so. Die Zuteilungen der Kapitelherren an ihre Arbeiter werden zwischen 1480 und 1580 an Umfang nicht geringer; dagegen vermindert sich die Qualität: Weizenbrot unter Ludwig XI.; Mischbrot aus Weizen und Roggen unter Heinrich III. Im Jahre 1590 erhalten die Knechte auf der Bastide pro Kopf und Jahr 7 Sétiers Weizen und 3 Sétiers Roggen[10]; die Knechte auf dem Védilhanhof sind etwas weniger gut daran und erhalten 5 Sétiers Weizen und 3 Sétiers Roggen. Das grobe Brot, das die Hausfrau mit diesen 8 oder 10 Sétiers im Backofen des Hofes bäckt ist ebenso reichlich, aber viel dunkler als im Jahre 1480. Zu jener Zeit nämlich essen die Knechte auf den beiden Höfen noch wie die städtischen Bürger. Ihr Brot ist zwar nicht vom feinsten Mehl, besteht aber aus reinem Weizen: 1480 auf beiden Höfen 8 Sétiers Weizen pro Kopf; keine Spur von Roggen oder einem anderen gewöhnlichen Getreide. Das 16. Jahrhundert hindurch sparen die Arbeitgeber also nicht an der Quantität, aber sie verändern die Qualität.

Es gibt sogar Fälle, wo der Arbeiter weniger Taschengeld bekommt, dafür aber am Ende des 16. Jahrhunderts mehr Brot zu essen hat als im 15. Auf dem Bastidehof, wie wir gesehen haben, um 1480 8 Sétiers Weizen, um 1580 10 Sétiers Korn, davon 7 Sétiers Weizen und drei Roggen. Zur Zeit der Liga ist das Brot schwärzer, aber reichlicher. Insgesamt liefert die Ration des 15. Jahrhunderts, in Kalorien ausgedrückt, nicht mehr Energie als die vom Ende des 16.; aber sie ist schmackhafter und verfeinerter als 100 Jahre später.

Im letzten Drittel des 15. Jahrhunderts ist der Landarbeiter des Lan-

[10] Sétier von Narbonne: 70 Liter

guedoc nicht nur anspruchsvoll in bezug auf Geld und Weizenbrot, er trinkt auch viel reinen Wein. Auf unseren Höfen ist 1482 die jährliche Weinration der Knechte auf ein *muid*[11] Rotwein und zusätzlich 0,4 *muid* Trester festgesetzt. Ein Jahrhundert vergeht: Um 1580–1590 hat der Knecht nur noch ein Anrecht auf 0,8 *muid* Rotwein, 0,2 *muid* fehlen in seinem Glas; die werden vom Trester ersetzt, von dem er 0,65 *muid* erhält statt der 0,4 vor hundert Jahren. Ende des 15. Jahrhunderts: Wein und Weizen; Ende des 16. Jahrhunderts: Roggen und Trester. Stimmt es also nicht: Glückliches Ende des 15. Jahrhunderts? Auch die Ölration war damals höher.

Eine entscheidende Rolle spielt im Narbonner Land, das so nahe bei den Salinen von Sigean liegt, auch das Salz. Die Kapitelherren von 1580–1590, ebenso knauserig wie ihr Zeitgenosse Olivier de Serres (der in aller Unschuld schrieb: »Was den Lohn der Arbeiter betrifft, so soll er so klein wie möglich sein«), liefern ihren Arbeitern kein Salz. Da alles seinen Preis hat, muß die Hausfrau es von dem Zehrgeld kaufen; oder jeder Arbeiter muß dafür etwas von seinem persönlichen Geldlohn abzweigen. Auch in diesem Punkte sind die Kapitelherren von 1480 weniger schäbig als ihre Nachfolger, die habgierigen Pfründeninhaber. Unter Ludwig XI. teilen sie jedem Hof für 5 zu ernährende Personen 5 Karton Salz zu, also einen Karton pro Kopf und Jahr.

Insgesamt und um es deutlich zu sagen, steht der Arbeitsmann im Vergleich zu dem armen Teufel der Zeit Heinrichs III., am Ausgang des 15. Jahrhunderts recht gut da.

Soviel für den verköstigten Hofknecht, ob Großknecht oder Gespannführer. Was nun den Landarbeiter angeht, der nur in Naturalien, mit einem Anteil an der Ernte (Fall der Getreidemäher), entlohnt wird, so ist auch sein Los im letzten Drittel des 15. Jahrhunderts beneidenswert. Wie wir gesehen haben, verdingen sich jedes Jahr Erntearbeitertrupps, um in der Ebene das Getreide zu mähen; ihr Anführer oder Hauptmann verständigt sich zuerst mit dem Arbeitgeber, dem Inhaber des Feldes, über den globalen Anteil an der Ernte, der ihm und seinen Männern als Lohn ihrer Mühe zugestanden wird. Nach einem ununterbrochenen Abstieg im 16. Jahrhundert ist dieser Anteil um 1600–1630 nur noch ein Existenzminimum, durchschnittlich 6 % (die 17. Garbe) der Gesamternte. Manchmal sinkt er sogar noch tiefer:

---

[11] *muid*=ein altes Hohlmaß, das je nach der Gegend zwischen 280 und 700 Liter variieren kann, vergleichbar der Bezeichnung »ein Faß«, dessen Inhalt auch veränderlich ist. (Anm. d. Übers.)

Im Jahre 1620 übernimmt Jean Escanecabios, ein analphabetischer Schuhflicker, mit seinen Genossen »die Arbeit des Getreidemähens« auf dem Bastidehof zu einem Neunzehntel des Korns (5,3 %). Dieser Narbonner Mäher ist entschieden »pauperisiert« verglichen mit seinesgleichen im 15. Jahrhundert: 1480 tut sich Bernard Fontès mit seinen Genossen zusammen, um auf demselben Bastidehof das Korn zu schneiden. Als Preis ihrer Mühe erhalten sie genau den zehnten Teil – *deciman partem* – der Ernte. Im Grunde ein zweiter Zehent. Zweimal soviel wie ihre Nachfolger von 1620. Niemals wieder im Laufe der kommenden Jahrhunderte bringen die Saisonerntearbeiter ihren Familien so wohlgefüllte Säcke Weizem heim.

Im gleichen Maße vermindern die glücklichen Tagelöhner von 1480 den Profit der Landwirtschaftsunternehmer. Zwar bleibt das Bruttoeinkommen des Landwirts nach Abzug der Grundrente durch das sehr niedrige Niveau derselben entsprechend hoch und er arrondiert infolgedessen seinen Besitz; aber sein Nettoeinkommen nach Bezahlung der Betriebskosten wird durch den starken Lohnanstieg beschnitten und benagt.

Der Lohnanstieg selbst wird von der Situation auf dem Arbeitsmarkt bestimmt: Das Angebot an Arbeitskräften hat sich durch das Sinken der Bevölkerungszahl verringert und diktiert der Nachfrage der landwirtschaftlichen Arbeitgeber seine Bedingungen. Unsere Feststellungen in bezug auf das Einkommen des verköstigten oder mit einem Anteil an der Ernte bezahlten Landarbeiters stimmen also mit jenen überein, die sich auf die städtischen Löhne im Languedoc am Ende des Mittelalters beziehen: nach der schwarzen Pest, als die überlebenden Arbeiter in Toulouse spüren, daß die Marktlage ihnen günstig ist, steigen die Forderungen; die Pest zwingt die Reichen zu zahlen: Die Lehrlingslöhne steigen zwischen 1350 und 1450 langsam an; und die von Arbeitskräften entblößten Unternehmer suchen nach Taglöhnern für die Saisonarbeit bis in die Bretagne und stellen für die Schwerstarbeit sogar Frauen ein.

Fleisch und Weizen

Anstieg der Reallöhne und, allgemeiner, Anstieg des bäuerlichen Lebensniveaus infolge der Befreiung vom Bevölkerungsdruck und der Entspannung auf der Nahrungsmittelfront. Zweifellos beginnt mit der Pest von 1348 im Languedoc die Periode der Menschenknappheit, die sich über das ganze 15. Jahrhundert hinwegzieht. Menschenknappheit, das bedeutet reichliches und billiges Getreide. Nach 1351 werden die Zeiten des Mangels selten; nur noch eine alle zehn oder zwanzig Jahre; die Bevölkerungsdeflation löst auf brutale Weise die Nahrungsprobleme, indem sie die überzähligen Münder beseitigt.

Auf die Dauer bringt eine solche Verbesserung eine Veränderung der Ernährungsweise, des täglichen Brotes, des Gleichgewichts des angebauten Brotgetreides mit sich. In dieser Hinsicht bilden das 15. Jahrhundert und der Beginn des 16. einen Wendepunkt: Vorher Gerstenbrot, nachher Mischbrot (Weizen-Roggen), in der Zwischenperiode reines Weizenbrot auf dem bäuerlichen Tisch.

Zuerst Gerste. Im Mittelalter folgt der Getreidefruchtwechsel lange Zeit den Normen des antiken Mittelmeerraumes: Gerste und Weizen sind die »Großen Zwei«; in der Ebene bilden sie im 12. Jahrhundert die Grundlage aller Verpachtungen. In gewöhnlichen Jahren schlingen die Armen Gerste in sich hinein und auf dem Markt zu Nîmes ist im 13. Jahrhundert ihr Preis der Leitpreis für alle anderen Lebensmittel. Zwar wird auf dem günstigen Boden der zentralen Hochebene auch im Mittelalter schon Roggen angebaut; aber in den Ebenen des Languedoc ist er noch im 14. Jahrhundert praktisch unbekannt: die Bestandsverzeichnisse der Speicher erwähnen im Jahre 1323 in den Niederungen nur Gersten- und Weizensäcke. Und die Kornmärkte heißen Gerstenmärkte (orgeries)...

Aber ist nicht die mittelalterliche Gerste nur ein Breigetreide und nur der Weizen Brotgetreide? So einfach ist es nicht. Die Gerste des Languedoc ist schon seit dem Jahre 1200 für das gemeine Volk durchaus auch Brotgetreide und nicht nur der Grundstoff für die *polenta*. Eine in Montpellier im Jahre 1196 erlassene Backvorschrift drückt sich in dieser Beziehung deutlich aus: Zu dieser Zeit essen die Reichen bestes Weizenbrot, die Mehrheit aber ein grobes Brot aus einer Mischung von Gerste und Weizen oder einfach das schwere und trotz starken Beutelns unverdauliche Gerstenbrot.

Der mittelalterliche Anbau von Wintergerste (auch *escourgeon* genannt) in zweijährigem Wechsel mit Weizen (*escourgeon*, Brache, Weizen, Brache, *escourgeon* usw.) zum Zwecke der Brotherstellung ist eine rein örtliche Struktur; die Historiker haben sich wenig mit ihr beschäftigt, denn in Frankreich findet man diese Zweifruchtfolge im Reinzustand (zu ihrer besten Zeit) nur am südöstlichen Rand, der an das Mittelmeer angrenzt, die Landschaft der Gerstenesser. Sobald man den Kranz der Gebirge erklettert, die im Norden und Westen das Reich der Wintergerste umgeben, sobald man in die Alpen, in das Rouergue oder in die Haute-Cerdagne hinaufsteigt oder sich in das feuchte Land des aquitanischen Beckens begibt, weichen in den mittelalterlichen Dokumenten die *ordi* des Languedoc und der Provence dem Roggen und dem Hafer. Den echten Mittelmeerbewohnern, den Gersteverbrauchern, stehen die Alpenländer, die Rouergats und andere Gebirgler gegenüber, die sich seit unvordenklichen Zeiten von Roggen ernähren.

In Wirklichkeit ist der Kreislauf Weizen, zweimalige Brache und Wintergerste im Binnenland Frankreichs fast unbekannt ; dort ist die Praxis ein Kreislauf von Weizen und Roggen bei zweijähriger Brache; oder weiter nördlich eine Dreifruchtfolge mit Winterweizen, Hafer und Frühjahrsgerste bei dreijährlicher Brache. Sowohl in Frankreich wie außerhalb Frankreichs ist der Zweijahreskreislauf mit Weizen und Wintergerste spezifisch mittelmeerländisch; wenn man die Gerstenesser sucht, wird man sie in den alten und sehr alten Landwirtschaftssystemen immer an den Ufern des »Binnenmeeres« finden, bei den Bewohnern Enserunes, unter den Jüngern Jesu und den Ausgehungerten der Apokalypse, die alle kein Roggenbrot gekannt haben und Gerste aßen, womit sie dem Beispiel der Pioniere des nahöstlichen »fruchtbaren Halbmonds« folgten, die die Landwirtschaft erfunden haben. Noch im Hochmittelalter erhält sich der alte Fruchtwechsel Weizen-Gerste von Kastilien bis nach Griechenland völlig unangetastet; und das Gesicht der dortigen Landwirtschaft ist darin dem des zeitgenössischen Languedoc oder der Provence sehr ähnlich. Die Mittelmeerumwelt, deren Trockenheit der Gerste günstig ist, hat lange die Rolle einer Bewahrerin der alten Strukturen gespielt, indem sie sich dem Imperialismus von Roggen und Hafer widersetzt hat, den Spätlingen aus feuchter Umgebung.

Aber ab 1400 (Datum im weiteren Sinne) beginnt die breite Gerstenzone, die die südlichen Gebiete noch wie ein Mantel bedeckt, aufzubrechen, hier und da von großen Rissen durchzogen zu werden. Dafür bietet das Languedoc ein gutes Beispiel, besonders in der Gegend von Béziers–Narbonne. In dieser Zone wird noch 1384–1397 der Zehent zu ⅓ in Weizen, ⅓ in Gerste und einem Drittel in einer *raonage* genannten Mischung aus beiden gezahlt; in den Jahren 1391 und 1397 erhalten die Kornmäher zu ihrer Ernährung halb Gerste halb Weizen. Bei all dem fehlt der Roggen völlig.

So steht denn zwischen 1384 und 1397 die Gerste noch immer in ihrem vollen Glanz. Doch nähert sich das Ende ihrer Herrschaft: Im Lauraguais weisen Erntebestandsaufnahmen noch im Jahre 1375 einen beträchtlichen Anteil an Gerste aus; um 1400 fängt er an zu sinken und 1418 ist er praktisch null. In Béziers–Narbonne hat die Wintergerste bis 1400 eine starke Stellung. Wenn aber im Jahre 1480 die unterbrochene Dokumentenreihe wieder beginnt, ist dieses Getreide fast verschwunden: nun stipulieren die Erntearbeiterverträge nicht mehr eine Bezahlung in 50% Gerste wie 80 Jahre früher, sondern in 100% Weizen. Innerhalb von drei Generationen, 1397–1480, hat sich die Weizenrevolution vollzogen; das alte Ernährungsregime ist gestürzt worden.

In dieser ersten Zeit des 16. Jahrhunderts wird der Weizen zum König des Getreides; absoluter Herr eines Reiches, das er im 15. Jahrhundert noch mit der Gerste teilte und im 17. Jahrhundert mit dem Roggen teilen wird: um 1527–1531 sehen die Höfe im Lande Béziers Grundrenten in Form von 100 oder 90 Prozent Weizen vor; um 1650–1690 dagegen ist die Pacht auf denselben Höfen eine Mischung aus 40% Weizen und aus Roggen mit einem Schuß Hafer dazwischen.

Bleiben wir fürs erste beim ersten Akt (Übergang von einer aus Weizen und Gerste gemischten Ernährungsweise zu reiner Weizenernährung): Diese Episode spielt sich zwischen 1400 und 1480 ab (wahrscheinlich um 1400–1420) und führt am guten Ende zu einer Erhöhung des Lebensstandards. Zum Beweis: Die »alte Zeit«, die Zeit des groben, pappigen Gerstenbrotes hinterläßt im 16. Jahrhundert nur schlechte Erinnerungen und nicht die mindeste Sehnsucht; die Wintergerste oder *escourgeon,* sagt Olivier de Serres, ist eine grobe Nahrung, äußerstenfalls gut für arme Leute, sonst aber nur für die Pferde, damit sie Fett ansetzen oder als Abführmittel. Ähnliche Meinung Estiennes: *Escourgeon* ist ein Hungergetreide für die armseligen Bewohner des Périgord; Roggen ist soviel besser, er verleiht den Mädchen, die sich damit ernähren, festes, appetitliches Fleisch. Schon Plinius stellte den ersten Römern, die Gerste aßen, seine Zeitgenossen der *Urbs* gegenüber, wählerische Weizengenießer: »Gerste«, sagte er, »war gut für unsere Vorfahren; heute ist sie nur noch für die Pferde gut.«

Vereinfachend dargestellt: Eine Weizenphase (15., Anfang 16. Jahrhundert) schiebt sich zwischen eine Gerstenphase (Mittelalter) und eine Roggenphase (Neuzeit). Ein solches Phänomen bedeutet vielerlei. Zunächst demographisch: Wenn am Ende des 15. Jahrhunderts auf die Gerste verzichtet wird, dann bedeutet das, daß in gewöhnlichen Jahren genügend Weizen für alle vorhanden ist, da, in Umkehrung der malthus'schen These, die Bevölkerung schneller abgenommen hat als die Lebensmittel. Sodann die Bedeutung für die Bebauung des Bodens: das Gebiet, in dem die Gerste vorherrschte, fiel zusammen mit dem der typischsten mittelmeerländischen Landwirtschaft (wie man sie noch heute im Maghreb, in Spanien und Griechenland findet); als um 1400–1480 das Niederlanguedoc sich von der Gerste abwendet und vor allem Weizen anbaut und später sich dem Fruchtwechsel Weizen–Roggen–Hafer zuwendet, beginnt sie, sich von dem klassischen Mittelmeermodell Weizen–Gerste zu entfernen und sich dem Binnenlandmodell Weizen–Roggen–Hafer anzunähern.

Ein anderes vielschichtiges Phänomen, das sowohl aus dem Aufgeben bebauten Bodens wie aus der Erhöhung des Lebensstandards erwächst, ist die starke Stellung der Viehzucht am Vorabend der Neuzeit. Sehen wir uns Fontès an, ein bereits erwähntes Dorf: Im Jahre 1505 sind die Menschen dort noch wenig zahlreich: 106 einheimische Steuerzahler, wenig mehr als 1427 (95 einheimische Steuerzahler), sehr viel weniger als im Jahre 1695 (248 einheimische Steuerzahler).

Dieses im Jahre 1505 menschenarme Dorf ist mit soviel Vieh angefüllt wie niemals später. 1505: 2948 Schafe und Ziegen; aber im Jahre 1683 (als sich der Bestand an Menschen fast verdreifacht hat) ist der Schaf- und Ziegenbestand um ein gutes Drittel zurückgegangen: nur noch 1917 Stück Kleinvieh.

In dem ausgestorbenen Dorf Coussergues, das Pierre de Sarret in Besitz genommen hat, ist die Herde des Jahres 1503 (2500 Schafe, die dem Herrn gehören oder dem Pächter anvertraut sind, 219 Ziegen, 29 Ochsen, 54 Kühe, 16 Pferde, 98 Schweine) die größte aller Herden, die später in der Neuzeit auf diesem Gut weiden werden. Es ist eine wahre *Ranch*, die der nun in den Fünfzigern stehende ehemalige Kriegsmann betreibt, umgeben von seiner jüngeren Frau, seinen zehn Kindern und seinen beiden reizbaren Bluthunden Jeanny und Michou.

Und die Karten Thérèse Sclaferts zeigen: Auch in der Provence gibt es 1471 mehr Ochsen-, Schaf- und Ziegenherden als jemals später bis zum Jahre 1956 ... Grasse, die heutige Stadt der Blumen ist im 15. Jahrhundert die Hauptstadt der Schafe.

Am Ausgang des Mittelalters sind daher in diesem von Menschen überhaupt und Ackerbauern im besonderen entblößten Midi, in dem es von Viehherden wimmelt, die Hirten anmaßende Könige: »Wir vier allein sind mehr wert als ihr alle zusammen«, erklären im Jahre 1433 vier Schäfer einer Handvoll Familienvätern, die versuchen, das menschenleere Landgebiet Aniane recht und schlecht gegen die Verwüstungen durch das weidende Vieh zu verteidigen.

Die Verringerung des bebauten Landes, die Vervielfachung unbestellter Felder werden momentan zum Glück der Hirten. Wird nun parallel dazu der Anstieg des Lebensniveaus und des Fleischverbrauchs auch zu einer Vermögensquelle für die Metzger?

Auf jeden Fall fällt einem auf, wie gut diese Zunft die Niedergangszeit des 15. Jahrhunderts übersteht. In Montpellier gibt es im St. Firmin-Viertel im *compoix* von 1404 458 Steuerpflichtige, in dem von 1435 294. Die Zahl der Tuchmacher ist merklich gesunken. Dagegen gibt es für eine zahlenmäßig geringere Bevölkerung mehr Metzger als früher: 17 *mazeliers* (hauptsächlich Hammelschlächter) im Jahre 1435 gegen 14 im Jahre 1404; im St. Mathias-Viertel kein einziger *mazelier* im Jahre 1404, aber drei im Jahre 1435...

Das Fleischgeschäft zwischen Hirten und Metzgern funktioniert also in diesen Zeiten des Unglücks ausgezeichnet und sogar besser als je; daran ist nichts Verwunderliches: Einerseits gibt es Weideland in Fülle; und andererseits eröffnen die gute Getreideversorgung in einer Zeit der Menschenknappheit und die höhere Kaufkraft infolge des Lohnanstiegs den Weg zu höherem Fleischkonsum.

So bietet uns das Languedoc im 15. Jahrhundert das Beispiel einer Dialektik von Unglück und Glück. Aus der Sintflut von 1348 und den darauf folgenden Generationen tauchen nach und nach bemerkenswerte Möglichkeiten eines besseren Lebens auf: Der Lohnempfänger wird besser bezahlt als je; der landwirtschaftliche Pächter diktiert dem Eigentümer sein Gesetz; der bäuerliche Grundbesitzer vergrößert seine Parzelle; alle diese Menschen genießen eine verfeinerte Nahrung, weißes Brot aus Weizen, der nahrhafter ist als die traditionelle Gerste ihrer Vorfahren; die Natur schenkt ihnen freigiebig geräumigere Weideplätze als jemals, Wild in Menge, üppige Wälder; die unbebauten Weiten, die verlassenen Felder bieten sich zur Rodung dem mutigen Bauern an, der zur Hilfe nur die Arbeitskraft seiner Sippe hat. Ein auf grausame Weise dezimiertes Volk schöpft aus seinen Prüfungen im Kontakt mit einer verjüngten Erde neue Kraft. Und, ganz wie der Klerus, der das Erbe der Kiche retten will, muß auch der adlige Herr, der seine Familie erhalten will, bei den Bauern in die Schule gehen und sich dazu bequemen, selbst zu wirtschaften; sonst bleibt ihm nur noch das Raubrittertum übrig.

Der reine Grundbesitz, das Grundvermögen an sich sind eine Zeit lang sehr wenig rentabel. Nur dann wirft das Grundeigentum Gewinn ab, wenn es mit der Bewirtschaftung und wenn möglich mit der Bewirtschaftung in Sippengemeinschaft vereint wird, denn nur so kann die Zahlung drückender Löhne vermieden werden. Mit anderen Worten: Es genügt nicht, das Kapital (den Boden) zu besitzen; man muß auch selbst die Leitung des Betriebs übernehmen und die Arbeitskraft der Mitglieder der Großfamilie zur Verfügung haben.

Verbesserung des Urproduktionszweigs der Wirtschaft auf Kosten der Grundvermögen (gleichgültig ob herrschaftlicher oder kapitalistischer Vermögen), deren Gewinnspannen sich verkleinern. Eine solche Aufwertung der Arbeit bereitet die Bedingungen einer neuen Ausweitung der ländlichen Wirtschaft vor.

Auf alle Fälle haben wir es um 1480–1500 mit einem starken, wohlgenährten, kraftvollen Landvolk zu tun; infolge der kürzlichen Entwurzelung der meisten Familien ist es in rapider Erneuerung begriffen; auch wird es stimuliert durch die Rodungsprämie, die aus der Geringfügigkeit der Grundrente erwächst; es sitzt jetzt fest verankert in seinen mächtigen Sippen auf seinen zusammengelegten Gütern. Geläutert und verjüngt durch ein Jahrhundert der Heimsuchung ist es nun bereit zum Sturm auf die *hermes*[12] und das brachliegende Land, bereit, mit Hilfe von Brandfackel, Axt und Pflug neue und größere Ackerböden zu schaffen; zusammengeschmolzen auf ein Minimum an Zahl und im Besitz der besten Erde ist es der Träger jener schöpferischen Energie, die in den ersten Jahrzehnten des 16. Jahrhunderts explodieren wird wie eine *Nova.*

Ab 1480–1490 machen sich im Comtat und in den *Garrigues* um Montpellier Symptome eines demographischen Aufschwungs bemerkbar; von 1500 an beginnt die neue Welle des Bevölkerungswachstums, die sich zum Sturm auf den bebaubaren Boden anschickt.

---

[12] hermes=in der Sprache des Languedoc und der Provence Bezeichnung für unbestelltes Land. (Anm. d. Übers.)

Zweites Kapitel
Bevölkerung, Existenzmittel, Einkommen:
Die »Scheren« des 16. Jahrhunderts

I. Die Bevölkerungsexplosion

»Wie Mäuse in der Scheuer...«

Das herausragende Faktum des 16. Jahrhunderts zwischen 1500 und 1570 ist die Zunahme der Menschenzahl. Es gibt keine Standesamtsregister, die es ermöglichen würden, das Phänomen in Einzelheiten zu erfassen. Aber die fiskalischen Dokumente geben unbestreitbare Hinweise auf die Tendenz der Entwicklung. Alle zwei oder drei Jahre, wenn der Schreiber eines Kirchsprengels das Steuerbuch neu schreibt, um die Grundbesitzumschreibungen (die in der Zwischenzeit an den *compoix*-Rändern eingetragen worden sind) zu berücksichtigen und ebenso in jedem halben Jahrhundert (ungefähr), wenn der Landvermesser auf Ersuchen der Ortsvorsteher den Grundbesitz eines jeden zur Eintragung in den *compoix* neu vermißt, verlängern sich die Listen der Steuerpflichtigen in den Steuerbüchern merklich, in dem *compoix*, der auf einen Schlag das zahlenmäßige Anwachsen von zwei oder drei Generationen vermerkt, beträchtlich.

Es ist bemerkenswert, daß von den Provinzbehörden keinerlei Druck auf die Dorfschreiber ausgeübt wird, die Steuerpflichtigen gründlicher zu zählen. Keine Verwaltung der direkten Steuer vereinheitlicht ihre Arbeit oder weist sie an, einer bestimmten Tendenz zu folgen. Und dennoch: Alle diese Gemeindeschreiber, alle diese Atome des alten Steuerwesens, von denen jedes nur für seine Ortsvorsteher, nur in seinem engen Umkreis arbeitet, stimmen überein, ohne es zu wissen und bestätigen im Chor das phantastische Anwachsen der Anzahl der Steuerpflichtigen in den beiden Generationen seit dem Regierungsantritt Ludwig XII. bis zum Ausbruch der Religionskriege.

Der Aufschwung, den sie so anschaulich machen, ist allgemein; eine einzige Ausnahme, die aber die Regel nicht entkräftet, bildet das winzige Dörfchen Saint-Geniès-de-Varensal, das verborgen inmitten seiner Kastanienbäume liegt. Jedoch hat der Bevölkerungsanstieg nicht besonders frühzeitig begonnen (siehe Lodève oder Lunel, wo er nicht vor 1513–1518 anfängt); in Ligurien und sogar in der Provence scheint er vorher angelaufen zu sein (in Spanien dagegen später; es ist nicht undenkbar, daß die Welle der Wiederbevölkerung sich von einem italienischen Ausgangspunkt von Osten nach Westen entlang dem Golfe du Lion ausgebreitet hat).

Wie dem auch sei, so ist doch der schon etwas verspätete Aufschwung im Languedoc wahrhaft beträchtlich. Versuchen wir eine grobe Schätzung: Die auf die Jahrzehnte bezogenen Zuwachsraten der Zahl der Steuerpflichtigen variieren zwischen 6,7 % und 21,2 %; der Durchschnitt für die Region wäre dann, zwischen 1500 und 1560, 11,5 %. Bei diesem Tempo müßte sich die Zahl der Steuerpflichtigen in zwei oder drei Generationen verdoppeln. Deren Zahl ist aber weitgehend mit der Zahl der Familienvorstände identisch. Hat sich auch diese verdoppelt? Aus Mangel an direkten Angaben darüber ist es schwierig, genaue Zahlen anzuführen; erinnern wir immerhin alle, die an der riesigen demographischen Beweglichkeit des frühen 16. Jahrhunderts zweifeln, daran, daß sich in der Provence innerhalb einer kaum längeren Zeitspanne (1480–1560) sicheren Quellen nach die Häuserzahl verdreifacht hat.

Häuser, Haushalte oder im Grundbuch eingetragene Steuerpflichtige, sie alle bestätigen überall dieselbe Tatsache: Den triumphalen, den explosiven Bevölkerungsaufschwung im Süden Frankreichs in den ersten beiden Dritteln des 16. Jahrhunderts.

Der Anstieg ist nicht nur massiv, sondern auch beständig. Ein typischer Fall ist Gignac, wo man dank besonderer Dichte der Dokumente buchstäblich sehen kann, wie die Bevölkerung von Jahr zu Jahr anschwillt. Natürlich gibt es auch Sterblichkeit, gibt es Seuchen und Lebensmittelknappheit, die das Wachstum zeitweise stoppen. Aber das sind nur kurze Haltepunkte. Kein Vergleich mit den Axthieben (Fronde 1662, 1694, 1709 ...), von denen die ungesunde Demographie des französischen 17. Jahrhunderts zerschlagen werden wird.

Alle Gemeinwesen erleben eine Vergrößerung ihrer Zahl; und überall bevölkern sich und wachsen alle Ortsteile im allgemeinen Tempo des Dorfes oder der Stadt; in Montpellier erleben alle sechs Stadtviertel und Vorstädte seit 1500–1510, wie ihre Menschenbestände in gleichem Schritt anwachsen und aus den Nähten platzen.

Insgesamt bezeugen siebenundzwanzig Gemeinden diesen Aufschwung der Bevölkerung im 16. Jahrhundert. Das Gegenteil wäre bestimmt erstaunlich, da dieses Phänomen ja, wie jeder weiß, nicht auf das Languedoc beschränkt ist. »Zwischen den Jahren 1470 und 1540, die aus allgemeinen Untersuchungen bekannt sind, hat sich die Zahl der Häuser in der Provence durchschnittlich praktisch verdreifacht und die Bevölkerungszahl hat wieder die der Epoche vor der großen Pest von vor zwei Jahrhunderten erreicht«; alle Mittelmeerländer und manche Teile Westeuropas werden ebenfalls von der großen Bewegung erfaßt, in der das Languedoc nur ein lokaler Fall ist.

Von der Zeit her gibt es bei dem Aufschwung übrigens Verschiedenheiten. So scheint es, daß er in Spanien am stärksten zwischen 1560 und 1600 gewesen ist, zur Zeit als die Halbinsel von der hereinströmenden Flut der amerikanischen Edelmetalle erreicht wird. Im nahegelegenen Languedoc dagegen schwächt sich der Aufschwung nach 1560–1570 deutlich ab. Wenn wir da, wo die Quellen es erlauben, den Versuch machen, die Periode 1560–1600 für sich zu betrachten und zu analysieren, müssen wir feststellen, daß die Wachstumsrate der Bevölkerung meistens mittelmäßig, null oder negativ wird. Nach 1560–70 ist der gewaltige Aufschwung der ersten Zeit des 16. Jahrhunderts eindeutig gebrochen. Was ist schuld daran? Wahrscheinlich nicht die Wirtschaft, die, wie man in Italien oder in Spanien unter Philipp II. sehen kann, eher günstig für die Zunahme der Bevölkerung ist. Es ist der Bürgerkrieg, ein französischer Sonderfall: Die Gemeinden, deren Bevölkerung zurückgeht oder stagniert, sind genau jene, die von den Religionskämpfen berührt werden, wie Bessan, das von den Ligapartisanen im Jahre 1587 eingenommen und geplündert wird. Weit hinaus jedoch über solch blutige aber kurzfristige Vorfälle, besteht kein Zweifel daran, daß der mittelmäßige Bevölkerungsstand der Jahre 1560–1600 das ewige Leid des Krieges widerspiegelt, das aus Gemetzel, Raub von Arbeits- und Zuchtvieh, aus Beschlagnahmungen und der Unmöglichkeit, zu pflügen und zu ernten erwächst; dazu kommen noch die verschiedenen Auswanderungen, der Exodus der Protestanten in die Schweiz, der Katholiken nach Spanien: Alles trägt dazu bei, die Dynamik des Bevölkerungsaufschwungs zu unterminieren.

Dieser Bruch in der Zeit um 1570 hat etwas Endgültiges. Trotz des wiedergekehrten Friedens wird man nach 1600 die tolle Überschwenglichkeit, die fröhliche Raserei der Bevölkerungszunahme nicht wieder finden, die unter Ludwig XII., Franz I. und Heinrich II. herrschten, zu der Zeit, als die Menschen des Languedoc sich vermehrten »wie Mäuse in der Scheuer«. Gewiß gibt es wieder ein Wachstum, aber es ist brav und langsam und kommt um 1675–1680 zum Stillstand. Doch ist diese Verlangsamung unvermeidlich: Erklären sich doch die im Languedoc und in der Provence sehr starken Wachstumsraten, die wahrscheinlich durch Einwanderungen zwischen 1500 und 1560 mitverursacht wurden, nur dadurch, daß die Bevölkerungszunahme von einem niedrigen Niveau und geringer Dichte ausgeht; selbst wenn die Religionskriege nicht ausgebrochen wären, hätte durch Übersättigung der Gemeinden, Knappwerden der Ressourcen und der Mittel zur Bestreitung des Lebensunterhalts sowie der Arbeitsplätze der Anstieg nachgelassen – wie es im 17. Jahrhundert tatsächlich geschehen ist.

Nach dieser Feststellung wollen wir noch anmerken, daß die Zeit des großen Bevölkerungsaufschwungs im Languedoc (1500–1570) im Vergleich mit der vorangegangenen Periode einige originelle, sehr positive Symptome aufweist. Nehmen wir z. B. die Pest: mindestens seit 1481 und bis 1516 tritt sie so gut wie alljährlich auf, ist sie eine Dauererscheinung, die bei jedem Ausbruch das Parlament von Toulouse zum Umzug zwingt; und im Jahre 1510 gilt das Languedoc noch als die am stärksten pestverseuchte Provinz des Königreichs. Die Infektion ist zweifellos in ihrem Boden verwurzelt, den die Leichen der Ratten und die Exkremente der Flöhe greulich verseucht haben.

Nach 1516 jedoch mildert sich die schreckliche Krankheit ab; die Epidemien brechen weniger häufig aus; das wird ganz deutlich in Toulouse, wo die ärztliche und polizeiliche Wachsamkeit des Parlaments es ermöglicht, zum ersten Mal eine richtige, fortlaufende statistische Reihe aufzustellen: Ab 1481 (Ausgangsdatum der Reihe) bis 1516 werden fast jedes Jahr Pestepidemien verzeichnet; nach 1516 dagegen ein deutliches Seltenerwerden; nachdem der äußerst schwere Ausbruch von 1529–1530 überstanden ist, werden neue Ausbrüche selten und noch seltener nach 1564, was die Zeitgenossen um so mehr beeindruckt. Es ist bekannt, daß die Pest schließlich im 18. Jahrhundert aus Europa verschwindet, um sich auf ihre Ausgangsbasen in Osteuropa und Asien zurückzuziehen; die Epidemie von 1653 wird die letzte in Toulouse sein; die Marseiller Epidemie des Jahres 1720 wird nur die östliche Ecke des Languedoc streifen (Gévaudan, Cevennen). Kurzum, die Pest hat im Languedoc bereits seit dem 15. Jahrhundert im allgemeinen ihren »apokalyptischen« Charakter des Jahres 1348 verloren; nach 1530 und vor allem 1564 hört sie auch auf, eine Dauererscheinung zu sein; sie gibt nur noch seltene, blitzhafte Auftritte, ehe sie völlig erlischt. Die Reihen anderer Gegenden des Languedoc bestätigen die Toulouser Reihen.

Desgleichen beobachtet man bei dem dynamischen Bevölkerungszuwachs einen Rückgang des Aussatzes. Die Aufnahmeeintragungen des Leprosoriums von Nîmes bilden eine statistische Reihe, aus der man eine Chronologie ablesen kann: Bis 1535 eine oder zwei Aufnahmen pro Jahr, oft mehr; nach dieser Zeit werden die Eingänge immer seltener; ganze Jahresreihen vergehen, ohne einen einzigen Aussätzigen. Im Jahre 1523 sind die Aussätzigen von Nîmes noch in ihren Gemeinschaftshäusern zusammengepfercht; am Ende des Jahrhunderts, im Jahre 1594 dagegen, haben sie reichlich Platz, gute Möbel und führen aus ihrer Abgeschiedenheit Prozeß über Prozeß; ihr *majoral,* der Vorsteher, Sohn eines Aussätzigen aber selbst gesund, legt das jetzt im Überfluß vorhandene Geld der Gemeinschaftskasse an. Außerdem verschwindet schließlich um 1519 die »weiße Pest«, von der die im Land von Narbonne, in den Pyrenäen und im Norden Spaniens so zahlreichen *capots,* auch *cagots* oder *ischaureillats* genannt, befallen waren. Ihre Nachkommen, die *cagots,* werden noch bis ins 18. Jahrhundert abgesondert leben müssen, mit ihren eigenen Weilern, ihren eigenen Friedhöfen, ihren eigenen Weihwasserkesseln; aber diese gesellschaftlichen Parias sind mindestens ab 1519 als medizinisch gesund anerkannt.

So begegnet der Bevölkerungsaufschwung des 16. Jahrhunderts, der der so besonderen Lage am Ende des 15. Jahrhunderts entspringt, außerdem auch noch gewissen günstigen Bedingungen durch die Abschwächung der alten Infektionskrankheiten vom Ende des Mittelalters. Sind die Keime weniger virulent geworden? Ist die Bevölkerung allmählich immun gegen sie geworden (Theorie, an die neuerliche Forschungsarbeiten nicht mehr glauben)? Hat sich eine neue Spielart von Ratten gebildet, die ja gemeinhin die Pestflöhe übertragen? Pollitzer, der große Pestfachmann, neigt zu den ersten beiden Hypothesen. Verzeichnen wir ganz einfach die Milderung der Morbidität des alten asiatischen oder afrikanischen Typs; selbst des Auftreten der amerikanischen Ablösungskrankheiten wie etwa die Syphilis, die um 1535 massenhaft durch die Prostituierten von Montpellier und von Avignon verbreitet wurde, führt nicht zu einer negativen medizinischen und Bevölkerungszahlbilanz, die im Vergleich zu der vorangegangenen Epoche äußerst günstig bleibt. Alles in allem: der Mensch ist langsam gesünder geworden; der Pestbazillus schwächer; und die auf diese Weise zwischen zwei Feuer geratene Sterblichkeit hat sich abgeschwächt; Grund genug, während einiger Generationen dem Bevölkerungsaufschwung freie Bahn zu geben.

Auffüllung des Menschenbestandes; mit anderen Worten Urbarmachung. Die beiden Begriffe gehören zusammen, im 16. Jahrhundert ebenso wie um das Jahr tausend. Von 1520 an sorgen sich die bis dahin gleichgültigen oder sogar wohlwollenden Behörden über den schweren Raubbau, dem Wälder und Dickicht »Bäume oder Sträucher« durch Feuer, Axt und Hacke ausgesetzt sind. 1520–1521 ertönt der erste Alarmruf des Toulouser Parlaments an die Bauern: »Wann werdet ihr aufhören, die Wälder zu entblößen, grünes und trockenes Holz zu schlagen.« Regierungsvertreter verteidigen die Jungfräulichkeit der königlichen Domänen und sind beunruhigt, daß so viele Menschen dort ohne Genehmigung »den Boden und unfruchtbaren Grund« umbrechen; sie reagieren gereizt auf das Mühlenfieber, das, ganz wie in der Franche-Comté, die Anwohner der Flüsse ergreift, die noch dem kleinsten Rinnsal mit Deichen und Rädern zuleibe gehen.

Um 1555–1558 ist die Verwüstung des armseligen Gehölzes des mittelmeerischen Languedoc komplett: die Backöfen der Bäcker verschlingen das Knüppelholz der Zwergeichen; da es keine wirklichen Bäume gibt, werden die *garrigues* gerupft und das Strauchwerk verbrannt; ganze Eselskolonnen, die unter dem Rosmarin fast zusammenbrechen, bringen ihre Fracht von Brennmaterial in die Städte.

Mehr noch als das Brennholzschlagen zählt die Schaffung neuen Anbaulandes. Die *compoix* enthüllen uns das Bild einiger der Roder oder Roderinnen. So z. B. Isabelle de Lerm, die im Jahre 1534 in einem Dorf des Hérault ihr Gut errichtet hat und zwar auf ganz sicher armseligem Wald- und Wiesengrund, den sie umgegraben, mit Korn besät und mit Mandelbäumen und jungen Olivenbäumen bepflanzt hat; in dieser Gemeinde werden, ganz wie in der Gegend von Béziers, um 1530–1540 sogar die Wiesen zu Getreidefeldern gemacht, so groß ist der Hunger der zahlreich gewordenen Menschen.

Die *compoix* von Langlade im Vaunage von Nîmes sind mit äußerster Sorgfalt durchforstet worden. Katalogisiert man die eingetragenen Liegenschaften, so gelingt es, dem Vorrücken eines Urbarmachungssaumes zu folgen, der in die Garrigues hineinklettert. Langlade im Jahre 1500: ebenes Land, 306 völlig umgepflügte Hektar; 520 bis auf etwa 3 Hektar völlig unangetastete Hektar Garrigues; im Jahre 1576 ist der Einbruch in die Garrigues gründlich vollzogen: 44 ha sind urbar gemacht, fünfzehn Mal mehr als im Jahre 1500. Die Bevölkerungszunahme, das Ansteigen der Nachfrage und der Preise haben zusammengewirkt: Miserable, steinige Gelände, die noch nie erobert oder vielleicht um 1350 oder 1400 verlassen worden waren, mußten erschlossen oder wiedererschlossen werden.

Diese Erschließungen sind kostspielig, ein Raubbau an Baum und Boden und wenig rentabel, denn sie erfordern viel tierische und menschliche Arbeitskraft und bringen wenig hervor; sehr wenig heutige Landwirte möchten so elende Böden haben wie sie im 16. Jahrhundert urbar gemacht wurden. Gab es denn keine andere Lösung für den gebieterischen Bevölkerungsdruck des 16. Jahrhunderts?

Der intensive Gegenzug: Gestreute Anpflanzung

Man kann unberührtes oder wieder unberührt gewordenes Land roden: Extensive Entfaltung. Man kann auch seit langem oder neu urbar gemachtes Land bepflanzen und dadurch den Ertrag vermehren: Intensive Entfaltung. Die Pflanzung ist die klassische Antwort der mittelmeerländischen Landwirtschaft auf den Bevölkerungsaufschwung; es ist sogar oft die einzige Form der Intensivierung, die sie kennt (in Abwesenheit einer guten Felderwirtschaft, von Futtergetreide und Düngung und meistens auch Bewässerung). Im 16. Jahrhundert wird also um die Wette angepflanzt. Zuerst der Olivenbaum: Die Renaissance auf dem Lande beginnt mit einen Ölfruchtanbauzyklus. Von 1500 an kann man von *compoix* zu *compoix* sehen, wie die Reihen der Bäume den Ackerfurchen entlang vorrücken; und manche Gegenden spezialisieren sich auf die Ölerzeugung. Neben dem Olivenhain (der Monokultur einer Parzelle) setzt sich das *camp en holieu*, das *camp en olivas* durch, anders gesagt, das gemischte Feld – Weizen, Öl – Ackerfurchen und Baumreihen; dieses mit Bäumen bestandene Feld ist zu allem gut: es trägt auf den Stufen der Terrassen, die die Rhone, den Hérault und die Gebirgsbäche der Cevennenausläufer säumen, gleichzeitig Weizen, Hirse, Oliven und ein paar Gemüsebeete (dicke Bohnen). Im damals so emsigen Gignac am Ufer des Hérault, hält sich der Fortschritt des Ölbaums kontinuierlich vom 15. Jahrhundert bis ans Ende des 16. Im ersten *compoix* (Anfang des 15. Jahrhunderts) auf 920 Grundstücken 6 Olivenhaine, weniger als 1 %; ab 1462 bestehen 19 % der Grundstücke aus Olivenhainen, die Revolution beginnt; 1519 verhält der Olivenhain den Schritt (15 % der Grundstücke), dafür aber drängt sich überall das mit Bäumen bestandene Feld vor (16 % der

Grundstücke); ⅓ aller Grundstücke erzeugen auf die eine oder andere Weise Öl; 1534, entsprechend dem Tempo, in dem die Bevölkerungswelle anschwillt und in diesem Marktflecken das Bataillon der Steuerpflichtigen zunimmt, überschwemmt der Olivenbaum alles: 42 % der Grundstücke sind Olivenhaine, 14 % olivenbaumbestandene Felder. 1556 schließlich ist das Jahr des Triumphs: Überall sind die Abhänge zu Terrassen und Banquetten geworden; überall Bäume; 34 % der Grundstücke Olivenhaine, mehr als 36 % gemischte Felder mit Weizen und Öl. Die silbrigen Büschel der Olivenbäume schimmern selbst in der dunkleren Masse der Reben; die *cultura promiscua* hat das Spiel gewonnen. Winzer und Neulanderschließer vernachlässigen ihren Wein und ihr Korn, um Öl zu produzieren. Das Fett wird zum König: Im Kielwasser des Olivenbaums sprießen nun *amelliers* (Mandelbäume) und *nouguiers* (Walnußbäume) in großer Zahl.

Also ein gemeinsamer Nenner: Die Offensive des Ölbaums im 16. Jahrhundert; hier, indem er sich heimlich einschleicht und den Acker sprenkelt, dort indem er sich in kompakter Form als dichte Masse von Olivenhainen einnistet.

Das Zeugnis der *compoix* ist in seiner Einhelligkeit erstaunlich; mit Recht kann man ihm jedoch vorwerfen, daß es zeitlich zu weit auseinanderliegt. Geben wir daher dem Zehent das Wort. Betrachten wir die langen Reihen dieser Abgabe, die seit 1480–1500 das lebendigste, weil direkteste Zeugnis über die landwirtschaftlichen Saisonbewegungen ablegen. In Narbonne und den umliegenden Dörfern vergeben die Kapitelherren von Saint-Just jedes Jahr einige Tage vor der Olivenernte den Ölzehent an den Meistbietenden; der Pächter, der den Zehent ersteigert, behält sich einen bescheidenen Gewinn vor, denn er hat keinerlei Unkosten mit dem Anbau und seine Tätigkeit beschränkt sich darauf, die ihm zustehenden abgeernteten Früchte einzusammeln und pressen zu lassen. Der Naturalzins in Öl, den er sich verpflichtet, an das Kapitel zu zahlen, bedeutet also einen sehr wichtigen Teil seiner Bruttoeinnahme. Auf jeden Fall sind die Schwankungen seines Umfangs stark vom Umfang des Zehenten beeinflußt, das heißt, der Produktion: gute Ernte, hoher Zehent, hoher Zins und umgekehrt.

Sehen wir uns die vier Kurven an: Narbonne und Gruissan ab 1479; Moussan seit 1480, Cuxac seit 1498. Auf den ersten Blick scheinen die graphischen Darstellungen voller »Löcher« und Zacken zu sein. Das kommt daher, daß der Olivenbaum in jener Zeit von sich aus den Wechsel zwischen Fruchttragung und Brache betreibt und nur jedes zweite Jahr eine richtige Ernte ergibt; das andere Jahr ist er erschöpft, denn es fehlt ihm an Düngung und so ruht er sich aus. Daher kommen die Zacken des Diagramms. Die Lücken dagegen erklären sich teils durch totalen Ausfall (starker Frost, Parasiten), teils durch Nichtverpachtung (die Kapitelherren beschließen im entsprechenden Jahr, den Zehent selbst einzuziehen, statt ihn zu versteigern), teils schließlich durch die Unzulänglichkeit eines Schreibers.

Aber das sind kleinere Unannehmlichkeiten. Die Kurven lesen sich trotzdem klar: Sie zeigen die Vermehrung der Ölproduktion im 16. Jahrhundert, besonders in den großen Produktionszentren. In zwei Gemeinden verdoppelt sich der Zehent zwischen 1500 und 1560 und steigt auf 20 Ladungen kurz vor Beginn des Bürgerkrieges. Auch in Narbonne und Cuxac, deren Gebiet wenig Ölfrucht erzeugt, bleibt der Anstieg, wenn auch weniger ausgeprägt, im Verlauf dieser sechzig Jahre tendenziell sichtbar. Auftrieb des 16. Jahrhunderts: Die Zehente im Lande der Aude bekräftigen die *compoix* des Hérault. Der Narbonner Olivenwald, der bis 1709 so wichtig bleiben soll, nimmt im ersten Teil des 16. Jahrhunderts seine Gestalt an.

Nach 1560–1570 nimmt der Ertrag des Ölzehent in den letzten dreißig Jahren des Bürgerkriegs ab. Handelt es sich wirklich um einen Niedergang der Produktion oder haben wir es mit dem Resultat des Zehentstreiks zu tun, den die Bauern insgeheim führen? Wir werden darauf zurückkommen. Für den Augenblick bleiben wir in der ersten Hälfte des 16. Jahrhunderts, für die alle Dokumente übereinstimmen. Die Wirtschaft ersteht wieder, der Olivenbaum greift um sich: Um 1560 steht er in vollem Glanze; kein Pflanzer sieht die vier langen Winter voraus (1565–1573), die zeitweise vom Olivenwald des Languedoc nichts anderes übrig lassen als erschöpfte und gepeinigte, vom Frost geschwärzte und abgestorbene Skelette.

Man sieht diese Pflanzer der Renaissance fast überall aus den Seiten der alten Register hervortreten: Im Jahre 1533 übernimmt es Bernard Pomayrols, ein Seiler aus Béziers – ein Seiler, der sein Handwerk nur halbzeitig ausübt und mit einem Fuß immer im Baumgarten steht – für Rechnung der Kapitelherren 12 *estaques* (junge Olivenstämmchen) zu pflanzen. Das Domkapitel liefert die Stämmchen und zahlt den Taglohn des Seilers; Bernard übernimmt die Kosten für die Anpflanzung, bringt sein Essen mit und nimmt es auch auf sich, zu gießen, umzugraben und die *estaques* zu pflegen und den Boden zu harken; in den Akten der Notare finde ich solche Pflanzer häufig; und um das Jahr 1530–1550 gehört es zu jedem Hof, daß der Pächter auf seine Kosten pro Jahr 10 oder 12 *estaques* pflanzt, für ein mittleres Gut etwa 1000 im Jahrhundert. Dadurch erklärt sich ohne Schwierigkeiten die große Zunahme des baumbestandenen Feldes auf dem flachen Lande und der Rückgang der nackten Felder, »die Bekleidung des Ackers«.

Solche Anstrengungen unterstützen das Vorrücken des nördlichen Saumes des Anbaugebiets; Olivier de Serres als aufmerksamer Geograph verzeichnet dieses Faktum: »Von einem Jahrhundert zum anderen«, schreibt er, »entfernt sich der Ölbaum weiter vom Meer«; an verschiedenen Orten, die man früher wegen ihrer »Kälte« als ungeeignet für sein Wachstum betrachtet hat, trägt er Früchte. Dieser Marsch gen Norden hält auch noch lange nach dem 16. Jahrhundert an. Als Felix Platter 1552, von Lyon herkommend auf dem linken Ufer die Rhone aufwärts reist, bemerkt er die ersten Olivenbäume voller roter, schwarzer und grüner, schon reifer und bitterer Früchte in Pierrelatte. Drei Jahrhunderte später begegnet Flahault Olivengärten 10 Kilometer weiter nördlich, in der Höhe von Viviers. Auf dem rechten Rhoneufer ist die Jahrhundertverschiebung noch deutlicher: Nach Thomas Platter ist im Jahre 1559 die nördliche Grenze bei Bourg-Saint-Andéol; 1886 liegt sie 33 Kilometer weiter stromabwärts. Der Baum rückt also mit der respekterheischenden Geschwindigkeit von einem Kilometer pro Jahrzehnt, von 10 Kilometern pro Jahrhundert nach Norden vor.

Der Aufschwung der Ölfrucht vollzieht sich im Languedoc, aber auch in der ganzen Mittelmeergegend. Die Provence, das Comtat, Andalusien und das tunesische Sahelgebiet überziehen sich in der Zeit Franz I. und Karls V. mit Olivenbäumen. Hinter dieser Expansion ahnt man die steigende Nachfrage der örtlichen Konsumenten und der mittelmeerländischen Küche: Kohlsuppen mit Öl, nichtendende Fastenzeiten mit Stockfisch und kleinen Seezungen in Öl – all das bringt den armen Platter mit seiner Vorliebe für die Schweizer Butterküche in Montpellier zur Verzweiflung. Daneben gibt es bereits den Bedarf der Woll- und Seifenfabriken sowie um 1557–1560 die wachsende Nachfrage der großen Mittelmeerstädte wie z. B. Genua. Und auch die Nachfrage von weither, von den Märkten im Norden; man kann auch gewisse Handelsbeziehungen mit Afrika vermuten, die mit der Lieferung sudanesischen Goldes als Gegenleistung verknüpft sind; es ist bekannt, daß im 19. Jahrhundert das Olivenöl bis nach Timbuktu geht, mit fünf Zwischenstationen von Karawane zu Karawane getragen; durch die hohen Transportkosten wird es dann aber so teuer, daß man sich seiner nur in kleinsten Mengen bedient: für Luxus- oder Notbedarf, die weibliche Schönheitspflege oder das Verbinden von Wunden.

Wie dem auch sei, der Ölbaum des 16. Jahrhunderts erobert seinen

Platz an der Sonne. Einen ehrenhaften Platz, wenn Klima und Lage ihn begünstigen: Im Kataster der Diözese Nîmes-Alès von 1552 kommt der Ölbaum nach Getreide und Weinland und fast gleich mit der Kastanie. Jedoch im Süden der Diözese machen die Ölbäume an Wert fast ein Drittel der Äcker aus; denn dort ist das Klima günstig und man befindet sich in der Nähe der Häfen, die sich auf den Ölhandel spezialisiert haben. Doch ist dieser Aufschwung des Ölanbaus zwar echt, aber lokal beschränkt; denn für die gesamte Diözese steht der Olivenbaum im Jahre 1552 zwar an vierter Stelle der Produktion, dem Wert nach beschränkt er sich aber auf 6 % des Landes; in der Diözese Uzès ist es nicht anders.

Hier Olivenbäume, andernorts Färberwaid; die Expansion des 16. Jahrhunderts ist die Trägerin landwirtschaftlicher Neuerungen; und was wird unter diesen Umständen aus dem Weinbau?

Die *compoix* geben uns manchmal den Eindruck einer gewissen Belebung des Weinbaus: nehmen wir z. B. Bessan, ein großes Dorf in der Ebene, dessen Fluß (der Hérault) mit einem nahen Hafen (Agde) verbunden ist. Im Jahre 1502 sind 19 % der Grundstücke *en vinha,* d. h. mit Wein bepflanzt, im Jahre 1523 sind es 32 %.

Und nun Sérignan, ein kleiner Küstenhafen. Im Jahre 1521 werden dort von Arbeitern Terrassen angelegt, Löcher hineingegraben und Weinstöcke eingepflanzt: *item un tras de terra que a romput... que de present a plantat de malhol.* Und dreißig Jahre später, um 1550–1562, scheint in dieser Gemeinde der Fortschritt des Weinbaus noch immer kräftig betrieben zu werden; er bemächtigt sich nun der geringeren Böden, der *Garrigues,* der *vaccans,* des Geländes *en cosse haulte,* die sich nun mit *maillols en broque,* d. h. mit jungen Rebpflanzen bedecken, in einer Zone, die bisher immer Brachland war. Der Herr des Ortes gewinnt dabei: Er entledigt sich durch eine Zinspacht oder *nouvel acapte* einer *Garrigue,* mit der er nichts anfangen kann; seine Bauern aber sind froh, Wein darin anpflanzen zu können.

Aber eine Schwalbe macht noch keinen Sommer: Gewiß sind diese Anpflanzungen Anzeichen für ein günstiges Wirtschaftsklima; von einem Weinbaugebiet kann man dennoch nicht sprechen. Und die gute *compoix*-Reihe von Sérignan ermöglicht uns, anhand des Anbauumfangs die wirkliche Tragweite dieser verstreuten Anpflanzungen zu ermessen. Sie bleibt beschränkt und wird schnell gebremst: In den *compoix* von 1521 sind 17 % der Grundstücke mit Wein bebaut – davon 11 %, also mehr als die Hälfte, mit Jungpflanzen. Anzeichen eines jungen Weinanbaus wie in Bessan zur selben Zeit; der Rest: 11 % Olivenhain, 72 % Felder. Ein aufstrebender, aber nicht überwiegender Weinbau. 1550, der folgende *compoix:* 66 % Felder, 11 % Olivenhain, 3 % mit Olivenbäumen bestandene Felder, 20 % Wein. Der Fortschritt des Reblandes von 1520 bis 1550 ist echt, aber sehr gering. Im übrigen wird er in Kürze durch den Bürgerkrieg zum Stillstand kommen, der die Olivenhaine und den Weinbau dieser Gemeinde zurückgehen läßt: laut *compoix* auf 11 % Weinland, 8 % Olivenhaine und 81 % Felder im Jahre 1603.

Sérignan ist ein beispielhafter Fall; einzelne Angaben legen einen Aufschwung des Weinbaus nahe. Aber die *compoix,* die ja Globaldokumente sind, die Gesamtsummen addieren, zeigen das wirkliche, bescheidene Ausmaß dieser Expansion. Es muß auch vermerkt werden, daß der Weinbau dieser beiden Gemeinden direkt durch den Einfluß des Meeres und des großen Handels belebt wird; die Marseiller Kaufleute interessieren sich nämlich im 16. Jahrhundert für die Kette kleiner Häfen an der Küste; Sérignan, Frontignan, Aiguesmortes. Sie verfrachten von dort Weine nach Genua oder Livorno. Und es ist dieser Lockruf der Ferne, der die Bauern an der Küste dazu veranlaßt, das Brachland manchmal dem Wein zu opfern. Der gleiche Einfluß macht sich in der Diözese Montpellier geltend: Um 1500–1520 entsteht dort ein küstennahes Weingebiet durch den Anbau mehrerer Gemeinden rund um Frontignan. In diesem Gebiet ist unter Franz I. die Rebfläche ebenso groß oder noch größer als die Getreidefläche.

Aber dieses Beispiel ist eine Ausnahme. An der übrigen Küste sowie dem Binnenland der Diözese, die heute reines Weinland ist, macht der Weinbau höchstens ein Fünftel, gewöhnlich nur ein Zehntel der Getreideanbaufläche aus; in entlegenen Dörfern sogar nur 1 bis 2 %.

Nach dem Zeugnis der *compoix* erscheint der Weinbau im 16. Jahrhundert manchmal dynamisch, aber öfter lethargisch. Was sagt der Zehent?

Wenig; im 16. Jahrhundert gibt es noch keine guten Zehentreihen über den Wein. Darauf muß man bis 1600–1650 warten. Einige Angaben haben wir aus den kleinen Städten. Im Jahre 1560 verpachten die Kapitelherren von Béziers, die noch nicht von den Hugenotten drangsaliert werden, »den großen Zehent« ihres Weingebiets zu 50 *muids* Wein und 10 *muids* Trester. Das ist ein äußerst niedriger Zins im Vergleich zu den aufgeblähten Renten von 1615–1650. Einen so geringen Weinzehent wird man erst wieder in den schlimmsten Jahren der Weinbaukrise am Ende des 17. Jahrhunderts erleben.

Zehent und *compoix* bestätigen einander also; im mittleren Languedoc (Montpellier-Béziers) ist der Weinbau trotz des Bevölkerungsanstiegs, trotz des hier und da siegreichen Lockrufs des Seehandels von einer Art Erstarrung erfaßt. Das ist die Wirklichkeit des Mittellanguedoc. Gilt sie auch für den Osten des Landes, das Gebiet von Nîmes, die Rhonehügel?

Versuchen wir, die Frage anhand der *compoix* zu beantworten. Betrachten wir Langlade (bei Nîmes), wo heute ein guter Wein wächst: im Jahre 1500, 155 ha Getreideacker, 50,2 ha Wein, alles in der Ebene, 29 ha Olivenbäume; im Jahre 1552, für welches wir nur die Ziffern in Katasterpfunden haben, sind die Proportionen noch ungünstiger für den Wein: Für 18 Pf. 5 Sols 10 Deniers Getreidefelder, für 5 Pf. 6 Sols 11 Deniers Wein, für 3 Pf. 8 Sols 6 Deniers Olivenbäume. Im *compoix* von 1576 hat der Wein flächenmäßig gegenüber dem Jahre 1500 sogar verloren: Er bedeckt nur noch 35 ha statt der 50 ein dreiviertel Jahrhundert vorher. Dieser Rückgang des Weinbaus ist um so bedeutungsvoller als er sich mitten in der Expansion eines Gebiets und einer Menschengruppe vollzieht. Zur selben Zeit wie die Bewohner Langlades ihre Weinproduktion vernachlässigen, wächst ihre Zahl; ihr Grund und Boden zerspringt in Stücke, splittert sich auf in unzählige kleine Grundstücke.

Mögliche Erklärung: Im 16. Jahrhundert haben die Vorfahren der heutigen Winzer in diesem Dorf noch keine richtigen Weinbauernreaktionen, sind sie nicht mit Leib und Seele Winzer. Die Bauern des 16. Jahrhunderts, überwältigt vom Bevölkerungsdruck und gefordert von der Nachfrage nach Lebensmitteln und von der wachsenden Verteuerung des Weizens haben nur einen Gedanken im Kopf: Korn, Korn und noch einmal Korn. Und dafür zögern sie nicht, einen Teil ihres Weinlandes in der Ebene zu opfern, eine Frucht der geringeren Bevölkerungszahl des vorhergehenden Jahrhunderts. Und wenn sie die *garrigue* von Steinen befreien und roden, so geschieht das nicht, wenigstens nicht im Vaunage, um dort Weinstöcke zu pflanzen (obwohl das die eigentliche Eignung dieser Trockenzone ist), sondern um, gegen jeden gesunden Menschenverstand, die Saat winziger Ernten zu säen, die, wenn die Trockenheit nicht zu extrem ist, manchmal dem Geröll des Grundes entwachsen.

Diese Ansicht wird von dem *compoix* der Diözese Nîmes bestätigt (1552): Das Weinland macht nur 16 % des Wertes des ganzen Diözesengebiets aus; und es ist im wesentlichen in der Nähe der Städte angesiedelt; die Dörfer haben nur klägliche Überreste an Reben.

Von Béziers bis Uzès gibt es im 16. Jahrhundert keine Expansion des

Weinbaus, die dieser Bezeichnung würdig wäre. Wie man noch sehen wird, muß man damit bis zu den Regierungszeiten Heinrichs IV. und Ludwigs XIII. warten. Unter Franz I. und Heinrich II. bleibt das Weinland so wie es im 15. Jahrhundert war – was nicht heißt, daß es unbedeutend war – und vergrößert sich etwas in den Küstengebieten, wo der Handel einen Anreiz bietet und um die kleinen Städte herum, wo jeder Handwerker Wert darauf legt, seinen eigenen Wein zu ziehen. Anderswo geht er manchmal zurück, namentlich durch die Konkurrenz des Ölbaums. Insgesamt übersteigt der Gewinn nicht die Verluste und der Weinbau bleibt stabil. Warum? Diese Frage zu stellen bedeutet, das Problem der Absatzmärkte für Wein im 16. Jahrhundert aufzuwerfen.

Zuerst der lokale Markt. Der ist umfangreich; im Jahre 1480 trinkt der Landarbeiter täglich 1,71 Liter reinen Wein; derartige Gewohnheiten erklären die Existenz einer Rebfläche von 10 % der Gesamtanbaufläche.

Dieser volkstümliche Konsum ist wenig veränderlich; im 16. Jahrhundert erhöhen sich die Einzelrationen nicht; der Arbeiter, der schon unter Ludwig XI. fast zwei Liter am Tage getrunken hat, wird nun unter Heinrich II. keine vier Liter trinken, um die Rebenanpflanzung zu stimulieren! Es ist ja bekannt, daß die Menschen des Languedoc keine Neigung zur Sauferei haben. Der Trinker, der Mörder der Unschuldigen, wie ihn die Troubadoure nannten, ist der Nordfranzose. Und wie Platter im Jahre 1556 in Montpellier in vollem Ernst notiert, sind die Säufer in der Stadt allesamt Deutsche; nicht *ein* Einheimischer ist unter ihnen außer dem Halbpächter Antoine, der natürlich bei seinen Reisen in Deutschland die beiden deutschen Laster angenommen hat: das Luthertum und das Saufen. Trinkende Deutsche, krebsrot im Gesicht, die sich ihren Wein über den Kopf gießen: stockbesoffene Deutsche die sich in die Hosen machen, während ihnen ihre possenreißenden Kameraden die Bärte abschneiden und sie ihnen unter das Wams stecken... Platter findet nicht Worte genug, um die Trunksucht seiner in Montpellier lebenden Landsleute zu geißeln, im Gegensatz zu der Mäßigkeit der Einheimischen. Ähnliches notiert er übrigens 1595 in Barcelona: In den Hafenkneipen hundert Prostituierte, kein Betrunkener.

Tatsächlich ist die Tendenz im 16. Jahrhundert, was den Weinkonsum betrifft, eher rückläufig. Auch die von den Landarbeitern bei Narbonne getrunkenen Weinrationen gehen zwischen 1480 und 1580 zurück. Insgesamt bleibt der gebietsweise Absatz des Weines zwar bedeutend, neigt aber wenig zur Ausweitung; er liefert keine Basis für eine spürbare Verstärkung des Weinanbaus. Erstarrung des lokalen Marktes also. Dazu kommt die Reserviertheit der Außenhandelsmärkte. Lediglich die Genueser und die Marseiller nehmen den Küstendörfern den Wein ab. Der Grund dafür ist der im Vergleich zu der Überführung durch Maultiere oder Karren billige Schiffstransport, an welchem sie ein ebenso großes Interesse haben wie an der kostspieligen Heranführung des Trunkes, der in ihrem eigenen Hinterland produziert wird. Doch im 16. Jahrhundert beschränkt sich das Interesse des Handels auf den Wein einiger weniger Kilometer der Küste. Und dafür gibt es einen guten Grund: Der Wein des Niederlanguedoc ist den Transport nicht wert, insbesondere den äußerst kostspieligen Landtransport. Abgesehen von den *muscats,* den Likörweinen, ist der Wein nicht viel wert und hält sich nicht.

Daran gibt es keinen Zweifel; man lese die beiden Platters: In Montpellier, schreiben sie, wird der Wein nicht abgefüllt und hält sich deshalb nach Karneval kaum noch ein Jahr, ohne sauer zu werden. Das stimmt so sehr, daß aufgeschlossene Menschen des Languedoc, wie Olivier de Serres, sich ihrer Erzeugnisse schämen und besonders ihrer Keller, in denen der Wein sich nicht länger als ein Jahr hält; vor allem wenn sie sie mit den damaligen deutschen Weinkellern vergleichen, die geschwefelt werden, deren Weinfässer gründlich mit Wasser geschrubbt und dann ausgeräuchert werden; deren Weine sich zwölf, zwanzig, dreißig Jahre halten, von der Geburt bis zur Hochzeit einer Tochter. Olivier de Serres bewundert dies, macht es aber nicht nach. Seine eigenen Keller wimmeln von Ratten, deren Leichen seine Bütten verpesten. Und der Vater Catelan hat im Jahre 1556 so wenig Illusionen über seinen Keller, daß er den Schlüssel überall herumliegen läßt, »um den er sich wenig kümmert, weil der Wein in diesem Lande ja doch kein Jahr überdauert. Resultat: Die deutschen Studenten, die bei ihm wohnen, steigen in den Keller hinunter und betrinken sich sinnlos; und um sie wieder heraus zu bekommen, muß man die unter den Fässern Liegenden bei den Füßen ziehen...« Der Wein des Languedoc ist also schlecht! Er hält sich nicht, transportiert zu werden verträgt er nicht, wird nicht oder doch nur wenig exportiert. Sind die Keller allein daran schuld? Man muß auch die viel zu frühe Weinernte beschuldigen. Erst im 17. und besonders im 18. Jahrhundert entdecken die Winzer des Languedoc das Geheimnis der Späternte, vermehren dadurch den Zuckergehalt ihrer Trauben und schließlich den Alkoholgehalt; von nun an kann ihr Wein, der nun haltbarer ist, die Märkte erobern.

Im 16. Jahrhundert ist es noch nicht soweit: Während in Dijon, in der Schweiz und auch in Altkastilien die Weinernte regelmäßig im Oktober gehalten wird, bleiben die Winzer des Languedoc und des Comtat dabei, ihre Reben schon Anfang September, bei den ersten Anzeichen der Reife zu schneiden. Vergeblich werden sie von den landwirtschaftlichen Sachverständigen ermahnt, »in der Hoffnung, den Wein besser zu bewahren…, die völlige Ausgereiftheit der Früchte abzuwarten«. Die Winzer sitzen auf ihren Ohren und stürzen sich in die Weinernte, sobald die ersten Trauben eßbar sind. Zwischen 1530 und 1562 wird auf dem rechten und auf dem linken Ufer der Rhone immer in der ersten Septemberhälfte geerntet (oder im August, wenn man nicht den gregorianischen Kalender benutzt). Sogar die Franziskaner von Avignon, von deren Mönchtum man mehr Sorgfalt erwarten würde, haben es ebenso eilig wie die anderen.

Im Jahre 1528, nach einem schrecklich heißen Sommer, findet die Weinlese an der unteren Rhone am 9. Oktober statt (30. September nach dem alten Kalender). »Das hat es noch nie gegeben«, heißt es bei einem Notar. Das stimmt, aber im 18. Jahrhundert, im Jahrhundert der vorsichtigen, qualitätsbewußten, auf Reife bedachten Winzer wird es das fast alle Jahre geben. Dieselben Verzeichnisse frühzeitiger Weinernten in Bèziers und Montpellier in den Jahren 1520–1550: Dort findet die Weinlese fast drei Wochen früher statt als im 18. Jahrhundert.

Der Weinbau des Mittelmeerlanguedoc ist also im 16. Jahrhundert ein minderwertiger Weinbau, der ohne feste Grundsätze betrieben wird und keine Abnehmer findet. Zwar wird er zwei Jahrhunderte später fast das Niveau seiner Konkurrenten aus Burgund oder der Guyenne erreichen und er wird seine volle Entfaltung dadurch beweisen, daß er, so wie die anderen, die gesamte Weinlese im Herbst und nicht mehr Ausgang des Sommers abhält. Doch im 16. Jahrhundert bleibt er ein unterentwickelter Weinbau in jedem Sinne des Wortes: im quantitativen, qualitativen und sogar im abfällig gemeinten Sinn.

Der Fall der Cevennen: Kastanie, Kohle, Seide

Félix Platter hat es richtig gesehen: Die Menschen des Languedoc im 16. Jahrhundert, sogar in den großen Städten, sind keine besonders starken Weintrinker. Sie sind eher Kastanienliebhaber. Den ganzen Winter über stopfen sich die Mädchen am warmen Herd mit gebratenen Kastanien voll, bis ihnen übel wird. Und der Konsum weckt den Anbau. Auf dem kieselhaltigen Boden richtet sich die Kastanie ein und breitet sich auf Kosten der *herms* und *boscs* (Brachland und Buschwerk, Anm. d. Übers.) aus. Und die *compoix* enthüllen manchmal einen mäßigen Fortschritt: In einem vornehmlich Getreide bauenden Dorf sind 11% der Grundstücke im Jahre 1526 *castanedas;* 16% im Jahre 1556. Dagegen scheint sich im 17. Jahrhundert die Bewegung stabilisiert zu haben: Im Jahre 1649 sind es auch nur 17% Kastanienhaine.

Im Jahre 1552 streifen die Landvermesser von Nîmes durch den Cevenner Kastanienwald, dessen Fläche sie vermessen, um den Katastererertrag zu schätzen. Sehr oft verzeichnen sie neben voll tragenden Bäumen Pflanzungen kleiner Kastanienstämmchen (frisch aus der Baumschule), die auf neuen Investitionen beruhen und noch keine Frucht tragen. Die neuen Anpflanzungen befinden sich im Herzen des Gebirgsstocks; aber gelegentlich schieben sie im Nord- und Südwesten der Kastanienwälder den Pflanzgürtel weiter vor, in Gebieten, die bis dahin den Anbau des Brotbaums vernachlässigt haben. Für diese neuerliche Umstellung gibt es gute Gründe: Die Zunahme der Bevölkerung in den Jahren 1540–1550 fordert auf die Dauer die Zunahme der Anpflanzungen heraus; der Bevölkerungsaufschwung drängt zur Erschließung der kalten Erde durch die einzige Pflanze, die nach vernünftigem Ermessen in der Lage ist, Lebensmittel aus ihr zu erzeugen.

Wir müssen etwas verweilen bei dieser Cevennenzone des Kastanienbaums, dem Zentrum der Bergbevölkerung und auch spezieller Gebirgserwerbszweige. In diesen 1550er Jahren, wo man neben dem Protestantismus auch eine gewaltige revolutionäre Gärung spürt, entfaltet sich in der Cevenne eine vitale Wirtschaft. Wir müssen zuerst einmal dieses aktive Bergland in den französischen Bereich – südlichen und mittleren – der Kastanie im 16. Jahrhundert einordnen, entsprechend der Beschreibung seiner Grenzen durch Olivier de Serres. »Dauphiné, Hochprovence, ein Teil des Languedoc, Vivarais, Gévaudan, das Velay, aber auch die Auvergne, das Limousin, das Périgord, die Guyenne und ein paar andere Orte«; mit anderen Worten, das alte Primärgebiet im Süden der Loire, das sich im Massif Central erhalten hat oder in den jungen Auffaltungen der Südalpen bestehen geblieben ist.

Im Languedoc selbst sieht die Bedeutung der Kastanie bei einer ersten oberflächlichen Analyse eher unwichtig aus. In der Diözese Uzès (compoix der Diözese um 1550) findet sich überhaupt keine. In der Diözese Nîmes-Alès wird der Kastanienhain mit nur 568 Pfund bewertet; kaum mehr als die Wiesen (514 Pf.), zweimal weniger als die

Rebe, achtmal weniger als die Äcker: 7 % vom Wert des ganzen Diözesenanbaugebietes.

Aber diesmal täuscht die Statistik. Die Geographie der Kastanie hat nichts gemein mit der der Wiesen z. B. Die grünen Flecken der Wiesen sind in jedem Steuergebiet »paketweise« unter den Äckern und Weingärten verstreut. Sie sind niemals in der Mehrzahl, aber sie sind immer vorhanden. Die Kastanie dagegen tritt in großer Anzahl auf. Sie fehlt völlig in den Ebenen und den großen Tälern; aber am Abhang der Cevennen, zu beiden Seiten einer Achse Alès-Le Vigan, zieht sie sich im Jahre 1552 als gewaltige, dunkle, an den Berg geklammerte Fläche, die einen scharfen Kontrast zu der freien Zone bildet, die sie von allen Seiten umgibt. Es ist vielleicht der einzige Fall von Monokultur im Languedoc des 16. Jahrhunderts. Mehr als 90 % der Kastanienbäume sind in 43 Dörfern konzentriert – während die Diözese 179 Gemeinden zählt. Und in diesen 43 Dörfern, die alle zwischen Alès und Le Vigan hintereinander aufgereiht liegen, ist die Kastanie nicht eine Anbauart neben anderen. Sie ist die Königin, die Herrin des Bodens, manchmal der einzige Okkupant. Natürlich ist die Geologie dort für sie einzigartig günstig: die Kastanienzone fällt zusammen mit der paläozoischen Cevenne, die zwischen dem dürren Kalkplateau des Massif Central und den *garrigues* eingeklemmt liegt. Genauer gesagt ist sie die granitene Ader, die von Saint-Jean-du-Gard bis nach Sourdogues und Mandagout verläuft. Getreide – in diesem Fall Roggen, denn der Boden ist sauer und für Weizen nicht geeignet – gedeiht in diesen 1552 vermessenen 43 Dörfern nur schlecht: Es hat nur einen Wert von 152 Pfund im *compoix*, nicht einmal ein Drittel des Katasterwertes der Kastanienbäume (521 Pf). Dies ist die einzige Region, wo der sonst universellen Vormachtstellung des Getreides Schach geboten wird. Erst recht gedeihen in dieser kalten Gegend weder der Ölbaum noch der Weinstock.

Die Kastanie ist also die große Sache dieses Berglands. Den Boden um sie herum hacken, sie beschneiden und veredeln, das ist das Anliegen der Herren des Bodens: So sind denn im Januar 1586 und noch einmal im Mai eine ganze Schar von Arbeitern damit beschäftigt, die *castanets* des Seigneur von Barjac, an der Grenze zum Lozère, zu *stirpar* und *reboudar.* Andere Arbeiter sind auf den Steilhängen damit beschäftigt, die *murailhes,* die Mäuerchen, zu reparieren oder aufzubauen, die die Terrassen der Pflanzungen stützen; sie werden mit Speck und weißen Kastanien bezahlt, der Volksgrundnahrung in dieser Gegend. Sogar der Tisch der Schloßherrin ist mit Weizen, Wein, Speck und Kastanien gedeckt. Und wenn der Kastanienbaum gedeiht,

gedeiht auch der Halbpächter; Christophe de Barjac schreibt im Jahre 1586 an das Fräulein von Aulnes, seine Schwester. Seiner Meinung nach geht dieses Jahr alles gut, die Mädchen wachsen und sind »fort galhardes« (sehr munter); die Kastanien sind schön und wenn sie sich gut verkaufen, wird Pénarié (der Halbpächter) reich werden, »denn er hat viele und er arbeitet tüchtig«.

Die Cevennenkastanie des 16. Jahrhunderts ist ein »Mädchen für alles«: manchmal wird sie in die Städte Italiens oder des Languedoc exportiert; hauptsächlich ist sie jedoch die »Hauptnahrung der Cevennenbewohner«: roh oder auch geschält, getrocknet oder gebraten; oder auch zu Mehl vermahlen und dann als Brot verbacken, das so schwarz ist wie Kohle; sie dient den Cevennenbewohnern (die mit riesigen Kröpfen behaftet sind) auch als Währung, in der sie den Arzt bezahlen, wie z. B. im Jahre 1595. Auf lange hinaus ist die Cevenne des 16. Jahrhunderts noch ein *Land ohne Brot,* ein Mangelgebiet, Mitglied jener Internationale des Elends und des Kastanienbaums, die man auf der weiten Fläche zwischen den Gebirgen Estremaduras und denen des Rouergue und Savoyens findet; all diese Länder teilen mit der Cevenne die gleichen Entbehrungen, die gleichen Traditionen.

Elend, aber nicht resigniert; darin unterscheidet sich die Cevenne vom Rouergue. Die bäuerliche Cevenne der Renaissance mit ihrem kalten, stiefmütterlich bedachten Boden, sucht ihr Heil und ergänzende Ressourcen in Bergbau und Gewerbe. Bei Sumène, einem der Hauptorte der Kastanienpflanzung, sind die einheimischen armen Bauern von Anfang bis Ende des 16. Jahrhunderts vom Goldfieber verzehrt: Mit großen Kosten graben sie in der gelben lehmigen Erde, waschen die ausgehobene Erde unter einem Wasserstrahl aus und finden manchmal ein baumblattdünnes Flitterchen Gold, das sehr wohl die Probe besteht und auf die Lyoner Märkte geschickt wird. Seriöser sind die Bergleute der Cevennen. Im 15. Jahrhundert, als die Bergwerke der Grand'Combe zum Preis von einem Zentner Schweineschmalz verpachtet wurden, war ihre Tätigkeit sehr gering geworden. Ab 1528 gibt ihnen die Abholzung eine neue Chance. Zu diesem Zeitpunkt werden nämlich die Garrigues von den Bäckern und besonders von den Kalkbrennern, die der Bautätigkeit dienen, durch Raubbau verwüstet. Die dadurch steigenden Holzpreise werden zu einem Vorteil für die Steinkohle; im Jahre 1553 beginnen in den *patus,* in der Nachbarschaft von Alès überall die Bohrungen – *balmes, espiraux* oder *charbonnières.* In den Jahren 1560–1570 werden neue Bergwerke eröffnet; ein neuer Berufszweig, den Bergmannsberuf ausübende Bauern, taucht in Saint-

Felix und Saint-Andéol-de-Robiac auf. Der Pfarrherr von Cendras lebt um 1552–1562 sowohl von seinen Kastanien wie von der Steinkohle, die er an einen Händler aus Alès verpachtet. All die Stollen, die wie die Abwässerkanäle von Paris ohne jede Ordnung vorgetrieben werden, beginnen schließlich, sich zu überschneiden; das geht so weit, daß im Jahre 1581 ein Bergmann einem seiner Berufskollegen namens Dardailhon vor einem Notar das Versprechen abgeben muß, seinen Bergwerksstollen nicht weiter in die Richtung vorzutreiben, »wo darunter Dardailhon arbeitet«: Bei Strafe des Einsturzes natürlich!

Es ist aber nicht allein die Steinkohle. Mehrere Dörfer mit Kastanien und manchmal auch mit Steinkohle besitzen auch Eisenvorkommen in ihrer Gemarkung, die nur wenig unter der Erdoberfläche liegen. Die Gebirgsbäche treiben die »molins à batre fer«, zu deutsch die Eisenmühlen an, von denen die Diözesen*compoix* von 1552 eine gewisse Anzahl in der Kastanienwaldung der Cevenne, besonders bei Alès aufzählt. Mehr als eine dieser Mühlen ist genau so alt wie die Wirtschaftsrenaissance: Am 3. September 1487 steigt ein Bäcker von Alès, Brothersteller und Eisenzermalmer, barfüßig in das Wasser des Gardon, tastet einige Augenblicke darin herum und markiert dann durch einen symbolischen Steinhaufen die Stelle, an der er seine *resclause,* die Schleuse und Sperre einer Mühle zur Erzzerkleinerung errichten will. Gleichzeitig steigt auch der Gerichtsschreiber ins Wasser, liest das Protokoll über diese Inbesitznahme vor und unterzeichnet es; an den Besitzer des Baches, den Seigneur von Portes, wird die schuldige Gebühr bezahlt. Der Bau der Mühle kann beginnen.

So wird die schwarze Kohle von Alès seit 1550 von der weißen Kohle, der Wasserkraft der sprudelnden Cevennenbäche ergänzt. In der Tat sind die Mühlen unzählbar: Der Kastanienwald, in dem nur ein Viertel der Dörfer liegt, besitzt zum Ausgleich ein Drittel der in der Diözese Nîmes-Alès eingetragenen Mühlen. Schon zu dieser Zeit ist die geographische Verteilung der Energieerzeugung bemerkenswert unabhängiger als man glauben sollte: Ölmühlen werden in Gemeinden ohne Olivenbäume eingerichtet und Kornmühlen in Dörfern, die kein Getreide anbauen und sich nur der Kastanie widmen. Es gibt auch Tuchwalkmühlen und *masiers,* die gleichzeitig zum Walken von Tuch, von Eisen und von Papier dienen.

Auch der Baum selbst nimmt an der gewerblichen Geschäftigkeit teil. In jedem lebendigen *chastanet* sieht sein Herr bereits den gefällten Baum, der zum Bottich, zum Faß oder zur Tonne wird. Im März jeden Jahres rücken die Landleute dem Unterholz der wilden Kastanienbäume oder *jourguieiros* zu Leibe, dem Rohstoff für die Faßreifen: Diesen geben sie ihre Form, stapeln sie zu Rädern übereinander und verkaufen sie. Die kleinen Städte dröhnen vom Gehämmer der Böttcher: Die Böttcher von Sumène verkaufen zwischen 1490 und 1600 ihre Erzeugnisse im ganzen Languedoc und auch nach Marseille, wo in ihnen Wein, Thunfisch, Anchovis und gesalzene Sardinen aufbewahrt werden. Die Cevennengemeinden versorgen Marseille mit Faßreifen, Fässern, Weidenruten und Holz, das entweder schon geformt oder dazu bestimmt ist, in den Werkstätten des provenzalischen Böttchergewerbes zusammengebaut zu werden.

Neuerer Gewerbezweig: Im Jahre 1242 und wiederum im Jahre 1340 plädierten Beamte des Languedoc vor dem Seneschall von Beaucaire, dem obersten Richter der Seigneurie, für ein Herstellungsverbot von Fässern aus Kastanienholz, »das den Wein verfaulen läßt«. Jetzt, zwei Jahrhunderte später, hat die Eiche das Spiel verloren und das Vorurteil des Volkes hat sich zugunsten des Kastanienbaums gewandelt, der »dem Wein überhaupt keinen Geruch gibt«, während der in einem »Eichenmöbel« aufbewahrte Wein durch dieses »einen eigenartigen Geschmack« bekommt, der »manchen verhaßt ist«. Eichentonnen im 13. und 14. Jahrhundert; Bottiche aus Kastanienholz im 16. Jahrhundert ... Andere Holzgewerbe liegen sogar noch ein Stockwerk höher als der Kastanienwald: Im höchsten Dorf der Cevennen bemerkt Thomas Platter im Jahre 1595 eine Menge Tischler. Sie fabrizieren Bretter und Kisten, die sie in die städtischen Zentren liefern und die den Gebirgsbewohnern klingende Münze einbringen.

Die Cevenne des 16. Jahrhunderts erscheint derart als eine dynamische Einheit, deren Tätigkeiten alle zusammenhängen: Der Brotbaum liefert ihr die tägliche Nahrung für die zahlreichen bäuerlichen Menschen, die in den Bergwerken, in den Spinnereien, den Mühlen, im Holz- und auch im Ledergewerbe arbeiten; letzteres, von dem noch gesprochen werden muß, spielt eine entscheidende Rolle in der Entwicklung des Hugenottentums der Cevennen. Und die Bevölkerungsdichte hat etwas Überraschendes: In der Diözese Nîmes-Alès werden im Jahre 1552 in den drei in den Cevennen und dem Kastaniengebiet gelegenen Amtsbezirken Alès, Anduze und Le Vigan insgesamt 82 Gemeinden und 10 774 Häuser gezählt, während die ganze Diözese aus 179 Gemeinden mit 23 710 Häusern besteht. Das Bergland erscheint also ebenso dicht besiedelt und stark bevölkert wie die Ebene von Nîmes: 132 Häuser pro Dorf. Gewaltige Gemeinden des 16. Jahrhunderts, die sich an einen kalten, rauhen Boden klammern. Wenn man die

Armut der landwirtschaftlichen Ressourcen des Hochlandes bedenkt, kommt diese Gleichheit des Bevölkerungsstandes mit dem der Ebene einer Übervölkerung des Gebirges gleich; die Menschendichte der Cevennen im Jahre 1552 hat etwas Erschreckendes und auch Deprimierendes, denkt man an den erbärmlich niedrigen Lebenszuschnitt und Gesundheitszustand: Ärzte des 16. Jahrhunderts berichten über das Elend der Goldwäscher des Hérault, die riesigen Kröpfe der Menschen des Aigoual und des Esperou; die Skrofeln, mit denen in den Tuchmacherorten die Spinner behaftet sind; die Skrofulösen heiraten untereinander, weil es andere Heiratsmöglichkeiten nicht gibt und Heilung suchen sie an der wundertätigen Quelle von Beaucaire oder durch »Handauflegen« der Könige Frankreichs. Sogar die Edelleute der Glasbläsereien scheinen, obwohl sie gut gekleidet sind, mittellos zu sein: In ihren Wämsen aus Samt und Seidentaft blasen sie an der Glut ihrer Öfen selbst das Glas.

So sieht es im 16. Jahrhundert in der Cevenne aus, mit ihren armen Leuten, ihren Kröpfen und Skrofeln und ihren in Seide gekleideten Adligen. Die Seide ist ein vereinzelter Fall ungewöhnlicher Üppigkeit; und sie erinnert an das Vorkommen des goldenen Baumes, des Maulbeerbaums, inmitten der Kastanienbäume. Der Kastanienwald der Cevennen ist nämlich die älteste, die aktivste Heimstätte der französischen Seidenzucht: Schon 1234 gibt es einen Hinweis auf eine dortige Seidenerzeugung, die nach Marseille ausgeführt wird. Im Jahre 1296 betreibt ein Einwohner von Anduze namens Raymond de Caussargues in seiner Ortschaft das Gewerbe eines *trahandier*, d. h. eines Seidenziehers, eines Abwicklers von Kokonen, aus denen er den ersten Rohseidenfaden herstellt: Der Text darüber ist von großer Bedeutung, denn er fixiert das Datum des wahren Beginns der gesamtfranzösischen Seidenzucht; er beweist, daß die wahrscheinlich aus Italien eingeführte Seidenraupe von nun an, ab 1296, in den Cevennen selbst gezüchtet wird.

Im 14. Jahrhundert hat sich die Seidenzieherzunft von Anduze fest etabliert und floriert; dann, nach einer Zeit in der sie verschwindet und die mit dem Tiefpunkt des ausgehenden Mittelalters zusammenfällt, kommt die Wiederauferstehung: Ab 1497 hält die Seide von Anduze, auch Gebirgsseide genannt, wieder ihren Einzug auf dem Markt von Avignon, wo sie von den Posamentierern und Taftwebern sehr geschätzt wird. Ab 1510 entstehen in den Cevennen zusätzliche Seidenzuchtgebiete. Vereinzelt bilden sich auch außerhalb der Cevenne von 1494 an Stätten der Seidenzucht, in der Provence und im Comtat, bei

Montélimar; letzteres ist dem Seigneur d'Alan zu verdanken, der sich als Gefährte Karls des VIII. in Neapel mit Pflänzlingen der weißen Maulbeere für seinen Sprengel eingedeckt hat.

Ob weiße oder schwarze Maulbeere, das erste Maulbeerfieber macht sich vor allem von 1540-1550 an bemerkbar: Die Bäume werden nun in Montpellier, in Narbonne und in den Anduzecevennen gepflanzt, die Seide noch immer an den Markt in Avignon verkauft; auch im Comtat wird gepflanzt, wo seit 1527 eine Baumschule die Seidenzüchtereien mit weißen Maulbeeren versorgt; im Niedervivarais, in der Provence zwischen Aix und Salon werden mehr als 10 000 Pflänzlinge in die Erde gesenkt. Diese Seiden- und Maulbeermode fällt ab 1540 zusammen mit dem Hereinströmen des amerikanischen Silbers, das den Luxus fördert.

Wie üblich führt die (durchaus relative) Veralltäglichung des Produkts zu einem Sinken des Seidenpreises, das die Seide im 16. Jahrhundert entwertet und stark verbreitet. Die Zeit Ludwigs XII., als niemand Seidenstrümpfe trug, ist fern. Und noch ferner die Zeit des Kaisers Aurelian (270–275), als die Seide einem berühmten Text zufolge nach ihrem Gewicht in Gold verkauft wurde: Genauer gesagt und einer etwas umständlichen aber sehr einfachen Rechnung entsprechend wird ein Kilogramm dieser Seide für 7,86 turonensische Pfunde verkauft, was einem Äquivalent von 11, 48 Gramm Gold entspricht. So stehen sich zwei mittelmeerische westliche Kulturen gegenüber: Die eine römische, huldigte der chinesischen Seide, die unter großen Kosten von den Karawanen aus Lob-Nor und Pamir herbeigebracht wurde; die andere, modernere, ist schon die der kurzen Strecken, der prosaischen und billigen Maultiere, die den Kokonfaden von Anduze auf den Markt von Avignon tragen. Vielleicht sollte man auch zwei Arten der Verweigerung gegenüberstellen: Aurelian lehnte es ab, das purpurne Seidenpallium zu tragen, das ihm zu teuer war, da es sein Gewicht in Gold kostete; mit weniger Grund versagte es sich Heinrich II., Seidenstrümpfe zu tragen, »wo doch deren Gebrauch überall in seinem Königreich eingeführt ist«. Aurelian ist weise, Heinrich II. altmodisch.

Sehen wir uns nun den Umfang der Verbreitung des Maulbeerbaumes an: Er ist zwar, gemessen an dem Rückgang im vorhergehenden Jahrhundert recht ansehnlich, bleibt aber bescheiden im Vergleich zur Zukunft. Sicher gewinnt der Maulbeerbaum an Boden; aber nicht auf den Feldern, nicht als »Massenanbau«, sondern er bleibt auf die Gärten beschränkt und in dieser minderen Stellung spielt er nur eine nebensächliche Rolle; er bedeutet für manche Cevennendörfer zusätzliche

Einnahmen, mehr aber nicht; 1550–1560 hat er die wirtschaftlichen Grundlagen noch nicht verändert.

Und damit haben wir wieder einmal die überall vorhandene Schwäche dieser Expansion des Languedoc im 16. Jahrhundert charakterisiert: Die Olivenpflanzung breitet sich aus, doch ihr Umfang bleibt mittelmäßig und sie ist nicht mehr als ein zusätzlicher Lieferant für die lokale Küche. Der Weinbau ist geringfügig und ohne Saft und Kraft. Der Maulbeerbaum schließlich bleibt in den engen Mauern der Mittelmeergärtnerei stecken. Die Masse der landwirtschaftlichen Produktion bleibt weiterhin den nahrhaften, armen Lebensmitteln zugewandt, d. h. den Kohlehydraten: Kastanien auf kieselhaltigem Grund und Boden, Korn überall sonst. Fett, Fleisch, Alkohol und Tuche, Luxuserzeugnisse für die städtischen Märkte, zählen noch wenig mit.

Glaubt man dem Zeugnis der Diözesen*compoixs* von Nîmes, so widmen sich noch 1552 63 % der Landgebiete, d. h. ⅔ einer großen Region, die immerhin wirtschaftlich vielseitig ist, der Erzeugung von Brot oder Kastanien, der gröbsten Grundnahrung.

Das heißt, daß die Expansion des 16. Jahrhunderts im wesentlichen und trotz einiger glücklicher Ausnahmen, die stark in der Minderheit bleiben, sich im Rahmen einer Ernährungswirtschaft vollzieht und nicht in dem einer spekulativen Landwirtschaft mit Plantagen oder wertvollen Kulturen wie sie im Languedoc und im Comtat im 19. Jahrhundert entstehen wird. Selbst wo sie mit Olivenbäumen und Weinreben gesprenkelt und von Wiesen durchbrochen ist, wird die Landschaft doch vornehmlich von gepflügten Äckern und Erntefeldern bestimmt.

Erreicht diese auf Grundnahrungsversorgung ausgerichtete Landwirtschaft ihr Ziel? Gelingt es ihr, den Lebensstandard der wachsenden Einwohnerzahl, die zu ernähren ihre Aufgabe ist, zu erhalten? Oder wird sie geregelt von den unbarmherzigen Tendenzen der malthusianischen Gleichung? Wer ist der Sieger in dem Rennen zwischen Bevölkerung und Unterhaltsmitteln, zwischen dem Brot und den Menschen? Es scheint uns sinnvoll, das Problem zuerst von der Seite der Bruttoproduktion und dann von der Seite des Einkommens zu betrachten.

Die Weizentragödie

Die Kurven des Getreidezehents geben uns Auskunft über die Weizenproduktion (oder wenigstens ihrer Tendenz oder ihrem *trend*): Um 1478–1499 verpachten die Kapitelherren von Saint-Just (Narbonne) auf Naturalienbasis den Weizenzehent verschiedener verstreut liegender, repräsentativer Ländereien. Das dokumentarische Material ist ausgezeichnet: Die »Pacht« wird jedes Jahr im Juni, kurz vor der Ernte, versteigert und zwar auf der Grundlage des zu erwartenden Volumens oder des äußeren Anscheins. Die Quote der Zehententnahme bleibt die ganze Zeit über beständig, z. B. beträgt sie auf einem der Landstücke im Abstand von zwei Jahrhunderten 1/13. Auch die Abschöpfung des Pächters bleibt gering; wie wir es bereits beim Ölzehent vermerkt haben, hat dieser Mann nämlich überhaupt keine Anbaukosten; nur die Kosten für das Einfahren (Garbensammeln und Transport zur Tenne) und Dreschen; im großen Ganzen entnimmt er für Kosten und Gewinn 11 bis 15 % des Zehentgetreides und gibt den Rest, 85 bis 89 %, an die zehentberechtigten Kapitelherren ab. Diese Dienstleistung wird als Verpachtung des Zehent bezeichnet. Die Veränderungen dieser Pacht oder dieser Rente von Jahr zu Jahr ist daher repräsentativ für die Veränderungen des Zehent und dadurch auch der Ernte.

Aus dem Studium der graphischen Darstellungen ergibt sich eine auf den ersten Blick beruhigende Feststellung im Hinblick auf das wachsende Konsumbedürfnis: Die Getreideproduktion nimmt nach 1480–1500 zu. Die Angaben sind fragmentarisch, aber übereinstimmend: In Pépieux ist die Aufwärtstendenz zwischen 1499 und 1519 deutlich erkennbar. In Creissan ernteten die Kapitelherren um 1480 siebzig Sétiers; und um 1515–1520 erhalten sie über hundert…

Angesichts der Verdoppelung der Zahl der Familienväter zwischen 1500 und 1560 erscheint jedoch dieser Anstieg der Weizenproduktion als sehr ungenügend: In der kontinuierlichsten und zuverlässigsten Reihe, der von Creissan, vermehren sich zwischen dem Tiefpunkt von 1480 und der Fülle von 1520 Zehent und Ernte nur um die Hälfte. Nirgendwo kann man eine Verdoppelung der Ernten zwischen dem Minimum des 15. Jahrhunderts und der maximalen Getreideproduktion der künftigen Jahrhunderte (1520–1530 und 1640–1660) feststellen. Noch gravierender ist der Umstand, daß der bescheidene Anstieg nicht anhält. Von 1530 an setzt eine Rückwärtsbewegung ein: Nach diesem

Datum verringern sich in Creissan, in Saliès und anderswo die gespeicherten Mengen und von 1550–1560 an sinken sie sogar bis auf das niedrige Niveau des 15. Jahrhunderts. In Narbonne findet man nach 1520 nicht mehr die schönen Zehenten des vorangehenden Jahrzehnts, der Zeit von Marignan.

Möglicherweise trägt an diesem Niedergang auch der heimlich beginnende Zehentstreik einen Teil der Schuld. Aber dieser Streik wird sowohl für das Öl wie für den Weizen erst nach 1560 richtig wirksam und er allein kann nicht die »Schrumpfung« der Vorratskurven seit 1530–1560 erklären.

In Wirklichkeit handelt es sich über den Zehent hinaus um die Ernte selbst: Die Expansion des Getreides hat nach 1525–1530 eindeutig einen Knacks bekommen. Vielleicht geht die Produktion weniger stark zurück als es die durch den Streikbeginn überzogenen Zehentkurven vermuten lassen. Aber der schöne Aufstieg des ersten Drittels des Jahrhunderts macht zumindest einer Stagnation der Ernten Platz. Die Weizentragödie beginnt: Während die Produktion Anzeichen von Kurzatmigkeit erkennen läßt, wächst die Bevölkerung weiter im Galopp an. Bis 1520–1530 genügten zwar die langsam gesteigerten Erträge schlecht und recht, wenn auch mit einer gewissen Verspätung den Bedürfnissen einer wachsenden Bevölkerung. Für das zweite Drittel des Jahrhunderts ist jedoch kein Optimismus mehr möglich, die berühmte Schere öffnet sich: Die Bevölkerungsdichte macht einen Sprung nach vorn, während die Weizenproduktion auf der Stelle tritt.

Warum dieser Stillstand? Konkurrenz der Pflanzungen? Die ist relativ schwach; und im 17. Jahrhundert werden wir zudem sehen, wie auf den Produktionskurven Weizen, Wein und Öl manchmal gleichzeitig ansteigen. In Wirklichkeit hat die Kurzatmigkeit der Weizenproduktion tiefere Ursachen. Sie hängen zusammen mit den Strukturen der mittelmeerländischen Landwirtschaft, mit der Natur ihrer Rodungen. Die Erträge erhöhen sich von einem Jahrhundert zum anderen kaum, es bedarf der Neurodungen, um die Weizenernte zu vermehren. Welcher Grund und Boden wird aber im 16. Jahrhundert im Languedoc urbar gemacht und für den Anbau gewonnen? Ungesunde, aber fruchtbare Sümpfe? Die Trockenlegung in großem Maßstab wird erst unter Heinrich IV. in Angriff genommen. Wälder, deren Boden schwer und schwer umzupflügen, aber fruchtbar ist? Das gibt es kaum im Languedoc. Hier gibt es nichts, was mit den neuzeitlichen Rodungen in Westfrankreich vergleichbar wäre. Im mediterranen Languedoc heißt der Grund und Boden, der sich anbietet *rouquiers, garrics, herms pastu-*

rals, alle steinig und trocken. Und die mühselige, kostspielige Rodung stößt sich buchstäblich immer wund an der unbarmherzig sinkenden Rentabilitätsschwelle. Unter diesen Umständen hat das Roden etwas Absurdes, fast Nutzloses.

Versuchen wir eine Gesamtbilanz: Übereinstimmende Indizien lassen uns annehmen, daß wir es mit einer Gesellschaft zu tun haben, in der »die Menschenzeugung« der »Erzeugung der Existenzmittel« über ist. Auf der einen Seite wächst die Bevölkerung rapide an; auf der anderen geht die Produktion mit kleinen Schritten voran oder verhält sogar den Schritt. Das ist der Fall für die Marktproduktion, die entweder stagniert (Weinbau) oder trotz einer gewissen Belebung in der Minderheit und lokal beschränkt bleibt (Oliven- und Maulbeerbäume); das gilt aber auch für die Produktion von Lebensmitteln, deren Expansion sowohl auf dem Granit der Kastanienwälder als auch auf den Kalkböden der mit Weizen besäten Garrigues dem Gesetz der sinkenden Erträge auf unfruchtbarem Gelände erliegt.

Diese Konzeption führt uns dazu, als Arbeitshypothese von einer Verzerrung, zumindest aber der Ungleichmäßigkeit des Wachstums im 16. Jahrhundert zu sprechen: Im Grunde handelt es sich um eine Diskrepanz zwischen der Bevölkerungsexpansion und der wirtschaftlichen Entwicklung, zwischen den Bedürfnissen der an Zahl zunehmenden Menschen und dem Angebot an Erzeugnissen, das nicht imstande ist, sich diesen Bedürfnissen anzupassen. Eine solche Diskrepanz stört die gesunde Harmonie des Wachstums: Das Gesamtprodukt vermehrt sich zwar ein wenig, nicht aber das pro Kopf verfügbare Produkt. Im äußersten Fall bedeutet diese Situation eine echte Gefahr der »Pauperisierung« der Massen durch Verringerung der individuellen Konsummöglichkeiten – denn die Bevölkerungsinflation ist schneller als das langsame Anwachsen der Existenzmittel.

Die Anzeichen für diese Tendenzen sind ziemlich deutlich. Aber das dargestellte »Modell« ist trotzdem unvollständig. Es sieht so aus, als dränge sich eine wachsende Menge um einen Getreidehaufen, der sich nicht im gleichen Rhythmus wie die Menge vergrößert. Ein richtiges Bild? Ein grobes Bild: In Wirklichkeit schieben sich zwischen Produktion und Konsum eine ganze Reihe wirtschaftlicher und gesellschaftlicher Vermittlungen. Die Globalvermittlung durch Wert und Markt; individuelle Vermittlungen, die die Verteilung betreffen. Und nur über sie alle kann man in der unausgewogenen Entwicklung des 16. Jahrhunderts am lebendigen Objekt eventuell einen Prozeß von Bereicherung oder Verarmung erfassen.

Die gesamten Ernten eines Jahres bilden eine nach Natur und Gebrauch uneinheitliche Konsumgütermasse: Korn, Wolle, Holz, Schlachtvieh, Kastanien, Wein, Öl usw. Zum Glück gibt es einen gemeinsamen Nenner: Jedes dieser Erzeugnisse hat einen Preis, alle diese Ernten haben einen Geldwert; und die Gesamtheit dieser in einen Sack geworfenen Werte bildet das globale Landwirtschaftseinkommen einer gegebenen Region für ein gegebenes Jahr. Dieses gemeinsame Einkommen verändert sich von Jahr zu Jahr; es steigt, stagniert oder fällt; und diese Globalschwankung ist wichtig, denn sie beeinflußt die Bildung und die Veränderung aller Einzeleinkommen in der bäuerlichen Welt.

Zwar – und das ist ein wesentlicher Vorbehalt – dieses Globaleinkommen wird im 16. Jahrhundert nicht immer in bar erwirtschaftet: der Eigenverbrauch der bäuerlichen Familie bedeutet eine starke Beschränkung der Kommerzialisierung der Erzeugnisse; selbst wo ein Warenverkehr stattfindet, nimmt er häufig die Form von Tauschgeschäften an: Maultiere gegen Säcke mit Getreide; Mäherdienste gegen einen Anteil an der Ernte…

Dennoch, und so paradox es klingt, ist dieses gemeinsame landwirtschaftliche Einkommen – das noch halb virtuell und nur eine theoretische Gesamtheit ist – in der alten Gesellschaft der Gegenstand ernsthafter, systematischer, statistischer Maßnahmen: Die Zusammenfassung der Produkte, die Schätzung der Globalwerte bilden nämlich die approximative, aber regelmäßige Grundlage der Berechnungen und der Arbeit der Zehentberechtigten.

Lassen wir die in Naturalien gezahlten Zehente außer acht. In einigen fruchtbaren Gemarkungen in guter Lage lassen sich die Kapitelherren, die ihre Bottiche, Krüge und Scheuern gerne gefüllt sehen möchten, direkt in Wein, Öl oder Weizen bezahlen. In diesem Fall bleibt die Statistik unvollständig: Es gibt zwar eine Zusammenfassung, aber keine Messungsmöglichkeit in Geld. Doch sind solche Naturalienzehente nach 1500 die Ausnahme. In der großen Mehrzahl der ländlichen Sprengel versteigern die Zehentberechtigten (Domkapitel oder Kloster) entweder für ein Jahr, doch meistens für drei Jahre alle Zehente eines Dorfes zusammen an den Meistbietenden, d. h. Weizen, Wein, Öl, Heu, *salicor,* Lämmer, Wolle, Futtermilch, Gartenerzeugnisse usw. Der ersteigernde Pächter verpflichtet sich dabei, für jedes Pachtjahr eine bestimmte Geldsumme zu zahlen. Ein Beispiel unter tausenden: Im

Jahre 1560 bietet ein Stadtbürger den Kapitelherren von Aiguesmortes für die Zeit von fünf Jahren 308 Pfund pro Jahr, um für seine eigene Rechnung dafür von Acker, Weinberg oder Obstgärten in natura alle Zehente von Malespels erheben zu können, wo das Stift von Aiguesmortes zehentberechtigt ist. Sein Angebot ist das höchste. Zuschlag durch Auslöschen der Kerze; der Pachtvertrag ist geschlossen; damit ist unser Mann auf fünf Jahre für 308 Pfund, die er den Kapitelherren jährlich zu zahlen hat, Zehentpächter von Malespels.

Was stellt dieser Pachtzins in barem Gelde dar? Das Resultat einer Rechnung des Pächters, einer relativ scharfen Kalkulation, da bei der Versteigerung ja noch andere Anwärter im Rennen sind. Grundlage der Rechnung ist eine Reihe grob statistischer Vorausberechungen, die folgendes in Betracht ziehen: Die Ernteerträge von allem, was in der Gemarkung wächst und die in einem durchschnittlichen Jahr erwartet werden können, oder genauer, den ungefähren Betrag, auf den sich nach dem örtlichen Satz – hier ¹⁄₁₃, dort ¹⁄₁₁ – ihr Zehent belaufen wird; zweitens muß der Bietende den Verkauf dieser Zehentprodukte in Betracht ziehen und den Betrag, den ihm dieser nach den Nominalpreisen des Marktes einbringen wird; da er seinen Pachtzins voll und ganz in Geld erlegt, muß er ja notwendigerweise die Ernteanteile, die er in natura als Zehent erhält, zum Verkauf anbieten; nehmen wir an, der Pächter von Malespels rechnet mit einem Geldeingang von 342 Pfund; nun kommt die dritte Vorausberechnung: Von dieser Summe bringt er in Abzug, was er braucht, um seine Unkosten zu bezahlen und sich einen Gewinn zu sichern; Unkosten und Gewinn sind minimal berechnet, denn er muß ja die Konkurrenz der anderen Anwärter schlagen; den Texten des 16. Jahrhunderts zufolge stellen sie ungefähr ein Zehntel des gesamten Zehentertrages dar (bedenken wir, daß der Zehentpächter – im Unterschied zum Hofpächter – weder Arbeits- noch Anbaukosten hat, sondern nur geringfügige Kosten für das Einsammeln und Dreschen). Grob geschätzt behält der Pächter also 10 % für sich, das sind im Falle von Malespels 34 Pfund; der Rest, nämlich 90 % des Zehent bildet also den Überschuß oder das Nettoeinkommen: Den Zins für die Zehentpacht, der in Geld an die Kapitelherren gezahlt wird; das ist mit anderen Worten der Pachtzins, der Pauschalpreis, der von vornherein in dem Vertrag über die Zehentverpachtung festgelegt wurde; also 342 Pf. minus 34 Pf. = 308 Pf., wie wir bei der Pacht von Malespels gesehen haben.

Diesen Bargeldzins für den Zehent verfolgen wir von Verpachtung zu Verpachtung, von Dreijahrespacht zu Dreijahrespacht über fast drei

Jahrhunderte. Verändert er sich? Und wie? Entsprechend der sehr mäßigen Entnahme des Pächters ist er im wesentlichen auf 90 % des Bargeldes festgelegt, das der Pächter einnimmt, wenn er die von ihm erhobenen Zehentprodukte verkauft. Aber dieses Zehenteinkommen in Geld ist seinerseits ein verkleinertes, auf ein Zehntel, ein Elftel oder ein Dreizehntel verkleinertes Bild (je nach der lokalen Quote des Zehent) des landwirtschaftlichen Gesamteinkommens der Gemarkung. Dieses landwirtschaftliche Bruttoeinkommen, eine zwar theoretische und dennoch eine grundlegende Realität kann für ein gegebenes Jahr folgendermaßen definiert werden:

$$A = Rp + R'p' + R''p'' \ldots + R^n p^n$$

(Dabei ist A das landwirtschaftliche Gesamteinkommen; R, R', R'' die jweilige Menge der verschiedenen in diesem Jahr geernteten Erzeugnisse: Weizen, Wein, Öl, Wolle usw; p, p', p'' die jeweiligen Preise dieser Erzeugnisse.) A, Symbol für das Landwirtschaftseinkommen, bedeutet auch in der Sprache der »Tabelle« von François Quesnay die »alljährlich wiederkehrende Produktion«, den totalen Wert der Bruttoernten, die der Landwirt einerseits zum Verkauf bestimmt, andererseits zum Eigenverbrauch der Familie und zur Neuaussaat oder Neupflanzung. Kurzum, die Zehenternte in bar (C) ist langfristig auf den Index des Zehenteinkommens in bar (B) bezogen; und dieses wiederum ist tendenziell an den Index des landwirtschaftlichen Bareinkommens (A) gebunden.

Den absoluten Wert von A für ein Jahr oder für eine gegebene Jahresreihe werden wir niemals kennen. Es ist auch nicht wichtig. Was zählt, zumindest hier, ist die Veränderung, der Trend, die »Diachronie« (und nicht die Synchronie). Durch die Wandlungen von C (Zehentpachtzins in bar) erhalten wir eine Approximation (zu 90 %) der Wandlungen von B (Zehenteinkommen in bar); und letztendlich die am weitesten entfernte Approximation, die im übrigen einzige in der Statistik des Ancien Regime, die der tendenziellen Veränderung von A (das theoretische landwirtschaftliche Einkommen zu den jeweils geltenden Preisen in einer gegebenen Gemarkung). Und die Annäherung an die Kenntnis der Veränderung von A, sei es auch nur von ferne, bedeutet die Annäherung an eine wichtige historische Realität. Ich meine die Veränderungen der Maße der verschiedenen Ernteerträge so wie sie sich durch die Veränderung der Maße der jeweiligen Preise der Einzelprodukte gewichten.

Diese unsere Tendenzberechnungen des landwirtschaftlichen Einkommens auf der Grundlage des in Geld bezahlten Zehentpachtzinses beruhen auf einer breiten geographischen und statistischen Basis; einer der größten, die man in den alten kirchlichen und notariellen Archiven des Languedoc auswerten kann. Man urteile selbst: Fünf große Zehentsammelstellen, fünf klare Quellen der Forschung stehen im Languedoc der Mittelmeerküste zur Verfügung. Von West nach Ost: Narbonne, Béziers, Montpellier, Aiguesmortes, Nîmes. In jeder dieser Städte hat ein Domkapitel oder ein Stift Anspruch auf den Zehent eines großen Teils des flachen Landes in zig Gemarkungen. Insgesamt umfassen die Zehentgebiete Narbonnes, Beziérs', Montpelliers, Aiguesmortes' und Nîmes' 175 zehentpflichtige Gerichtsbezirke; es sind oft sehr große Gemarkungen, die Vorfahren der großen Weinbaudörfer des 20. Jahrhunderts; 175 Punkte auf der Landkarte zwischen Rhone und Aude, in denen alle drei oder fünf Jahre die Kapitel- oder Stiftsherren und die Pächter miteinander verhandeln und vertraglich eine pauschale Schätzung der jeweils vorhersehbaren Zehenteinnahme vornehmen, die sich ihrerseits beständig am Index des landwirtschaftlichen Einkommens ausrichtet. 175 bekannte Dörfer in einem weitläufigen Raum, in dem es in der Neuzeit (17. Jahrhundert) 570 Gemeinden gibt. Die Repräsentativauswahl ist hier erstaunlich groß, selbst unter dem Gesichtspunkt heutiger statistischer Ansprüche.

Den Wert dieser breit angelegten Sondierung bezeugt auch die Übereinstimmung zwischen den schließlich entstandenen diversen Kurven, die die Veränderung der bargeldlichen Zehentrente anzeigen. Es ist selbstverständlich eine langfristige Veränderung (denn da die Verpachtung des Bargeldzehents nur alle 3 oder 5 Jahre erfolgt, kann keine Rede von einer »jährlichen« Veränderungskurve sein). Diese langfristigen Wandlungen des in Geld ausgedrückten Zehenten zeichnen im Laufe der Jahrhunderte in den großen Landwirtschaftsgebieten (Nîmes, Narbonne, Béziers, Montpellier) sehr ähnliche Wellenlinien. Nur Aiguesmortes geht bis 1560 eigene Wege, stimmt dann aber mit den anderen Gebieten überein; wir werden noch sehen, warum.

Die Information über den Zehent vor 1560 beruht auf Narbonne, Béziers und Aiguesmortes. In Narbonne liegt der Index des mittleren Zehenteinkommens, der nach den 31 Kurven der in Geld festgesetzten Zehentpachtzinsen in 31 Dörfern berechnet worden ist (Ausgangsbasis 100, der durchschnittliche Pachtzins für die Jahre 1610–1640) für die Jahre 1500–1505 bei 14,5; für die Jahre 1555–1560 ist der Index 35. Von 1500 bis 1560 – von Index 14,5 bis Index 35 – ist der Anstieg der Kurve ununterbrochen; ein bemerkenswerter, dennoch aber begrenzter

Anstieg: die in Geld, genauer gesagt in Rechnungsmünze (turonensische Pfunde) festgelegte Zehentrente hat sich innerhalb von zwei Generationen, von 1500 bis 1560 etwas mehr als verdoppelt. In Béziers sind die Anstiegsquoten von der gleichen Größenordnung.

Aber bemerken wir noch einmal, daß dieser Zehentpachtzins, der auf der graphischen Darstellung jahrzehntelang ansteigt, in Rechnungsmünze (turonensische Pfunde) zu bezahlen ist. Der Anstieg ist also rein nominal. Um ihn wirklich zu messen, muß man die Veränderung des Indexes des Nominaleinkommens mit der Veränderung des Indexes der Nominalpreise vergleichen. Jeder Lohn- oder Gehaltsempfänger weiß, daß es vergeblich ist, sein Einkommen, seinen Lohn zu erhöhen, wenn gleichzeitig die Preise im selben Rhythmus steigen.

Drei theoretische Möglichkeiten bieten sich hier an:

a) Der nominale Anstieg H des Zehenteinkommens ist stärker als der Nominalanstieg H′ der Preise:

$$H > H'$$

Das bedeutet, daß bei beständigen Preisen das reale zehentpflichtige Produkt wächst; da der Zehent ein beständiger Anteil an der Ernte ist, bedeutet das eine langandauernde Anstiegstendenz der geernteten Mengen, also ein reales Wachstum des landwirtschaftlichen Gesamtprodukts.

b) Der Nominalanstieg des Zehenteinkommens (H) ist gleich dem Nominalanstieg der Preise (H′):

$$H = H'$$

Das ist die Operation Null: der in Geld ausgedrückte Zehent folgt in diesem Fall automatisch dem Preisanstieg; aber die zehentpflichtige Menge sowie der konstante prozentuale Anteil an den geernteten Mengen, bleiben unverändert. Stagnation des realen landwirtschaftlichen Produkts (in natura). Der Preis erhöht sich, das Produkt bleibt unverändert.

c) Sollte es sich herausstellen, daß das nominale Zehenteinkommen schneller steigt als der Nominalpreis:

$$H < H'$$

dann kann dieser Minusanstieg nur bedeuten, daß das reale zehentpflichtige Produkt die Tendenz zur Abnahme zeigt; der Preis steigt zwar; aber das Einkommen steigt weniger, denn die Menge der von dem Zehentberechtigten eingezogenen Produkte ist in der Abnahme begriffen. Lebhafter Preisauftrieb, aber Schwerfälligkeit des Einkommens: Symptome eines Rückgangs der zehentpflichtigen, d. h. also der geernteten Mengen...

Welche der drei möglichen Hypothesen ist die gültige? Um das zu wissen, muß man die Bewegung der nominalen Preise kennen.

Der wöchentliche Marktbericht von Montpellier notiert ab 1477 und bis zu Beginn des 17. Jahrhunderts die Weizenpreise. Er zeigt in jedem Jahr ausnahmslos 2, 3 oder 4, manchmal sogar noch mehr Preise an; man erhält also für die in Frage stehenden hundert Jahre eine lückenlose Reihe; Fünfjahresmedianwerte zeigen den Jahrhunderttrend an.

Und man kann anhand der Dokumente und Kurven den Vergleich anstellen: Nominalpreise–Nominaleinkommen aus dem Zehent. Interessante Gegenüberstellung: Von 1500–1505 bis 1555–1560 steigt die *touzelle,* der grannenlose Weizen, der als der beste gilt, von 16 Sols 6 Deniers für den Sétier auf 34 Sols. D. h. wenn man von dem Index 100 der Periode 1610–1640 ausgeht, ein Anstieg von Index 19,8 auf Index 41,0. Innerhalb von zwei Generationen hat sich der Weizenpreis etwas mehr als verdoppelt. Aber das ist ja auch ungefähr das Anstiegstempo des Zehenteinkommens in Narbonne, das in derselben Zeit von dem Index 14,5 auf den Index 35 steigt. Die beiden Kurven sind praktisch deckungsgleich. Eine Folgerung ergibt sich: Bei gleichbleibenden oder – was auf dasselbe hinauskommt – bei in der Grundnahrung Getreide festgesetzten Preisen erfolgt zwischen 1500 und 1560 kaum eine Erhöhung des realen Zehenteinkommens, das ein Spiegelbild des realen landwirtschaftlichen Einkommens ist. Die beiden Kurven, Preise und Einkommen, steigen parallel: gleiches Tempo, gleiches Gefälle.

Diese Schlußfolgerungen stimmen überein mit denjenigen, die wir aus der Betrachtung des Zehenten in Natur und der in den Grundbüchern erscheinenden Rodungen gezogen haben; sie erweitern und verallgemeinern sie. Wenn im 16. Jahrhundert die Bevölkerung des Languedoc stark anwächst und sich vielleicht sogar verdoppelt, zeigt sich die Produktion dagegen schwunglos und völlig unfähig zur Anpassung: nach Berichtigung der Preise (bei angenommener Preiskonstanz) erscheint das reale Landwirtschaftseinkommen unverändert oder nur schwach zunehmend. Und daraus läßt sich normalerweise eine unerfreuliche, aber unleugbare Vorhersage ableiten: Da die Bevölkerung stark zunimmt, das Globaleinkommen aber sehr wenig wächst, muß der Quotient

$$\left(\frac{\text{reales Einkommen}}{\text{Bevölkerung}}\right),$$

mit anderen Worten das durchschnittliche individuelle Realeinkommen pro Kopf der Einwohnerzahl, am Ende abnehmen; so daß ein Prozeß der »Pauperisierung« vorauszusehen ist.

Erste Anzeichen, jedoch nach der geographischen Lage zu differenzieren. Dafür ist der Fall Aiguesmortes aufschlußreich: Im 16. Jahrhundert eine armselige, im Schlamm der Camargue ertrinkende Hafenstadt, von Mücken verseucht und von Arbeitslosen bewohnt; und dennoch ist sie gleichzeitig der Mittelpunkt einer großartigen Bemühung landwirtschaftlicher Erschließung. Zwar gelangen keine Säcke mit Gewürzen, keine Baumwollballen mehr auf die schlammigen Hafenkais; aber die Scheunen bersten von Korn. Denn die Ackererde ist tief, gut bewässert und besonnt; ist sie einmal dräniert, trägt sie die schönste Frucht. Betrachten wir den Zehent: In der Camargue und Aiguesmortes macht er im 16. Jahrhundert buchstäblich einen Luftsprung. In Narbonne hat sich das (nominale) durchschnittliche Zehenteinkommen zwischen 1500 und 1560 mehr als verdoppelt; in Aiguesmortes hat es sich mehr als verdreifacht, fast vervierfacht in diesen sechzig Jahren. 1500–1505 liegt es beim Index 28, 1555–1560 beim Index 105. Und dieser lebhafte Anstieg, der diesmal schneller ist als der der Preise, kommt tatsächlich aus den Sumpfgebieten, die den Kapitelherren von Aiguesmortes zehentpflichtig sind. Eindrucksvolles Ansteigen: Es läßt den Preisauftrieb für Getreide weit hinter sich; es bedeutet ein starkes, reales Ansteigen des landwirtschaftlichen, in Getreide bewerteten Einkommens. Sobald wir den fiktiven Anstieg, der durch den Preisauftrieb verursacht wird, ausgeschaltet haben, sehen wir, daß bei gleichbleibenden Preisen das reale landwirtschaftliche Einkommen der Aiguesmortes zehentpflichtigen Landgebiete in der in Frage kommenden Zeitspanne um mindestens 50 % gestiegen ist.

Aber der Fall Aiguesmortes ist klar: Auf diesen schwammigen Böden hat man endlich den magischen Ring, den Teufelskreis, in dem sich die mediterrane Landwirtschaft herumschlägt, durchbrochen: die Parole heißt nicht mehr roden, sondern trocken legen. Statt knochenharte Böden zu erobern, die viel kosten, ohne das Einkommen zu erhöhen, entzieht man fruchtbaren Böden ihr Zuviel an Wasser und bemächtigt sich dadurch eines tiefen Erdreichs, das in wenigen Jahren das Realeinkommen eines Zehents und einer Gemeinde verdoppelt.

Solche Unternehmungen sind aber im 16. Jahrhundert sehr gering an Zahl; ihre Rentabilität macht zwar Eindruck, aber die Opfer, die sie von den Menschen verlangen, sind zu schwer. Sümpfe entwässern,

Abzugskanäle graben, bedeutet Legionen von Malariafliegen aufzustören, bedeutet Menschen in eine mörderische Zone zu verpflanzen, in der selbst das Trinkwasser faulig ist. Stößt sich die Urbarmachung der Garrigues an der Mauer des abnehmenden Ertrags, kommt die Trockenlegung der Sumpfgebiete allmählich durch das Hinsterben der Arbeiter zum Stillstand; im 16. Jahrhundert ist sie noch eng örtlich begrenzt; und die Camargue wird zwar an ihren Rändern saniert, bleibt aber in ihrem inneren Kern immer ein großes ungesundes Krebsgeschwür. Zwar werden im 17. Jahrhundert einige größere Entwässerungen vorgenommen. Aber erst im 19. Jahrhundert wird die Küstenebene dank Chinin und Hygiene zu einem Land großer Landwirtschaftsproduktion. Im 16. Jahrhundert bleibt die Landwirtschaft des Küstenrandes trotz Vitalität und wachsendem Einkommen in der regionalen Wirtschaft nur eine wenig wichtige Nebensache. Das Einkommen eines Sumpfgebietkapitels wie desjenigen von Aiguesmortes bleibt – trotz des *booms* seiner Zehente – ziemlich geringfügig im Vergleich zu den fetten Pfründen der gesunden Zone. Zwischen 1597 und 1607, der Zeitspanne, in der man zum ersten Mal über eine globale Buchhaltung verfügt, ist die Gewinnmasse der *mense* Aiguesmortes 5000 bis 8000 Pfund pro Jahr. Aber verlassen wir die Camargue, gehen wir zum Fuße der Berge, zu den Hügeln oder den trockenen, gesunden Ebenen. Die Gesamtheit der Priorate von Nîmes bringt um 1600 in einem gewöhnlichen Jahr ein Zehenteinkommen von 25000 Pfund pro Jahr ein, das Vierfache von Aiguesmortes; in Montpellier sind es 45000 Pfund! Der typischste, häufigste Fall darf also im 16. Jahrhundert nicht in dem schmalen Streifen der sumpfigen Ebenen gesucht werden, sondern in den Ländern um Narbonne und Béziers, die für das mediterrane Languedoc so repräsentativ sind: Mit ihrem Intarsienmuster gesunder, völlig bebauter Ebenen, ohne möglichen landwirtschaftlichen Fortschritt; mit ihren zur Erschließung verfügbaren, aber unfruchtbaren Garrigues. Dort, in diesem Gemisch von Ebenen und trockenem Buschland bleibt das (reale) Landwirtschaftsprodukt hoffnungslos an seiner Höchstgrenze stehen, und das (reale) Zehenteinkommen ist ein getreues Spiegelbild dieser Stagnation.

So ist es denn das zehentpflichtige Produkt, mit anderen Worten das reale landwirtschaftliche Einkommen, das als Ganzes, mit Ausnahme einiger fiebriger Kantone der Küste, sich dem Wachstum widersetzt. Das landwirtschaftliche Einkommen hat seine Höchstgrenze erreicht; die landwirtschaftliche Bevölkerung jedoch durchstößt die Höchstgrenze; so ist das durchschnittliche bäuerliche Einkommen pro Kopf der Bevölkerung in Gefahr, stark abzusinken. Um die Realität dieser Gefahr und der wachsenden Kargheit abzuschätzen, müssen wir uns nach der Produktion mit den Problemen der Verteilung der erzeugten Güter beschäftigen.

Drittes Kapitel
Zerstückelung, Konzentration, Pauperisierung

Das zu verteilende Produkt vermehrt sich nur wenig, dagegen wächst die Bevölkerung stark an. Die Frage der Verteilung erlangt auf diese Weise lebenswichtige Bedeutung. Betrachten wir nun zunächst das erste Stück der landwirtschaftlichen Verteilung, die Verteilung der Produktion eines Landgebietes auf den Einzelbesitz entlang den Kraftlinien der Bodenbesitzstruktur. Ist das 16. Jahrhundert des Languedoc, das sogenannte »schöne 16. Jahrhundert«, eine Periode der Konzentration oder eine Periode der Aufsplitterung, der Zerreibung des Landbesitzes? Die in Frankreich von Raveau, Merle u. a. durchgeführten Studien legen den Schwerpunkt seit der Renaissance auf die Bodenkonzentration in den Händen von Adel und städtischem Bürgertum; gilt das auch für das Languedoc? Umgekehrt kann man auch die Hypothese einer Bodenzerstückelung nicht ausschließen: man denke nur an das Menschengewimmel und an die in dieser Gegend ständig geübte Praxis der Erbteilung in allen Schichten der Gesellschaft. Verschiedene Hypothesen sind möglich; aber lassen wir die Fakten sprechen, die *compoix*.

Methode: die Bodenbesitzfrage muß unter zwei Aspekten angegangen werden. Von der Seite der Flächen (Hektare oder »Setérées« der alten Zeit) und von der Seite der in den Grundbüchern eingetragenen Katasterwerte (in Katasterpfunden). So erreichen wir eine maximale Annäherung. Beide Betrachtungsweisen ergänzen einander: Die Schätzungen nach der Fläche sind die genaueren und die suggestivsten; aber Böden von ungleichem Wert (Schlick und *garrigue*) werden keiner Gewichtung unterworfen; und außerdem, da sie den *compoix* entstammen, die selten neu geschrieben werden (alle fünfzig oder hundert Jahre), sind sie zeitlich sehr wenig kontinuierlich. Um z. B. die Bodenbesitzgenerationen von 1500 und 1560 festzuhalten, muß man sich damit begnügen, die im *compoix* von 1492 gemessenen Flächen mit denen zu vergleichen, die im nächsten *compoix*, aus dem Jahre 1607, eingetragen sind; die Spanne ist wahrlich zu groß. Dagegen ermöglichen die durch den Katasterwert gewichteten Schätzungen, die im *compoix* eingetragen und regelmäßig in den aufeinander folgenden

Steuerrollen auf den jüngsten Stand gebracht werden, eine gegebene Periode aus der Nähe zu betrachten oder sogar Schritt für Schritt zu verfolgen. Dank ihrer kann man zwischen 1500 und 1560 die Wandlungen der Bodenbesitzstruktur von Jahrzehnt zu Jahrzehnt verfolgen.

Von den Flächen erwartet man solide Markierungen, die anfänglichen Hinweise; von den Werten subtile, gewichtete Überprüfungen, die chronologischen Feinheiten.

Hektare oder Setérées

Zuerst also die Flächen. Nehmen wir Lespignan. Zwei *compoix* über den Grundbesitz: 1492 und 1607. 103 Steuerpflichtige im Jahre 1492; 174 im Jahre 1607. Der übliche Bevölkerungsaufschwung des 16. Jahrhunderts; hier ist er allerdings relativ mäßig (vielleicht ist die Gemeinde nach 1560, im Bürgerkrieg mit seinem Elendsgefolge, zur Ader gelassen worden). Ich habe an anderer Stelle für dieses Dorf einen Vergleich mit großem Radius skizziert, in dem zwei sehr weit auseinanderliegende *compoix,* 1492 und 1633, einander gegenübergestellt werden: Unter Mazarin erscheinen die Besitztümer äußerst zersplittert verglichen mit den großräumigeren, gut zusammenhängenden Gütern vom Ende des 15. Jahrhunderts. Sehen wir, ob das 16. Jahrhundert an diesem Zerstückelungsprozeß seinen Anteil hat; und wenn ja, wie groß ist dieser Anteil? Zu diesem Zweck vergleichen wir die *compoix* von 1492 und 1607: In bezug auf die Globalentwicklung der Gemeinde finden wir Stabilität oder leichten Fortschritt. 1492 macht der erschlossene und in Besitz befindliche Boden 4 984 Setérées aus; 1607 sind es 5 605 Setérées; also ein Plus von 621 Setérées in 115 Jahren; nicht einmal eine Vermehrung von 15 %. Wenn man auch die Trockenlegungen und Rodungen des 16. Jahrhunderts nicht unterschätzen darf, so haben sie doch hier wie an anderen Orten die Produktivitätskapazitäten der Gemeinde wenig erhöht. Hat sich aber auch die Gesamtproduktion kaum erhöht, so hat sich doch die Verteilung des Bodens und damit seiner Erzeugnisse gleich dem Resultat einer Umwälzung grundlegend verändert. Um das herauszufinden braucht man nur die Besitzungen nach zunehmender Fläche von 0 bis über 1000 angeordnet in ein Stufendiagramm oder Häufigkeitsvieleck einzureihen und dann die Stufendiagramme von 1492 und 1602 miteinander zu vergleichen. Man kann dann die gesamten Entwicklungsphänomene einfach ablesen: Die beiden Stufendiagramme sind völlig verschieden! Ich fasse meinen Eindruck in zwei Worten zusammen: Der Kleinbesitz macht Fortschritte, der große ebenfalls; der mittlere bleibt auf der Strecke. Problem der Abgrenzung oder der Grenzen zwischen kleinen, mittleren und großen, zwischen Gruppen verschiedener historischer Reaktionsweisen, die einen dynamisch, die anderen rückläufig; diese Grenzen werden beim Vergleich der Diagramme von selbst deutlich; die gegenübergestellten Stufendiagramme spielen also bereits im Stadium der Untersuchung eine entscheidende Rolle, eine heuristische, der Lösung des Problems dienende Rolle; sie begnügen sich nicht mit der einfachen Funktion der Veranschaulichung.

Die Gegenüberstellung der Stufendiagramme zeigt nämlich, daß die kritischen Schwellen – wo die Entwicklungstendenzen ihre Richtung verändern – in diesem Dorf bei 20, bzw. 110 Setérées liegen. Es gehen zurück die Güter, deren Fläche zwischen einer unteren Grenze von 20 Setérées und einer oberen von 110 Setérées liegt. Dagegen vermehren sich die Besitztümer, die weniger als 20 Setérées oder mehr als 110 haben. Es machen also die Güter an beiden Enden der Stufenleiter Fortschritte: die Zwerge und die Riesen.

Gruppe I (über 110 Setérées): Im Jahre 1492 teilten sich die 5 größten Besitzer mit über 110 Setérées in 1854 Setérées; im Jahre 1607 sind es 12, auf 2708 Setérées. Die »Mehr-als-110-Setérées« hatten Ende des 15. Jahrhunderts 40% des anbaufähigen Grund und Bodens, in der Regierungszeit Heinrichs des IV. besitzen sie fast die Hälfte. Gruppe II (von 20 bis 110 Setérées): Auf der Mittelstufe der Flächenleiter waren es zur Zeit von Christoph Columbus 59, die über 2765 Setérées herrschten; am Ende der Vergleichszeit, zur Zeit Sullys sind es nur noch 44, die 2066 Setérées besitzen; das Mittelglied der Grundbesitzgliederung ist also im Niedergang. Gruppe III (der Kleinstbesitz mit weniger als 20 Setérées): Sie waren 39, auf 365 Setérées; nun sind sie, nach Multiplizierung der Liliputaner, 115 geworden, zusammengedrängt auf 831 Setérées.

Die Bodenbesitzstruktur hat sich in der Mitte ausgehöhlt und an den Extremitäten verstärkt, das mittlere und in der Mitte liegende Besitztum wird von zwei Fronten her angegriffen; auf der linken Seite des Stufendiagramms wird es angefressen vom Ansteigen der Menschenzahl; dieses begünstigt die Bodenzerstückelung und sprengt durch Spaltung oder »Zellkernteilung« fünfzehn Güter von über 5 Ha, aus denen kleinere Einheiten entstehen. Auf der rechten Seite wird es von den Landaufkäufern angefressen, die ihre Bereicherung im 16. Jahrhundert, ganz wie in Brie oder im Poitou, dazu benutzen, Grundstücke verschuldeter Bauern an sich zu bringen.

Hierzu kann man ein »Modell« aufstellen: Modell eines Getreideguts mit »großem« Ertrag, wie er den Bedingungen dieser Dorfgemarkung gut entspricht: Bei 10 Hl je Ha (angemessener Ertrag in der Ebene) und zweijährlicher Brache würden die Äcker von Lespignan (in einem gewöhnlichen Jahr) um 1490–1500 6000 Hl hervorbringen; 6 726 Hl um 1600–1610. Geringer Anstieg: Er entspricht dem, was wir über die Höchstgrenze der Ernten und des realen landwirtschaftlichen Einkommens im 16. Jahrhundert gesagt haben.

Einfaches Dividieren zeigt uns, daß jeder Besitzer im Jahre 1492 im Durchschnitt über 60 Hektoliter Weizen verfügt und im Jahre 1607 über 39. Da die Jahresration eines Schwerarbeiters im 16. Jahrhundert 5,6 Hektoliter beträgt, scheint die Marge ansehnlich: 1492 und selbst 1607 kann der mittlere Grundbesitzer seine Familie ernähren, er kann leben und sogar verkaufen.

Dieser ideale Grundbesitzer ist eine Abstraktion. In Wirklichkeit kann man dank der Stufendiagramme, den Prismen, die das Globaleinkommen zerlegen, die reale Verteilung der Ernten erkennen. Im Jahre 1492 verfügen die sechs größten Grundbesitzer durchschnittlich über je ein Gut von 72 Hektar und ernten jeder 360 Hektoliter Weizen. Der Mehrzahl der Grundbesitzer – die 59 der Gruppe II – geht es ordentlich, bei einem Durchschnitt von 55 Hektoliter pro Gut. Nur eine Minderheit – die 39 der Gruppe III – erntet und drischt nur jeweils 11,2 Hektoliter, d. h. zwei Rationen, was für eine Familie zu wenig ist: Man muß ja auch die Kinder ernähren; außerdem lebt der Mensch nicht von Brot allein. Daher kaufen diese Kleinbesitzer Lebensmittel, ihr Gut genügt nicht zum Leben.

Und genau diese Minderheit von »Liliputanern« des Jahres 1492 wird Anfang des 17. Jahrhunderts zur Mehrheit. Im Jahre 1607 verfügen die zwölf »Großkopfeten« des Dorfes durchschnittlich über 270 Hektoliter pro Gut. Die »Mittelbauern« (Gruppe II), von denen es nur noch 44 gibt und die ihre zahlenmäßige Mehrheit des 15. Jahrhunderts verloren haben, leben immer noch von 55 Hektoliter pro Besitzer. Aber jetzt gehört die große Masse der dörflichen Grundbesitzer (115 auf 171) zur Gruppe III, die nur das Existenzminimum einnimmt: Jedes kleine Landstück dieser zahlenmäßig so angewachsenen Gruppe III erntet nur 9 Hektoliter, nicht einmal zwei Rationen für einen Haushalt mit Kindern.

Sofortige Bilanz: Im Jahre 1492 verkaufte die große Mehrheit der Grundbesitzer Getreide und konnte daher kaufen, was sie brauchte; sie lebte oberhalb des »Selbständigkeitsminimums«. Im Jahre 1607 muß die große Mehrheit Getreide zum eigenen Verbrauch kaufen, denn sie sitzt nun auf einem Grundbesitz, der viel zu klein ist für ihren Lebensunterhalt. Und gleichzeitig versteht man besser, warum die Grundbesitzstruktur dazu neigt, sich in der Mitte auszuhöhlen und an den beiden Extremitäten zu verstärken, d. h. sich zu polarisieren. Die kleinen Besitzer, die ihre Unabhängigkeit verloren haben, die sich nicht mehr selbst genügen, müssen Arbeit auf den großen Gütern suchen: Sie liefern dem Großgrundbesitz Arbeitskräfte im Überfluß, so daß ihm die Arbeit sehr erleichtert wird und er im Laufe des Jahrhunderts weiter anwachsen und sich verschönern kann. Ergänzung, gemeinsame Zunahme: Letzten Endes ist der kleine Besitz der Tagelöhner den großen Einheiten der Latifundienbesitzer nützlich. Die winzigen Stückchen Land erlauben den Landarbeitern, die Zeit der Arbeitslosigkeit zu überleben und die gute Zeit der Saisonarbeit zu erwarten, in der der große Gutsherr »die Tagelöhner den Honig seines Geldbeutels kosten läßt«. Diese Gleichzeitigkeit der Zunahme von Großen und Kleinen auf Kosten der Mittleren im 16. Jahrhundert ist ein widerspruchsvoller, aber logischer Prozeß

Katasterpfunde

Nach den Flächen die Katasterwerte. Durch eine dichte Aufeinanderfolge ermöglichen sie uns, die Wirkungen der Bevölkerungsexplosion im 16. Jahrhundert auf die Bodenbesitzstruktur aus nächster Nähe zu betrachten. Die Untersuchung erfaßt zehn Dörfer; in allen zeigt sich im 16. Jahrhundert eine intensive Zerstückelung des Grundbesitzes und ein Ausufern des Kleinstbesitzes; in allen, ohne Ausnahme. In drei dieser zehn wird der Besitz derartig zerrieben, daß jeder Versuch einer Neugliederung lahmgelegt wird; nicht nur der mittlere, sogar auch der große Besitz löst sich auf und verliert an Boden. In den sieben anderen Dörfern ist die Zerstückelung zwar auch sehr ausgeprägt, zeigt aber am anderen Ende der Grundbesitzleiter eine mehr oder minder starke Konzentrationsbewegung der Liegenschaften. Das Hauptopfer in dieser zweiten Gruppe von Dörfern, der Gruppe der »Sieben« ist natürlich der mittlere Grundbesitz: Wie immer und überall von der Zerstückelung betroffen, wird er gleichzeitig auf der anderen Seite ins Feuer der Konzentration, der Bodenaufkäufer, genommen; ein Zweifrontenkrieg, der ihm schlecht bekommt!

In Fontès erlaubt uns die außergewöhnliche Dichte der fiskalischen Dokumente, die Geschichte der Grundbesitzzerstückelung zwischen 1500 und 1580 genau zu verfolgen. Aus dem Jahre 1504 haben wir ein Steuerbuch, das aus einem alten, heute verlorenen *compoix* hervorgegangen ist: Insgesamt 2 379 Katasterpfunde (die Wertfestsetzung des gesamten Grund und Bodens in Pfunden). 1505 ein neuer *compoix,* der ebenfalls verloren gegangen ist; aber sein nächstes Kind, die Steuerrolle von 1505, ist uns erhalten geblieben. Sie taxiert die Steuerpflichtigen gemäß diesem eben erst hergestellten *compoix:* Die neue Wertfestsetzung des Gesamtgebietes beläuft sich auf 2010 Katasterpfunde. Von der Steuerrollenfamilie, die aus diesem *compoix* hervorgegangen ist, haben wir noch die Rollen von 1505 (bereits erwähnt) und von 1533 und 1539. Es gibt zahlreiche Umschreibungen, die aber alle genauestens eingetragen sind; das Kartenspiel geht ununterbrochen weiter, die Karten werden unter den Spielern neu verteilt, aber der Gesamtwert bleibt unverändert wie es normal ist: 2 017 Pfund im Jahre 1533, 2 021 Pfund im Jahre 1539. Zwischen 1539 und 1543 wird ein neuer *compoix* angelegt. Nun beträgt die Wertfestsetzung 1 025 Katasterpfunde. (Notieren wir beiläufig, daß das Katasterpfund von 1540 ungefähr zwei Katasterpfunde von 1505 wert ist; Deflation? Keineswegs: Die Wahl der Einheit ist völlig willkürlich gegenüber dem absoluten Wert. In den Augen der Landvermesser von 1505 oder 1540 zählt nur ihr praktischer Wert zur Bemessung und Gewichtung des bei gleicher Bodenfläche unterschiedlichen relativen Werts der guten, mittelmäßigen oder schlechten Erde.)

Dieser *compoix* von 1540 besteht noch, aber in Fetzen und verschmiert. Von seiner Nachkommenschaft an Steuerrollen überleben noch zwei, die sehr gut erhalten sind: Die von 1543 und 1581. Damit haben wir einen reichlich abgesteckten Abschnitt des 16. Jahrhunderts (1505–1581), mit einer Steuerrollenreihe, von deren jede uns eine andere Schnittfläche der gesellschaftlichen Entwicklung dieser achtzig Jahre zeigt.

Hier ist eine zweifache Vergleichsreihe geboten: Eine zwischen den Steuerrollen verschiedener Familien (Vergleiche in Prozentsätzen) und eine zwischen Steuerrollen derselben Familie mit gemeinsamer Skala (Vergleiche in Katasterpfunden). Doppelte Lesung, die Kontrolle und Überprüfung erlaubt.

Zwischen 1505 und 1533 fallen die Vergleiche leicht: Die beiden

Steuerrollen sind Sprößlinge desselben *compoix*. Die kritische Schwelle, die wir durch Gegenüberstellung der Stufendiagramme erhalten haben, liegt bei 30 Katasterpfunden (1,5 % des »*compoix*«); »auf der rechten Seite« dieser Schwelle bei den »weniger Kleinen« erfolgt zwischen 1505 und 1533 eine Verminderung der Güterzahl durch Zersplitterung; ihre Zahl geht von 23 auf 18 zurück. Selbst die größten sind Opfer dieser Entwicklung: Von den drei größten Grundbesitzeinheiten des Jahres 1505 behauptet 1533 nur noch eine ihren Rang. »Links« von der kritischen Schwelle von 30 Katasterpfunden zeigt sich zwischen 1505 und 1533 eine starke Vermehrung: Hier sind die Kleinen angesiedelt, deren Grund und Boden weniger wert ist als 30 Katasterpfunde: 82 solcher Landstückchen gibt es im Jahre 1505, 118 im Jahre 1533. Nach diesem Datum bleibt die Zerstückelungstendenz weiter bestehen: Sehen wir uns die Steuerrollen von 1543 und 1581 an, beides Sprößlinge des *compoix* von 1540. Die Auflösung des Grundbesitzes geht zwischen 1543 und 1581 so weit, daß gleichzeitig der Großgrundbesitz, der mittlere und sogar der wohlhabendste Teil des kleinen Grundbesitzes, der doch von der Aufteilung in der vorigen Generation profitiert hat, von ihr erfaßt werden.

Die kritische Schwelle liegt nämlich zwischen 1540 und 1581 deutlich niedriger als zwischen 1505 und 1533; sie liegt nun nicht mehr bei 1,5 %, sondern bei 0,4 % des gesamten Katasterwertes, also bei 4 Pfund im *compoix* gemäß der Skala des *compoix* von 1540. Wer diese Schwelle überschreitet (1543 gab es 73 Inhaber eines Besitzes im Wert von 4 Katasterpfunden oder darüber), wird zum Opfer der Zerstückelung: 1581 gibt es nur noch 65 davon. Umgekehrt werden aus den 117 Kleinststeuerveranlagten (< 4 Katasterpfunde) von 1543 im Jahre 1581 186.

Versuchen wir eine Jahrhundertbilanz für den Großgrundbesitz: Er ist innerhalb von drei Generationen (1505–1581) erledigt. Im Jahre 1505 überschreiten acht Dorfgrößen die Schwelle von 3 % des Gesamtkatasterwertes; zusammen besaßen sie ein Viertel des Bodens; im Jahre 1581 überschreitet nur noch ein einziger Besitzer die entscheidende Dreiprozentschwelle; und sein Besitz macht nur noch ein Zwanzigstel des gesamten Dorfvermögens aus. Eine Flut von Kleinanbau hat alles überschwemmt. Der Großgrundbesitz wird erst im 17. Jahrhundert wieder einige Kraft gewinnen. Diese Verflüchtigung der Vermögen wie die der großen Güter erscheint in den aufeinander folgenden Steuerrollen als Tatsache belegt; sie wird auch durch die individuelle Geschichte der einzelnen Familien bezeugt. Betrachten wir im

Jahre 1504–1505 die beiden Dorfbonzen Antoine Hébrart und Pierre Peysson; zusammen besitzen sie 15 % des im Kataster erscheinenden Bodenwerts der Gemeinde. Der Grundbesitz Pierre Peyssons erscheint in der Steuerrolle von 1504 mit 5,6 % des Bodens im Werte von 133 Katasterpfunden (bei einem Gesamtwert des Gemeindebodens von 2 379 Katasterpfunden); außerdem besitzt Pierre 418 *fèdes* und *cabres* (Schafe und Ziegen) von den 2 948, die es in der Gesamtherde des Dorfes gibt, also 14,1 %. Zwischen 1505 und 1533 stirbt Pierre Peysson. Seine Erbe Guilhem Peysson bewahrt in der Steuerrolle von 1543 noch den Rang der Familie: Er besitzt noch immer 5 % des Bodens (51 Katasterpfunde von 1025 Pfund Gesamtbewertung). Aber Guilhem stirbt nach 1543 und in der Steuerrolle von 1581 ist das Erbe des Ahnen Pierre zerfallen: vier Peysson-Söhne, Jean, François, Johann junior und Antoine teilen sich den Kuchen: Jean, der Älteste, erhält einen Besitz von 10 Katasterpfunden (1 % des Bodens), Antoine zwei Katasterpfunde und die beiden anderen je 3 Katasterpfunde. Ein Teil des Erbes erscheint nicht mehr; vielleicht verkauft oder an einen Schwiegersohn gekommen. Aufsplitterung eines Grundbesitzvermögens; es ist ein Beispiel von vielen anderen.

Die Neuzerstückelung des Zerstückelten

Bis hierher bin ich von der für die kleinen Leute günstigsten Hypothese ausgegangen, derjenigen nämlich einer Zerstückelung ohne gegensätzliche Entsprechung, einer um sich greifenden Demokratisierung des Bodens. Aber diese Hypothese gilt nur für eine Minderzahl der Fälle. In der Regel ist die ständig intensive und überall bezeugte Zerstückelung verhältnismäßig kleinen Bodenflächen vorbehalten. Sie wirkt sich aus auf Kosten der mittleren Güter, scheitert aber an dem festen, mit Kapital versehenem Block der expandierenden Masse des Großgrundbesitzes.

In Sérignan haben wir es mit einem zwar zeitlich komplexen Prozeß zu tun, dessen Endresultat aber ziemlich beweiskräftig ist. Als Dokumente besitzen wir: Ein Steuerbuch (1453) mit 125 Steuerpflichtigen; und zwei *compoix*, davon einer aus dem Jahre 1521, mit 207 Steuerveranlagten und einer aus dem Jahre 1550 mit 268 Steuerveranlagten: Also die übliche Bevölkerungszunahme, die im Lande um Béziers so ausgeprägt ist. Aber die gesellschaftliche Entwicklung, die man hinter der Veränderung der Bodenbesitzstruktur erraten kann ist weniger homogen. Im Anfang geht alles aufs Demokratischste vor sich. Gehen wir vom Jahre 1453, der Epoche der Unterbevölkerung aus: Die Grundbesitzer haben ziemlich viel Raum für sich. Von den vier größten haben zwei je 7 % des Bodens. Zusammen besitzen die vier ein Viertel des Gemeindelandes. Sie sind große Viehzüchter auf sumpfigem Boden: Einer der vier besitzt 800 Schafe, 105 *bestias bonas, una sauma,* 30 *best-cavalh,* außerdem eine *carreta* und eine Kelter. Unter den vieren ist ein Stadtbürger und drei sind reiche Bauern. Unter den anderen wohlhabenden Steuerveranlagten (deren Vermögen aber nicht dieselbe Höhe erreicht wie das der vier größten) sind einige »Amphibien«. Beispielsweise besitzt einer von ihnen Land im Werte von 5 Florin im compoix (2 % des Bodenwertes) und an Vieh 700 Schafe, 14 Stück Mastvieh, 1 sauma, (dazu 1 carreta)... Außerdem 3 Kähne, 2 Netze, ein kleines Netz und sogar eine *gondola.* Entweder führt er seine Kühe auf die Weide bei den Teichen oder er geht auf dem Wasser fischen; so verteilt er das Risiko, indem er auf zwei Pferde setzt.

Diese ausgewogenen Strukturen werden vom großen Sturm des Bevölkerungsaufschwungs im 16. Jahrhundert hinweggefegt. Wie überall vollzieht sich die Zerstückelung zuerst zum Nutzen der kleinen Bauern. Denn der große Grundbesitz – die vier großen Güter des Jahres 1453 – löst sich auf, bricht auseinander und verschwindet. Im Jahre 1521 hat der größte Steuerpflichtige nur noch 4 % des Gemeindebodens. Es ist eine Art spontaner Bodenreform, die sich im Verlauf der Erbteilungen vollzieht. Aus den Überbleibseln der großen Güter bilden sich eine Menge kleiner Anwesen, von denen jedes weniger als 1/20 oder 5 % des Gemeindebodens ausmacht und die zu denen hinzukommen, die es in der Kategorie der <5 % schon vorher gegeben hat. Um den kleinen Hafenort herum entwickelt sich eine von Menschen wimmelnde Demokratie von Landwirten, Fischern und Winzern.

Die folgende Generation – diejenige, deren Grundbesitz aus dem *compoix* von 1550 hervorgeht – ist weniger gut daran als die vorigen. Zwar geht der Bevölkerungsaufschwung weiter und der Kleinbesitz nimmt an Zahl und gesellschaftlicher Dimension zu; nicht aber seine wahre wirtschaftliche Bedeutung. Denn die Zerstückelung erfaßt nun Güter unterhalb einer lächerlich niedrigen Schwelle: Umfaßten zwischen 1450 und 1520 die kleinsten Anwesen immerhin noch 5 % (oder 1/20 vom Wert des Gemeindebodens), so sinken sie zwischen 1520 und 1550 auf eine Größe von 0,2 % (oder 2/1000 vom Wert des Gemeindebesitzes). Von diesen winzigen Anwesen (<0,2 %) gab es 77 im Jahre 1521; 1550 sind es 149; man zögert, ihnen die Bezeichnung Grundbesitz zuzugestehen, so mikroskopisch klein ist das Stück Land. Die vernünftige Bodenaufteilung der vorigen Generation ist vorbei.

Diese »vernünftige« Kategorie, deren Grundbesitzformat zwischen 0,2 % und 5 % vom Wert des Gemeindebodens lag, hatte sich in der Zeitspanne von 1450 bis 1520 an den Überresten der großen Güter bereichert und zahlenmäßig vergrößert. Aber jetzt, nach 1520, wird sie selbst ein Opfer des Prozesses, der bisher ihre Entwicklung förderte. Die Bodenzerstückelung beginnt, ihre eigenen Kinder zu verschlingen und die Grundbesitzeinheiten, deren Bildung sie bewirkt hat, brechen in der folgenden Generation ihrerseits auseinander; sie fallen dem Bevölkerungsdruck und einem kontinuierlichen Zerreibungsprozeß von Grund und Boden zum Opfer, aus dem immer kleinere und kleinere Stückchen Land hervorgehen. Kurzum, um 1500 stand die Kategorie der »0,2 %–5 %« in Blüte; zwischen 1521 und 1550 ist sie in vollem Zusammenbruch: Innerhalb von 30 Jahren 34 Einheiten weniger. Jedes Jahr zerfällt ein mittleres Gut.

Für diese unglaubliche Zerstückelung zeugen in diesem Dorf noch Texte: Im Jahre 1550 verteilt z. B. Durand Roure seine einzige Habe, ein Stück Garten mit einer Fläche von einem Viertel einer Quart. Wert: Ein Sou *im compoix*. Vier Empfänger: Die vier Kinder Guilhem, Jehane, Durand und Caterine Roure; der Einzelanteil beträgt ein Viertel von einem Viertel einer Quart oder drei Denier im *compoix*.

Jedoch erklärt sich die Verschiebung der Zerstückelung auf winzige Stückchen Land auch noch durch andere Gründe als die galoppierende Inflation der Bevölkerung. Denn zwischen 1520 und 1550 sehen wir auf der rechten Seite des Stufendiagramms das Heranwachsen eines großen Gutes (eines Dorfgroßen), das nach und nach Gestalt annimmt wie ein sich zur Wolke verdichtender Nebel. Im Jahre 1520 gab es diesen großen Hof noch nicht; im Jahre 1550 macht er allein 14,1 % vom Wert des Gemeindebodens aus: 353 Pfund im *compoix* (bei einer Gesamtbewertung von 2 500 Katasterpfunden). Hier wird der mittlere Grundbesitz also auf zwei Fronten bekriegt. Auf der linken Seite von der Zerstückelung zersetzt, auf der rechten von einem großen Landaufkäufer verschlungen. Dieser Prozeß ist für viele Dörfer typisch.

Wie dem auch sei, als Ergebnis unserer eintönigen, aber unentbehrlichen Erhebungen findet man einen überall vorhandenen gemeinsamen Nenner: Die Bodenzerstückelung, die als alles überschwemmende Welle das Grundphänomen darstellt, das den Landbesitz im unwiderstehlichen Sog der Erbteilungen zersplittert; und daneben ein anderes bescheideneres Phänomen: Die Konzentration des Bodens zu großen

Gütern, die ziemlich häufig, aber keineswegs überall bezeugt ist. Das Opfer: Der mittlere Grundbesitz, der allerorts durch die Teilungen auseinander gebrochen und in manchen Fällen hier und da auch durch die Erwerbungen der Landaufkäufer zerschlagen wird.

An dem zweiten Phänomen, der kapitalistisch orientierten Zusammenfassung von Grund und Boden ist nichts Geheimnisvolles. Mehr als zehn Studien, angefangen mit Marc Bloch, haben es beschrieben. Bleibt immerhin die Frage, wer die Aufkäufer sind. Städtische Bürger, die sich durch den Preisauftrieb bereichert haben? Adelssippen, die ihr Erbe zu vergrößern suchen? Die Offiziersklasse, wie Vénard es für die Ile-de-France geschildert hat? Auch im Languedoc sind seit dem 16. Jahrhundert alle diese Gesellschaftsgruppen am Werk. Wenn das Land fruchtbar, stadtnah und im Umkreis einer Stadt mit Gerichtsbarkeit gelegen ist, wie Montpellier, nimmt ihr Vorgehen, besonders das des Richterstandes und der Bankiers, aggressiven Charakter an. Ich habe versucht, das für ein Dorf in der Ebene (Lattes) zu zeigen. Die Darstellungen der *compoix,* die an anderer Stelle vorgelegt worden sind, schildern auch Aktivitäten von Adligen: Des Messire de Thézan in Joncels und des Sieur Mirman oder Miremand in Montagnac, der dem Kreis der königlichen Finanzverwaltung angehört. Doch der Fall dieser beiden Adligen betrifft mehr das 17. Jahrhundert, und ihre Tätigkeit selbst ist begrenzt, denn sie vollzieht sich weit entfernt von stadtnahen Zonen. Die Landaufkäufer Thézan und Mirman erwerben mit ihrem adligen bzw. fiskalischen Kapital kaum 3 bis 8 % des Katasterwerts eines Dorfes.

In Wahrheit und wenn man sich in diesem Kapitel nur an die Gegebenheiten des 16. Jahrhunderts hält, muß man die Rolle der Dorfgrößen unterstreichen, der Männer bäuerlicher Herkunft. In Saint-Guilhem-le-Désert ist die Zusammenziehung von Grund und Boden nicht das Werk von Adligen, sondern von drei Männern aus dem »gemeinen Volk«, ohne den geringsten Adels- oder Vornehmheitstitel: in diesem Fall sind die Aufkäufer, die man auf der rechten Seite des Stufendiagramms findet, nicht einmal Stadtbürger, die dem Kreis der eingesessenen städtischen Familien der Gegend entstammen. Sonst hätten sie nämlich ein Anrecht, wenn auch nicht auf das »von«, so doch auf solche Titel wie Edler, *Mestre, Moussen* oder *Monsieur,* mit denen die *compoix* nicht geizen. Die Neureichen in diesen Dörfern sind Aufsteiger, an deren Schuhen noch der Lehm der Scholle klebt: reiche Bauern, ländliche Händler.

Ist das ein lokales, typisch auf das Languedoc und den Süden beschränktes Phänomen? Kein Zweifel, daß die Grundbesitzstruktur im Languedoc mit ihren Alloden, ihren winzigen Erbpachthöfen für den bäuerlichen Aufstieg geeigneter ist als etwa Westfrankreich, wo der Adel stärker über Menschen und Boden herrscht. Aber es gibt auch allgemeinere Ursachen: Der wirtschaftliche Aufschwung des 16. Jahrhunderts bringt den Bauern Vorteile, wie wir zeigen werden; er regt den Aufstieg eines ungehobelten, rein ländlichen Bürgertums an, das von dem städtischen verschieden ist. Nun vollzieht sich auch eine Differenzierung in der Bauernschaft: Eine kleine Gruppe von Dorfhäuptlingen bereichert sich durch die Bewirtschaftung und die Vergrößerung ihrer Güter; aber die Masse gleitet durch die Zerstückelung der Anwesen in die Pauperisierung ab.

Wir müssen auf die Zerstückelung zurückkommen, die ja im 16. Jahrhundert in dieser Region die vorrangige Tatsache ist; sie ist eine Massenerscheinung und als gesellschaftliches Phänomen viel allgemeiner als das gegenteilige Phänomen der Bodenkonzentration (das im Languedoc wirklich erst nach 1630 oder 1580 überhand nimmt). Die Historiker, die sich mit gutem Grund mit den Anfängen des landwirtschaftlichen Kapitalismus beschäftigt haben, haben sich wenig für die Probleme interessiert, die durch die Beschleunigung der Erbteilungen entstanden sind, den charakteristischen Zug der Epochen und der Landstriche mit »Zwergbau«. Wir müssen daher dabei verharren, denn sonst ist es unmöglich, das 16. Jahrhundert in Südfrankreich zu verstehen, diesem Ozean des Zwergbaus.

Verkleinerung der Erbteile – Verarmung der Erben

Grundproblem: Bedeutet die Bodenzerstückelung an diesem Ort und zu dieser Zeit die Pauperisierung der Bauern? Und muß man in unserem Fall zu dem gleichen Urteil kommen, das zweitausend Jahre vorher Hesiod als guter Kenner der mediterranen Wirklichkeit gefällt hat? Der griechische Dichter preist nämlich den »einzigen Sohn, der das väterliche Haus bewahrt und der den Reichtum der Häuser mehrt«. Hat die durch den Bevölkerungsaufschwung des 16. Jahrhunderts hervorgebrachte Teilung der Erbschaften zu einer Abnahme des Reichtums in den immer zahlreicher werdenden Häusern auf dem Lande geführt?

Um diese Frage zu beantworten ist es am besten, den Gedankengang umgekehrt zu formulieren: Was wären bei dem Universalcharakter dieser Zerstückelung die Bedingungen gewesen, unter denen sie nicht zur Pauperisierung geführt hätte?

Erster Fall: Absolute Zerstückelung des Bodens, der in Besitz genommenen Flächen; er betrifft die Dörfer, wo der Vergleich der aufeinanderfolgenden *compoix* und der Besitzstücke nach der Bodenfläche in Hektar vorgenommen worden ist; bei diesem Untersuchungsverfahren findet man am Ende des 16. und zu Beginn des 17. Jahrhunderts viel mehr und viel kleinere Grundstücke als am Ende des 15. Jahrhunderts. Um die Verarmung der Inhaber zu vermeiden, müßte in diesem Fall die Verstärkung des Getreideertrags die Verminderung der Fläche der einzelnen Güter kompensieren. Wiederholen wir, daß es keine Spur einer solchen Ertragsverstärkung gibt: Ackerbestellung, Felderwirtschaft und Anbauarten bleiben von einem Jahrhundert zum anderen fast unverändert. Es gibt zwar vor 1750 schon einen Ausweg gegen die Verarmung der Bodeneigentümer, deren Güter sich durch bis zum äußersten wiederholte Teilung zusammenziehen wie Chagrinleder. Dieser Ausweg ist die Pflanzung. Es ist anzunehmen, daß »die Bekleidung eines Landstücks« mit Olivenbäumen, besonders aber mit Reben und Maulbeerbäumen das Einkommen pro Hektar derart erhöht, daß im Jahre 1600 die in Korn errechnete Kaufkraft eines zerstückelten Gutes von 2 Hektar der Kornproduktion eines größeren Gutes von 4 Hektar im Jahre 1500 gleichkommen würde. Das wird im 19. Jahrhundert tatsächlich der Fall sein: Dank der reinen Konzentration auf den Weinbau wird der Winzer von 1860 auf seinem beschränkten Landbesitz ein höheres Lebensniveau haben als der Mischkultur betreibende, Getreide produzierende Landwirt von 1760 auf seinem viel größeren Grundbesitz. Nichts dergleichen im 16. Jahrhundert. Es gibt zwar schon Pflanzungen, aber ihre Entwicklung ist trotz einiger lohnender Initiativen beschränkt. Und das geringfügige Anwachsen der Ertragslage pro Hektar ist keine Kompensation für den Flächenausfall bei den Gütern mittleren Formats. Es ist ja auch bekannt, daß die Höhe der Zehente eine Stagnation oder doch einen nur sehr schwachen Anstieg des landwirtschaftlichen Globalprodukts von 1500 bis 1560 und praktisch sogar von 1500 bis 1650 anzeigt. Das ist ein Hinweis darauf, daß die Landinhaber nicht imstande sind, höhere Erträge oder gewinnbringendere Produktionsweisen zu erreichen, die die von Generation zu Generation fortschreitende Verkleinerung der einzelnen Landstücke wettmachen würden. Unter diesen Umständen wird die Tendenz zur Verarmung immer stärker und erzeugt die spezifischen Probleme von *Microfundium* und *Nanismus,* die René Dumont so gut gesehen hat: »Übermäßiger Aufwand an menschlicher Energie, zwerghafte Winzigkeit der Anwesen, Übervölkerung«.

Kommen wir nun zu dem zweiten Fall unserer Untersuchung: Wenn die Zerstückelung nicht mehr an den Hektaren gemessen wird, sondern je nach dem Fall an Katasterpfunden (»Bewertungspfunden« oder *compoix*-Pfunden derselben Familie fiskalischer Dokumente) oder in Prozenten vom Wert des Gemeindelandes, ohne daß man die in Hektar ausgedrückten Flächen kennt, die die Zerstückelung erlitten haben. Auch hier müßte, damit das individuelle Einkommen des Besitzers eines zerstückelten Landguts im Vergleich zu dem seiner Vorgänger sich nicht verringert, das Globaleinkommen des Gemeindebesitzes oder, was auf dasselbe hinauskommt, jedes Prozent der Wertfestsetzung des Gemeindelandes sich genügend erhöhen. Nehmen wir einen klassischen und sehr einfachen Fall: Wir haben von einer Gemeinde zwei *compoix* oder Steuerrollen (1500, 1580). Zwischen diesen beiden Daten des 16. Jahrhunderts verdoppelt sich die Zahl der Grundbesitzer oder der Grundsteuerzahler; die übliche Verdoppelung wie wir gesehen haben. Gleichzeitig schmilzt das durchschnittliche Format der im Stufendiagramm der Grundsteuerquoten erscheinenden Güter, gemessen an ihrem prozentualen Anteil am Wert des Gesamtlandes zwischen 1500 und 1580 auf die Hälfte zusammen: Das durchschnittliche Anwesen hat im Jahre 1520 einen Anteil von 2 % am festgesetzten Wert des Gemeindelandes; im Jahre 1580 nur noch 1 %. Damit dieser Niedergang des prozentualen Anteils am Gemeindeland von einer Generation zur anderen keinen Rückgang des Realeinkommens jeden Besitzers mit sich bringt, müßte das globale Realeinkommen aus der Landwirtschaft sich im selben Zeitraum durch die Anwendung zweier Methoden, der extensiven (Urbarmachung) und der intensiven (Ertragserhöhung, Anpflanzungen) verdoppelt haben. Dann gäbe es zwar eine sichtbare, nominale Zerstückelung (wie im 19. Jahrhundert), aber keine Pauperisierung. Denn das, was aufgeteilt würde, wäre eine dynamische Welt mit immer weiter steigendem Einkommen. Das steigende Einkommen wäre eine Kompensierung der Aufteilung. Verdoppelung der Anwärterzahl; Verdoppelung des zu verteilenden Grundbesitzeinkommens; eine Nulloperation: Das Einkommen des einzelnen Besitzers bliebe unverändert. Keine Verarmung.

Dagegen spricht unsere gesamte Dokumentation von einer weniger glücklichen Entwicklung. In der Tat ist die Ertragsverbesserung lächerlich gering; Pflanzungen und Rodungen sind bescheiden und bleiben Randerscheinungen; und das reale Produkt hat seine Höchstgrenze erreicht, die fortschreitende Teilung dieses Einkommens in immer mehr und immer kleinere Teile entspricht also einer echten Schmälerung dieser Teile und einer echten Verarmung der jeweiligen Erben.

Nehmen wir noch eine andere Landgemeinde: Nach dem Getreidewert errechnetes Realeinkommen 3 000 Zentner im Jahre 1500; 3 600 Zentner im Jahre 1560. In der gleichen Zeitspanne sinkt das typische Gut dieser Gegend, der mediane Besitz, durch Zerstückelung von 1% auf 0,5% vom Wert des Gesamtlandes. Produktion dieses typischen Gutes: 30 Zentner im Jahre 1500, 18 Zentner im Jahre 1560. Verarmung: – 12 Zentner. Mit René Dumont muß man den Schluß ziehen: »Die Zunahme der Bauernschaft führt zu einer Zunahme der Anwärter auf die Verteilung des landwirtschaftlichen Erlöses.«

Dabei haben wir hier nur von Fällen der einen Art von Zerstückelung gesprochen. In Wirklichkeit kommt zu dieser in den meisten Landgebieten noch eine gewisse Grundstückszusammenlegung, die von den großen Gütern durchgeführt wird. Dieser Variante gegenüber befindet sich der laufend zunehmende Kleinbesitz in noch schwierigerer Lage: Wie immer muß er sich in ein stagnierendes dörfliches Globaleinkommen teilen; und die Abschöpfung dieses so gut wie unveränderlichen Einkommens durch die großen Güter ist erheblicher als ehemals. Die Verarmung der kleinen Landwirte, die ein Opfer ihrer zahlenmäßigen Zunahme sind, wird noch verstärkt durch den Aufstieg der Großen.

Viertes Kapitel
Löhne, Pachtzinsen, Profite: Die Verarmung der Landarbeiter

Bis hierher haben wir die Verteilungsprobleme in ihrer horizontalen Vielschichtigkeit untersucht: Zuerst einmal wird die Teilung des Globaleinkommens aus dem Boden durch das Kraftfeld der Grundbesitzstrukturen und der Aufteilung des Bodens in Landgüter bestimmt. Nun kommt ein zweiter Teilungskreis, diesmal von der vertikalen Vielschichtigkeit ausgehend: Die Teilung in drei übereinandergelagerte Rangstufen, in drei Kategorien gesellschaftlichen Einkommens aus den Landwirtschaftsgütern: Grundrenten oder Pachtzinsen, Profite, Löhne.

Der Wertverlust der Reallöhne

Unter den im damaligen Wirtschaftssystem gebräuchlichen Lohnformen war der reine Naturallohn für die schwere Arbeit am meisten verbreitet. Wie z. B. für das Mähen: Am 21. Mai 1570 schließt Thomas del Longe, ein Bewohner des Corbièresgebiets mit den Kapitelherren als Herren des Hofes La Bastide-Retonde bei Narbonne einen Vertrag: er verpflichtet sich in seinem Namen und in dem seiner zwölf Gefährten, »Arbeitspersonen«, den Weizen einen halben Fuß über dem Boden zu schneiden, ihn nach angemessener Zeit zu losen Garben mit den Ähren nach innen, binden zu lassen, ihn einzubringen und zu dreschen«. Gemeinsamer Lohn: der jeweils zwölfte Sétier des auf der Tenne gedroschenen Korns (8,2 % der Ernte). Wie wir bereits gesehen haben erhielt am Ende des 15. Jahrhunderts der Mäher oder *ségaire* noch den jeweils zehnten Sétier. Ein fürstlicher Lohn, der Gegenwert des Anteils des Zehentberechtigten. Der Zehentsatz erfährt im 16. Jahrhundert keine Veränderung. Aber der Anteil des *ségaire* verringert sich. Halten wir hier die genaue zeitliche Aufeinanderfolge eines Phänomens fest, von dem wir in einem früheren Kapitel nur die beiden äußersten Zeitpunkte angegeben haben. Unsere Chronologie ist deshalb unbestreitbar, weil sie sich das ganze Jahrhundert hindurch nur auf die gleichen Landwirtschaftsgüter bezieht: Ab 1525 verlieren die Mäher der Höfe La Bastide und Védilhan zehn Prozent ihres spezifischen Reallohns; sie haben nämlich jetzt nur noch einen Anspruch auf den elften Sétier (9 % der Ernte) statt auf den zehnten Sétier (10 % der Ernte); ab 1546 neue Absetzbewegung: nun auf den jeweils 12. Sétier (8,2 % der Ernte). Diese Art des Lohneinkommens ist also seit dem Ende des vorigen Jahrhunderts um 18 % zurückgegangen. Nach 1560 wird sich dieser Rückgang noch verstärken und katastrophale Ausmaße annehmen. Um 1600–1630 wird der Minimalsatz erreicht sein: der jeweils achtzehnte Sétier (5,5 % der Ernte). Das bedeutet eine Reallohnverschlechterung von 45 % (im äußersten Fall) zwischen Karl VIII. und Ludwig XIII.

Für die Entwicklung des gemischten Lohnes – Nahrungsmittel und Ergänzung in Geld – nehmen wir den Fall des *bayle*, des Großknechts oder landwirtschaftlichen Vorarbeiters wieder auf, desjenigen Lohnempfängers, der die traditionelle Eigenbewirtschaftung verkörpert. Im 16. Jahrhundert treten die Konturen dieses Mannes aus den Texten lebhaft hervor: So sind z. B. im Jahre 1570 Antoine Darrieux (aus dem Narbonner Land) und seine Frau *bayle* und *baylesse* des Hofes La Bastide-Retonde. Antoine hat vier Ochsentreiber unter sich (*boyers*), von denen zwei auch Fuhrleute sind. Aber er selbst ist nur ein ausführendes Organ, der die schwersten Arbeiten verrichten muß, denn seine Herren mißtrauen den anderen Arbeitern. Er führt mehr Befehle aus als selbst zu befehlen und sein Lohn ist kaum höher als der eines einfachen Fuhrknechts: im Jahre 1566 erhält der *bayle* für sich und seine Frau 24 Pfund persönlichen Lohn, während ein lediger Fuhrknecht (sein Untergebener) 15 Pfund bekommt. Das Studium des Lohnes eines *bayle*, das wir im vorigen Kapitel bereits angegangen haben, ist sehr aufschlußreich für das Arbeiterdasein in der vormodernen Landwirtschaft.

Um 1480 erhält der *bayle* in Geld 24 Pfund 12 Sols und sein individuelles »Zubrot«, 2 Pfund 9 Sols 2 Denier. Gesamter Geldlohn pro Jahr: 27 Pfund 1 Sol 2 Denier. Und dieser Gesamtlohn bleibt von 1480 bis 1551 praktisch gleich! Die »Kurve« beschreibt fast eine Gerade. Während sich in Montpellier der Weizenpreis fast verdoppelt, bleibt der Geldlohn des *bayle* auf 27 Pfund stehen. Im Jahre 1540 sinkt er sogar vorübergehend auf 25 Pfund 10 Sols; denn der Getreidepreis ist gefallen und die Kapitelherren nehmen das zum Anlaß, die Löhne zu senken.[1] Im Jahre 1549 ist jedoch das Lohnniveau von 1480–1555 wieder hergestellt, also

[1] Aude, G 31, Blatt 211, Akte vom 25. 9. 1540: Pierre Manhe aus Moussan, der neue *bayle* der Bastide-Retonde, erhält als Lohn für sich und seine Frau 23 Pfund pro Jahr (statt der 24 Pfund, die seit 1480 der übliche Satz waren). Für

27 Pfund. Schließlich entschließen sich die Kapitelherren im Jahre 1557, »eine Anstrengung zu machen«, denn die von der Währungsinflation angetriebenen Preise schießen in die Höhe und die überholten Lohnsätze des 15. Jahrhunderts werden unhaltbar. Der Geldlohn des neuen *bayle* wird nun auf 28 Pfund 10 Sols festgesetzt.[2] Eine lächerlich geringe Erhöhung, durch die in Wirklichkeit der permanente Lohnstop nicht behoben wird. Denn zwischen 1480 und 1560 hat sich der regionale Getreidepreis mehr als verdoppelt. Die Kaufkraft des Geldlohns des *bayle* sinkt radikal; und die Bewegung ist noch nicht beendet.

Kein Zweifel: Im Falle von Mischlöhnen – Naturalien und Geld – geht die Leistung in Geld spektakulär zurück. Und die Naturalleistungen? Sie behaupten sich besser; trotzdem gibt es auch hier eine Tendenz nach unten, in manchen Fällen in bezug auf die Quantität, in anderen in bezug auf die Qualität. Wir haben diese Tatsache bereits beschrieben. Ich beschränke mich daher darauf, für das 16. Jahrhundert die zeitlichen Einzelheiten zu präzisieren.

Bis ungefähr 1530 bewahren die Lebensmittelerzeugnisse, die den *bayles* der Höfe des Narbonner Landes und ihren Knechten geliefert werden, ihr hohes Niveau vom Ende des 15. Jahrhunderts. Von diesem Datum (1530) an treten gewisse Niedergangssymptome auf. Im Vertrag aus diesem Jahr stellt man einen Rückgang der Salzration fest: von einer *cartière* auf 0,8 *cartière*. Auch im Languedoc beginnt also die Periode der Salzrationierung, die im Angoumois (Region um Angoulème) und in der Guyenne bald zu den Salzsteuerunruhen führen wird (1537, 1548). Auch die Ölration wird herabgesetzt: Von 1478 bis 1534 ist sie in den Landarbeiterverträgen auf 14 Liter, also 12,8 Kilo pro Kopf festgesetzt. Im Vertrag von 1540 beträgt sie nur noch 11,6 Liter, also 10,6 Kilo. Sie bleibt auf dieser Höhe bis zum Ende des 16. Jahrhunderts und sogar darüber hinaus. Noch 1850 liefert Gasparin jedem Arbeiter seiner Güter im Vaucluse und der Camargue 10 Kilo Öl im Jahr.

---

sich selbst, seine Frau, 3 Ochsentreiber und einen *boyerat* (Kleinknecht), also 6 Personen, erhält er 15 Pfund »Zubrot« statt der 20 im Jahre 1534 (also 2 Pfund 10 Sols pro Kopf statt der früheren 3 Pfund 7 Sols). Sein persönliches Gesamtgeld beträgt also 25 Pfund 10 Sols statt der 27 Pfund 7 Sols seines Vorgängers im Jahre 1534 (s. Aude, G 31, Blatt 133 Akte vom 25. 9. 1534).

[2] Aude, G 33, Blatt 14 Rückseite, 11. 10. 1557: der persönliche Lohn des *bayle* bleibt weiterhin 24 Pfund; aber das Zehrgeld oder Zubrot der sechs Mitglieder des Personals wird von 20 auf 27 Pfund erhöht, also 4 Pfund 10 Sols pro Kopf. Der *bayle* Bergier verdient also:

24 Pf. + 4 Pf. 10 S. = 28 Pf. 10 S.

Für Fleisch, das Testprodukt eines guten Lebensstandards des Volkes, kommt der Rückgang etwas später, nach 1540. In diesem Jahr mästet der neue *bayle*, Pierre Manhe, für die tägliche Nahrung auf dem Pachthof noch »drei männliche Schweine ohne eine Sau«. 1549 sind auf dem Hof immer noch 6 Erwachsene zu ernähren, aber jetzt haben sie nur noch das Recht auf »zwei Ferkel« für ihren Eigengebrauch; das gilt bis einschließlich dem Vertrag von 1562. 1566 erneute Beeinträchtigung: Nur noch *ein* Ferkel.

Die Untersuchung des »Zubrots« oder »Zehrgelds«, der Summe, die im wesentlichen für den Kauf von Fleisch und Speck bestimmt ist und in den Notariatsakten manchmal einfach unter der Rubrik »Fleischankauf« geführt wird, bringt eine gute Bestätigung. Diese pauschale Geldsumme wird unter das Personal des Hofes zu gleichen Teilen aufgeteilt. Man kann sie statistisch durch ihre Kaufkraft in Hammelfleisch erfassen (dessen Preis man aus den Narbonner Schlächtereien kennt).

In Hammelfleisch ausgedrückte Kaufkraft eines Arbeiters aus dem jährlichen Zubrot auf den Höfen um Narbonne

1480	39,5 kg
1533–1534	40,9 kg
1549	32,7 kg
1551	38,2 kg
1562	35,0 kg
1563	30,0 kg

Im Jahre 1583 sinkt diese Kaufkraft auf ungefähr 20 Kilogramm, die Hälfte dessen, was sie im 15. Jahrhundert war. Und der Landarbeiter zur Zeit Heinrichs IV. erscheint als Paria verglichen mit den gewöhnlichen Fußsoldaten der Armee Montmorency, die ihre 77 Kilo pro Kopf und Jahr konsumieren! Krise des bäuerlichen Fleischkonsums; ab 1530 auch schwerer Rückgang der Viehzucht. Darauf werden wir zurückkommen.

In der Tat scheinen die Jahre 1530–1540 die Wende zur Pauperisierung der Löhne zu markieren. Sehen wir uns die Weinration an: Im Jahre 1530 bleibt man noch den Normen des 15. Jahrhunderts treu, die Weinration ist unverändert: 5 *muids* (Narbonner Maß) Wein und 2 *Muids prenses* (Nachwein oder Trester) für 5 Personen; also 1 muid Wein und 0,4 muid Trester pro Kopf; d. h. 625 Liter Wein und 250 Liter

Trester pro Kopf und Jahr, das sind täglich 2 Liter Wein für den Schwerarbeiter. Doch keine Sorge um Leberzirrhose: Der Alkoholgehalt der Getränke ist niedrig. 1534 leichte Veränderung. Die Kapitelherren stellen einen sechsten Arbeiter ein, »vergessen« jedoch, die Globalration an Wein zu erhöhen; sie bleibt bei 5 muids. Dadurch sinkt die Einzelration auf 521 Liter. Zum Trost machen die Herren den Qualitätsverlust durch Steigerung der Quantität wett; sie vermehren die Trestermenge: Die Einzelration steigt hier von 250 auf 416 Liter pro Kopf und Jahr. Das bleibt so bis 1584. Und die Brotration? Die Verschlechterung, das »Schwarzwerden« des Brotes, das wir schon erwähnt haben, erfolgt wirklich erst am Ende des 16. Jahrhunderts. Bis 1560 bleibt die für das Ende des 15. Jahrhunderts charakteristische starke Ration reinen Weizens trotz gelegentlicher Schwankungen die Regel: Die Weizenration beträgt auf den Höfen des Narbonner Umlandes in den Jahren 1475–1485 8 Sétier (Narbonner Maß) pro Kopf und Jahr, d. h. 5,6 Hl. 1551 bleibt es beim reinen Weizen, mit einer größeren Ration als je: 10 Sétier (7 Hl) pro Kopf und Jahr. Der Roggen, das schwarze, grobe Korn, setzt sich erst nach dem Ausbruch des Bürgerkriegs durch, am Ende der anhaltenden Verarmung des 16. Jahrhunderts. Sein schließlicher Durchbruch schlägt sich in den Verträgen von 1580–1590 nieder, wo das den Arbeitern zugeteilte Korn von nun an gemischt ist: 7/10 Weizen, 3/10 Roggen.

Um das genaue Maß der Landarbeiterverarmung zu erkennen muß man in der Tat das Ende des 15. mit dem Ende des 16. Jahrhunderts vergleichen. Was immer die Ursachen sein mögen – Preisinflation, die stärker ist als das Ansteigen der Löhne, Bevölkerungsüberfluß, der die Arbeitslöhne drückt und die Lebenskosten steigert, durch den Bürgerkrieg erzeugte Entbehrung und Knappheit – die Auswirkungen sind

	Jährliche Ration	
	1480	**1580–1590**
Brot.	560 Liter reinen Weizens	700 Liter Korn mit 7/10 Weizen 3/10 Roggen
Wein	626 Liter Wein 250 Liter Trester	521 Liter Wein 416 Liter Trester
Fleisch	39,5 kg	18,2 kg
Öl	14 Liter	11,6 Liter

deutlich erkennbar. Mehrere Vergleiche sind möglich. Zuerst von Maß und Gewicht der Erzeugnisse[3] (vgl. Tabelle Seite 118).

Vergleich der täglichen Kalorienwerte:

	1480		1580–1590	
	Kal.	%	Kal.	%
Brot.	3531	84,6	4417	89,9
Wein/Trester .	133	3,2	153	3,1
Zubrotfleisch .	186	4,6	86	1,7
Öl	313	7,6	261	5,3
Insgesamt. . . .	4163	100	4917	100

Wie immer es sei, auf den ersten Blick scheint unser Mann von 1590 nicht bedauernswert zu sein: Er ist besser ernährt als die Unterentwickelten von heute; er nimmt ebensoviel und mehr Kalorien zu sich als sein Vorgänger von 1480; er ißt jedes Jahr (im Maximum) über eine Tonne Brot und trinkt eine halbe Tonne Wein: Fast zwei Kilo Brot und 2 Liter Wein pro Tag. Aber diese Kalorien sind ärmer und seine Ernährungsweise unausgewogen. Der Mangel an Eiweißstoffen und Fetten ist seit dem 15. Jahrhundert viel ausgeprägter geworden. Eiweißstoffe: 20 Kilo Fleisch im Jahr, das ist zweimal weniger als zur Zeit Karls VIII., das ist dreimal weniger als die jährliche Fleischration der Wohlgenährten, der Pariser von 1788 oder 1955, mit 62 oder 63 Kilo Fleisch im Jahr.

Zum Ausgleich ist die Brotration gestiegen (aber schwärzer geworden). Diese Fülle an Kohlehydraten kann den Mangel an eiweißhaltiger Nahrung nicht wettmachen, denn »in jeder Ernährungsweise ist das Gleichgewichtselement die Menge der zur Verfügung stehenden Eiweißstoffe ... deren Fehlen kann in einer Ernährung nicht durch ein Übermaß an Fetten (Lipide) oder Zucker (Kohlehydrate) kompensiert werden; es ist ein nicht wieder gutzumachender Mangel. Die Folgen zeigen sich unverzüglich: eine größere biologische Empfindlichkeit,

[3] Erinnern wir noch einmal daran, daß die angeführten Rationen Höchstrationen darstellen: wenn es in der Familie des *bayle* oder landwirtschaftlichen Werkmeisters Kinder gibt, vermindern sich die Rationen der Erwachsenen entsprechend der Zahl dieser Kinder.

eine gesteigerte Anfälligkeit für Epidemien, infolgedessen ein sofortiger Anstieg der Sterblichkeitsrate.« Man muß diese Anspielung auf den Tod hervorheben: Könnte nicht die Verschlechterung der Ernährungsweise, insbesondere der Fleischernährung ein Schlüssel sein zu der demographischen Wende, die Schluß macht mit dem frisch-fröhlichen Bevölkerungsaufschwung der Jahre 1500–1560?

Was Lipide und Kohlehydrate angeht, so kann man die unausgewogene Ration des Narbonner Landarbeiters direkt mit der ausgewogenen Ernährungsart seiner besser genährten Zeitgenossen, der Bürger Béziers' vergleichen. Ein unveröffentlichtes Haushaltsbuch führt uns vor Augen, wie der Tisch der Familie de Rocolles bestellt ist: In den Jahren 1583–1590 besteht die Familie aus einer Witwe, zwei Töchtern und einer Dienerin; die Vier konsumieren jährlich 3 muids (Béziersmaß) guten Wein, d. h. 495 Liter pro Kopf. Gewiß müssen die Witwe, die Dienerin und die Töchter einen guten Zug am Leibe haben. Aber sie trinken weniger als ihre proletarischen Zeitgenossen, die je 521 Liter Wein und 416 Liter Trester im Jahr zu sich nehmen. Der Wein, der in Nordeuropa ein Symbol des Luxus und der wohlhabenden Klassen ist, ist im Weinbauland Südfrankreichs immer ein zwar anregendes, aber wenig nahrhaftes Nahrungsmittel des schlecht genährten Schwerarbeiters gewesen.

Ähnliche Eintragungen für das Brot: Die Damen Rocolles verbrauchen im Jahr 27 Sétiers (Béziersmaß) Weizen, das bedeutet 1 Kilo pro Kopf und Tag. Das ist beachtlich, aber viel weniger als die 1,7 Kilo täglichen Brotes, die der Narbonner Landarbeiter erhält. Ist nun die kleinere Ration an Wein und Brot in der Familie Rocolles ein Spezifikum weiblicher Ernährung? Durchaus nicht. Denn im 16. Jahrhundert ißt die Bauernmagd genau so wie ein Ackerknecht: Über eine halbe Tonne schwarzes Brot = 630 Kilo jährlich, 1,7 Kilo täglich.

Wenn die Damen Rocolles weniger sauren oder nachgegorenen Wein trinken und weniger Brot, ein dürftiges Nahrungsmittel, essen, so nicht, weil sie Frauen sind, sondern weil sie in höherem Maße Zugang zu den wertvolleren Nahrungsmitteln haben: Fleisch und Öl. In der Tat beträgt ihre jährliche Ölration für vier Personen 76 Liter; das sind 19 Liter pro Kopf und Jahr und 47,2 Gramm täglich; fast das Doppelte des Narbonner Landarbeiters, ihres weniger wohlgenährten Zeitgenossen; mehr als die Ration des gut genährten Landarbeiters des Jahres 1480; mehr als die des Marseillers von 1960, wenn auch weniger als die des Nordfranzosen von 1960 (70 Gramm Fett pro Tag). Doch muß man dabei wissen, daß das Olivenöl eine höhere Kalorienzahl besitzt als die

Butter, die Margarine oder die sonstigen in der nördlichen Küche verwendeten Fette.

Auch Fleisch essen die Bürgerinnen von Béziers in viel größerer Menge als die ländlichen Proletarier ihrer Zeit. Der Durchschnitt der im Hause Rocolles üblichen jährlichen Ausgaben beträgt für vier Personen 100 Pfund; diese 100 Pfund sind im wesentlichen Ausgaben für den Fleischeinkauf, da die Ausgaben für Kleidung, Schuhe und die Bezahlung der Dienstboten extra aufgeführt, Weizen, Wein, Öl und Schweinefleischerzeugnisse in Natur vom Halbpächter geliefert werden. Nahezu 100 Pfund für den Fleischverbrauch von vier Personen während das *Zubrot* des Narbonner Landarbeiters nur 27 Pfund im Jahr (1580) oder 35 Pfund im Jahr (1590) für sechs Personen beträgt.

Gemessen an diesen wohlgenährten und besonders Olivenöl liebenden Bürgerinnen erscheint das Los der Landarbeiter nicht gerade glänzend. Man kann sich ein gutes Bild der Rocolles' machen: die Mutter rundlich und drall, die Töchter üppig blühend; denn die aus den Lipiden gewonnenen Kalorien sind in der Wachstumszeit wesentlich.

Mit anderen Worten: die Arbeiterration ist füllender als die der Bürger vom Typ der Rocolles', aber sie ist eindeutig dürftiger und durch ihren hohen Anteil an Kohlehydraten weniger ausgewogen.

Versuchen wir, nach diesen monographischen Betrachtungen eine Gesamtbilanz der (im Mischlohn) auf die beiden Elemente entfallenden Werte und ihres prozentualen Anteils aufzustellen. Der *bayle* erhielt im Jahre 1480 einen Mischlohn der insgesamt folgenden Wert hatte:

	17,1 Pfund	= Wert der Naturalleistungen
	+ 24,0 Pfund	= Geldlohn
d. h.	41,1 Pfund	Gesamtwert des Lohns.

Im Jahre 1590 hat sein aus diesen beiden gleichwertigen Elementen bestehender Gesamtlohn einen Wert von

101,8 Pfund + 36 Pfund = 137,8 Pfund

In turonensischen Pfunden berechnet hat sich der nominale Wert des Vorarbeiterlohns ein wenig mehr als verdreifacht. Doch steigt in dem gleichen Zeitraum (1480–1590) der Weizenpreis auf den Märkten des Languedoc von 1,6 Pfund der Hektoliter auf 8 Pfund. Der nach seinem Weizenwert geschätzte Reallohn des *bayle* sinkt also von 25,7 Hektoliter Weizen auf 17,2 Hektoliter; mit anderen Worten: von 3,7 Schwerarbeiterrationen an Getreide auf 2,5 Rationen im Jahr. Ein tiefer

Sturz. Die so umstrittenen Schlußfolgerungen, die Hamilton anhand der Geldlöhne für die Pauperisierung im 16. Jahrhundert gezogen hat, finden hier zum ersten Male eine verallgemeinernde Anwendung auf die Mischlöhne, die in der vormodernen Wirtschaft am typischsten waren.

Darüber hinaus hat sich auch die Struktur selbst des Mischlohns grundlegend gewandelt: Im Jahre 1480 handelt es sich um einen echten Mischlohn, bei dem der Geldanteil vorherrschend war: 24 Pfund in Geld gegen Naturalleistungen im Werte von 17 Pfund. Im Jahre 1590 komplette Umkehrung: Naturalleistungen im Werte von 101 Pfund, ein Geldlohn von 36 Pfund. Der *bayle* ist nur noch ein Arbeiter in Kost und Logis, der zusätzlich ein Taschengeld erhält.

Im Naturalienteil des Lohnes zeigt sich auch eine Verringerung der Elemente, die nicht auf Getreide beruhen: Zwischen der Regierungszeit Karls VIII. und dem Regierungsantritt Heinrichs IV. vergrößert sich bei dieser Zahlungsart der Brotanteil. Im Jahre 1480 wird der Wert des Brotes auf 7,8 Pfund geschätzt; es macht dem Wert nach 45,6 % des Naturalanteils aus, aber nur 19 % des Gesamtlohns (Geld + Naturalien), also ⅕. Aber am Ende des 16. Jahrhunderts macht das Brot (54 Pfund) 53 % des Naturallohns und 39 % des Gesamtlohns aus. Der Anteil des Brotes wird zum Löwenanteil: Er springt von 20 auf 40 % des Gesamtlohns, anders ausgedrückt von ⅕ auf ⅖. Dieser Heißhunger auf Brot (und Wein) ist einmal mehr ein Hinweis auf eine ganz bestimmte Armut, nämlich auf den Mangel an Fleisch. Der Lohnarbeiter kompensiert diesen Mangel oder glaubt ihn zu kompensieren, indem er die Hälfte seines Einkommens in die billigen Kalorien des Korns steckt.

Die Lohnarbeiter des Languedoc haben sich unter dem Druck der Pauperisierung verhalten müssen wie viele Arme in vielen Jahrhunderten: Sie haben Salz, Fleisch und Fettprodukte eingeschränkt, deren rückläufiger Verbrauch das charakteristische Anzeichen für die Unmöglichkeit ist, sich anständig zu ernähren. Sicherlich haben sie auch am Trinken und an Kleidung gespart; sie haben die Lumpen geflickt. Und dadurch haben sie jedenfalls nicht auf den Konsum der lebenswichtigsten Produkte verzichten müssen: Brot und Wein, die Grundnahrung der armen Mittelmeerlandschaft seit Christi Abendmahl. Aber sogar auf diesem Gebiet geht die Qualität zurück: um 1580–1590 ist das Brot der Armen schwarz und ihr Wein Nachwein.

Nach den Naturallöhnen und der gemischten Entlohnung kommen wir jetzt zu den Löhnen der modernen Art, dem reinen Geldlohn: Er betrifft die große Kategorie der ländlichen Tagelöhner und der lohnabhängigen Handwerker. Um 1480–1500 verdient in einem gewöhnlichen Jahr ein Maurermeister in Montpellier 4 Sous am Tag oder sogar mehr. Sein Zimmermannskollege ungefähr gleich viel. 4 Sous pro Tag, das bedeutet am lokalen Markt 16 Liter Weizen, genug um 15 Kilo Brot herzustellen, die Tagesration für acht Schwerarbeiter. Ein ansehnlicher Verdienst: Dieser Maurer kann ohne große Schwierigkeiten seine Familie ernähren, unterbringen und bekleiden. Der Hilfsarbeiter, der mit ihm arbeitet, verdient 3 Sous pro Tag (11 Kilo Brot ungefähr, sechs Tagesrationen eines Schwerarbeiters). Der Erdarbeiter kommt auf 3 Sous 6 Denier pro Tag, also 13 Kilo Brot, gleich 7 Rationen.

Diese schönen Einkommen werden bald von der Preisinflation und vor allem von der Übersättigung des Arbeitsmarktes angefressen. Das ist bereits in der Periode 1530–1550 der Fall. Trotz einiger Erhöhungen steigt der Nominallohn im Vergleich zum Beginn des Jahrhunderts in diesen beiden Jahrzehnten kaum. Der Maurer von 1530–1550 verdient jetzt 5 Sols pro Tag, der Erdarbeiter 3 Sols 10 Denier; der Landwirtschaftsarbeiter, hier der *poudaire,* der Rebstockbeschneider, verdient 3 sous 4 Denier pro Tag.

Was ist dabei aus dem einstigen Wohlstand geworden? In den Jahren 1530–1550 haben die 5 Sous des Maurermeisters nur noch den Wert von 9 Kilo Brot statt der 15 Kilo vom Ende des 15. Jahrhunderts; also nur noch 5 Tagesrationen eines Schwerarbeiters statt 8. Der Weinbauarbeiter ist noch schlechter dran: er verdient 3 Sous 3 Denier pro Tag während der Sétier (Montpelliermaß) Weizen 23 Sous kostet; sein Lohn hat den Wert von 7 Liter Weizen oder 6,6 Kilo Brot, wenig mehr als drei Rationen.

Diese Verarmungstendenz hält sich bis zum Ende des Jahrhunderts. Die Weizenpreise der Zeit zwischen 1480–1500 und 1585–1600 versechsfachen sich. Doch der Tagelohn in Geld (Maurer, Zimmerleute, Landarbeiter) steigt in derselben Zeitspanne nur um das Dreifache. Auf den Weizen bezogen erleidet daher der in Geld bezahlte Reallohn des Tagelöhners einen schweren Verlust.

Genügt es aber, ganz allgemein den Lohntypus in gleicher Weise für den Maurer und den Weinbauarbeiter zu untersuchen? Trägt nicht der landwirtschaftliche Lohn eine spezifische Bürde? Um das zu erkennen, müssen wir uns die ländlichen Lohnarbeitsstrukturen im vormodernen Wirtschaftssystem näher ansehen.

Erste Feststellung: Die Lohnhierarchie ist in der Landwirtschaft nicht dieselbe wie im städtischen Sektor. In dieser Beziehung gibt es ein sehr aufschlußreiches südliches Dokument. Es handelt sich um die im Jahre 1594 vom Dreiständetag des Comtat erlassene Lohngebührfestsetzung. Der Übersichtlichkeit halber legen wir im folgenden den Text in Form einer Tabelle vor.

	Tagelöhne im Jahre 1594	
	des Handwerks	der Landwirtschaft
»Hohe« Löhne	Maurermeister ohne Beköstigung: Winter 10 Sous Andere Jahreszeiten 15 Sous	
»Mittlere« Löhne	Hilfsarbeiter ohne Beköstigung: Winter 5 Sous tgl. Andere Jahreszeiten 7 Sous	angestellter Kelterer oder unbeköstigter Winzer: Winter 7 Sous Rest des Jahres 8 Sous
»Niedrige« Löhne .... (Frauen)	Unbeköstigte Hilfsarbeiterinnen: Winter 3 Sous sonstige Zeit 4 Sous	Unbeköstigte Frauen für Arbeiten jeder Art: Winter 3 Sous

An dieser Tabelle, die einen elementaren Versuch einer vormodernen Soziologie der Arbeiterwelt darstellt, kann man deutlich ablesen, daß die gewerbliche Lohnhierarchie in drei Stufen gegliedert ist: Facharbeiter (10 S. bis 15 S.), Hilfsarbeiter (5 S. bis 7 S.), Hilfsarbeiterinnen (3 S. bis 4 S.); die Landwirtschaft dagegen hat nur zwei Stufen: Kelterer oder Winzer (7 S. bis 8 S.) und Frauen für jede Art von Arbeiten (3 S.). Gleichzeitig sieht man eine Diskrepanz: Die obere Schicht des ländlichen Proletariats steht nämlich nur auf der mittleren Stufe der gewerblichen Arbeitnehmerschaft. Mit anderen Worten: Der ländliche Facharbeiter (Schnitter, Kelterer, Rebstockgärtner) wird viel schlechter bezahlt als der Facharbeiter vom Bau; er steht auf der Stufe des Maurergehilfen oder des Erdarbeiters.

Alle Daten, die wir über das 16. Jahrhundert besitzen, bestätigen diese von den Avignoner Juristen erarbeitete Klassifizierung: Sagen wir also, daß im 16. Jahrhundert das Gewerbe in Montpellier (1530), in Béziers (1580) und in Avignon (1594) drei Sorten Löhne bezahlt: niedrige (Frauen), mittlere (Hilfsarbeiter), hohe (Maurer- oder Zimmermeister, Facharbeiter); die Landwirtschaft dagegen zahlt nur entweder niedrige Löhne (Frauen) oder mittlere (Weinerzeugung); es gibt keine hohen Landwirtschaftslöhne.

Die normale Höhe des Entgelts kann Unterschiede aufweisen. Aber die aufgezeigte Struktur, ein echtes Lohnschema, bleibt beständig; und da die Landwirtschaft nur mittlere oder niedrige Löhne kennt, nimmt die Verarmung im 16. Jahrhundert dort einen härteren, tragischeren Aspekt an.

Doch wer herrscht in dieser Zweistufenwelt der ländlichen Tagelöhner (Elendsstufe: Die Frauen, Armutsstufe: Die männlichen Arbeiter) statistisch vor? Im Weinbau sind es die Männer, die zum Beschneiden und Sauberhalten der Rebstöcke angeheuert werden; die Frauen (Traubenschnitterinnen) sind nur bei der Weinlese in der Mehrzahl. Die im 17. Jahrhundert einsetzende Ausbreitung des Weinbaus wird infolgedessen eine Erhöhung des Lebensstandards der Arbeiter zur Folge haben, da der Weinbau überwiegend Männerarbeiten, für die die Löhne am höchsten sind, mit sich bringt.

Aber im 16. Jahrhundert ist der Weinbau des Languedoc noch ein nebensächlicher Sektor ohne große Verbreitung, der in der Masse des Getreideanbaus und der vormodernen Mischkulturen untergeht. Und in diesem traditionellen Sektor ist die Arbeitsteilung nach Geschlechtern ganz scharf abgegrenzt. Bei dem für das ganze Jahr bezahlten Gesinde sind die Männer in der Mehrzahl: Vier Ochsentreiber oder Gespannführer auf eine Magd. Bei den Saisonarbeitern, die einen Teil der Ernte als Bezahlung erhalten, spielt die weibliche Arbeit schon eine bedeutendere Rolle: Bei der Getreideernte eine Garbenbinderin auf zwei Schnitter; beim Entkörnen neun Frauen auf zehn Männer. Und in dem Sektor der in Geld entlohnten Tagelöhner, mit dem wir uns hier beschäftigen, wird die Frauenarbeit weitgehend überwiegend. Hier drücken die weiblichen Löhne durch ihre Zahl (nicht aber durch ihre Höhe) die männlichen an die Wand.

Nehmen wir einen gewissen Rocolles, einen Bürger von Béziers im Jahre 1580. Seine Haupttätigkeit ist die Landgutbewirtschaftung (Getreide und Oliven, die 80 % des Einkommens aus seinen Gütern ausmachen). Innerhalb von zwei Jahren zahlt er 519 Tagelöhne, davon 29 an Männer für das Säen und 490 an Frauen für das Jäten des Weizens und das Zusammentragen der Oliven.

Die Frauen herrschen also bei ihm zahlenmäßig mit 94 % vor. Diese Frauen, Catherine Birette, die Hirtin, die Geflügelstopferin usw. sind mit 2 Sous 9 Denier pro Kopf und Tag seine wichtigste Tagelohnausgabe; sie ergänzen die Arbeit des mit 20 Pfund pro Jahr fest angestellten männlichen Gesindes, das Rocolles außerdem beschäftigt.

Dieses Überwiegen der Frauen in der Tagelöhnerschaft des Getreidesektors und außerhalb des Weinbaus erhält sich ohne Veränderung bis ins 18. Jahrhundert.

Höfe im Umland von Béziers 1773–1774. Tätigkeitsgebiete außerhalb des Weinbaus (Korn, Luzerne, Bohnen usw.)

	Anzahl der bezahlten Tage	
	von Frauen	**von Männern**
Höfe: Saint-Pierre, Amilhac, Les Salles	2969	1486
Höhe des Tagelohns (in Sous)	8 Sous	25–30 Sous

Die Bilanz dieser Tabelle: Für zwei billige Frauenarbeitstage ein teurer männlicher Arbeitstag. Anstelle eines guten Verdienstes haben die Tagelöhnerinnen die Zahl für sich, die Mehrzahl, und die Rolle dieser weiblichen, im Überfluß vorhandenen und unterbezahlten Arbeitskraft erscheint in dem traditionellen Wirtschaftssystem des alten Languedoc, soweit es nicht den Weinbau betrifft, als wesentlich; sogar wichtiger als die Rolle des jährlich bezahlten Hausgesindes: Auf 300 Arbeitstage von jährlich festbezahlten Knechten und Mägden entfallen auf denselben Höfen des Landes Béziers 540 Arbeitstage von Tagelöhnern und hauptsächlich von Tagelöhnerinnen.

Olivier de Serres ist sich am Ende des 16. Jahrhunderts dieses statistischen Überwiegens der Tagelöhner über das Hausgesinde völlig bewußt und seine Ratschläge an die Grundherren beweisen es: »Mehr Leute mit Tagelohn als mit Jahreslohn anstellen«, oder »sich nicht zu sehr mit aufs Jahr gemieteten Dienstboten belasten … um so mehr als man mit Geld Leute im Tagelohn findet, um die Arbeit zu verrichten.«

Schwierigkeiten der Arbeiterinnen

Für den Agronomen ein gutes Kalkül: Diese Tagelöhnermasse und speziell ihre mit Rabatt bezahlte weibliche Mehrheit wird von der Pauperisierung des 16. Jahrhunderts stärker betroffen als andere. Um sich davon zu überzeugen genügt es, einen Blick auf die Entwicklung des Verhältnisses zwischen den weiblichen und den männlichen Löhnen bei gleicher Arbeit zu werfen. Die Dokumentenreihe, die uns im Languedoc dafür zur Verfügung steht, beginnt um 1349–1350. In jenen Jahren verdienen die Weinlesearbeiterinnen pro Arbeitstag 8/9 oder 4/5 des Lohnes ihrer männlichen Kollegen. Diese »günstige« Situation verdanken sie allerdings der Knappheit an Arbeitskräften, der Pest; diese Knappheit verursacht unwahrscheinliche Umwälzungen in den Lohnstrukturen; im Languedoc bezahlen die Arbeitgeber die Frauen fast nach dem gleichen Tarif wie die Männer und in Italien erreichen und übersteigen die Landwirtschaftslöhne den Stand der städtischen Handwerkerlöhne! In der darauffolgenden Zeit, ab 1367 und das ganze 15. Jahrhundert hindurch stabilisiert sich das Verhältnis zwischen männlichen und weiblichen Löhnen auf einer niedrigeren Rate, bei 50%. Wenn z. B. bei der Weinlese in Toulouse die Männer zwei Groschen pro Arbeitstag erhalten, bekommen die Frauen nur einen Groschen; auch in Nîmes setzt ein Tarif von 1420 den weiblichen Lohn auf die Hälfte der Bezahlung für die Männer fest; oder höchstens, wenn die Arbeit drängt (Ernte, Weinlese), auf 5/8. Dieser halbe weibliche Lohn im Falle einer Zusammenarbeit von Männern und Frauen scheint eine durch die Jahrhunderte geheiligte Dauereinrichtung zu sein; noch im Jahre 1524 haben die Frauen (Schnitterinnen) bei der Weinlese des Kapitels von Béziers neben der Verköstigung 10 Denier pro Tag; die ebenfalls verköstigten Männer (Lastträger oder Botticharbeiter) haben das Doppelte, 20 Denier pro Tag. Im Jahre 1536 sind fünf Männer und sechs Frauen bei Béziers mit der Herstellung von Pflöcken oder Pfählen beschäftigt. Sie sind nicht verköstigt. Die Männer erhalten 40 Denier, die Frauen 20 Denier am Tag.

Doch in der zweiten Hälfte des 16. Jahrhunderts verkommen die weiblichen Löhne: Die zweihundert Jahre alte Regel der 50 Prozent wird abgeschafft. Im Jahre 1579 geben die Kapitelherren von Béziers bei der Weinlese den Schnitterinnen 1 Sou 3 Denier pro Tag, den Männern aber, die die abgeernteten Trauben tragen oder an den Bottichen beschäftigt sind, 4 oder 5 Sous. Im Jahre 1585 gewährt der knauserige Rocolles bei der Weinlese den Frauen einen Sou, den Männern 4 Sous pro Tag. In denselben Jahren haben die Frauen bei der Holzarbeit (Reisigbündel, Kleinholzlese) 2 Sous 6 Denier, die Männer 8 Sous. So verdient also am Ende des 16. Jahrhunderts die Frau nur noch 37% des Lohnes eines Landarbeiters oder eines Bauarbeiters statt 50% in der ersten Hälfte des 16. Jahrhunderts oder beim Ausgang des Mittelalters.

Schwere weibliche Pauperisierung, sehr viel ausgeprägter als die der Väter oder Ehemänner. Im Jahrhundert der Schätze aus Amerika und der galoppierenden Inflation steigt der Nominallohn einer verköstigten Weinleserin von 10 Denier im Jahre 1536 auf ganze 15 oder 18 Denier am Ende des Jahrhunderts, während sich die Preise in dieser Zeit mehrere Male um sich selbst gedreht haben.

Unter diesem Gesichtspunkt bilden also die 1550er Jahre einen Wendepunkt: von nun an beginnt die lange Zeit währende, bis dahin nicht so ausgeprägte Verarmung der Frauen. Untersuchen wir diese Zeit der Wende anhand der einzigen Reihe weiblicher Löhne, die vollständig und ununterbrochen für die Zeitspanne 1500–1600 vorliegt: die Löhne der Ammen, die vor der Zeit der Flaschenkinder eine starke Zunft darstellten.

In seinem Wörterbuch, das der Abbé Rozier an seinem Wohnort im Languedoc herstellt, beschreibt er die ideale Amme; mit Genuß verweilt er bei der Beschreibung von Haut, Büste und Taille. Diese Frauen sind nämlich von Wichtigkeit; im 16. Jahrhundert sind sie Gemeindepersönlichkeiten; die Bürgermeisterei von Montpellier gibt ihnen *Jehane* oder den und jenen anderen Säugling, der »auf einem Misthaufen gefunden« wurde, zur Ernährung (1575); oder aber sie vertraut ihnen gegen Bezahlung die kleinen Bastarde der ortsansässigen Notabilität (Bischöfe, Stadtregenten usw.) an. Also städtische Ammen aber auch ländliche Ammen (»deren Milchkinder sehr darunter leiden, daß sie sich der Feldarbeit widmen«). Wie werden sie bezahlt? Das Lohnschema hat zwei Etagen: Die stillende Amme (lactans et nutriens) und die Ziehamme (nutriens), die ein »Kind aufzieht ohne zu stillen«.

Im Jahre 1480 verdienen die *lactantes* 17 Sous 6 Denier pro Monat, die *nutrientes* nur 12 Sous 6 Denier. Anhand der entsprechenden Rechnungsposten kann man diese Zahlungen Jahr für Jahr bis ins 17. Jahrhundert verfolgen. Und, kaum glaubliche Tatsache, diese Zahlen, 17 Sous 6 Deniers im Monat für die Milchammen und 12 Sous 6 Denier für die Ziehammen bleiben bis zum Jahre 1562 unverändert. Ich habe es für jedes Jahr in der Handschrift nachgeprüft: Die Ammenbezahlung, die jeden Monat für zig Frauen bescheinigt wird, bleibt sich während der 80 Jahre, in denen sich die Revolution der Preise vollzieht, gleich. Die Kurve steigt, und auch dann noch sehr mühsam, erst ab 1563 an; sie holt aber nie den riesigen Vorsprung der Weizenkurve ein.

Hier haben wir ein Zeugnis starker Verarmung: Löhne, die seit 1480 an den Index 100 gebunden sind, während der Preis für Weizen vom Index 100 im Jahre 1480 auf den Index 250 im Jahre 1560 klettert.

Die Ammenkurve bestätigt somit die der Reisigbinderinnen und der Weinleserinnen: Der Rückstand der weiblichen Löhne ist im 16. Jahrhundert besonders groß. Die Frau ist das Hauptopfer der Pauperisierung. Zweifellos deshalb, weil ihr Verdienst mit Herablassung als zusätzlicher Lohn betrachtet wird, der rechtens gedrückt werden darf, wenn die Konjunktur dazu ermutigt.

Solche Tatsachen sind von Interesse für die Lage der Frau im 16. Jahrhundert. Einige große Frauenschicksale, Diane (de Poitiers, Herzogin von Valentinois, die Geliebte Heinrichs II.), Marguerite (d'Angoulême, Herzogin von Alençon, in zweiter Ehe Gattin Henris d'Albret, des Königs von Navarra, Verfasserin des Novellenbandes »Der Heptameron« und des Gedichtbandes »les Marguerites de la marguerite des princesses«) und Gabrielle (d'Estrées, die Geliebte Heinrichs IV. und Mutter zweier seiner Kinder) dürfen uns nicht den Blick verstellen für die Not der Arbeiterinnen, die ausgebeutet und dadurch leicht dazu verführt wurden, sich andere Gewinnmöglichkeiten zu suchen: Der imponierende Umfang der Prostitution in den Mittelmeerländern des 16. Jahrhunderts ist bekannt. Von Avignon bis Narbonne und in Barcelona stehen die »liederlichen Weiber« an den Stadttoren, in den *heißen Straßen,* auf den Brücken; (»auf der Brücke von Avignon trifft man immer zwei Mönche, zwei Esel, zwei Huren«, behauptet ein Sprichwort der damaligen Zeit, das von Platter zitiert wird); in Sesseln sitzend spielen die Prostituierten auf der Laute und üben einen Gag, der so alt ist wie die Welt, indem sie den Passanten den Hut vom Kopf reißen, um sie zu zwingen, sich ihn in ihrem Zimmer wieder zu holen. Selten wird gegen sie vorgegangen. Nur 1570 findet sich eine Spur solchen Vorgehens, als einige Stadtregenten, die über neue Krankheiten beunruhigt sind, die *Gute Herberge* schließen. Keine sehr wirksame Maßnahme: 1594 blüht dieses »schändliche Gewerbe« mehr als je. Die Zuhälter lauern den Dienerinnen, den Kammermädchen auf, die mehr oder weniger naiv aus ihren Dörfern kommen. Sicher haben die wirtschaftlichen Beweggründe, die niedrigen weiblichen Löhne, das Phänomen nicht geschaffen. Aber haben sie nicht dazu beigetragen, es zu verstärken?

Für uns hier ist wichtig, daß alle Löhne, weibliche, männliche, landwirtschaftliche und handwerkliche, ihrer realen Kaufkraft in Weizen nach sinken; ob es sich um Natural-, um Geld- oder Mischlöhne handelt, sprechen die Akten, aus denen wir allerdings die extremen Punkte herauslösen, eine eindrucksvolle Sprache: Im ersten Fall sinkt zwischen 1500 und 1600 der Ernteanteil der Mäher von 10 % auf 6 %; im zweiten Fall fällt der Geldlohn vom Index 100 auf den Index 54; und schließlich sinkt der Mischlohn des Großknechts, wenn man seinen Gegenwert in Weizen berechnet, von einem Datum zum anderen von 31 Hektoliter auf 17 Hektoliter Weizen. Vergleichbarer Wertverfall, gemeinsame Tendenz.

Diese Verarmung im Languedoc ist nur der lokale Aspekt eines breiteren Phänomens: Earl J. Hamilton hat für Spanien die Pauperisierung der Löhne zwischen 1500 und 1600 nachgewiesen. Die »große Penitenz« der Arbeitnehmer wütet im 16. Jahrhundert auch in der Normandie, im Poitou, in La Rochelle und in der französischen Wirtschaft der Atlantikküste.

Die Ursachen? Zuerst die Inflation: Die steigenden Preise liegen vorne, vor den Löhnen. Aber man sieht auch, daß die nur in Naturalien gezahlten Löhne, die Ernteanteile, durch die Verarmung beschnitten werden.

Man muß daher über vorübergehende Währungsphänomene hinaus die tiefe Störung der gesellschaftlichen Strukturen in Betracht ziehen, die durch die sehr starke Bevölkerungszunahme im 16. Jahrhundert hervorgerufen worden ist: Nach 1500 wird der bis dahin für die Arbeiter günstige Arbeitsmarkt durch den Bevölkerungsaufschwung tiefgreifend verändert. Das Bevölkerungswachstum schafft im ländlichen Proletariat eine Reservearmee von potentiellen oder tatsächlichen Arbeitslosen, deren Vorhandensein schwer auf die Einkünfte der noch in Arbeit Stehenden drückt. Diese Reservearmee, die nur herangezogen wird, wenn die großen Schlachten der saisonbedingten Arbeit geschlagen werden, hat Olivier de Serres in einigen grausamen Zeilen beschrieben. Er spricht von »den armen, in ihren armseligen Häusern schlecht ernährten Handlangern«, »die nur Geld bekommen für die Tage mit schönem Wetter, an denen sie arbeiten, und das sie nachher Zeit und Muße haben auszugeben, während sie wegen des Unglimpfs der Jahreszeit arbeitslos sind«. Ständige oder saisonbedingte Arbeitslosigkeit, die von Pfarrern des Languedoc in der damaligen Wirtschaft je nach dem Ort auf vier oder acht Monate im Jahr geschätzt wird. Sie allein erklärt in hohem Maße das ländliche Landstreichertum im mittelmeerischen Süden des 16. Jahrhunderts. Im Februar/März 1569 verdingen sich 2000 Handlanger zum Beschneiden der Reben der Marseiller Bürger; der Winter geht vorüber; das Beschneiden ist zu Ende; im April braucht man die Arbeiter nicht mehr; die Marseiller Konsuln erklären, daß diese von nun an »unbeschäftigten« Menschen Landstreicher sind. Und sie weisen sie aus trotz des Geschreis, das der Mehlpächter Balthazar Garnier darob erhebt. Arbeiter im März, Landstreicher im April, das ist häufig das Los des Tagelöhners, sowohl in der Provence wie im Languedoc.

Die Pauperisierung der Arbeitnehmer, deren Arbeitsplätze weniger werden und deren reales Einzeleinkommen sinkt, geht Hand in Hand mit derjenigen der Bauern, deren Grundbesitz zerstückelt wird und zusammenschmilzt. Am Beginn beider Phänomene und der zweifachen Verarmung, von der oft die gleichen Menschen betroffen werden – die gleichzeitig Arbeiter und Inhaber eines winzigen Stückes Land sind – steht eine gemeinsame Ursache: der Hunger. Hunger nach Land und Einkommen, Hunger nach Lebensmitteln, Hunger nach Beschäftigung, von dem eine in raschem Wachstum befindliche Bevölkerung ergriffen wird; und das im selben Moment, in dem das Angebot an Land, an Lebensmitteln und an Beschäftigung so gut wie stationär ist oder nur wenig zunimmt.

Die hartnäckige Stagnation der realen Rente

Auf der Tenne und auf dem Feld, am Eßtisch des Bauernhofes und im Geldbeutel des Herrn, überall geht der Anteil des Arbeitnehmers zurück. Wer aber profitiert davon?

Erinnern wir zuerst an die Ausgangsbasis des Problems: der Reallohn sinkt, das (reale) Globaleinkommen stagniert oder wächst kaum; wenn also die Zahl der Arbeitnehmer pro Arbeitsplatzeinheit nicht zunimmt (wir kommen auf diese Modalität noch zurück), dann muß der reale Anteil des Herrn oder des Arbeitgebers von 1500 bis 1560–1590 wachsen.

Das Schema ist jedoch komplizierter: in der vormodernen Agrarwirtschaft wird das Spiel nicht zu zweit, sondern zu dritt gespielt: Arbeitnehmer, Landwirt (Pächter), Grundeigentümer. Oder vom Einkommen her: Lohn, Unternehmensprofit, Grundrente.[4]

Unter diesen Bedingungen hat das Sinken des Reallohnes, das wir im vorigen Abschnitt festgestellt haben, nicht ohne weiteres eine Steige-

[4] Unter Grundrente verstehe ich hier natürlich nicht den geringfügigen Anerkennungszins der Erbpachtgüter, sondern die kurzfristige Rente. Diese ergibt sich aus dem Pachtvertrag, in dem ein Landgut einem Pächter zur Bewirtschaftung überlassen wird, der dadurch keinerlei Besitzrecht erwirbt.

rung des Unternehmensprofits zur Folge. Dieser theoretische Anstieg kann von einem entsprechenden Anstieg der Grundrente aufgefressen werden; in diesem Falle dient der Pächter nur als Mittelsmann, der den Profit, den er mit Recht vom Sinken seiner Arbeiterlöhne erwarten konnte, an den Grundherrn weitergibt.

Die Fragestellung ist konkret: Hinter den abstrakten Kategorien Rente und Profit steht nämlich das Los der Gesellschaftsklassen auf dem Spiel: Adel, Geistlichkeit, entstehende städtische Bourgeoisie – die Empfänger der Grundrenten aus den Landgütern; dörfliche Ackerbauern, die diese Landgüter bewirtschaften. Welche dieser beiden Gruppen profitiert von der zunehmenden Ausbeutung der Landarbeiter im 16. Jahrhundert? Worum es letzten Endes geht, ist der Wettbewerb zwischen zwei verschiedenen gesellschaftlichen Gruppierungen: Zwischen dem entstehenden ländlichen Kapitalismus der Landwirte und dem Rentierdasein der Grundbesitzer (denn im Maße, in dem die städtische Bourgeoisie sich völlig in der Rolle des »Grundrentners« einrichtet, verleugnet sie ihre Identität als kapitalistische Klasse, um sich der adligen Lebensweise »adlig leben und nichts tun« anzupassen).

Zwar besitzen wir keine Dokumente aus dem 16. Jahrhundert, aus denen am Beispiel einiger typischer Landgüter die Veränderung der Einkommensverteilung, ihre Aufgliederung in Rente, Profit und Lohn hervorgeht; trotzdem kann man den Bewegungen der Grundrente im 16. Jahrhundert nachgehen. Allerdings nicht, wie es Daniel Zolla in einer interessanten Studie getan hat, auf der Grundlage des Gesamteinkommens in Geld der großen Kirchengüter; denn das Einkommen dieses Typs besteht im wesentlichen aus der Anhäufung der Zehente, die von den »Prioraten« oder Kirchsprengeln erhoben werden. Es ist also mehr an das Zehenteinkommen gebunden, das ein Reflex des Landwirtschaftseinkommens ist, als an die Grundrente.

Um die reine Grundrente zu erkennen, muß man die allzu globale Methode Daniel Zollas aufgeben; man muß Reihen von Pachtverträgen zusammenstellen, die von ganz bestimmten Gütern kommen und von richtigen Bewirtschaftungseinheiten; die »Priorate«, deren Haupteinkommen – abgesehen von einigen Weinbergen oder Gärten – aus dem Zehent besteht, kann man außer acht lassen. Natürlich bleibt das kirchliche Dokument seiner Stetigkeit wegen die Hauptquelle, aber man muß über das Gesamteinkommen in Geld der Zehent-*mensa* hinausgehen; man muß versuchen, aus der Masse der Hauptbücher und Pachtverträge das herauszufiltern, was sich auf dieses oder jenes Gut, dieses oder jenes Land bezieht, das der kirchlichen Gemeinschaft oder dem Kapitel gehört; ländliche Monographien in Reihendarstellung, das ist die Methode. Aus Haufen von teils kirchlichen teils notariellen Archiven habe ich dreizehn solcher Reihen über dreizehn Güter herstellen können. Diese Reihen betreffen – nicht ohne Lücken – das 16. und das 17. Jahrhundert.

Ein letzter Vorteil bei der Auswertung dieser Güterserien ist die Tatsache, daß in zwölf von dreizehn Fällen die Grundrente in Korn gezahlt wird. Es ist also ein reales Einkommen, nicht ein in Währungseinheiten ausgedrücktes Nominaleinkommen.

Im 16. Jahrhundert, einer Expansionsepoche, die nach mancher Seite hin mit dem 18. Jahrhundert verglichen werden kann, würde man ein rasches und ausgeprägtes Ansteigen der Grundrente erwarten. Das ist aber nicht der Fall oder nur sehr wenig. Von den dreizehn untersuchten Gütern sehen wir nur zwei, deren Grundrente sich erhöht. In allen anderen Fällen erhöhen sich die Pachtzahlungen, die von den Grundherren in Naturalien bezogen werden nur wenig, oder sie stagnieren oder gehen zwischen 1500 und 1600 sogar leicht zurück. Im 16. Jahrhundert nichts Vergleichbares mit dem Pachtzinsauftrieb im 18. Jahrhundert.

Als Beispiel hier die sehr aufschlußreiche, detaillierte Einzeldarstellung eines großen Grundstückes über zwei Jahrhunderte hinweg (1535–1769); sein Name ist *condamine de l'aumosne* und es liegt auf guter Erde in Coursan (Aude); es gehört dem Narbonner Domkapitel. Sein Umfang ist unverändert von 1535 bis 1769: ungefähr 5 Hektar. In den Jahren 1535, 1548, 1551 und 1559 geben die verschiedenen Rentiers, die das Grundstück verpachten, eine Zahlung von jährlich 5 Hektolitern dafür an. Ein Hektoliter pro Hektar, eine angemessene Abgabe von einem Ertrag, der unter Anrechnung der hier vom 16. bis ins 18. Jahrhundert obligatorischen zweijährlichen Brache, nahe an 5 Hektoliter pro Hektar herankommt. Der Grundeigentümer nimmt ein Fünftel oder höchstens ein Viertel davon. Welch ein Unterschied zum 17. Jahrhundert: im Jahre 1611 wird das Grundstück von einem gewissen Estienne Arnailh gepachtet, der dafür jährlich 15 Sétiers Weizen (2,1 Hl/ha) zahlt, das Doppelte der vor Ausbruch des Bürgerkriegs gezahlten Quote. Arnailh hat die Nachteile der Halbpacht (praktisch ist es eine solche), ohne deren Vorteil zu haben, nämlich die Herabsetzung der Rente im Falle einer schlechten Ernte.

Im 16. Jahrhundert dagegen wiegt die Grundrente leicht: Das Narbonner Grundstück, das so billig vermietet wird, für einen Hektoliter auf den Hektar Boden, stellt keine Ausnahme dar. 1 Hektoliter oder

1,5 Hektoliter pro Hektar, das ist im allgemeinen die Quote, die zwischen 1550 und 1565 von zahllosen Pächtern des Narbonner Landes gezahlt wird. Durchschnittlich ist das ein Viertel der Ernte. Diese gleichförmige Quote wird zum Schaden der Pächter erst in den ersten Jahren des 17. Jahrhunderts erhöht.

Betrachten wir nun nach den Einzelgrundstücken, die für das 16. Jahrhundert auf eine leichte Rente schließen lassen, die großen Höfe und ganzen Güter.

Creissan ist ein weiteres Gut des Narbonner Domkapitels: 100 Setérées Land; zweijährliche Brache mindestens von 1540 bis 1716 bezeugt. Man kann die Entwicklung des Gutes von 1505 bis zur Revolution verfolgen; und die Kurve seiner Rente ist sehr charakteristisch: im 16. Jahrhundert ständig niedrig oder zurückgehend, wobei das Gut seinen Herren jährlich 60 bis 70 Sétiers Korn und zwei Ladungen Öl einbringt, klettert sie im 17. Jahrhundert bergan: Um 1650 hat die Quote 100 Sétiers Weizen und zwei Ladungen Öl überschritten. In heutigen Maßen und Gewichten ausgedrückt zahlt der Pächter im Jahre 1540 für den Hektar 1,32 Hektoliter Weizen und 0,14 Hektoliter Öl; dagegen zahlt sein ferner Nachfolger im Jahre 1665, der auch ein Pächter auf fünf Jahre ist, pro Hektar 3 Hektoliter Weizen und 0,14 Hektoliter Öl. Da der durchschnittliche Ertrag (bei Anrechnung der jedes zweite Jahr erfolgenden Brache) auf 5 oder 6 Hektoliter geschätzt wird, steigt auch hier die Abgabe von einem Viertel auf die Hälfte der Ernte; das Fegefeuer des Pächters nimmt also im 17. Jahrhundert seinen Anfang.

Die Grundrente verhält sich in unserem Fall wie eine selbständige Variable, unabhängig von den Produktionsschwankungen der Jahrhunderte: Hier in Creissan ist uns sowohl die Entwicklung der Grundrente (auf diesem Gut) wie die der Gesamtproduktion des Dorfes (aus der auf Naturaliengrundlage verpachteten Zehent) bekannt. Während aber die Getreide*produktion* um 1630–1670 die gleiche Höchstgrenze aufweist wie um 1510–1530, ist die *Rente* in der Mitte des 17. Jahrhunderts deutlich höher als im ersten Drittel des 16. Jahrhunderts. Der Grundeigentümer, der diese Rente bezieht, hat sich also nicht damit begnügt, seine Ansprüche dem Produktionsfortschritt anzupassen. Er hat im 17. Jahrhundert sein Stück Kuchen auf Kosten der anderen beteiligten Parteien vergrößert. Im ersten Drittel des 16. Jahrhunderts ist es der Pächter, der dank einer unbeweglichen Rente von der Zunahme des Realprodukts und dem Sinken der tatsächlichen Löhne profitiert; im 17. Jahrhundert ist es der Grundeigentümer. Im ersten

Fall führt das Mehrprodukt zum Mehrprofit; im zweiten Fall verwandelt es sich in ein Mehr an Rente.

Auf dem linken Ufer der Orb erhebt sich der große Pachthof Saint-Pierre, der St. Peterhof, dem wir schon im 15. Jahrhundert begegnet sind. Weiträumige Gebäude: 1542 großer ebenerdiger Saal mit Pappelholztisch »ganz aus einem Stück«, Küche, Backofen, Kapelle; Stall mit den »Krippen für die Ochsen«; Schafspferch mit großem, auf sechs Pfeilern ruhendem Dach; *porcayral* für die Schweine im Viehpachtvertrag. Trotz all dieser Tiere oder vielmehr dank ihrer ist der Hof noch immer eine Weizenfabrik; noch 1775 ist der Anteil des Weinbaus an den Einnahmen nur 10 %. Die Felder bilden eine imponierende Einheit: 154 Hektar. Die Pachtzinsen sind eine leichte Last: im Jahre 1527 dreihundert Sétiers Weizen, 25 Sétiers Roggen; jeder Hektar zahlt 1,40 Hektoliter Rente. Das ist wenig: nicht einmal soviel wie das Saatgut. Von 1532 bis 1560 ist die Rente ein wenig höher, aber immer noch mäßig: in den 1550er Jahren steigt sie, alles eingerechnet, auf 1,8 Hektoliter pro Hektar. Welcher Kontrast mit den drückenden Pachtzinsen des 17. und 18. Jahrhunderts: Im Jahre 1603 nehmen die Kapitelherren von dem Pächter des St. Peterhofes, 3,3 Hektoliter pro Hektar. Im 18. Jahrhundert (1706, 1718) steigt die Pacht auf 5 und 6 Hektoliter pro Hektar. In diesem Fall liefert der Pächter fast alles Korn, das er erntet an die Herren ab; für sich selbst behält er nur die nebensächlichen Ernteprodukte: Wein, Bohnen, Mais, Oliven, Heu, Seide, Zuchtvieh, Holz usw.

Gesamtbilanz: Der Arbeitnehmer ist das große Opfer des 16. Jahrhunderts; aber der Grundeigentümer ist bei weitem nicht der Gewinner dieser Opferung; wenn er auf adlige Weise leben will und sich weigert, selbst zu wirtschaften, muß er sich mit einer geringen, sich gleich bleibenden Rente zufrieden geben. Erst nach 1600 wird sein Triumph kommen.

Natürlich nagt der Grundeigentümer nicht am Hungertuch. Im Unterschied zu dem Arbeiter ist er nicht ausgepowert, nicht durch die schweren Zeiten pauperisiert. Denn in der großen Mehrzahl der Fälle erhält er die Rente in Natura, in Getreide. Und es ist sehr selten, daß diese Naturalrente im Laufe des 16. Jahrhunderts geringer wird. Von 1500 bis 1560 hat sie eine leichte Anstiegstendenz. Oder sie bleibt sich gleich. Das hat seine Bedeutung: es heißt nämlich, daß, nach der Bewertung auf dem Getreidemarkt in Geld umgesetzt, das reale und festbleibende Einkommen in Getreide der Preiskurve folgt. Auf diese Art erfolgt eine automatische Bindung der Rente an den Leitpreis, den

Getreidepreis. Schwache Rente, aber *sichere* Rente: im 16. Jahrhundert das typische Einkommen von stetigen 3 % des Grundbesitzwertes. Wenigstens soweit man den Schätzungen der Steuerrechtsexperten und der Notare von 1543 bis 1561 glauben kann. Diese stimmen nämlich darin überein, daß sie die Grundrente zum Denier 30 (3,3 %) oder höchstens, in gewissen extremen Fällen, zum Denier 20 (5 %) im Verhältnis zum Kapitalwert des Grundbesitzes schätzen; dagegen wird der Zinsfuß des Geldverleihers zum Denier 10 (10 %) oder mindestens zum Denier 12 (8,3) im Verhältnis zu der ausgeliehenen Summe geschätzt. Der Geldwucher ist somit auf kurze Frist am gewinnbringendsten; aber allmählich wird dieser Gewinn von der Inflation des Jahrhunderts angeknabbert. Im Gegenteil ist die Grundrente in Natura zwar mittelmäßig und stagnierend, bietet aber langfristig die Sicherheit der Preisgebundenheit. So bleibt sie im 16. Jahrhundert eher eine Vermögensanlage für den Familienvater als die Garantie für rasche Bereicherung.

Stellen wir uns nun ein einfach gezeichnetes »Modell« des Bruttoprodukts und seiner Verteilung vor. Im Laufe des Jahrhunderts steigt das reale Gesamtprodukt sehr leicht an; der Reallohn ist stark absteigend, die reale Grundrente horizontal. Der Lebensstandard des Rentiers verändert sich nicht. Der des Arbeiters sinkt. Damit befindet man sich in einer klassischen Situation, die derjenigen sehr nahe kommt, die David Ricardo in seinen *Prinzipien der politischen Ökonomie* beschrieben hat: Der Situation einer Gesellschaft mit starkem Bevölkerungszuwachs, die aber gerade erst am Beginn der Bereicherungsphase steht; der Lohn wird durch ein »ehernes Gesetz« niedergehalten, die Grundrente ist noch fest; und zwangsläufig ist der Profit im Anstieg – wenn man der Analyse Ricardos folgt.

Wer könnte wirklich das wachsende Mehrprodukt »schlucken«, das aus dem gemäßigten Produktionsanstieg, dem ausgeprägten Sinken des Lohnes und der Stabilität der Rente hervorgeht? Wer wohl, wenn nicht der Unternehmensprofit oder genauer gesagt, das Nettoeinkommen des landwirtschaftlichen Unternehmers?

»Outsider«: Zehent, Anerkennungszins, Taille oder direkte königliche Steuer

Denn der Zehent kommt nicht in Frage. Er wiegt schwer, aber sein relatives Gewicht erhöht sich nicht; der Satz der Zehentabgabe bleibt im 16. Jahrhundert fest auf der gewohnten Höhe; und wir haben gesehen, daß die Kurve des Geldzehent getreulich der Preiskurve folgt, ohne sie jemals zu überschreiten.

Es ist also nicht der Zehentberechtigte, der den Mehrwert des Jahrhunderts aufgezehrt hat. Es ist auch nicht der Lehnsherr. Die Abgabe an den Lehnsherren in diesem Lande freier Pachtbauern ist ja auf alle Fälle ganz geringfügig. In dem großen Landgebiet von Béziers mit seinen tausenden von Häusern, Feldern und Weinbergen bringt die Gesamtheit der dem Domkapitel als Lehnsherren gezahlten Gebühren im 16. Jahrhundert jährlich 100 Pfund ein; zur selben Zeit als das geringste Dorfpriorat zu 300 Pfund im Jahr verpachtet wird.

Arme Feudalherren! Sie wären ganz außerstande zu der geringsten »feudalherrlichen Reaktion«. Die Inflation läßt sie lächerlich erscheinen, wenn ihnen ihre Gebühren mit Deniers und Kleingeld gezahlt werden. Z. B. in der Gegend von Montpellier: Für den Hektar Boden werden um 1480 durchschnittlich 6 Sous lehnsherrlicher Gebühren oder Anerkennungszins gezahlt; das sind an Weizenwert 25 Liter pro Hektar, 5% der Bruttoernte. Doch im Jahrzehnt 1570–1580, nach dem Preisauftrieb, als der Sétier Weizen 80 Sous kostet, wird für denselben Boden immer noch 6 Sous pro Hektar abgegeben, d. h. 4 Liter Weizen, noch nicht einmal 1% der Ernte. Wird der Anerkennungszins in Geld bezahlt, hat die Inflation das Lehnsherrenrecht beinahe ausgelöscht. Die gleiche Entwicklung in den Landgebieten anderer Städte, wo die naiven Lehnsherren des 15. Jahrhunderts, die auf die Währung vertrauten, das »Soll« oft in Geld ausgedrückt hatten.

Glückbringende Naivität: Durch sie sind die ländlichen Gebiete der Städte am Ende der Preisrevolution praktisch von der Institution der Lehnsherrschaft befreit worden.

Aber auf dem flachen Lande werden die lehnsherrlichen Gebühren oft weiterhin in Natura, d. h. allgemein in Weizen gezahlt. In diesem Fall behält die Abgabe ihren realen Wert und ihr Marktwert folgt den Preisen. Immerhin erhöht sie sich nicht. Und auf alle Fälle ist sie von Anfang bis Ende der Periode unbedeutend: Pro Hektar ein paar Handvoll Korn, meistens Gerste, das Überbleibsel aus dem Mittelalter, deren Preis um mehr als die Hälfte niedriger ist als der des Weizens.

Gerste oder Denier, auf alle Fälle sind die Lehnsherrengebühren in der Renaissancezeit ein miserables Geschäft: In Bézier bleibt der verpachtete Anerkennungszins für das Domkapitel von 1500 bis 1560 bei 100 Pfund stehen, während in der gleichen Zeitspanne das Nominaleinkommen aus dem Zehent sich verdreifacht. Unter Franz I. und Heinrich II. sollte man nicht von einer lehnsherrlichen Reaktion, sondern richtiger von einer anti-lehnsherrlichen Reaktion sprechen.

In der Tat ist es nicht mehr nötig, die Krise des Anerkennungszinses im 16. Jahrhundert aufzuzeigen. Sie hat die Aufmerksamkeit vieler, vielleicht zu vieler Autoren erregt. Denn die eigentliche Feudalrente war schon seit 1500 schwach und substanzlos; und die Inflation des 16. Jahrhunderts hat nur noch ein altes Gespenst ausgetrieben.

Wichtiger als das ruhmlose Ende des Grundrentenfossils, das der Anerkennungszins ist, ist, wie wir gesehen haben, die Stagnation der lebendigen Rente, nämlich der des Grundeigentümers, der sein Gut vermietet; der Feudalherr, der sich damit begnügt, von seinen Erbpachthöfen einen Anerkennungszins in Höhe einer Handvoll Gerste, eines Paars Handschuhe oder eines Glases Wasser zu beziehen, gehört in diesem demokratischen *Midi* seit langem ins Reich der Schatten, es sei denn, er sei Inhaber eines Herrschaftsgutes mit vollem Eigentumsrecht.

Auf alle Fälle kommen Zehentberechtigte und Lehnsherren nicht in Frage. Wären es also der König, die Steuer, die Taille, die den durch die landwirtschaftliche Arbeit im 16. Jahrhundert erwirtschafteten Mehrwert verschlungen hätten? Die Frage verdient, gestellt zu werden; denn die Steuer ist örtlich durchaus in der Lage zu einer solchen Inbeschlagnahme. Im Languedoc belastet sie vor allem den landwirtschaftlichen Reichtum. Die Taille ist eine Real- (d. h. objektbezogene) Steuer. Selbst in den großen Städten (Montpellier) entfällt das Hauptgewicht der Besteuerung auf den im *compoix* verzeichneten Liegenschaftsbesitz; der »kabalistische« *compoix,* der gewerbliches, kommerzielles und aus mobilen Werten stammendes Einkommen verzeichnet, bezahlt nur einen geringfügigen Teil der Taille.

Entscheidende Frage: Ist diese fiskalische Abschöpfung der Landwirtschaft, die sich um 1580 bis 1590 in der Nähe von 6,2 % vom Bruttoprodukt einrichtet, gleich, niedriger oder höher als das, was sie z. B. am Ende des 15. Jahrhunderts gewesen ist? Das ist wirklich ein wichtiges

Problem. Wenn der Steueranteil im Verlaufe des 16. Jahrhunderts höher wird, dann ist er es, der den aus den langzeitlichen Veränderungen der Produktion, der Rente und des Reallohns erwachsenen Mehrwert der Landwirtschaft »abstaubt«. Wenn im Gegenteil der Steueranteil gleichbleibt oder sinkt, dann ist es der Unternehmensprofit, der jetzt allein auf dem Kampfplatz bleibt und sich den Mehrwert aneignet. Wer wird gewinnen? Der König und seine Leute? Der Bauer und seine Kinder? Sagen wir es gleich: Im 16. Jahrhundert sticht nicht die Steuer, sondern der Profit die beste Karte.

Natürlich wird die Steuer im Languedoc des 16. Jahrhunderts ihrem Nominalwert nach immer höher und auch gute Historiker sind darauf hereingefallen und haben ein Schreckensbild des Steuerwachstums gezeichnet.

Aber wie weit ist dieses finstere Bild zutreffend? Es ist doch klar, daß die nominale Erhöhung der Taille an sich gar nichts bedeutet. Die wirkliche Frage, die aber diese empfindsamen Historiker nicht stellen, ist die, ob die Steuer schneller ansteigt als die Preise oder ebenso schnell oder weniger schnell.

Für Montpellier gibt es von 1446 bis zum 18. Jahrhundert eine Antwort darauf; dort kann man die Kurve der direkten Steuer erstellen und sie mit der Preiskurve vergleichen. Taille in Montpellier, Weizenpreis in Montpellier, was gibt es Vergleichbareres, welche Dokumentation könnte homogener sein? Die logarithmische Skala macht es möglich, auf den beiden Diagrammen durch identische Neigungswinkel proportional vergleichbares Anwachsen darzustellen. Die Gegenüberstellung der graphischen Darstellungen ist schon auf den ersten Blick lehrreich: die Steuer folgt den Preisen keineswegs. Sie bleibt im Laufe des Jahrhunderts erheblich hinter ihnen zurück. Ungefähr können wir sagen, daß zwischen 1480 und 1560 in Montpellier die Steuer sich etwas mehr als verdoppelt, während die Preise sich beinahe verdreifachen: Um 1475–1485 kostet der Sétier Weizen 13 Sous, während sich die Taille um jährlich 5 000 Pfund herum bewegt. In dem Jahrzehnt 1520–1530 ist diese Taille nur wenig höher geworden (um 20 %), da sie jetzt jährlich ungefähr 6 000 Pfund beträgt. Aber der Weizen ist schon jetzt doppelt so teuer: 24 Pfund der Sétier. Die reale Steuer ist also seit Ludwig XI. sehr zurückgegangen. In der darauffolgenden Zeit versuchen die königlichen Kommissare bei den Landständen den Rückstand wieder aufzuholen. Nicht ohne das rituelle Gezeter der Provinzversammlung. Um 1555 ist die Steuer in Montpellier auf jährlich 10 300 Pfund gestiegen, das Doppelte ihrer Höhe am Ende des 15. Jahrhunderts.

Aber der Weizen kostet bereits 30 Sous der Sétier. Er behält noch immer den größten Teil seines Vorsprungs. Im Jahre 1555, bevölkerter und reicher als 1480, bezahlt Montpellier dem realen Wert nach geringere Steuern. Merkwürdige Verzerrung: Die Steuer holt auf unseren Kurven die Preise erst um 1585 ein; und erst unter Richelieu wird sie sie übersteigen.

Schlußfolgerung: der Steuerdruck ist im Laufe des Jahrhunderts, das auf den Tod Ludwigs XI. folgte, nicht stärker geworden; er ist unter Franz I. sogar vorübergehend leichter geworden; dann hat er unter Heinrich III. einfach seine Stärke vom Ende des 15. Jahrhunderts wiedergewonnen. Im ganzen hat er noch keinen imperialistischen Charakter angenommen; und auch er läßt die Bahn frei für den Unternehmensprofit, der sich des realen Mehrwerts und der möglichen Gewinnraten bemächtigen kann.

Der Unternehmer und seine Einnahmen

Im 16. Jahrhundert hat also der Chef eines landwirtschaftlichen Anwesens einen gewissen Vorteil. Er schlägt gleichzeitig aus dem Preisanstieg und der Übersättigung des Arbeitsmarktes Kapital. Aber sprechen wir vom Realeinkommen, von der Realsteuer, der Realrente, dem Reallohn, dem realen Profit und dem realen Mehrwert; lassen wir die nominalen Werte außer acht.

Wenn unser Mann selbstwirtschaftender Eigentümer ist, zahlt er von einem leicht wachsenden Einkommen sinkende Löhne und eine Steuer, die auch sinkt oder sich gleich bleibt. Er behält also gänzlich den absoluten Mehrwert (leichtes Wachstum des Produkts) und den relativen Mehrwert (deutliches Sinken des Lohns), die beide durch die Entwicklung des Jahrhunderts erzeugt werden. Derselbe Prozeß spielt sich ab für den reinen Bewirtschafter, der fremdes Land bearbeitet. Er ist von der Steuer ausgenommen[5]; die Pacht, die er dem Grundherrn zahlt, wird nicht höher; und er zahlt seine Arbeiter schlecht, schlechter als früher.

Ob Herr des Bodens oder Pächter, der Bewirtschafter gewinnt. Zwischen dem Höhepunkt der Löhne (Ende des 15. Jahrhunderts) und dem goldenen Zeitalter der Rente (der erste Teil des 17. Jahrhunderts) liegt ein goldenes Intervall der Profite, das sich im 16. Jahrhundert zuneh-

[5] Die Steuer lastet auf dem Eigentum am Boden; sie verschont also den Pächter.

mend abzeichnet. Mit anderen Worten: In dieser Zeit hat es ein *verlorenes* Spiel gegeben: Das Spiel der Löhne; ein *gewonnenes* Spiel: Das des Profits; und zwei Null-Spiele: das der Rente und das der Steuer – königliche Steuer und Zehent-Steuer – die beide nur schlecht und recht gegenüber dem Imperialismus der nominalen Preise und der realen Profite ihre Stellungen halten.

Mit anderen Worten und in der Sprache der Sozialgeschichte ausgedrückt, steht im 16. Jahrhundert der reine Bewirtschafter oder Pächter an der Spitze; dann kommt der selbstwirtschaftende Grundbesitzer oder »gentleman-farmer«; an dritter Stelle der reine Grundeigentümer und zuletzt der Landarbeiter, der Hauptbesiegte des Jahrhunderts.

Wohin geht dieser wachsende Überschuß der Unternehmer jeder Art? Man ahnt eine Menge Verwendungsmöglichkeiten: Hortung oder Ausgaben für Schmuck, Silberwaren, Gewürze oder bei den reichen Grundbesitzern sogar für Bücher. Investierung in Vieh bei dem Pächter; oder in die Baulust des Grundherrn, wenn er Selbstbewirtschafter geworden ist.

In Wirklichkeit sieht es so aus, als sei der Entschluß zu Investitionen zugunsten der leichtesten Lösung getroffen worden: Der Verwendung von mehr Arbeitskräften, d. h. der Einstellung zusätzlicher Tagelöhner, aber auch der Anschaffung von mehr Zugvieh. Der Fall der Höfe La Bastide und Védilhan ist dafür sicher typisch: sie werden im 16. Jahrhundert weder bedeutender, noch nehmen sie an Fläche zu. Und trotzdem stellen sie immer mehr Menschen ein. Ende des 15. Jahrhunderts und im ersten Drittel des 16. Jahrhunderts beschäftigt jeder von ihnen außer dem Vorarbeiter oder Großknecht nur drei ständige Hausbedienstete. 1535 wird ein weiterer Ochsentreiber eingestellt, der Jungknecht. 1551 ein fünfter, dieser aber nur für drei Monate im Jahr, die Monate der schwersten Arbeit, April, Mai, Juni. Im Jahre 1557 wird in dem gleichen Notariatsakt, in dem das Narbonner Domkapitel als selbstwirtschaftender Grundeigentümer die Anzahl der Schweine zur Ernährung seiner Arbeiter vermindert (zwei statt drei), zum ersten Mal die Anschaffung eines Pferdes vorgesehen »um Lebensmittel und andere Dinge zu karren«. Im Jahre 1570 wird ein zusätzlicher Ackerknecht, den das Kapitel bezahlt, eingestellt, um während der Aussaat und der Ährenlese den Pflug zu führen. Außerdem werden noch, und zum ersten Mal, Tagelöhner angestellt, um die Getreideernte zu überwachen und dabei zu helfen, dazu ein »Bursche« für die Arbeit an den Reben.

Der neue Überschuß schafft also Arbeit und Arbeitsplätze. Aber sind die Ausgaben für Arbeitskraft rentabel und wirklich produktiv? In Wirklichkeit ist die Einstellung eines vierten und dann eines fünften Arbeiters auf einem Hof mit drei Knechten eine Vermehrung der dem Boden gewidmeten Menge menschlicher Arbeit, ohne aber die Produktivität oder die angewandten Techniken zu modifizieren. Auch hier ist die Rentabilität im raschen Abnehmen begriffen. Um sie zu erhalten, müßte eine fruchtbarere Felderwirtschaft oder einträglichere Kulturen wie der Weinbau in größerem Umfang betrieben werden.

Kurz und gut, im 16. Jahrhundert verfügt der entstehende Kapitalismus in der Landwirtschaft über reichliche Arbeitskräfte, die ihm von einer aufstrebenden Bevölkerungszahl geliefert werden. Er macht sich diese Tatsache zunutze, um die Löhne zu senken und mit der dadurch bewirkten Ersparnis für kaum vergrößerte Flächen neue Arbeiter einzustellen. Damit erreicht er nur einen geringen Produktionszuwachs, da er sich weiterhin mit schlechten Techniken und schlechter Produktivität zufrieden gibt. Sparen heißt nicht immer wachsen…

Einen Pluspunkt gibt es allerdings: Im 16. Jahrhundert ist das Grundeigentum kein göttliches Recht mehr, das den Weg dazu öffnet, ohne Anstrengung in den Genuß der Früchte einer gewissen Expansion zu kommen. Es genügt nicht, adlig geboren zu sein. Damit der Grundbesitz Wohlstand erzeugt, muß er verbunden werden mit seiner Bewirtschaftung, mit Organisierung und Leitung der Arbeit, dem Schlüssel zu Mehrprodukt und Mehrprofit. Umgekehrt ermöglicht das reine Unternehmertum, Eigentum und als *homo novus* sogar mittleren oder großen Grundbesitz zu erwerben. Denn die Ersparnisse des Unternehmers können nicht nur in Arbeitskräfte umgesetzt werden, sondern ebensogut in Landerwerb.

Kurz, in diesem Punkte ist das 16. Jahrhundert nicht einfach günstig für den Sohn einer Adelsfamilie, der nichts zu tun braucht als geboren zu werden, um seine Ländereien mühelos in der Wiege vorzufinden. Es begünstigt in gewissem Maße den Selfmademan, der zu Beginn seiner Laufbahn landlos ist.

Bisher sind wir auf der Ebene der notwendigen Abstraktionen geblieben. Versuchen wir jetzt, in konkreter Weise die gesellschaftlichen Gruppen, die Menschen, die sich hinter den Zahlen des statistischen Modells verbergen, zu sehen.

An erster Stelle die Pächter: Für ihren relativen Vorteil gibt es verschiedene Indizien: Zuerst ihr Durchhaltevermögen, der Beweis für ihre Fähigkeit, die Pachtzinsen zu bezahlen. Auf dem Amilhachof (auf dem im 18. Jahrhundert zwanzig Mal die Pächter wechseln) bleibt ein gewisser Estienne Rebieyre aus Servian von 1538 bis 1563 ununterbrochen Pächter; weil er ein »anständiger Mann und guter Zahler« ist.

Die Pächter im Languedoc des 16. Jahrhunderts können ihren Herren den Brotkorb hoch hängen. Mit Ärger schildert Olivier de Serres den Hochmut der Reichen, ihre Unehrerbietigkeit, ihre Selbstsicherheit und ihre zu billige Rente. Kein Zweifel: sie haben eine neue Klasse von Landwirtschaftskapitänen gebildet oder wiedergebildet. Die großen Landgüter, die im 15. Jahrhundert in verstreute Anwesen zerstükkelt worden waren, sind seit 1500–1520 unter der Oberhoheit eines einzigen Bewirtschafters wieder vereinigt worden. Der neue Mann hat den Befehl über 150 Hektar, 4 oder 5 Knechte, 8 Paar Ochsen, zig Saisonarbeiter oder Tagelöhner. Das ist der Fall des Pächters Jean Raissac auf dem Bastide-Retonde-Hof im Jahre 1553. Er trägt die Verantwortung für alles. Die Herren, in diesem Fall die Narbonner Kanonici, begnügen sich damit, die Rente einzuziehen, ohne sich um die Bewirtschaftung zu kümmern. Um diese Leitungsverantwortung tragen zu können, braucht Raissac fachliches Können, Vieh, Kapital oder zumindest Kredit, um die Arbeiter zu bezahlen oder Saatgut zu beschaffen; kurzum die Merkmale eines Kapitalisten, »der überhaupt kein Land, aber Geld im Beutel« hat.

Wie auf der Ile-de-France, obwohl in geringerem Grade, schafft das Spiel der niedrigen Renten und der niedrigen Löhne im 16. Jahrhundert auch im Languedoc eine ländliche Bourgeoisie von kapitalistischen Pächtern.

Herr Kapital und Frau Erde

Über ihnen, auch sie von der Steigerung der Unternehmensprofite begünstigt, steht im 16. Jahrhundert die Oligarchie der Generalpächter, Geschäftsleute im Dienste der Abteien und der großen Feudalherren. Hauptbücher und Notare lassen manchmal ihre Physiognomie erkennen.

Einer von ihnen, Guillaume Masenx, wird im Jahre 1495 in Castelnau-de-Montmirail im westlichen Languedoc in einer Familie von Grundbesitzern, Händlern, Priestern und einfachen Bauern, Hofpächtern auf Halbpacht, geboren. Sein priesterlicher Onkel Antoine gibt ihm eine kleine, sehr geringe Schulbildung. Guillaume lernt niemals weder Französisch noch Lateinisch (er spricht, wie alles gemeine Volk des Languedoc das Provenzalisch-Französische, das sich vom reinen provenzalisch der Provence und anderen okzitanischen Mundarten des

Südens unterscheidet.). Er spricht »oc« mit bäuerlicher Aussprache; und erst gegen Ende seines Lebens bequemt er sich zu dem eleganten städtischen Romanisch; von nun an sagt er nach auvergnatischem Brauch o für a, Madaleno statt Madalena. Anstelle geistiger Bildung besitzt Guillaume Geschäftsgeist: Im Jahre 1516 heiratet er die Tochter eines Pächters, der eines der Güter der Komturei Saint-Pierre-de Gaillac bewirtschaftet. Guillaume wohnt bei seinen Schwiegereltern; 1518 bereits übernimmt er die Geschäfte, überschreibt die Pacht auf seinen Namen und regiert Schwiegervater, Schwiegermutter und Schwager, die für seine Rechnung die Arbeiter beaufsichtigen, Wein und Weizen verkaufen und das Geld für die Renten und den Anerkennungszins einziehen. 1535 wird er außerdem Generalpächter der Komturei, ihr Intendant. Die Rente, die er ihr zahlt ist ziemlich gering; zum Beweis: er kann es sich erlauben, die Güter, deren Mieter er ist, mit Profit auf Halbpacht unterzuvermieten.

Als typischer Kapitalist der »primitiven Akkumulation«, investiert Masenx seine Profite sofort wieder und macht Geld aus allem. Zuerst verleiht er Geld oder Weizen auf kurze Frist zu hohen Zinsen: auf einen Monat (*dins un mes*) oder eine Woche (*deo paga d'aysi VIII jorns*) oder auch, die grausamste Form, »von Tag zu Tag und nach seinem Belieben«. Er leiht an seine Kleinpächter (die nicht einmal Korn zur Aussaat haben) zur Verheiratung einer Tochter oder einer Schwester: Dabei liefert er auf Kredit das Geld, den guten Wein und das Lamm für den Hochzeitsbraten. Es sind Grundpfanddarlehen: Wenn später die Schuldner nicht zahlen können, fällt ihr Grund und Boden an Masenx.

Trotz des Verbots der Kirche erwähnt der Pächter und Wucherer Masenx den Zins oder *paga* zuweilen in seinem Rechnungsbuch: so leiht er z. B. dem Sohn Mandret aus Vors Weizen zu 14 % für 12 Tage, das sind 400 % im Jahr. Sonst werden die Zinsen manchmal durch geschickte Manipulationen der Eintragungen maskiert: Im Jahre 1542 leiht Masenx dem Bauer auf dem Andradehof, einem gewissen Calvet mit dem Beinamen Bohnenstange, 10 Zentner Heu, die auf 50 Sous geschätzt werden. Einen Monat später läßt er sich 54 Sous zurückzahlen: 8 % pro Monat, 96 % pro Jahr. Eine zweckdienliche Ausstreichung verhüllt nur schlecht die Spur dieser Zahlung. Hat Masenx ein schlechtes Gewissen oder fürchtet er Strafverfolgung? Zu anderen Malen erlaubt ein absichtlicher Irrtum, den Wucher in den Geschäftsabschluß hineinzubringen: Deniers werden in Sous verwandelt, turonensische Pfunde erscheinen als Ecus, drei im Jahre 1538 geliehene Zentner Heu werden, Gott weiß wie, zu 5 Zentnern als sie im Jahr 1539 zurückgegeben werden. Das Rechnungsbuch wimmelt von solchen Unehrlichkeiten oder »Rechenfehlern«, die durch einen merkwürdigen »Zufall« immer Guillaume Masenx zum Vorteil gereichen.

Ein anderer Dreh des Masenx besteht darin, Gerste, Roggen, Hafer oder Futterwicken zu verleihen, sich aber Sétier für Sétier Weizen zurückzahlen zu lassen. Oder aber mit der Preisdifferenz zu jonglieren, die oft völlig willkürlich angesetzt wird: Im Jahre 1545 rechnet er den Weizen, den er ausleiht, zu 4 Pfund 10 Sous den Sétier; im nächsten Jahr läßt er ihn sich zum Preis von 2 Pfund pro Sétier (in Natura) zurückzahlen, was den Schuldner dazu verpflichtet, ihm die doppelte Menge Korn zurückzugeben als die, die er bekommen hat. Zynischer kann man wohl nicht sein: Im gleichen Moment verkauft Masenx seinen Weizen auf dem Markt von Gaillac zu 5 Pfund 6 Sous den Sétier! Zehn ähnliche Beispiele beweisen, daß das eine Gewohnheit des Masenx ist: Den zurückgezahlten Weizen mit der Hälfte seines Wertes zu berechnen und damit die geliehene Menge zu verdoppeln.

Manchmal scheint unser Mann einen Gewissensbiß oder eine gewisse Furcht zu verspüren: Zwei Monate nach einem Darlehen, als dieses zurückbezahlt wird, schreibt er über dem ursprünglichen Anleiheeintrag von einem Sétier die Zinsen zu der Hauptsumme hinzu. Damit glaubt er wohl, einen Wucher von 150 % verschleiern zu können. Doch hat die Chemie der Jahrhunderte die Wahrheit an den Tag gebracht: Die schwarze Tinte des Darübergeschriebenen hebt sich von der ursprünglichen Tinte ab, die allmählich etwas rotbraun geworden ist; sie verrät die Vortäuschung. Masenx ist so wie er ist, ein exemplarischer Fall: Tausende seiner Zeitgenossen, Geschäftsleute, Advokaten oder Großpächter wuchern mit Getreide. Wenn es nötig ist, wuchert er aber auch mit Arbeit: Paul Bru vom Bruhof kauft im Jahre 1535 von Maxenx einen Zentner Heu; er hat weder Geld noch Korn zum Bezahlen; das macht aber nichts: Er verpflichtet sich, einen Tag lang zu pflügen. Andere Schuldner mähen, reinigen Gräben, fahren Lasten oder reparieren das Dach für Meister Guillaume…

Kurzum, er zieht Vorteil aus einem Unterschied: Als Pächter, nämlich als Zahler von Pachtzinsen wird er von dem noch niedrigen Grundvermögenszinsuß (3 %) und der Geringfügigkeit der Grundrenten begünstigt. Als Geldverleiher dagegen nimmt er entweder normale Zinsen (den zehnten Denier), die hoch oder Wucherzinsen, die erdrükkend sind. Die Zinsen, die er zahlt, sind nach dem Dreißigstel, diejenigen, die er einnimmt, mindestens nach dem Zehntel berechnet. Das ist eines der Geheimnisse des Reichwerdens.

Es gibt noch andere. Denn er investiert wieder. Und zuerst in den Handel. Er eröffnet einen Laden bei seinen Herren von der Komturei. Als Stoffhändler verkauft er den Bauern Hosen, Umhänge, Decken und Brautkleider. Er verkauft von allem ein bißchen: Packsättel für den Ackergaul, Schmuck für die Gattin; Bodenbretter, Gerüste und Eichenbalken, um die Stadttore zu reparieren.

Am Ende schließt sich der Kreis: Von der Erde ausgegangen (Bewirtschaftung) kehrt das Geld zur Erde zurück (Grundeigentum). Träumt der kapitalistische Unternehmer von dem Ansehen, das den Grundbesitz umgibt? Oder von der Sicherheit, die die Grundrente ihrem Inhaber verleiht?

Mangels eines zusammenhängenden Ländereienblocks baut er jedenfalls Parzelle für Parzelle ein bizarres Mosaik aus auseinanderliegenden, über alle vier Himmelsgegenden von vier Gemeinden verstreuten Grundstücken zusammen: Er kauft Felder auf Anschwemmland, fette Wiesen, seichte Flußgebiete, die sich zum Anbau von Hanf und Gemüse eignen.

Auch hier ist es wieder die Verschuldung, die die Übertragung des Bodens verursacht: Ramon Fabre, ein Nachbar des Masenx kauft von diesem Tuch auf Kredit; im April 1531, einem teuren Frühjahr, leiht er sich Weizen von ihm aus. Sieben Jahre (1532–1539) vergehen; Masenx läßt die Schuld ruhen. Im Jahre 1539 leiht Fabre sich wieder Weizen aus; als Gegenleistung verpfändet er mehrere Grundstücke, die Masenx von nun an eine »jährliche Pension« zahlen. Am Ende entledigt sich Fabre seiner Schuld, indem er Meister Guillaume sein Grundstück Resals verkauft (1545). Im Jahre 1546, einem Jahr der Knappheit, dasselbe Szenario. Am 8. April hat die Familie Fabre kein Korn zum Essen mehr. Und wieder klopft Raymond bei Masenx an. Dessen Bruder Jean öffnet ihm die Tür und händigt dem Hungrigen 7 halbe Quart Weizen (1,20 Hektoliter) aus, genug um eine Familie mit mehreren Personen bis zur nächsten Ernte zu ernähren. Raymond Fabre sitzt das Messer an der Kehle: Seine Schuld ist von einem Tag zum anderen zahlbar, nach dem Belieben des Gläubigers. Um sich zu befreien, muß er sein letztes Grundstück verkaufen: *paga cant vendet la terra* schreibt Masenx ungerührt in sein Tagebuch. Im Jahre 1546 hat also der Grund und Boden das Brot bezahlt; die Fabres sind von nun an von Masenx abhängige Pächter, auf demselben Grunde, der das Eigentum ihrer Vorfahren gewesen war.

Masenx ist eine Summe in sich selbst. Ein Bahnbrecher des Kapitalismus, ist er auch für die neuen Ideen empfänglich, die sich in der bürgerlichen Geschäftswelt verbreiten und deren Lebensstil entsprechen: Am 26. Juli 1537 organisiert er zusammen mit drei Notablen von Gaillac, einem Holzhändler und zwei Persönlichkeiten der Stadtregierung einen Empfang zu Ehren der *Diener Gottes,* die in halber Heimlichkeit kommen, um die Reformation zu predigen. Er, Meister Guillaume, schießt sogar das Geld für ihre Unterbringung und ihre Mahlzeiten vor. Wollte man anhand seines aus den Dokumenten ersichtlichen Schicksals die Persönlichkeit des Geschäftsgeiers Masenx definieren, so sähe man in ihm ein lebendiges Symbol der »primitiven Akkumulation« des Kapitals: Pächter während der Preisrevolution, verdient er gleichzeitig am Lohn seiner Knechte und an der Grundrente, die er seinem Herrn bezahlt; zu diesem Verdienst schlägt er noch das Kapital hinzu, das er mit Wucher, Grundeigentum und Handel, alles auf der Basis von gewerblicher Initiative, Unternehmensgeist und reformiertem Denken erwirtschaftet; das alles macht Masenx zu einem Mann der Mitte: Dank der günstigen Konjunktur des 16. Jahrhunderts führt er zwischen den Großgrundbesitz und die bäuerliche Masse die Vermittlertätigkeit des unternehmerischen Kapitalismus ein; und sahnt dabei einen großen Teil des Mehrwertes ab.

Im großen ganzen wird das Geld von Masenx und seinesgleichen ebensosehr in Unternehmen wie in Landkäufe investiert. Statt das Kapital zu verstecken läßt man es arbeiten. Dennoch hat sich die für das 17. Jahrhundert so typische Psychologie des Grundbesitzes vor 1600 noch nicht voll entwickelt. Zum Exempel: Bei seinem Tode vermacht Masenx sein flüssiges Vermögen und seinen Viehbestand seinen Erben; aber die Ländereien, die er durch Wucher oder Kauf erworben hat, hinterläßt er der benachbarten Abtei. Ein Frömmigkeitsbeweis? Bedauern über seine Diebereien oder Indifferenz für Grund und Boden? Das Jahrhundert der fanatischen Grundbesitzer wird auf alle Fälle erst nach 1600 beginnen, wenn endlich der Anstieg der Grundrente ins Rollen kommt. Wie dem auch sei, so begünstigt der ländliche Profit eine Aristokratie von Geschäftemachern, die »Generalpächter«, die das schlichte Bürgertum der einfachen Pächter und Landwirtschaftsunternehmer überlagert.

Bäuerliche Bürger und gentleman-farmer

Ob große oder kleine Bewirtschafter, den Einkommen aus landwirtschaftlichen Unternehmen geht es gut oder ziemlich gut im 16. Jahrhundert. Wie reagieren unter diesen Umständen die Grundeigentümer, Inhaber des Bodens und der Rente?

Ihre Reaktion ist logisch: Nutzbar machen, den Profit abschöpfen, die Verpachtung ausschalten, sein eigener Pächter sein; und auf diese Art die (gleichbleibende) Rente und den (wachsenden) Profit in einer Hand zusammenfassen.

Zwar ist es schwer, den (statistischen) Umfang der Selbstbewirtschaftung im 16. Jahrhundert zu erkennen. Die Betriebsorganisation eines Landgutes ist eine Sache von privatem Charakter, der von den Notariatsakten nicht zur Kenntnis genommen wird. Nur die kirchlichen Archive ermöglichen Vergleiche in großem Abstand.

Diese Archive sind aufschlußreich: Die Selbstbewirtschaftung ist im 16. Jahrhundert weniger allgemein als um 1380–1480; damals milderte sie nämlich den Ausfall der Grundrente, die infolge der Landverödung auf fast nichts gesunken war. Immerhin ist die Inbetriebnahme der Güter durch die Grundherren auch noch in der Renaissancezeit und während des Bürgerkriegs ziemlich verbreitet. Sehr viel mehr als in den Jahren 1630–1650, als die von reichlichen Renten verwöhnten Herren des Bodens lieber alles den Pächtern überließen, statt sich selbst um die Beaufsichtigung der Pflugscharen zu kümmern.

In Narbonne, einem großen ländlichen Marktort, sind die Kapitelherren noch bis Ende des 16. Jahrhunderts halb bäuerlich. Sie bewirtschaften das zum Domkapitel gehörige Land selbst soweit es in der Nähe der Stadt gelegen ist; der Bastidehof wird erst dauerhaft mit fester Rente und jeweils kurzfristig verpachtet, als die Verpachtungen ab 1630 auf ihrem Höhepunkt sind. Im 16. Jahrhundert wird er entweder selbst verwaltet (mit einem *bayle* als Zwischenglied) oder in Halbpacht gegeben. Betreten wir um 1524–1535 die Wohnung einiger dieser Narbonner Priester, so finden wir, daß in den Schlafzimmern und den Wohnräumen nicht nur Ritterromane herumliegen, sondern eine Ansammlung von Piken, Hacken, Mistgabeln und auch von Schweinsköpfen, korngefüllten Säcken, Faßreifen, Ölkrügen u. dgl. mehr.

Ebenso wie diese kirchlichen Würdenträger und noch mehr als sie, bewirtschaften die Bürger im 16. Jahrhundert ihren eigenen Grundbesitz gerne selbst. Auch sie lassen sich verführen von der Addition des dynamischen Profits und der unveränderlichen Rente.

Wie beispielsweise Jean de Rocolles, ein kleiner Notar, aber reicher Landwirt in Béziers; sein im Jahre 1550 beginnendes Hauptbuch zeugt von intensiver und unmittelbarer bäuerlicher Tätigkeit seines Autors: er sät sorgfältig guten Weizen; voller abergläubischer Vorstellungen beschneidet er seine Reben bei Vollmond, sein Weidenholz bei Neumond. Als im April 1558 die Zeit drängt, läßt er Frau und Kinder im

Weinberg und in der Scheune arbeiten. Er selbst verkauft seinen Wein, tauscht ein volles Faß gegen hundert Dachziegel aus. Wie jedermann betreibt er den Verleih von Weizen gegen Wucherzinsen von 100 bis 200 %. Er verleiht Geld und läßt das Darlehen in Weizen zurückzahlen, zum Drittel seines realen Wertes. Er vermietet seine baufälligen Hütten an Arbeiter. Und er pachtet die Zehente, die in der Nachbarschaft seiner Güter liegen. Notar, Wucherer, Grundbesitzer, Wirtschafter und Pächter häuft er die kleinen Profite aufeinander, um über die Runden zu kommen; 1568 stirbt er.

Sein Sohn Gabriel ist Kanonikus. Seine Tochter Jeanne heiratet den Apotheker Aubert. Guillaume, der andere Sohn, wird Nachfolger des Vaters auf dem Besitz und im Amt. Ganz wie der Vater macht auch Guillaume zwischen zwei Gerichtsverhandlungen die Erde nutzbar (50 Hektar Ackerland, plus Weinberge und Olivenhaine). Er verteilt hunderte von bezahlten Arbeitstagen; er holt die Frauen der Nachbarschaft zusammen, Dienstmägde und Schäferinnen, um seinen Weizen zu jäten, Oliven und Rebenholz einzusammeln. Er läßt seine Reben hakken und beschneiden, *fogar* und *podar*. Er hat das wahre Auge des Herrn: Er leitet alles selbst, ohne Verwalter oder *bayle* (ganz wie in der Normandie der Sire de Gouberville).

Der Fall der beiden Rocolles ist im 16. Jahrhundert ein exemplarischer Fall. Man braucht nur Olivier de Serres nachzulesen: Wenn Ihr Grundbesitz eine gute Lage hat, schreibt er, wenn Ihre Gattin gutgelaunt und bei guter Gesundheit und »zum Haushalten geeignet« ist, wirtschaften Sie selbst; die weitab gelegenen Teile Ihres Gutes geben Sie am besten in Halbpacht, niemals in Pacht. Zur Verpachtung nehmen Sie nur im Notfall Ihre Zuflucht: Falls Sie krank sind oder Ihre Frau griesgrämig oder verschwenderisch ist...

Die statistischen Daten, die Bewirtschaftung betreffend und das Beispiel Rocolles oder die Ermahnungen Olivier de Serres', geben uns Einblick in die Langzeitpsychologie des 16. Jahrhunderts, des Jahrhunderts, in dem die Reichen, die Landbesitzenden, immer dann, wenn sie es können, versuchen, ihre Grundrente durch den Profit aufzubessern. Erst nach dem Sieg der Grundrente, erst nach ihrem starken Anstieg im 17. Jahrhundert und dem Rückgang der Profite finden die Söhne der Unternehmer des Languedoc der Renaissance Geschmack daran, ein adliges Leben als reine Grundrentner zu leben. Aber im 16. Jahrhundert erzeugt »die langandauernde, anfeuernde Lockung einer wachsenden Profitflut« auf dem Lande und in der Stadt Wagemut, »Risikobereitschaft« und unternehmerische Initiative.

Fünftes Kapitel
Gesamtperspektiven

Wir müssen nun die Resultate der analytischen Untersuchungen konkret auf einen gemeinsamen Nenner bringen: Die einen beziehen sich »horizontal« auf die Grundbesitzstrukturen, die anderen »vertikal« auf die Haupteinkommenstypen.

Die Welt der Armen

Ganz unten auf der sozialen Stufenleiter, wo die Volksmasse am dichtesten ist, grassiert eine zweifache Pauperisierung: Die eine betrifft die kleinen Grundbesitzer, deren Zahl durch die Bodenzerstückelung vervielfacht worden ist, ohne daß ein reales Ansteigen der realen Einkommenseinheiten das Kleinerwerden der Grundstücke ausgleicht; die andere ergreift die Arbeitnehmer durch das Sinken der Realentlohnung. Gewiß ist, daß oft die gleichen Männer, die gleichen Familien zum Opfer beider Entwicklungen werden. Die gemischten Einkommen, bei denen der Bauer von Lohn und Eigenwirtschaft lebt, sind zahlreich. Es genügt, fast wahllos in den Notariatsakten zu blättern: In dem einen oder anderen Flecken der Cevennen besitzen um 1555 viele der um Lohn Arbeitenden außerdem ein Eckchen des Berges oder »die Hälfte eines Ochsenpaares« (sic). Natürlich gibt es reine Arbeitnehmer; aber sie gehören eher zum Hofgesinde als zu den dörflichen Tagelöhnern.

Was bedeutet denn diese zweifache Pauperisierung im Grunde anderes als die radikale Lösung, die von der Geschichte für das malthusianische Dilemma gefunden worden ist. Die Bevölkerung ist in Bewegung, das Produkt tritt auf der Stelle; da erfolgt eine doppelte Rationierung: Von seiten des Bodens, die den Landmann auf ein immer kleineres Stück Land verweist; von seiten des Geldes: Die Arbeitgeber nutzen freudig die Konjunktur und zahlen immer geringere Löhne. Die Opfer dieses doppelten Schrumpfungssystems, die kleinen Lebensstandards, sinken bis auf den Grund, werden asymptotisch zum Lebensminimum. Und die Ernährungsschwierigkeiten verstärken sich.

Auf die spärliche Bevölkerung von 1480–1500 mit den geräumigen bäuerlichen Anwesen und den hohen Löhnen hatten nämlich die schlechten Ernten (in diesem trockenen Lande eine auf drei oder vier) nur harmlose Auswirkungen gehabt. Aber im Gleichschritt mit dem Bevölkerungswachstum, dem schwindenden Umfang der Grundstücke und der Lohnverkürzung werden sie verheerend: Um 1550–1590 treffen die schweren Jahre einen bereits gedrückten, gesunkenen Lebensstandard. Daher erzeugen sie akuten Mangel, manchmal sogar Hungersnot.

Wenn die Analysen des Grundbesitzes und der Löhne auf den voranstehenden Seiten stimmen, dann müßten sich von Anfang bis Ende des Jahrhunderts an Häufigkeit und Intensität zunehmende Mangel- und Hungerzeiten herausstellen; und im gleichen Rhythmus eine Modifizierung der Getreidepolitik der Behörden.

Diese Hypothese wird von der Wirklichkeit bestätigt. Nehmen wir das Jahrhundert, das von 1460 bis 1560 geht (nach diesem Datum wirkt sich der Bürgerkrieg vielleicht störend auf die Bedingungen des Experiments aus, da er von außen die Hungersnöte verschärft). Grob geschätzt unterscheiden wir drei Perioden: Getreidewohlstand (1460–1504); erste Schwierigkeiten (1504–1526); schwere Krisen (nach 1526). Drei Stadien, in deren Verlauf sich eine Verschlechterung vollzieht: Die demographische Flut überschwemmt die schwachen Deiche der landwirtschaftlichen Produktion.

Betrachten wir zuerst die Annehmlichkeiten der Periode 1460–1504: Getreide im Überfluß, dessen sich die Landstände des Languedoc voll bewußt sind. Ihre Delegierten haben noch nicht die furchtsame, prohibitionistische Haltung, die sie nach 1506 und besonders nach 1526 an den Tag legen werden. Sie tun nichts, um die Ausfuhr des Getreides aus der Provinz zu unterbinden. Im Gegenteil, sie fördern sie und klagen über die königlichen Beamten, die sie bremsen und »unter dem Tisch« ihren persönlichen Freunden Ausfuhrgenehmigungen erteilen. Aus diesem Grunde gehen die Landstände 1492 mit dem Gouverneur, dem Sieur de Chabannes, streng ins Gericht. Während dieser ersten Periode spricht die Regionalversammlung nur drei Mal ein Ausfuhrverbot aus: 1496, 1498 und 1501. In gewöhnlichen Jahren hat die Provinz einen Überschuß. Auf dem Weizenmarkt herrscht Windstille, eine erstaunliche Ruhe. Wie fern ist die Zeit der Überfüllung mit Menschen und der wiederkehrenden Hungersnöte: Die Zeit der ersten Hälfte des 14. Jahrhunderts (vor 1348, dem Jahr der großen Pest).

Es gibt allerdings einige Warnschüsse: Zuerst die Verknappung von 1474; sie ereignet sich aber in Toulouse und scheint das mediterrane Languedoc verschont zu haben; dagegen wütet diejenige von 1482–1483, ein Kind von Kälte und Regen, in ganz Frankreich südlich der

Loire. In Montpellier werden die Bettler zusammengetrieben und sie erhalten, wie die Pestkranken desselben Jahres, 300 Brote. Dann Vorhang: Fünfzehn Jahre lang nichts mehr, kein Alarm. Bei diesem beispiellosen Getreidewohlstand kann der seit langem sich vorbereitende Bevölkerungsaufschwung des Languedoc hinaufschnellen wie bei einer Wiederauferstehung, so günstig ist die Lage.

Die schlechten Ernten von 1495–1496 und vor allem von 1497 erzeugen den ersten Mißton: Verknappung, »nicht genug zum Leben«. Die Städte sind voll von wüsten Kerlen, die herumschweifen wie die Wölfe. Die Genuesen wollen Korn kaufen. Aber die Landstände belegen die Häfen mit einem Embargo. Aus den Elendsgegenden des Rouergue, aus dem ganzen Bergkranz des südlichen Centralplateaus kommen die Maultiertreiber mit ihren Packtieren herbei; sie hoffen, die armseligen Vorräte der Küstengegend ergattern zu können. Es ist zum Erbarmen, diese verhungerten Gestalten zu sehen.

Danach noch der eine oder andere Alarm, ein kleiner Preisanstieg nach der mageren Ernte von 1501. Dann wird alles wieder ruhig. Insgesamt sind die Zeiten der Knappheit selten während dieser vierundvierzig Jahre.

Zweite Periode (1504–1526): Die geringe Ernte des Jahres 1504 leitet eine Phase der Einschränkung ein. Im kommenden Winter verbieten die Landstände die Ausfuhr. Sie verweigern den nächsten Nachbarn, die auch betroffen sind, den Genuesen, den Florentinern und der Dauphiné, ihr Korn. Die 22 Bischöfe, die in der Provinzversammlung sitzen, konfiszieren sogar 200 Ladungen Weizen, die für Unseren Heiligen Vater, den Papst bestimmt sind. Den ganzen Winter über verteilen die Kapitel und Komtureien Almosen an die Bedürftigen, von denen es nur so wimmelt. Auch nach der Ernte von 1505 bleibt die Lage gespannt: Im Herbst greifen Knappheit und Hamsterei um sich. 1506 ist die Getreideernte auch nicht besser: Im Januar 1507 haben die Landstände Angst, daß sie die Zeit bis zur nächsten Ernte nicht überbrücken können; wieder verbieten sie die Weizenausfuhr. Dieselbe Reaktion nach der Ernte von 1507: Verbot der Weizenausfuhr nach Aragonien, nach überall. Schwarze Serie: 1508 ist ebenso enttäuschend, denn im Frühjahr 1509 verhindern die Kommissare den Weizentransport von Seneschallerie zu Seneschallerie.

Seltsame Phase raren Korns von 1504–1508. Höchstpreise im wöchentlichen Marktbericht von Montpellier bezeugen sie.

Und wenige Jahre später beginnt ein neuer unheilvoller Kreislauf, der vor 1505 unvorstellbar gewesen wäre: Drei Jahre der mageren

Kühe (1513, 1514, 1515). Diesmal wird es ganz deutlich: Die Ausfuhrstellung des Languedoc ist schwer geschädigt; auf dem Getreidemarkt hat etwas ausgehakt. Das glückhafte Ende des 15. Jahrhunderts, als man 5 Jahre, 10 Jahre, 15 Jahre lebte, ohne das Wort »Verknappung« auszusprechen und als einmalige, ausnahmsweise Ausfuhrverbote nie auf das nächste Jahr ausgedehnt wurden, ist endgültig gestorben. Im Grunde, wenn sich die Marktstruktur verändert, wenn der Wirtschaftsraum durch Trennwände in eifersüchtig bewachte Provinzeinheiten unterteilt wird, so deshalb, weil die zahlreicher gewordenen Verbraucher, die »starken Geburtenjahrgänge« der Jahre 1500 die Nachfrage nach Korn ansteigen lassen, auf das Angebot drücken und Knappheit erzeugen.

Unumkehrbare Situation, die sich noch verschlimmert: 1517, 1519, 1520, 1522, 1524 Ausfuhrverbot. Jetzt erscheint die verschleierte Knappheit jedes zweite Jahr, wie die Brache. Von 1526 an beginnt die Weizentragödie in voller Schärfe; die wiederholten Schwierigkeiten weichen einer drückenden Katastrophenatmosphäre. Die Toleranz der Landstände ist nur noch eine Erinnerung; und der freie Markt des 15. Jahrhunderts ist endgültig tot. Zehn Jahre hintereinander (1526–1535) verbietet die Provinzversammlung die Getreideausfuhr.

Eine Tiefenkrise

1526: magere Ernte. 1527 Desaster. Tropisches Wetter (regnerische Sommer, äußerst milde Winter, die das Korn in der Erde verfaulen lassen) überfällt Europa und das Mittelmeer. Die Getreideernte 1527 ist eine Fehlanzeige: Bereits im August verbieten die Landstände den Handel und widerstehen den Provenzalen, den Genuesen und den Florentinern, die sie anflehen, ihnen Korn zu liefern. Der großen Prominenz allerdings, wie dem Abt von Aniane, der bei Hofe zu sehr in Gunst steht als daß man ihm etwas abschlagen könnte, gelingt es, zu hohem Preis und mit großem Profit zu exportieren. April 1528: Im Languedoc herrscht Hungersnot: In Marseille muß Weizen von der Küste gekauft werden; es wird in der Stadt für 2 Pfund 10 Sous, auf den Dörfern, die immer zuletzt kommen, für 3 Pfund verkauft; die Pest tut das ihrige dazu.

Die Wucherer sind in ihrem Element: Am Rande des Gebirges leihen sie den armen Menschen das begehrte Korn gegen Schuldverschreibungen in guten Deniers. Wie der Sieur de Carlencas, den in diesem finsteren April eine Menge Weber aufsuchen.

Juni 1528: Die neue Getreideernte ist nicht gut. Der Hunger bleibt und die Vorräte werden nicht aufgefüllt. August, November 1528: »Knappheit des Weizens und Teuerung mehr als früher«. Seit 1525 klettert die Preiskurve weiter. Die Provinzgrenzen bleiben geschlossen.

Das Frühjahr 1529 ist daher schwer. Das Parlament von Toulouse beschwört endlich die Besitzenden: »Um Himmels willen, öffnet eure Scheunen, bringt euren Weizen auf den Markt, senkt eure Preise.« Aber es herrscht ja »Hungersnot«, daher der unbarmherzige Befehl: »Hinaus mit den Vagabunden, den Fremden.«

Auch die Getreideernte von 1529 wird nicht mit der Knappheit fertig: Im November lehnen die im großen Saal eines Hospitals tagenden Landstände das Verlangen nach Korn aus den Städten Lyon, Avignon und Arles ab. Ungenügend im Vergleich zu den wachsenden Bedürfnissen und den verbrauchten Vorräten ist auch die Getreideernte von 1530. September 1530: Kaufbeschränkungen für Korn von außerhalb der Provinz. November: Ausfuhrverbot. Frühjahr 1531: Knappheit und sogar Hungersnot; eine Prämie wird für das Anzeigen von verstecktem Weizen ausgesetzt; im Mai ist der Mangel so unerträglich und der tägliche Zustrom der Bedürftigen so stark, daß der Weizen requiriert und sein Preis festgelegt wird. Die saisonbedingten Spitzenpreise in Montpellier schlagen übrigens alle Rekorde auf der Preiskurve. Höchstens 1545 wird man etwas derartiges wieder erleben. Neue Exportverbote werden von den Landständen 1531, 1532 und 1533 erlassen; dann wieder 1534 als die große Dürre die Aussaat verhindert; und schließlich 1535.

Der Übergang von einer Freihandelshaltung zu egoistischem Protektionismus bei den Mächtigen des Languedoc ist deutlich. Das Halt, das sie gebieten, ist bezeichnend für ein elementares Bewußtwerden ökonomischer Zusammenhänge und eine psychologische Wandlung. Dreißig Jahre früher war ja der Überfluß an Korn die Regel; jetzt aber ist die Knappheit chronisch geworden. Zuviele Münder zu stopfen, nicht genug Brot für alle.

Man muß sich bei diesen zehn mageren Jahren länger aufhalten (1526–1535). Zuerst weil sie einen radikalen Wendepunkt in der Getreidepolitik der Landstände des Languedoc bedeuten, während die Provinzversammlung für alle anderen Waren, z. B. Wein, ihrem Liberalismus des 15. Jahrhunderts treu bleibt: Den Wein läßt sie ausführen, denn an ihm mangelt es nie. Für den Weizen aber ist die freie Ausfuhr nur noch eine an besonders gute Ernten geknüpfte Ausnahme (1536, 1542, 1547, 1549, 1554, 1556). Der Verbotsreflex ist dagegen quasi automatisch geworden; während der Jahre 1537–1560 wird in jeweils drei von 4 Jahren jeder Verkauf von Weizen außerhalb der Provinz (theoretisch) von den Landständen verboten. Nach 1526 ist der Weizen des Languedoc nur noch ein Gefangener, den man gelegentlich in eine überwachte Freiheit entläßt.

Darüber hinaus bezeichnet die Krise von 1526–1535 eine gesellschaftliche Wende: Die Landstreicherei nimmt die Proportionen einer wahren Geißel an und zum ersten Mal wird ihre systematische Unterdrückung organisiert. Im Jahre 1532, nach fünf Jahren der Teuerung, ist die Provinz voll von Herumtreibern, »Mordgesellen, die zahllose Morde begehen«: die Einwohner wagen es nicht mehr (sagen die Landstände) sich auf ihren Feldern zu zeigen! 1533 ist das Umland von Nîmes »verseucht von Bettelvolk, eine Folge des außerordentlichen Elends, das seit einiger Zeit hier herrscht«.

Sind das nur rituelle Beschwerden? Folgendes aber ist mehr als das: Außer sich über das Überhandnehmen der Elenden beschließen im Jahre 1533 die Landstände des Languedoc, die Armut mit Gewalt auszurotten. Sie schreiben an den König: Zuviele Arme kommen in die Ortschaften des Languedoc. Zuviele von ihnen wollen nicht arbeiten, füllen die Kirchen und stören den Gottesdienst; durch ihr Geschrei verhindern sie die Andacht der Gläubigen bis hinein in die Stunde der Wandlung; ganz zu schweigen von den Krankheiten, die sie mit sich bringen.

Franz I. schenkt ihnen Gehör: Von Compiègne aus unterschreibt er ein Edikt (15. April 1534): Man verhafte alle gesunden Personen, die »seit gewisser Zeit« im Lande Languedoc durch Betteln und Belästigung auffallen. Und von nun an erscheint bis zum Jahre 1560 bei den angstvollen Beratungen der Landstände und des Parlaments von Toulouse jedes Jahr wieder die Frage der herumirrenden Armen, »Diebe, Spitzbuben und Missetäter«, »Ungeziefer, das Tag für Tag in den Städten, auf dem Land, auf Wegen und Durchgängen herumwimmelt«.

Phänomen des Languedoc: Die lange Lebensmittelverknappung, die durch die Bevölkerungszunahme hervorgerufen worden ist, führt zur Massenwanderung und zu deren Unterdrückung durch die Behörden. Aber auch ein europäisches Phänomen: im ganzen Abendland beginnt um 1525–1530 mit den geburtenstarken Jahrgängen die Problematik der Armen, die Welle von Mangel einerseits und hohen Preisen andrerseits. 1525 erstellt Zwingli seinen Hilfsplan für die Züricher Bedürftigen; 1526 veröffentlicht Juan Luis Vives sein in Löwen und Oxford entstandenes *De subventione pauperum;* 1530 erläßt Heinrich VIII. das erste Gesetz gegen die Bettler: Auf königlichen Befehl sollen sie an Wagen gebunden, bis aufs Blut ausgepeitscht, eines Ohres beraubt und gehenkt werden; 1537 tut Karl V. dasselbe in den Niederlanden. In diesen Jahren entsteht, zuerst noch zaghaft, der Traum von der »großen Einsperrung« der Armen, die ein Charakteristikum der Mentalität der klassischen Zeit ist.

Die »mikroskopische« Beobachtung in den Monographien einzelner Güter und Grundstücke haben die Verelendung im 16. Jahrhundert aufgezeigt; die Gesamtübersicht über Obrigkeit und Massen bestätigt die Verallgemeinerung des Massenelends in der zweiten Generation des 16. Jahrhunderts seit der Krise von 1530. Beide Erscheinungen gehören natürlich zusammen, wie sie auch mit der unterschwelligen Bewegung der ganzen Gesellschaft zusammengehören: Die lautlose Bevölkerungsvermehrung findet keinen Ausgleich in einer Vermehrung des Globalprodukts; sie läßt die Ausfuhrkapazitäten für den Weizen des Languedoc versiegen; sie zwingt die Bauern zur Unterernährung auf zusammenschmelzenden Grundstücken, auf immer kleiner werdenden parzellierten Anwesen; sie begünstigt nach 1525 ausgeprägte Elendslöhne, zur gleichen Zeit als die bis dahin noch versteckte Teuerung plötzlich eine rasche Gangart annimmt. Und durch all das konzentriert sich die Kaufkraft der Massen auf das Korn und wird zeitweise, in Zeiten des Mangels, die notwendige Mindestmenge an Weizen dem Zugriff der Ärmsten entzogen; auch die wachsende Arbeitslosigkeit, die Last einer zunehmenden Arbeiterreserve, die saisonbedingt oder permanent unbeschäftigt ist, treibt aggressive Vagabunden ohne Land und ohne Lohn auf die Straßen. Alle diese Faktoren, deren Wirkungen die Behörden sehen, ohne ihre Ursachen zu verstehen, bestimmen die Landstände des Languedoc dazu, ihr Korn in der Provinz zu behalten und die Elenden aus den Gemeinden zu verjagen.

Die Krise von 1526 ist also eine »Wachstumskrise«, die Krise eines »schlechten Wachstums«. Sie wirkt sich aus auf die verschiedenen Grundlagen für das Lebensniveau des Volkes. Nicht nur auf Getreide und Brot, die einfachen Nahrungsmittel, sondern auch auf Viehzucht und Fleisch, unersetzliche Symbole für das Wohlergehen der Massen.

1530 (ungefähr) ist der große Wendepunkt zum Niedergang der Viehzucht, zu geringerem Fleischkonsum, einer schleichenden Unterernährung. Ich habe diese Tatsache für den individuellen Verbrauch bereits in den Lohnmonographien dargestellt. Entsprechend vergrößert finden wir das Phänomen auf der Ebene der Globalproduktion wieder.

Allein die Lektüre der Preise legt die Erschütterung des Marktes nahe: Zwischen 1480 und 1580 steigt der Weizenpreis um das Sechsfache und mehr. Aber die Fleischkurse steigen in dem gleichen Zeitabschnitt kaum um das Vierfache. Die beiden Kurven Weizen–Fleisch fallen auseinander und bilden im Süden Frankreichs genau wie in Deutschland eine Schere. Sollte die Nachfrage nach Fleisch gesunken sein und die Viehzucht entmutigt haben?

Die Untersuchung der Einkommen bestätigt, ja verstärkt diese Diagnose. Wir haben für das 16. Jahrhundert gute Reihen von *carnencs* (Zuchtviehzehente): *carnencs* der Dörfer oder der großen Herden im Umland von Narbonne und Béziers. Die zehentberechtigten Kapitelherren verpachten die Einkommen gewöhnlich jedes Jahr. Die Pächter, deren persönliche Unkosten sehr gering sind, haben die Pflicht, die Wolle »vom Flies« zu erheben und »am St. Markus-Tag und zu zehn für eins« Lämmer und Zicklein, plus ein Ferkel von jedem ersten Wurf. Sie zahlen den Verpächtern eine Geldrente, deren Höhe dem Realeinkommen aus dem von ihnen erhobenen Zehent nahekommt. Die Reihen der *carnencs*-Pachtverträge ermöglichen zwar nicht, das Gesamtvolumen der Viehproduktion zu rekonstruieren, wohl aber die Tendenz nach oben oder unten. Eine Mediankurve, die Synthese aus verschiedenen örtlichen Kurven, zeigt auf einfache Art das Tempo der fraglichen Bewegung an.

Sie fängt gut an. Zwischen 1475 und 1515 wird das »tierische Einkommen« dem Nominalpreis nach mehr als verdoppelt, fast verdreifacht; es steigt vom Index 30 auf den Index 80 (Index 100 von 1610–1640). Die Preise sind aber noch fest in dieser Periode oder steigen nur wenig. Die Einkommenssteigerung entspricht daher einer tatsächlichen Erhöhung der Viehproduktion. Der Herdenbestand wächst gleichzeitig mit oder sogar noch vor dem Anwachsen der Menschenzahl. Die »Zündung« des demographischen Aufschwungs um 1490–1500 erfolgt also unter ausgezeichneten Ernährungsbedingungen. Die Eiweißration für die überzähligen Menschen ist gesichert.

Aber diese erste Periode dauert nicht an. Von 1515–1520 an beginnt im Languedoc der Rückgang der Viehzucht. Bald nimmt er ein katastrophales Tempo an; und um 1525–1530 ist die Viehproduktion buchstäblich ruiniert. Das Nominaleinkommen der *carnencs* sinkt vom Index 80 auf den Index 40. Die Preise aber steigen kerzengerade in die Höhe. Es ist also tatsächlich der Viehbestand, der schwindet. Eine phantastische Krise, wie man sie bis zu den Religionskriegen nicht mehr wiederfindet.

Die Ursachen: Viehseuchen, die gleichzeitig mit Nahrungsmangel und menschlichen Ansteckungskrankheiten in den Jahren 1529–1530 auftreten? Das ist wahrscheinlich. Aber ebenso wahrscheinlich ist eine Verlagerung der Nachfrage: Das Korn ist dermaßen teuer um 1530, daß es die gesamte Kaufkraft des Volkes aufzehrt, so daß das Fleisch liegen bleibt und als Folge davon das Vieh vernachlässigt wird.

Schließlich muß bei dieser Krise der Viehzucht noch ein dritter Faktor berücksichtigt werden, der ebenfalls von der allgemeinen gesellschaftlichen Veränderung untrennbar ist: Die Rodungen verkleinern die Weidegebiete; die Pflanzungen (Ölbäume, Kastanienbäume) – die Terrassen und steinernen Einfriedigungen beschränken das offene Land, das für das Weiderecht zur Verfügung steht; aus all diesen Gründen stößt die Viehzucht an ihre Höchstgrenze und wird dann rückläufig. In der damaligen Landwirtschaft, die keinen Futteranbau kennt oder ihn auf die Gärten beschränkt, kann man nicht gleichzeitig die tierische und die pflanzliche Produktion fördern. Die Erfordernisse der beiden sind einander entgegengesetzt, da sie einander die noch verfügbaren Ländereien, die jeden Tag weniger werden, streitig machen. In Ermangelung einer *Mesta*, wie der spanischen,[1] die die Interessen der Viehzüchter verteidigt, wird in einer traditionellen Gesellschaft mit Bevölkerungszunahme die Entwicklung der Viehzucht sehr schnell geopfert.

Auch hier zeigt sich die Wende um 1520–1530: Bis dahin gab es für die Züchter den verbürgten Genuß der kollektiven Rechte (Allmende, Weiderecht) und zwischen 1445 und 1519 hatte sich das Parlament von Toulouse als bester Verfechter dieser alten Bräuche erwiesen. Im Jahre 1520 ein erster abweichender Gesetzestext: Die Haltung des Parlaments ändert sich in ausdrücklichem Zusammenhang mit der kürzlichen Entwicklung der Pflanzungen. In jenem Jahr verbietet das Toulouser Gericht den Bewohnern von Gignac (Hérault), ihr Vieh in den Weinbergen und Olivenhainen weiden zu lassen; es ist das erste Mal, daß es so etwas tut. Im Jahre 1528 gleiche Verbote für die Bewohner Lunels. Die öffentliche Meinung nimmt sich von nun an des Problems an. Ohne jeden Zweifel hat sie ihre Wahl zwischen Viehzucht und Anpflanzungen getroffen: Das Tier wird der Pflanze geopfert und die Kollektivrechte dem privaten Interesse des Ackerbauers. Zum ersten

[1] *Mesta:* Im 16. Jahrhundert in Spanien gebildete Vereinigung der Großgrundbesitzer mit Rechtsprechungsbefugnis, die das freie Wege- und Weiderecht der Herden erzwang und damit den Ackerbau schwer schädigte. Anm. d. Übers.

Mal in ihrer Geschichte verlangen 1530 und dann wieder 1531–1532 die zu den Landständen zusammengetretenen Vornehmen des Landes, daß Weinberge, Olivenhaine, Wiesen, Gehölze, Niederwald, Obstbäume u. dgl. zu Schongebieten erklärt und außer mit Erlaubnis des Eigentümers nicht als gemeinsames Weideland benutzt werden dürfen. Ebenso werden in Pézenas im Jahre 1533 zum ersten Mal die Verbote des kollektiven Weiderechts in den Pflanzungen erneuert, die schon 1306 ausgesprochen, aber in Vergessenheit geraten waren als in der Zeit der *Wüstungen* zwischen 1350–1500 die Herden zu Herrschern wurden. Die Übervölkerung und der Landhunger verleihen den alten Gesetzen (die einst, vor den *Wüstungen,* in einem früheren Zyklus demographischer Überlastung, von Anpflanzungen und Grundbesitzpartikularismus erlassen worden waren) neue Kraft. Und unter dem Druck der Umstände ändert sich um 1520–1530 die Denkweise der öffentlichen Gewalt grundlegend: im gleichen Atemzug werden der Getreidehandel und das kollektive Weiderecht verleugnet oder beschränkt. Alle Sorge gilt dem kostbaren Korn und gewissen Pflanzungen; die Herden werden ungern gesehen. Die Herrschaft der Hirten ist zu Ende.

Die Viehzucht des Languedoc erholt sich nicht wieder von der Krise des Jahres 1530. Zwischen dem Beginn des 16. Jahrhunderts und dem Bürgerkrieg ist das Nominaleinkommen aus den *carnencs* vom Index 60 auf den Index 100 gestiegen. Aber dieser nominale Anstieg bedeutet in Wirklichkeit einen Rückgang; denn in derselben Zeitspanne hat sich der Preis für geschlachtetes Vieh um 130 % erhöht. Der Niedergang des realen Einkommens aus den *carnencs* ist durchaus ein Anzeichen für das Schwinden der Herden. Während sich der Menschenbestand verdoppelt und die pflanzliche Produktion sich ein wenig erhöht oder gleich bleibt, bricht der Viehbestand zusammen und der Fleischverbrauch des Volkes – ob Teil des Lohnes oder zu Marktpreisen – läßt nach.

1526–1535: eine Tiefenkrise. Entspringt sie doch gerade dem Werden der Gesellschaft und dessen inneren Widersprüchen; und sie dringt bis in die biologischen Fundamente und den psychologischen Überbau.

Biologie: Die Pest von 1530, von Hunger und Unterernährung begünstigt, ist eine der schlimmsten des 16. Jahrhunderts (in dem sich diese Geißel im französischen Süden langfristig abschwächt). In Montpellier wird 1530 praktisch das gesamte Einkommen der Stadt für die Epidemie aufgeboten. Der Fall ist in der Geschichte dieser Stadt fast einmalig und er ist bezeichnend für die Verbreitung der Ansteckung.

Psychologie: Ab 1526 findet in einer von materiellen Schwierigkeiten gereizten und mit Neid auf den reichen Klerus erfüllten Bevölkerung die reformierte Propaganda ein starkes Echo. Es geschieht in der Adventszeit 1527, in der schrecklichen Fastenzeit des Jahres 1528 und während des Hungerwinters und -frühjahrs, daß die Saat der Reformation im Vivarais und im Languedoc aufgeht: Mit den ersten ketzerischen Predigten der Franziskanermönche vor erschauernden Mengen; mit den ersten Verfolgungen der Propagandisten in diesem Lande, das bisher von jeder Ketzerei freigeblieben war. Im November 1528 wird bis nach Toulouse die Existenz der lutherischen Sekte signalisiert, die sich angeblich »Teufelsbeschwörungen und greulichen Gotteslästerungen« hingibt; schon sind die ländlichen Teile der Cevennen, des künftigen Bollwerks, »infiziert«. Im Jahre 1529 erheben sich die Aufrührer der Lyoner *Rebeine,* Zeitgenossen der Wiedertäufer des Nordens, gegen die Hungersnot, greifen die Klöster an und empören sich gegen den Zehent. Der Einfluß der *Rebeine* macht sich im ganzen Südosten bemerkbar, der mit dem Zentrum Lyon durch ein Netz vielfacher Handelsbeziehungen verbunden ist. Seit 1530 wird das satirische Sujet des Mönchskopfs mit den Eselsohren als dekoratives Motiv von den Maurern des Languedoc verwendet. Die bäuerliche Masse ist erfaßt: 1532 gehen im Gebiet der Niederrhone ganze Dörfer, Bürgermeister, Schulmeister und Pfarrer voran, zur Reformation über. So faßt sie Fuß inmitten der sozialen Krise und verwurzelt sich dauerhaft, einer großen Zukunft entgegen. Fünf Jahre später sind ihre Anhänger nicht mehr zu zählen.

»1526–1535« ist also eine Wandlungskrise, ein Knotenpunkt der Sozialgeschichte, wie es später und andernorts in einem sehr verschiedenen Kontext auch die *Fronde* sein wird. Die abstrakten Anzeichen – Wachstumsdisparitäten, Grundbesitz- und Lohnanalysen – erhalten durch diese Krise eine konkrete Anschaulichkeit und nehmen in den großen Turbulenzen des Massenmagmas Gestalt an. Die Krise zieht die ersten Lehren aus einem demographischen Wildwuchs bei gleichzeitigem ungenügenden Wirtschaftswachstum. Durch die Krise, nach der Krise, können die ländlichen Massen »nicht mehr leben wie vorher«, können nicht mehr arbeiten, essen, beten, denken und sterben wie vorher. An der Schwelle zur zweiten Generation der Bevölkerungsexplosion markiert die Krise von 1530 das Ende der Behaglichkeit und den Untergang einer glücklichen Epoche.

Nicht das Languedoc allein ist betroffen. In Spanien, Deutschland, den Niederlanden, in England beginnt in den zwanziger oder dreißiger

Jahren das große Hungerleiden des Proletariats der alten Zeit, die Unterdrückung der Bauern und der elenden Massen; in Italien ist das Jahrzehnt 1520, vor allem 1528–1529, geprägt von ungeheuren Hungersnöten, von der venezianischen *gran fame*. »Was in diesen schweren Jahren untergeht, ist die erste Periode der Renaissance mit ihrem glänzenden Blütenflor.«

Fehlgeburt eines Kapitalismus

Der Armut muß die Geschichte des Profits und des Reichtums, die triumphierende Geschichte, gegenübergestellt werden. Um sie kennen zu lernen, müssen wieder Grundbesitz- und Einkommensstudien, horizontale und vertikale Analysen zusammen gebracht, »in ihrer Komplexität im Quadrat und ihren Wechselbeziehungen« verschmolzen werden.

In der Welt der Armen führt die Zusammenstellung der beiden Gesichtspunkte zu konvergierenden, kumulativen Resultaten: Die beiden Verelendungen, die der Löhne und die des Landbesitzes, verstärken sich gegenseitig; der »kleine Mann« verarmt auf zweifache Weise, als Lohnempfänger und als Parzellenbesitzer.

Anders verhält es sich in der oberen Etage, auf der Ebene von Profit und Reichtum. Hier sind die beiden Gesichtspunkte, Grundbesitz und gesellschaftliche Stellung, horizontale und vertikale Ansicht, nicht komplementär, sondern offenbar widersprüchlich. Bei der vertikalen Ansicht nach Einkommensstufen und -typen finden wir: Die Rente bleibt sich gleich, der Profit steigt. Macht also der ländliche Kapitalismus Fortschritte?

In gewissem Grade ja; aber er bleibt in enge Grenzen eingezwängt. Denn der Mehrwert, von dem er profitiert, stammt nicht – oder nur sehr wenig – aus einem raschen Anwachsen der Produktion wie das nach 1750 oder noch mehr nach 1850 der Fall sein wird. Hier trifft das simplistische Klischee einmal wirklich zu: Dieser Mehrwert stammt Tropfen für Tropfen aus dem Schweiß der verarmten Arbeitermassen; und das Glück des Profits ist bedingt durch das Unglück der Löhne. Eine »Bereicherung« dieses Typs ist zwangsläufig begrenzt; denn die Verelendung erreicht schnell den Tiefpunkt, unter den sie nicht mehr sinken kann.

Um große Mehrwertquellen zu erschließen, müßte die Produktion massiv zunehmen, wie das tatsächlich im benachbarten Katalonien im 18. Jahrhundert der Fall sein wird. Aber im Languedoc des 16. Jahrhunderts ist diese Reichtumsentwicklung nicht wirklich in Gang gekommen.

Der andere Engpaß des Profits entspringt aus der Grundbesitzstruktur selbst mit ihrer charakteristischen Entwicklung. Zwar nimmt im 16. Jahrhundert das Unternehmereinkommen zu; aber auf einem gegebenen Gut mit unveränderlicher Fläche. Damit dieser Prozeß sich voll entwickeln könnte, müßte die kapitalistische Klasse die Ländereien zusammenlegen, ihre Grundbesitzbasis erweitern, müßte es immer mehr große Güter, mächtige Eigentümer und große bäuerliche Pächter geben. Im Grunde müßte die Flurbereinigung das vorherrschende Phänomen sein.

Das ist aber nicht der Fall oder doch sehr wenig; zweifellos gibt es einige Versuche der Bodenkonzentration, aber sie bleiben in der Minderzahl. Betrachten wir z. B. Eutrope Fabre aus Gaillac, einen habgierigen Priester, der 1532 stirbt: In einem auf Ersparnisse bedachten Leben gelingt es ihm, Stück für Stück fünf oder sechs Grundstücke aneinander zu reihen, im ganzen sieben Hektar Land! Was hat er schon davon? Zahlreiche Großneffen verstreuen es nach seinem Tode. Die große Veränderungsbewegung muß im 16. Jahrhundert an anderer Stelle gesucht werden: In der Zerstückelung, die die Grundbesitzeinheiten auseinanderreißt, die allein imstande wären, einen kapitalistischen Profit hervorzubringen; in der Vermehrung einer Klasse winziger und armseliger Grundbesitzer, die ein Meer von kleinen Parzellen schaffen, das an die vereinzelten Archipel der großen Güter brandet und manchmal zu deren Erosion führt.

Der ländliche Kapitalismus vermehrt seinen Anteil in der Vertikalen auf dem Rücken der Arbeiter; aber es gelingt ihm fast nicht, ihn auch »horizontal« durch Vergrößerung der geeigneten Flächen zu erweitern; er kann die kleinen Hofstellen nicht schlucken. Wenn es ihm im 16. Jahrhundert gelingt, dann anderwärts: Um Paris, in der Nähe von London; sehr wenig in der Umgebung von Nîmes oder Narbonne. Der Süden widerstrebt zwischen 1490 und 1600 den Bemühungen der Landansammler.

Drei Methoden sind möglich, um Mehrwert zu erzielen: Durch wachsende Produktion; durch Zusammenfassung von Grundstücken; durch Senkung der Löhne. Der ländliche Kapitalismus des 16. Jahrhunderts im Languedoc benutzt wirklich nur den gewöhnlichsten, den unmenschlichsten Weg: Die dritte Methode. Er erreicht unter diesen Bedingungen nur bescheidene, beschränkte Erfolge. Die regionale Wirtschaft bleibt trotz der großen Opfer der Arbeitermasse noch unfähig, aus sich heraus den Kapitalismus als beherrschendes System der sozialen Beziehungen zu schaffen: Kein Kapitalismus kann auf Armut aufgebaut werden.

Languedoc und Katalonien

Der Vergleich zwischen dem Languedoc des 16. und Katalonien im 18. Jahrhundert drängt sich auf: Gemeinsame Züge sind stark ausgeprägt. In beiden Fällen verdoppelt sich die Bevölkerung in weniger als einem Jahrhundert. Es ist dies die phantastische Beweglichkeit der mediterranen Demographien, die von Elend und Seuchen in den Abgrund geschleudert werden und dann aus der Tiefe kraftvoll wieder auftauchen. Ein anderer gemeinsamer Zug: Im gleichen Rhythmus mit dem Steigen der Bevölkerungsflut beschleunigt sich die Zerstückelung des Bodens.

Hier endet der Vergleich: In Katalonien geht die Produktion im gleichen Schritt mit der Vermehrung der Menschen oder geht dieser sogar voran. Eine erfinderische Wasserkraftpolitik verzehnfacht den Ertrag des Bodens, macht die Brachen überflüssig und bedeckt das Land mit dem Zauber von Wiesen, *huertas* und reichen Kulturen: Hanf, Mais, Reis, Luzerne und Klee, Gärtnereien u. dgl. Weinberge entstehen. Die Herden werden groß. Der moderne Pflug tritt an die Stelle des alten Schwingpflugs. Das Bevölkerungswachstum vervielfacht den Reichtum. Alles steigt gleichzeitig und viel schneller als die Preise: Globaleinkommen aus dem Zehent, Lebensstandard aller, Rente und Profit, »und die steigende Flut macht alle Schiffe flott«. Der Lohn ist nicht mehr der Paria der Expansion; er klebt an der Preiskurve; er macht Sprünge; in den schönen Jahren der französischen Revolution übersteigt seine Kurve sogar die der Preise. Dieses echte Wachstum beinahe schon modernen Stils setzt sich fort in den städtischen, industriellen Kapitalismus; das bäuerliche Sparaufkommen, verstärkt durch die mexikanischen Piaster, finanziert die Expansion einer Hafenstadt mit 100 000 Einwohnern, Barcelona, die der Wirtschaft einen Stoß versetzt und die industrielle Entwicklung ankurbelt.

Nichts dergleichen in unserem Languedoc von 1550; der dominierende Faktor ist leider die Demographie. Das Produktionsdenken ist erstarrt; die malthusianische Schere öffnet sich überall: Zwischen Produktion und Bevölkerung; zwischen Ackerbau und Viehzucht; zwischen Löhnen und Preisen; die Lohn- und Grundstücksrationierung greift um sich; das geringe ländliche Sparaufkommen, das aus der Lohnsenkung stammt, genügt nicht, um massive landwirtschaftliche

Investitionen anzukurbeln. Es kann auch den städtischen Aufschwung nicht anregen: Die größten »Städte« des mediterranen Languedoc, Nîmes und Montpellier, haben um 1550 je zweitausend Häuser oder zehntausend Einwohner, ein Viertel davon Landwirte und Landarbeiter. Sie bleiben dürftig und kleben an der Scholle.

Die katalanische Expansion der Aufklärungszeit ist ein Wachstum modernen Typs, Schöpfer individuellen Wohlstands. Die Expansion des Languedoc in der »Renaissance« ist eine Entwicklung des vormodernen Typs, die die Armut vermehrt.

Zweiter Teil
Bewußtseinsbildung und soziale Kämpfe

Erstes Kapitel
Wege der Schrift

So wie sie ist, mit all ihren Schwächen, erzeugt diese ungleiche Entwicklung Veränderung. In ihrem Gefolge bringt sie Bewußtseinswandel, soziale Kämpfe, Konflikte um die Landverteilung mit sich; sie gebiert Kriege und Revolutionen. In ihrem Verlauf vollzieht sich in gewisser Beständigkeit eine tiefe Wandlung des bäuerlichen Bewußtseins, eine Wandlung, die es zu entschlüsseln gilt.

Zwei Kulturgestalten

Zwei Bewußtseinsrevolutionen, zwei kulturelle Gestaltwerdungen ereignen sich im 16. Jahrhundert im mediterranen Frankreich. Die erste Welle bemächtigt sich der Stadtgemeinde, der großen Städte und der Marktorte, der privilegierten und der bürgerlichen Klassen; sie erreicht nur die Oberfläche der bäuerlichen Gesellschaft. Es handelt sich um die Sprachrevolution, bei der die erste Verbreitung des Französischen erfolgt (1450–1590). Ihre Bedeutung geht weit hinaus über den Rahmen philologischer Studien. Denn von der ersten Hälfte des 16. Jahrhunderts an umreißt sie einen Kulturraum der Gegensätze: im Osten eine Achse, die von der Propaganda voll erfaßt wird, eine Zone rascher Sprachosmose und frühzeitiger Doppelsprachlichkeit, die darin besteht, daß ab 1450–1490 die Oberschicht außer dem jeweiligen romanischen Dialekt, an dem das Volk festhält, auch die *oïl*-Sprache (französisch) spricht. Diese Zone ist das Rhonetal und dazu große Teile des Dreiecks Rhone–Cevennen–Mittelmeer, Valence–Montpellier–Arles. Ein Lichteinfall an der Rhone, ein Durchbruch des Französischen nach dem Süden: Dieses Pionierland kultureller Rodungsarbeit steht im Gegensatz zu den benachbarten Schattenzonen, die noch ein oder zwei Generationen länger (bis um 1530–1550) sich dem Französischen zutiefst widersetzen. Die Schattenzonen: Die Küstenprovence und vor allem das westliche Languedoc und die Landstriche Ostaquitaniens. Alles rückständige Gebiete, die es auch noch lange bleiben werden: Noch 1570 – nach den Unterschriftenstatistiken und nach den Karten Maggiolos auch noch 1680–1686 – wird die kulturelle Unterlegenheit auf dem Wege von der Niederrhone bis zur Obergaronne von Gebiet zu Gebiet immer ausgeprägter.

Versuchen wir deshalb einen Vergleich zwischen Ost und West (Montpellier–Narbonne) anhand der Unterschriftenstatistiken. Die ersten Statistiken, um 1575, ergeben für Montpellier nur bei den Handwerkern 25 % Analphabeten, für Narbonne dagegen 33 %. Außerdem hat die schreibkundige Handwerkermehrheit in Montpellier viel bessere Schreibkenntnisse: In dieser Stadt können die nichtanalphabetischen Handwerker zum größten Teil mit ihrem vollen Namen unterzeichnen, während in Narbonne die Hälfte der Personen der gleichen Kategorie nur ihre Initialen benutzt. Ebenso ist es bei den Ackerbürgern: Um 1575 ist die ihres Namenszuges fähige Minderheit unter ihnen in Montpellier prozentual stärker als in Narbonne. In Montpellier wird ab 1490 üblicherweise französisch gesprochen. In Narbonne erst später.

Noch deutlicher ist die Sprachkluft zwischen Rhonetal und Niederlanguedoc einerseits und dem Centralmassiv andererseits: Hier auf dem steinigen Hochland findet man bis zum Beginn des 17. Jahrhunderts wahre, fast unberührte okzitanische Freistätten. Z. B. das Rouergue und auch das Sankt-Pons-Gebirge. Diese kümmerlichen, rückständigen Gebirgsgegenden, Bastionen der *oc-Sprache* und letzte okzitanische Kulturenklaven, sind auch – (und darin liegt die Erklärung) – Fluchtzonen des totalen Analphabetismus ohne Schulen, ohne Schulmeister: Die Unterschriftenstatistiken aus den Jahren 1595 und auch 1643 und 1737 und sogar die ersten Zählungen des Schulbesuchs unter dem Ancien Régime beweisen diese Tatsache mit Nachdruck. Aus einer solchen Lage entspringt der unbeugsame Okzitanismus dieser alten Gebirgsgegenden; denn wenn die Masse keine Schrift lesen kann, bleibt sie auch der französischen Sprache gegenüber verschlossen, die durch das Buch weitergetragen wird.

In diesen durch starke Kontraste gekennzeichneten kulturellen Raum des Midi hält die zweite geistige Revolution des Jahrhunderts ihren Einzug: Die Reformation. Sie geht tiefer als die vorhergehende Revolution, denn sie dringt hinunter auf die Stufe des allgemeinen und bäuerlichen Volksbewußtseins. Jedoch zeigt sie im Vergleich zu jener anderen keine geographische Originalität. Die Karten, auf denen die Orte der Auswanderung nach Genf im Jahre 1550 verzeichnet sind, dann die Untersuchung des Ketzereiverbrechens, die im Jahre 1560 im Namen des Toulouser Parlaments angestellt wurde und schließlich die Ortung der Hugenotten während des Bürgerkriegs unterstreichen nachdrücklich die Beständigkeit der geistigen Geographie. Die Zone, die sich der frühe Protestantismus von 1550–1560 erwählt, ist auch jetzt wieder das Dreieck Rhone–Cevennen–Niederlanguedoc, das schon seit einem Jahrhundert durch das privilegierte Eindringen des Französischen erschlossen worden und dadurch gekennzeichnet ist, daß es für jeden kulturellen Austausch offen ist: es sind Romans, Uzès, Alès, Nîmes und Montpellier. Auf dem linken Ufer des großen Stroms verteilen im Tal der Durance seit 1535 die Waldenser Bibeln und Katechismen, »Schilde, Kochtöpfe, Anatomielehrbücher und andere solche Bücher, vor allem die Psalterbüchlein... gereimt, gereinigt, vergoldet, reglementiert«. Auf dem rechten Rhoneufer sind es vor allem die symmetrisch zur Durance sich hinziehenden Täler der Cevennen und der Vorcevennen, Wanderwege der Hirten, der Elementarschulen und der Werkstätten: Haut-Hérault, Vidourle und zuallererst die beiden Gardons (Gardon d'Alès und Gardon d'Anduze). Die Herkunftslisten der nach Genf »Zugereisten« weisen ab 1549 in diesen Einschnitten des Cevennenhangs die Bildung wahrer protestantischer Menschentrauben nach. Von 1556 an predigen dort die Pastoren ganz öffentlich, sie taufen, spenden das Abendmahl. Im Jahre 1560 stürmen dort Bauern und Handwerker die Klöster, nehmen den Mönchen die Kutten ab, um daraus Wämser und Banner zu nähen; sie stellen den päpstlichen Untersuchungsbeauftragten Fallen; die Frauen greifen Priore und Pfarrer mit Säcken voller Asche an, die sie ihnen in die Augen streuen, um sie zu blenden. Und ebenfalls dort führen die reformierten Kerntruppen der Kleinstädte, die sich aus Intellektuellen (Notare, Richter, Ärzte) und Handwerkern (*chaussatiers,* die die Uniformen der Armee Condés schneidern, Feldscher, Waffenschmiede, Schuhmacher) zusammensetzen, den Calvinismus ein; und sie tragen ihn weiter in die ländlichen Kirchsprengel der Umgebung. So bilden z. B. im Jahre 1560 hundertfünfzig Hugenotten, Männer und Frauen aus Gignac, einen bewaffneten Zug und ziehen in Dreierreihen und Psalmen singend in das Nachbardorf Saint-André, um ihren Pastor zu begleiten, der dort predigen will. Die calvinistischen Kleinbürger bemühen sich, die Bauern für sich zu gewinnen – durch Überzeugung oder durch Gewalt.

Jenseits des Hérault jedoch, im ganzen westlichen Languedoc ist das Bild ein ganz anderes; ein anderes auch in den rückständigen Gebirgen, Sidobre, Espinouse, dem Schwarzen Gebirge und dem Rouergue, die nach Westen hin an die aktiven Cevennen anschließen, ohne es ihnen gleichzutun. Die schon seit 1500 festgestellte kulturelle Indifferenz begünstigt in diesen Gegenden den religiösen Konservatismus;

und im Gebirge haben die kleinen calvinistischen Handwerkergruppen – abgesehen von den Webern der Gegend von Castre und den Wirkern von Roquecourbe – wenig Einfluß auf die bäuerliche Masse: Diese will von der Bibel nichts wissen und zieht Hexenmeister den Pastoren vor. Auf dem flachen Land sind die hugenottischen Grüppchen isoliert; und ab 1568 werden sie von der papistisch gebliebenen Mehrheit buchstäblich geschluckt. Von Toulouse aus, der großen Stadt im äußersten Westen des Languedoc, gehen um 1550 weniger Flüchtlinge nach Genf als aus dem winzigen Städtchen Coutances, das viel weiter entfernt liegt; und die toulousanische Hugenottenpartei, in der ich Wollkämmer und Universitätsangehörige finde, die von dem Studenten der Rechte Georges Mignot angeführt werden, wird im blutigen Frühling des Jahres 1562 von den weit überlegenen katholischen Kräften ohne Schwierigkeiten zerschlagen. Parlament, Adel und reguläre Truppen stürmen die Buchhandlungen und werfen alle Bücher auf die Straße.

Die Analyse nach Gebieten führt uns also unweigerlich zu dem privilegierten Bereich der »Aufklärung« im 16. Jahrhundert zurück; jener Aufklärung, die sprachliche Kenntnisse und religiöse Neuheit bedeutet. Sie führt zurück zu der Rhonebiegung der Cevennen und des Languedoc. Hier, um Montpellier herum, der Regionalhauptstadt, und noch besser in den Cevennen, kann man den Versuch machen, die Wirkung des frühen Calvinismus auf die Bauern zu bestimmen. Zuvor aber müssen wir sie einordnen in das Zusammenspiel der Einflüsse der gesellschaftlichen und kulturellen Umwelt.

Reformation und Bürgerkrieg spielen die Rolle eines photographischen Entwicklers von Kontrasten, die durch den Druck des Jahrhunderts verstärkt werden. Betrachten wir die Menschengruppen, die im Umfeld einer geschäftigen Stadt hauptsächlich die sehr verschiedenen Aufnahmestrukturen für die neuen Ideen darstellen.

Reformation und Aufnahmestrukturen: Stadt und Land

Notable, Landwirte, Weber. – Montpellier, Oktober 1552: Ein Jüngling notiert Eindrücke, in denen sich eine naive Ansicht von Glück spiegelt, von der Stadt, die er gerade entdeckt. Erstes Bild: Junge Adlige promenieren in weißen Tuniken und mit silbernen Muscheln in der Hand durch die Straßen und werfen den Mädchen Zuckermandeln zu. Dann kommt der Winter 1553, angefüllt von Ständchen mit Tamburinen, Becken, Schalmeien, Lautentrios und den damaligen letzten musikinstrumentarischen Neuheiten, Viola und Gitarre. Bis zum Karneval, den Bällen bei den reichen Bürgern: Tafeln bis zum Morgengrauen, Tanz bei Fackelbeleuchtung: Branle, Volte, Gaillarde. Am Fastnachtsdienstag Orangenschlacht der Jugendlichen, die einen Sack mit den Früchten um den Hals und einen geflochtenen Weidenschild am Arm tragen. Frühling: Baden im Meer, Ausflüge aufs Land zu Rosmarin und Hyazinthen. Felix Platter, der Jüngling, auf dessen Zeugnis wir uns hier stützen, wohnt damals in einem der Häuser seines Gastgebers, des reichen Marranen und Apothekers Catelan; sein Zimmer liegt ein Stockwerk hoch, Bilder an den Wänden, vergoldeter Sessel, in dem er sitzt, wenn er seine Vorlesungen überarbeitet. Der Student verbringt die Nacht mit seinem Basler Kommilitonen, den er zu sich ins Bett holt, um die Angst vor der nächtlichen Dunkelheit zu vertreiben; bevor sie einschlafen lutschen die jungen Männer Schokolade und spielen Laute.

4. April: Schon sind die Universitätsferien da. Die Vergnügungen mehren sich: Rebhuhnessen, Trinkgelage mit Muskateller und süßem Zimtwein, Maskenbälle, zärtlicher Lautenunterricht mit Catherine, der Tochter Rondelets. Kleiderfreuden: An Pfingsten erhalten Felix und seine Freunde neue eng anliegende rote Hosen, manchmal auch Kniehosen aus Leder mit grüner Seidenstickerei, immer tragen sie neue Schuhe, die der Schuster alle acht Tage auswechselt! Sie gehen zu den vom Adel veranstalteten Ringelspielen mit deckenbehängten, reich verzierten, farbenprächtigen Pferden; zu den Verteidigungen der Doktorthesen an der Universtität, die immer viel Publikum anziehen; zu den schönen Autopsien, den Folterungen und Hinrichtungen bekannter Verbrecher, die öffentlich, in Gegenwart der jungen Mädchen und ihrer Familien vorgenommen werden.

Lachende Freuden, grausame Vergnügungen, Geld, Sadismus, Luxus: Felix Platter beschreibt die Form der Lebenskunst wie sie am Ende der Renaissance in einer Stadt des Mittelmeerraums von einer kleinen Gruppe der Oberschicht, Adligen und Bürgern, ausgeübt wird.

Anhand der Steuer- und Notariatsregister der Jahre 1555 bis 1565 kann man diese Gruppe und diese winzige Glücksinsel erfassen und eingrenzen: Es ist das gothische Saint-Firmin-Viertel in Montpellier, der Wohnort der Reichen, der Freunde und Nachbarn Catelans und Platters: Dort werden 160 Steuerpflichtige gezählt, die meisten wohlhabenden Städter.

Zuerst die adligen Herren oder solche, die sich dafür ausgeben. Sie zahlen Steuern zwischen 40 und 120 Pfund. Sie verleihen Geld an die Gastwirte der Stadt; sie verleihen Roggen an die Ackerbürger, die in

Ecus zurückzahlen. Ihre Nachbarn sind oft Kapitelherren, die, wie man damals sagte, »auf angenehme Art weltlich« leben. Dann kommen die Großbürger oder Großrentenbezieher: 30 bis 80 Pfund Steuern; auch sie schröpfen Ackerbürger, Schuhmacher und kleine Leute mit ihren verzinslichen Darlehen; und sie leben auch von den Renten und Profiten aus ihrem Landbesitz, aus ihren Gärten und Hausbesitz. Es folgt die Gruppe der Justizangehörigen: Gerichtsschreiber, Richter, Rechtsgelehrte, Ankläger, Polizei- und Salzsteuerbeamte; sie zahlen Steuern zwischen 20 und 70 Pfund. Ihnen folgt auf der steuerlichen Stufenleiter eine aktive Gruppe, deren Mitglieder mit 10 bis 50 Pfund veranschlagt sind: Es handelt sich um Kaufleute, Gewürzhändler, Tuchhändler, Apotheker, Ärzte, Professoren der Universität. Und schließlich am Fuße dieser Hierarchie (5 bis 20 Pfund Steuern) einige (wenig vermögende) Notare und die wohlhabenden Ladenbesitzer und Handwerker (die Lieferanten der genannten Herren): Buchhändler, Herren- und Damenschneider, Zinngießer, Barbiere, Schuhmacher, Stadtköche u. dgl. Die landwirtschaftliche Plebs ist dagegen in Saint-Firmin nur sehr wenig vertreten; unter den 160 Steuerpflichtigen finde ich nur einen einzigen Ackerer; er zahlt einen Sou Steuern. In einer Stadt, die noch weitgehend von der Landwirtschaft und teilweise von Darlehen an die Bauern lebt, üben die feinen Viertel von Montpellier im Jahre 1560 als soziologische Isolate eine wahre Segregation den Bauern gegenüber. Im Jahre 1435 jedoch, auf dem tiefsten Punkt der städtischen Krise, als Montpellier ruiniert und nur noch ein großer Marktflekken war, wurden im Saint-Firmin-Viertel noch 22 gespannbesitzende Ackerbürger gezählt. Seit 1544 ist diese landwirtschaftliche Plebs aus dem Viertel, das rein bürgerlich geworden ist, völlig verschwunden: Die feinen Leute haben den Pöbel verdrängt.

Lassen wir Saint-Firmin, die schmale Spitze des städtischen Lebens, den glücklichen Wohnort der oberen Klassen. Der Rest der Stadt sieht ganz anders aus; er bleibt vom Landleben durchdrungen, vollgestopft mit bäuerlichen Bauten, Schweineherden, Maultierkarawanen, die die Glaskolben mit der Weinernte transportieren und den Vorübergehenden in den engen Straßen fast die Augen ausstechen. In diesen Stadtvierteln ist ein Viertel oder ein Fünftel der steuerpflichtigen Einwohner »Pflüger« (ein Wort, das aus dem okzitanischen *laurador* übersetzt ist und in diesem Falle ohne Unterschied einen einfachen Landhilfsarbeiter oder einen wirklichen land- und gespannbesitzenden Schwingpflugführer bezeichnet).

Außerdem sind unter den Nichtsteuerpflichtigen und Nichtgrundbesitzenden dieser Stadtteile sehr viele stadtbewohnende Landarbeiter, einfach »Arbeiter« genannt, deren Beruf darin besteht, sich um zwei Uhr in der Frühe bei der Weizenernte oder der Trauben- und Olivenernte zu verdingen: Es ist das städtische Landvolk, das einen eigenen Konsul oder Stadtregenten stellt, den sechsten und letzten auf der Liste, gewählt von den »Pflügern und Leuten von geringem Stande«.

Um 1554–1556 ist die Lage dieser städtischen und vorstädtischen Pflüger, Opfer der unlösbaren Widersprüche des 16. Jahrhunderts, alles andere als glänzend. Aus einigen der guten Wohnviertel sind sie ausgeschlossen. Aber überall sonst, in den dichtbewohnten Straßen und elenden Wohnungen hat die Bevölkerungsinflation sie vervielfacht: So zählte man z. B. im *compoix* von 1435 im Heilig-Kreuz-Viertel von Montpellier 26 Pflüger; im *compoix* von 1544 jedoch fast dreimal soviel.

Sie sind arm: Ihre Steuer beträgt 1, 2 oder 3 Pfund oder auch nur einige Sous. Nicht der Rede wert im Vergleich mit den Notabeln, die zwischen 20 und 120 Pfund bezahlen. Wenn der Blick Platters manchmal hinausgeht über den verzauberten Kreis der vornehmen Familien, die seine Beziehungen ausmachen, beschreibt er die heikle Lage der landwirtschaftlichen Bevölkerung: Mahlzeiten aus Kastanien, Tresterwein, Schwarzbrot; Ziegenhirten, die sich von hartem Brot ernähren; rückständige Bauern, die aussehen wie die Teufel; fiebrige Erkrankungen, an denen im Mangeljahr 1555 viele Menschen sterben. Faktisch bringen die Jahre 1552–1557, die Platter bezeugt, den Beginn und den Höhepunkt einer Kornteuerung, die für die armen Leute schwer durchzustehen ist. Noch 1552–1553 sind die Preise fortlaufend niedrig, die Ernte ist gut und die Ausfuhr erlaubt. Gleich 1554 schlechte Ernte: Der Winter 1554–1555, den die *jeunesse dorée* mit Bällen, Flirt und Gastlichkeit verbringt, ist böse für die unteren Klassen; im April hat sich der Preis für Korn im Vergleich zu 1553 verdoppelt. Die Landleute erscheinen einzeln oder in Gruppen mit gezogenem Hut bei den reichen Bürgern des Saint-Firmin-Viertels, um Schulden zu machen: Der Eine leiht sich fünfzig, der Andere hundert Liter Korn aus, um den Sommer abwarten zu können, ohne zu verhungern. Der Hunger erreicht mit Pest und allgemeiner Verknappung seinen Höhepunkt während der Jahre 1557–1558.

Nicht alle städtischen und vorstädtischen Ackerbürger befinden sich auf dieser schlechten Seite der sozialen Barrikade: Neben den Besitzern eines armseligen Maultiers und eines Schwingpflugs gibt es auch große Pächter, die an der Erhöhung der Profite im 16. Jahrhundert und der Ausbeutung der Arbeitnehmer beteiligt sind. Aber gesellschaftlich besteht selbst auf diesem Niveau eine Kluft zwischen den reichen Landwirten und den richtigen Reichen, den Kaufleuten und städtischen Großbürgern. Aus den Inventaren der Notare, die leider aus einer späten Zeit stammen (man findet keine vor 1590) geht die kulturelle Segregation und der nichtendende Kontrast deutlich hervor. Zwei typische Beispiele machen ihn anschaulich.

Betreten wir zuerst das Haus des Tuchhändlers Sauvaire Texier in Montpellier, der im Jahre 1600 gestorben ist. Im Erdgeschoß ein reich assortiertes Ladengeschäft: Tuch aus dem Norden, Tuch aus dem Languedoc, insgesamt 250 Ballen; und große Knäuel Wolle. Die Wendeltreppe führt zu den sieben Schlafzimmern. Außerdem gibt es einen großen Wohnraum, Küche, Speicher und Keller. Auf den Betten Wollmatratzen. Eine Truhe voller Geldmünzen: 200 Pfund in Dukaten und anderem Gold. Und Schmuckstücke: goldene Ringe, Steine, Jaspis, Armbänder, 18 silberne Fingerhüte, eine silberne Schachtel, eine goldene Kette und eine goldene Weinrebe. Kleidung aus Tuch, warme Mäntel, um sich einzuhüllen. Auf dem Boden ein grüner Tuchteppich. Dutzende von Stühlen, Hockern, Schemeln, Bänken und Fußbänken, alles aus Nußbaum, dem Holz der reichen Leute. Texier hat eine Vorliebe für grün. Kleider, Teppiche und Polstersessel sind grün. Er besitzt eine Waffenausrüstung: Degen, Pistole, Hakenbüchse, Schützenbogen. Ein Tintenfaß und neun Kerzenleuchter aus Messing. Und dann als beruhigende Symbole materieller Sicherheit sechs Dutzend Handtücher, vier Dutzend Laken, Vorhänge an den Fenstern; Truhen voller Weizen, Roggen und eingesalzenem Schweinefleisch. Auch sein Geschmack an Kunstgegenständen wird bezeugt: ein holzgerahmtes Gemälde, eine bemalte Glasschale und die bereits genannte goldene Weinrebe.

Wer ist Sauvaire Texier? Er ist der Sohn eines Landwirts und eines Bauernmädchens. Seine Schwestern haben beide Landwirte geheiratet, Martin und Mathieu. Alle diese Menschen, die Texiers und die Martins sind kleine Steuerpflichtige, mit einem Grundbesitzwert von einigen Sous im Jahre 1560 im Grundbuch von Mauguio eingetragen: Landwirtschaftlicher Pöbel, den die großen Besitzer der Ortschaft, die mit 60 oder 70 Pfund im *compoix* erscheinen, von oben herab betrachten. Doch Sauvaire Texier ist ein unternehmerischer Selfmademan: er verläßt das Dorf und geht in die Stadt; er macht ein Vermögen und kauft um 1590 seinem Vater den Gavothof; er hat sich den bürgerlichen Geschmack an Luxus angeeignet, mit einem etwas knalligen, parvenuhaften Beigeschmack; aber er kann sich wahren Luxus leisten.

Ein anderer Bauernsohn, Pierre Sallagier, wohnt ihn Mauguio, dem Geburtsort Sauvaire Texiers. Auch er hat Erfolg gehabt. Aber auf dem Land, als großer Pächter. Er bewirtschaftet ganz in der Nähe Montpelliers ein schönes großes Gut für den Malteserorden. Er ist reich an beweglichem Vermögen: Bei seinem Tode (1605) hinterläßt er als Erbschaft sechzehn Paar Ochsen (genug zur Bearbeitung von 150 Hektar); dazu ein Gestüt von 15 Pferden, 10 Kühe, 340 Schafe, 28 Schweine, 5 Maultiere, 7 Schwingpflüge, 24 Rechen und vier Karrenwagen. Diesem Dorfhelden geht es gut, er hat nie gehungert; aber er lebt wie ein Habenichts, wie alle Bauern, ob reich oder arm. Betreten wir die Küche und das Zimmer, in dem sich das Familienleben abspielt, so entsteht der Eindruck jämmerlicher Armut: Ein Bett, ein Tisch, zwei oder drei Truhen, ein bißchen Zinngeschirr, sechs Tischtücher, einige Bettlaken und Handtücher. Weder Waffen noch Bilder noch Schmuck. Nichts, was bei diesem relativ reichen Mann auf den Luxus, den Kunstsinn oder den Geschmack hinweist, den man im 18. Jahrhundert oftmals in gemäßigter Form in den Wohnungen der wohlhabenden Bauern vorfindet. Bei Sallagier gibt es keinerlei Kulturgegenstände im traditionellen Sinne des Wortes.

Zwar stammen sie beide aus demselben Milieu, aber das Leben hat Texier und Sallagier voneinander geschieden: Der ganze Luxus Sallagiers besteht darin, durch seinen riesigen Viehbestand zu stolzieren, dem uralten Symbol des Reichtums. Texier dagegen hat sich den städtischen Lebensstil angeeignet; als Neureicher bemüht er sich, durch symbolische und sorgfältig, wenn nicht geschmackvoll ausgewählte Gegenstände zu zeigen, daß er einer stolzen, vermögenden, städtischen Elite angehört.

Hinter den beiden Männern erkennt man die beiden Gesellschaftsgruppen, die beiden Lebensstile, die beiden Fassaden; und die Antinomie, die Bürger und Bauern einander gegenüber stellt, Stadt und Land und wenn man es so ausdrücken will, Zivilisation und Barbarei...

Neben dem Bürgertum und den Landleuten beherbergt die Stadt noch eine dritte Kraft: Das Gewerbe. Stoffe und Tuch erleben im 16. Jahrhundert einen Aufschwung. Im *compoix* des Heilig-Kreuz-Viertels von Montpellier finden sich 1435 drei Wollkämmer und zwei Weber, in dem von 1544 fünfzehn Kardierermeister und sechs Weber: die Zahlen verdreifachen, ja verfünffachen sich im Laufe eines Jahrhunderts. Und neue Strukturen bilden sich heraus. Im Jahre 1493 haben sich katalanische Weber mit ihren Familien in der Stadt niedergelassen. Lokale Handwerker haben ganze Einrichtungen zu ihrem Gebrauch hergestellt: Hunderte von Spulen, eine große Tuchmühle mit zweistufigem Wehr, wo sich die hölzernen Räder mit ihren eisernen Felgen drehen. Jetzt setzen sich die Tuche von Montpellier, Blumenmuster in den verschiedensten Farben, auf den regionalen Märkten durch; nach 1519 erscheinen zahlreiche Läden von Kardierern und Webern; ihre Vermehrung wird durch nichts beschränkt, während die der Bauern auf die Schranke stößt, die ihr durch die Quantität des zur Rodung geeigneten jungfräulichen Bodens gesetzt ist.

Wie uns die ersten Bestandsaufnahmen von Möbeln um 1590 zeigen, ist der Alltag dieser Weber ziemlich beengt; ein einziges Zimmer, wenns hoch kommt zwei; darin wohnt und arbeitet die Familie inmitten eines unbeschreiblichen Gedränges. Zwei oder drei Webstühle, eine Zettelmaschine und ein Spinnrad drehen sich zwischen grobgezimmerten Möbeln: Tisch, Feldbett mit Strohsack, zwei oder drei Fäßchen, Trittleiter, Truhen, Kästen, ein Trog zum Kneten des Brotteigs, eine einzige Öllampe für die Nachtarbeit. Die Kardierer scheinen ein bißchen besser dran zu sein: ein Wohnraum und ein Schlafzimmer als Wohnung (Betten, Truhen, Fässer); und im Dachgeschoß die vier Kardierrahmen, jeder mit sechs Dutzend Kämmen, woran Erwachsene und Kinder arbeiten.

Ein armes Milieu, ohne eine Spur von Luxus: Schmuck, Gemälde, Teppiche, Vorhänge, Wandspiegel, wie sie bei den Bürgern üblich sind, glänzen hier durch Abwesenheit. Trotzdem ist die kulturelle Atmosphäre hier anregender als im rein bäuerlichen Milieu. Denn, entscheidender Unterschied, die Kardierer können mit ihrem Namen zeichnen.

Kurzum, drei verschiedene Milieus, drei sozio-kulturelle Schichten: Obenan die Herrschenden von Grundrente, Handel und Ämtern; danach die Leute vom Handwerk, hauptsächlich vom Tuchgewerbe; und schließlich die Pflüger und Landarbeiter. Mit anderen Worten: Dienstleistungen und Leitung der Gesellschaft (tertiärer Sektor); verarbeitende Tätigkeit (Sekundärsektor); Rohstofferzeugung durch Bearbeitung des Bodens (Primärsektor). Alte Klassifizierung, die schon vor François Quesnay Gültigkeit hatte.

Wie reagieren nun diese verschiedenen Kreise und insbesondere das bäuerliche Milieu im Vergleich mit den beiden andern, auf den Schock des Jahrhunderts, hervorgerufen durch die calvinistische Revolution?

Die Grundlage einer Antwort auf diese Frage liefert ein gutes Dokument, die »Anwesenheitsliste bei den calvinistischen Versammlungen«; es ist dies eine Liste, aufgrund derer die Teilnehmer von den katholischen Behörden Montpelliers im November 1560 besteuert werden. 817 Namen, davon 561 mit Berufsbezeichnung. Das ist mehr als eine Sondierung, eine wahre Zählung. An der Spitze dieser Zahl von Hugenotten der ersten Stunde stehen die Handwerker und unter ihnen am zahlreichsten die vom Tuchgewerbe, 135 Namen, davon 42 Kardierer, die der Sauerteig der Reformation sind. Ein katholischer Chronist prangert diese Kardierer mit den klebrigen Händen mit der Hellsicht des Hasses an. Er schreibt: »Die ersten Unflätigkeiten Calvins verführten nach und nach einige Handwerksleute zu diesem Glauben; meistens Wollkämmer und Tuchmacher, die man im Wirtshaus antreffen konnte, wo sie mit dem Glas in der Hand Melodie und Text der Psalmen Marots und Bèzes lernten und den neuen Gesang in Umlauf brachten: *die Herzen hoch, die Ohren auf usw.*«. Nach den 42 Wollkämmern kommen in der Gruppe der Hugenotten vom Textilgewerbe 41 Herrenschneider oder Hosenschneider (Chaussatiers), 25 Weber, 5 Seiler, 5 Strumpfwirker, 9 Tuchschlichter, 4 Tuchfärber, Baumwollspinner, Damenschneider, Teppichknüpfer, Stuhlflechter, Hutmacher u. a.

Nach der Textilgruppe kommt die Ledergruppe (deren Katalysatorfunktion im bäuerlichen Hugenottentum der Cevennen wir später noch sehen werden). Auf der Liste von 1560 ist sie mit 58 Namen vertreten, davon 33 Schuhmacher, sodann Geschirrmacher, Lederzurichter, Ledergerber, Handschuhmacher, Pelzverarbeiter, Sattler. Auf diese folgen die Metallarbeiter, Schmiede und Messerschmiede, zusammen 45 Hugenotten. Insgesamt, unter Einbeziehung weiterer handwerklicher Berufe, kommen auf die 561 gezählten und zu einer Abgabe verurteilten Hugenotten 387 Handwerker und Ladenbesitzer. Es ist die klassische Struktur: Hier haben wir es mit etwas wie einer immerwährenden Aufruhrschicht der traditionellen Städte zu tun, die je nach dem Jahrhundert einmal ketzerisch, ein andermal revolutionär ist, aber immer aus der Werkstatt oder dem Laden kommt.

Diese Handwerkergruppe stellt die Masse und gewissermaßen das Fußvolk. Dagegen kommen die hugenottischen Kader um 1560 aus der bürgerlichen und kleinbürgerlichen Intelligenzia, die bei den Versammlungen des Jahres 1560 stark vertreten ist: Medizinische und juristische Berufe, Advokaten, Notare, Apotheker u. dgl., Gerichtsschreiber, Auditoren, Gerichtsdiener, Kanzlisten. Insgesamt liefern die Berufe mit intellektuellem Anflug der Statistik von 1560 87 Personen, also 15 % der Gesamtheit der Hugenotten mit bekanntem Beruf. Diese Proportion ist fraglos höher als ihr prozentualer Anteil an der Bevölkerung. Auch die Kaufleute, die Adligen und die Großbürger des Saint-Firmin-Viertels sind mit einigen Dutzend der Ihren bei den calvinistischen Versammlungen zugegen. Unter diesen reichen Calvinisten findet man mehr als einen wohlangesehenen Marranen mit vielschichtiger Seele und komplizierten Glaubensstrukturen: Papa Catelan z. B. ist um 1556–1560 gleichzeitig und ohne Angst vor Widersprüchlichkeiten für die jüdische Beschneidung, die katholische Mutter Gottes-Verehrung und für die Teilnahme an den reformierten Versammlungen!

Handwerker, Intellektuelle, Patrizier: Bisher haben wir es bei der Hugenottensoziologie ausschließlich mit einer städtischen Struktur zu tun. Was aber wird aus den Pflügern und Landarbeitern, die in den Vorstädten und volkreichen Stadtteilen so zahlreich sind und in ihrer Gesamtheit über 20 % der Bevölkerung von Montpellier ausmachen?

Ihr religiöses Verhalten trennt sie gänzlich von den bisher Genannten ab und stellt sie tatsächlich in Opposition zu den städtischen Gesellschaftsschichten, besonders den Handwerkern. So gut wie das ganze Handwerkervolk sympathisiert um 1560 mit der Reformation. Die ländliche Masse steht ihr im Gegenteil mit Widerstreben, ja häufig feindlich gegenüber.

Beziehen wir uns wieder auf die Reformiertenstatistik von 1560. Die Landwirte und Landarbeiter spielen in ihr so gut wie keine Rolle. Wenn die Reformation sie im selben Maße berührt hätte wie die anderen Gruppen, dann müßten von den 561 Hugenotten mit bekannten Berufen mindestens 110 oder 120 Angehörige ihrer Gruppe sein, da sie ja 20 und mehr Prozent der lokalen Bevölkerungszahl ausmachen. Aber nichts dergleichen: Ich zähle nur 27 Landleute – Pflüger und Landarbeiter – auf der Liste von 1560, das sind 4,8 % ihrer Gesamtheit. Unter ihnen einige Pächter großer Höfe im Flachland, aufgeklärte, reiche Unternehmer, die im bäuerlichen Milieu am wenigsten von der städtischen Mentalität entfernt sind; aber solche avantgardistischen Pflugführer sind ein Ausnahme, ein Tropfen im Meer einer gutkatholischen Bauernschaft. Und die Masse des Landproletariats bleibt der Reformation gegenüber unzugänglich. Unter den 817 Hugenotten von 1560 befinden sich nur zwei Landarbeiter.

So gibt es denn einen radikalen Unterschied in der Wahl der Ideologie: In derselben Stadt, in derselben Gemeinschaft besteht eine Trennung zwischen der landwirtschaftlichen Gruppe auf der einen und den handwerklichen, intellektuellen und bürgerlichen Schichten auf der anderen Seite.

Allgemeine Statistik der Reformierten Montpelliers im Jahre 1560

Beruf	Anzahl	Prozentsatz
Handwerker	387	69,0
Intellektuelle Berufe	87	15,4
Kaufleute	24	4,3
Bürger	23	4,2
Adlige	13	2,3
Landleute	27	4,8
Gesamtzahl der Hugenotten mit bekanntem Beruf	561	100,0
Allgemeine Gesamtzahl..........	817	

Auch in Béziers zeigt sich die Verschiedenheit der Strukturen in vollem Umfang: die Reformation bleibt auf ihren städtischen und handwerklichen Geburtsort beschränkt. Sie wandert nicht weiter, kippt nicht über in die Bauernmasse, die in ihrer Treue zum Katholizismus erstarrt bleibt.

Unsere Statistiken finden ihre Bestätigung in der lebendigen Geschichte und den Bekundungen des Volkes. Im Jahre 1561 bezeugen die Landleute Montpelliers als Ganzes ihren katholischen Glauben im Gegensatz zu dem städtischen calvinistischen Handwerker- und Bürgertum. Am 4. und 11. Mai jenes Jahres versammeln sich die in der Stadt ansässigen »Arbeiter der Scholle«, die aus den volkreichen Stadtteilen kommen, zusammen mit ihren Frauen; an der Spitze ihres Umzugs marschieren ihre Töchter, die ihr Haar offen auf den Schultern tragen. Für alle sichtbar verteilen die Bauern geweihtes Brot. Aber unter ihren Mänteln verbergen sie Dolche und Säcke voller Steine, die für die Hugenotten bestimmt sind. Trunkenbolde und Prostituierte sind unter ihnen (sagt der calvinistische Chronist). Alle fordern sie die Messe und Tänze. Alle rufen: »Wir werden tanzen trotz der Hugenotten!« Denn die Landleute wollen die Maivolksfeste feiern, die alten mittelalterlichen Gebräuche des Languedoc, die *Maïas:* das Eselsfest, burleske Gesänge, Schlüpfrigkeiten, Tänze, Blumen und Maskeraden.

Doch die Hugenotten haben aus bereits puritanischer Strenge die Feste verboten und die Tänze untersagt. Der Sinn dieser Revolte des Landvolks von Montpellier ist eindeutig. Calvin erbost sich darüber in seinen Genfer Briefen. Max Weber wäre darüber entzückt gewesen. Zwei Welten stehen hier einander gegenüber, zwei Kulturen: Auf der einen Seite die Welt der Bauern, die in der Stadt steckt wie ein Fremdkörper; sie hält fest an der alten katholischen Form der Gottesverehrung und sie fordert für das ihr eigene armselige und harte Leben zu den gewohnten Zeiten den freien Ausdruck der Triebe, die Freude am Dasein und am Tanz; auf der anderen Seite ein städtisches Handwerkertum, das hugenottisch ist und bereits die innerweltliche Askese predigt, die sich durch Calvin und später die Puritaner und Jansenisten nach und nach bei den Kleinbürgern der modernen Zeit als Norm durchsetzen und ihre instinktive Triebhaftigkeit verdrängen und sublimieren wird.

Zwischen Stadt und Land und besonders zwischen Handwerkerschaft und Landvolk enthüllt die herkunftsgebundene religiöse Verschiedenheit eine Trennung des Sittengefühls und der Bildung, letzteres leicht aus der Unterschriftenstatistik abzulesen.

Methode: Im 16. Jahrhundert finde ich in den Notariatsakten drei große Unterschriftenkategorien. Zuerst den vollen Namenszug mit allen Buchstaben; einmal ungezwungen, geläufig und modern, triumphierend und verschnörkelt; einmal stockend, mit winzigen, nicht miteinander verbundenen Buchstaben; im schlechtesten Fall mühsam nebeneinander gestellte Großbuchstaben, z. B. I. VESI (Jean Voisin). Bei all diesen Fällen handelt es sich um echte Unterschriften, die den Namen eines Mannes voll wiedergeben.

Zweite, ungeschliffenere Kategorie: die Unterschrift ist auf die Anfangsbuchstaben beschränkt, die in Blockschrift entweder nebeneinander stehen: PV (Pierre Vidal) oder aneinandergefügt sind  (Anthony Bonnet) oder in bizarrer Weise miteinander verschränkt,  (Loys Belshoms); manche Unterschrift ist auch auf nur einen Buchstaben reduziert M (Pierre Martin).

Schließlich die dritte Kategorie, die nur ein Handzeichen setzt, was auf totalen Analphabetismus hindeutet. Das Handzeichen kann geometrisch oder beruflich sein. Z. B. ein hingekritzelter Hammer für einen Handwerker, für einen Landmann ein Rechen. Sehr häufig ist das Zeichen ein Kreuz; oder aber, auf der untersten Stufe, ein formloses Gekritzel mit Klecksen.

Drei Grade also: Handzeichen, Anfangsbuchstaben, richtige Unterschrift. Sie sind die Marksteine eines Übergangs vom Analphabetismus zu einer elementaren Bildung. In Montpellier fangen die Notare erst spät, um 1570–1575 damit an, die Unterschriften zu verzeichnen, die sich nun als kennzeichnende Konstellationen unter den Aktenstükken finden. Sehen wir uns eines dieser alten Register an (1574–1576).

Als erstes fällt der Unterschied zwischen den sozialen Milieus auf: Zuerst die Landleute, die um ein Darlehen ersuchen oder einen Pachtvertrag schließen. Bei 72 % von ihnen vermerkt der Notar am Ende des Schriftstücks mit schonungsloser Offenheit: Kann seinen Namen nicht schreiben.

Bei den Handwerkern, die ebenfalls Klienten dieses Notars sind, ist die Proportion umgekehrt: 63 % von ihnen signieren mit vollem Namen (Kategorie I), 11 % mit ihren Anfangsbuchstaben (Kategorie II). Der Rest, d. h. 26 %, sind Analphabeten, die ein Handzeichen setzen oder den Vermerk »kann seinen Namen nicht schreiben« erfordern, was den Notar dazu zwingt, Zeugen herbei zu holen, die an ihrer Stelle unterschreiben.

In der Analphabetenkategorie finden sich oft die Maurer. Die Kardierer dagegen gehören häufig zu der elementar gebildeten Gruppe der Handwerker, die mit vollem Namen zeichnen (und wir wissen aus anderen Quellen, daß sie empfänglich sind für die Ketzerei, diese Tochter der Aufklärung). Das Landvolk aber ist ebenso allergisch gegen die Bildung wie gegen die Reformation; gegen die Rudimente der weltlichen Schrift wie gegen die Neubetrachtung der Heiligen Schrift.

Diese ersten Daten werden durch die kirchliche Dokumentation entscheidend bestätigt: In den Pachtverzeichnissen der Kapitelherren leistet ab 1570 jedermann seine Unterschrift oder sein Handzeichen. Und die ländlichen Proletarier sind hier verhältnismäßig viel zahlreicher vertreten als in der Klientel der Notare. Eine solche Sondierung reicht bis in die tiefen Schichten der bäuerlichen Gesellschaft.

Wir befinden uns nun in den Ländern Béziers und Narbonne zwischen 1575 und 1593, in der Anfangszeit der in den Registern eingetragenen Unterschriften. Und wir haben beim Durchblättern der Akten der Reihe nach: die »Arbeiter«, Weizenschnitter und Heumäher; die Landwirte, Pächter großer Höfe; die Handwerker, im Nebenberuf oft Zehenteintreiber; die Kaufleute, Pächter der Prioratseinkünfte.

Der erste Test zeigt die ungeheure Unwissenheit des ländlichen Proletariats: Eine massive Unbildung. 90,1 % der Landarbeiter signieren mit einem Handzeichen, manchmal mit einem Kreuz oder einem Rechen, häufiger mit einer formlosen Kritzelei. Nachstehend die

Unterschrift Bernard Bieus, eines Narbonner Landarbeiters, der sich 1575 zum Heumachen in der Ebene verdingt und dessen Handzeichen kurios verzittert ist: 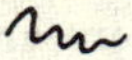

Zwei weitere brüderlich vereinte Handzeichen:  (die Brüder Nozières, die 1576 auf dem Bastidehof Getreide mähen), und ein wurmförmiges Zeichen:  Doumenge Lafont, der 1576 das Heu für das Domkapitel einbringt.

Um so verdienstvoller sind die Bemühungen einer Minderheit unter diesen Tagelöhnern: 7 % der in den Registern aufgeführten »Arbeiter« unterschreiben mit Schwierigkeiten mit ihren mehr oder weniger korrekten Anfangsbuchstaben; so lese ich: B F (sic) für Bertrand Teyssier, Arbeiter am Heuzehent des Flachlandes im Jahre 1575.

2,9 % unterschreiben richtig, wenn auch ungeschickt: z. B. zeichnet Antoine Rech, ein Arbeiter aus Narbonne, der 1581 das Heuen übernimmt, ARech.

Bilanz: Mitten in der Stadt Narbonne bleiben neun von zehn ländlichen Proletariern der Zivilisation der Schrift, ihrem Ansehen und ihren Vorteilen fremd, fremd bleiben ihnen gleichermaßen die neuen Ideen, die das 16. Jahrhundert mit sich bringt, die Hinwendung zu einer Religion der Schrift.

In der Gruppe der »Landwirte« (Pächter, Halbpächter, Kleineigentümer oder Bewirtschafter) ist der Analphabetismus weniger vollständig. Trotzdem ist er noch sehr erheblich: Von 100 Vertragspartnern der Kapitelherren aus dieser Gruppe zeichnen nur 10,4 % mit ihrem vollen Namen. Kaum ein Viertel (24,1%) zeichnet ungeschickt mit den Anfangsbuchstaben. Wie Legastheniker kehren sie das N um oder sie machen einen Querstrich durch das I oder begehen beide Fehler gleichzeitig; sie verschränken die Buchstaben oder bringen sie durcheinander wie in einem Rebus.

Zwei von dreien dieser Pflüger (65,5 %) endlich benutzen ein Handzeichen, Zeugnis eines integralen Analphabetismus. Einziger Unterschied zu den Handzeichen der Proletarier: Die der wahren Gespannbesitzer sind kein Gekritzel, sondern von geometrischer Strenge, formklar und achtbar; ebenso gemessen wie ungewandt. Andere benutzen das Kreuz der Unwissenden, wie Pierre Villeneuve, Halbpächter im Jahre 1587: + ; manche auch den Davidsstern. Dabei bildet diese Gruppe, die zu zwei Dritteln schreib- und leseunkundig ist, eine Elite, nämlich die der stadtnahen Landwirte, denen die Narbonner Honoratioren oft große Verantwortung und Güter von 100 Hektar übertragen. Sie wohnen in der Nähe der Städte, kommen geschäftlich mit den Bürgern zusammen und sind auf diese Weise in Fühlung mit der winzigen, privilegierten Welt der Schriftkundigen. Daher das Vorhandensein einer kleinen Minderheit Schreibkundiger in ihrer Mitte. Sobald man sich aber von den Städten entfernt, sobald man vordringt in Land und Gebirge, frönen die Landwirte in ihrer Gesamtheit der krassesten Unwissenheit und tun es an vollkommener Unbildung ihren »niederen Brüdern« aus dem Proletariat gleich. So haben wir im Jahre 1579–1580 die Unterschriften von 11 Konsuln oder Dorfvorstehern, kleinen Bauern aus verschiedenen Gemeinden des Narbonner Landes und der Gegend von Sault: von den 11 Signaturen zeugen 10 Handzeichen von totaler Schreibunkundigkeit.

Zwischen 1550 und 1600 nimmt also das Bauernland entschlossen keine Kenntnis von der Schrift. Dagegen lassen die städtischen Gesellschaftsstrukturen das Licht herein: Um 1575–1589 zeichnen von 100 Handwerkern aus Narbonne oder der Umgebung, die mit dem Domkapitel zu tun haben, 34 mit vollem und manchmal gewandtem Namenszug, 33 mit ihren Initialen. Das letzte Drittel besteht aus Analphabeten: sie benutzen Handzeichen, rein symbolisches Gekritzel. Mit anderen Worten: zwei Drittel der Handwerker haben ein Bildungsniveau, das nur ein Zehntel der Landarbeiter und ein Drittel der Landwirte erreicht.

Unter den Handwerkern sind die aufgeklärtesten Gilden die der Metzger und die der dem Bürgertum am nächsten stehenden Apotheker; aber auch die Gastwirte, Schneider, Kardierer und andere textilverarbeitenden Berufe zählen viele gebildete Männer unter ihren Mitgliedern. Beim Bauhandwerk wiederholt sich in der Unterschriftsgeographie der Gegensatz Stadt–Land: Die Maurer der Dörfer des Narbonner Landes »zeichnen« mit einem Winkelmaß oder einer Kelle, gelegentlich mit einem Herzen; die Maurer und Gipser von Narbonne jedoch zeichnen mit vollem Namen oder mindestens mit ihren Initialen. Auch im Metallgewerbe findet sich neben schreibunkundigen Hufschmieden, die als Zeichen einen Hammer benutzen, eine ganze intellektuelle Elite mit schönem Namenszug: Kesselschmiede, Metallbehämmerer, Zinngießer, Waffenschmiede usw.

Offenheit für die Bildung oder Wunsch, sie zu besitzen, das ist es, was den aktiven Handwerker der Stadtgesellschaft über den zurückgebliebenen Bauern hinaushebt. Das ist es, was ihn der gebildetsten Gruppe, der der Bürger und Händler, die bis zu 98 % lesen und schreiben können, annähert. Und das ist es auch, was mitten in den alten städtischen Gemeinwesen Stadt und Land endgültig voneinander scheidet.

Schlußfolgerung aus einer Studie der Unterschiede: Das Land, die bäuerliche Welt ist zumindest in einem ersten Stadium eine Welt des Stillstands: Stillstand der Produktion, der zur Verelendung der Massen führt, und Stillstand des Bewußtseins aus Mangel an elementarer Bildung; schließlich gibt es im bäuerlichen Milieu nur wenig Schulmeister und ihr Unterricht ist nicht kostenlos. Nur eine Minderheit von Grund- und Gespannbesitzern und noch weniger Landarbeiter schicken ihre Kinder regelmäßig zur Schule. Die anderen unterlassen es, teils aus Geldmangel, teils aus Mangel an Ambition. So geht auf dem Lande die kulturelle Armut Hand in Hand mit der materiellen.

In der Stadt dagegen wachsen die beweglichen Vermögen, sie hebt in ihrem engen Sektor den Fluch des Bodenmangels auf; die Stadt bringt die Gelegenheit zu Profiten, die Lust am Gewinn, den Wunsch nach Kultur. Zwar nicht die Stadt des Landvolks, die an Unwissenheit und ländlichen Bräuchen festhält; aber die immer größer werdende Stadt »der Handwerker und Händler, deren Wohlstand sie mehrt«, die Stadt, die »dem Calvinismus und seinen Schößlingen die natürliche gesellschaftliche Basis liefert«.

In den Cevennen:
Anschluß des Landvolks

Der Gegensatz Stadt–Land bildet für die Reformation oft ein entscheidendes und dauerhaftes Hindernis; so wie in Béziers und Montpellier im Jahre 1560 und auch noch 1590–1600. Jedoch ist dieser Gegensatz nicht immer unüberwindlich; er ist nur ein erster »Moment« beim Vordringen der Ideen. Und in manchen Gebieten wird dieses erste Stadium schließlich überwunden. Dann gelingt den Hugenotten der kleinen Städte, den calvinistischen Handwerkern, der Durchbruch in das bäuerliche Milieu. Und sie bewirken, daß die ländliche Masse in das reformierte Lager einschwenkt. Dies ist in den Cevennen der Fall und dieses Beispiel ist so extrem, daß sogar Theodore de Bèze voller Verwunderung über die Verkündigung des Evangeliums in den Cevennen unter der Herrschaft Heinrichs II. berichtet. Er schreibt: »Es war zur selben Zeit, daß die Bewohner des Cevennengebirges (eines Landes, das so rauh und hart ist wie kein anderes in Frankreich und wegen des ungehobelten Geistes seiner Bewohner am wenigsten für die Aufnahme des Evangeliums geeignet schien) sich mit wunderbarem Eifer der Wahrheit öffneten«, so sehr, daß »so gut wie das ganze gemeine Volk« zum Calvinismus übertrat. Tatsache ist, daß dieses »gemeine

Volk«, Handwerker und Bauern zusammen, mit solcher Leidenschaft daran ging, Kreuze niederzureißen und Heiligenfiguren zu verbrennen, daß im Jahre 1561 Calvin selbst die hugenottischen Gebirgler, die für seinen Geschmack zu revolutionär waren, zur Ordnung rufen mußte.

Was ist geschehen? Wie soll man die Schaffung dieser unausrottbaren Cevennenbastion ab 1530–1560 erklären, in der der Calvinismus in Frankreich seine stärksten Wurzeln geschlagen hat? Wieso sind ab 1560 die Flußtäler der Cevennen alle zu Pastorenwegen geworden?

Es ist unmöglich, in diesem Fall auf eine alte Ketzertradition als Sauerteig neuen Ketzertums zu verweisen: Weder die Katharer noch die Waldenser des Mittelalters haben an den Ufern der Cevennenflüsse großen Einfluß gehabt.[1]

Schwerer als die Toten wiegt die Lage der Lebenden. Der Übertritt der Cevennen fängt an mit dem Anschluß der Handwerker, die hier zahl- und einflußreicher sind als anderswo.

Und die Gesellschaftsstruktur wirkt sich hier zugunsten einer Osmose mit der bäuerlichen Welt aus: Die Zunftgenossen, insbesondere die vom Ledergewerbe, pflanzen die Grundsätze der Reformation im Herzen des Bauernlandes ein.

Betrachten wir die Listen der Flüchtlinge in Genf in den Jahren 1549–1560. Die Männer der Zünfte sind hier stark vertreten. Und in dieser Gruppe bilden die Schuhmacher für die Gesamtheit der französischen Flüchtlinge die Spitze. Auch unter den aus Nîmes, aus Annonay und Aubenas stammenden Exilfranzosen, aus den Städten, die an der Einmündung der Cevennentäler liegen, bilden die Schuster die größte der hugenottischen Gilden.

Aber steigen wir doch gleich einmal in die Bergtäler selbst hinauf; begeben wir uns in das lebendige Herz der calvinistischen Cevennen, in die Gegenden von Alès und Vigan, die später eine der Festungen der Camisarden werden sollen. Dort ist das Ledergewerbe und besonders die Schuhmacher nicht nur zahlenmäßig überlegen. In den Jahren 1549–1560 stellen sie die absolute Mehrheit der Exilfranzosen in Genf. Auf 47 Flüchtlinge aus den Cevennen, deren Berufe uns bekannt sind, kommen neben Webern, Hosenschneidern, Landwirten, Ärzten, Buchhändlern und Bäckern 24 Personen aus dem Ledergewerbe (davon 22 Schuhmacher); also 51% der Gesamtzahl.

Es handelt sich hier um ein einmaliges Phänomen, eine Besonderheit

---

[1] Immerhin hat das Waldensertum des Durancegebiets um 1530 eine große Rolle als Durchgang zu den Cevennen gespielt.

des zwischen Mende, Alès und Ganges gelegenen calvinistischen Hochlandes. Nirgendwo sonst gibt es etwas Derartiges. In den Cevennen säen Handwerker und besonders Schuhmacher als unersetzliche Gehilfen der Geistlichkeit in den entlegenen Dörfern die Reformation. Und ihre Aktion ist so dauerhaft und wirksam wie man es sich nur vorstellen kann. Denn sie kann sich auf eine bahnbrechende sozio-professionelle Struktur der Cevennengesellschaft stützen, in der dem ländlichen oder halbländlichen Handwerkertum seine ganze Bedeutung zukommt. Wenn Handwerker und besonders Schuhmacher in der ersten hugenottischen Emigration aus den Cevennen, nämlich der von 1549–1560, besonders stark vertreten sind, dann einfach deshalb, weil sie in der im Bergland verwurzelten Bevölkerung eine massive, aktive Gruppe bilden.

In Ermangelung eines *compoix* vergleichen wir anhand von Notariatsakten die Berufsstrukturen von 1555–1560 in Ganges, einem Marktort in den Cevennen, der bereits insgeheim calvinistisch ist, und in Béziers, einer Stadt in der Ebene mit vorwiegend katholischer Einwohnerschaft. Die Diskrepanz ist schlagend: Ganges ist eine gewerbliche Stadt; 48 % der Notariatsklienten sind Handwerker in den Hauptzweigen des Verarbeitungsgewerbes: Leder, Textil, Holz, Eisen. In dieser Gruppe stehen die Lederverarbeiter, Gerber und Schuhmacher, an der Spitze (23,8 %); es folgt das Textilgewerbe, Kardierer, Tuchmacher, Weber, Schneider (19,9 %); den Schluß bilden Eisen und Holz (4,9 %). Kompakte Handwerkergruppe, deutlich beherrscht von einer Gerberaristokratie. Calvinistische Geschäftsleute mit schönen biblischen Vornamen, die sich nach und nach den Ledermarkt vom Gebirge bis zur Küste untertan machen; ihre Nachfolger im 17. Jahrhundert, 100 000 und mehr Pfund schwere Lederzurichter, werden als Zeichen höchsten Prestiges ihre Söhne zum Studium nach Paris schicken. Schon in der Generation von 1560 scheinen jedenfalls die Männer aus diesem Berufszweig einen entscheidenden Einfluß auf die Tagelöhner der Vorstädte und die Pächter der großen Höfe (zwei Kategorien des Landvolks, die zusammen 16,8 % der Notariatsklientel stellen) gehabt zu haben. Im Jahre 1580 sollte man in der Ortschaft Ganges mit ihren fünfhundert Haushaltungen nur noch vier katholische Familien finden.

In Béziers dagegen ist der »Sekundärsektor«, die vier großen traditionellen Verarbeitungsgewerbe (Leder, Textil, Holz, Eisen) nur schwach entwickelt: in der Notariatsklientel der Zeit bildet er nur 20 % der Gesamtzahl. Viel weniger als Priester, Adlige und Kaufleute, die hier den entscheidenden gesellschaftlichen Einfluß ausüben.

Béziers ist die Personifizierung der Kleinstädte des Flachlandes mit überwiegend traditionalistischen bäuerlichen und patrizischen Bewohnern. Ganges symbolisiert im Gegenteil eine Cevennenstruktur, in der das Handwerk zahlenmäßig überlegen ist und das Sagen hat. Als Bestätigung diene uns Saint-Jean-du-Gard, ein Marktflecken der Cevennen (2000 Einwohner), der in der Mitte des 16. Jahrhunderts eingebettet in seine Kastanienwälder liegt: die Klientel des örtlichen Notars besteht im Jahre 1555 zu 23 % aus Schuhmachern und Gerbern, zu 10 % aus Leuten des Textilgewerbes (Hosenschneider, Kardierer, Damenschneider) und zu 11,3 % aus Holzhandwerkern, die Fässer herstellen und im Dialekt *fustiers* heißen; nur 2 % der Gesamtklientel sind Geistliche, während ich für das gleiche Jahr in der Notariatsklientel in Béziers 15,6 % Kanonici, Priore und Prebendäre zähle. Auch hier in Saint-Jean beherrscht also eine revolutionäre Handwerkerschaft mit hohem ideologischem Potential fast gänzlich die benachbarte ländliche Masse. Nicht erstaunlich, daß die Soziologie der Genfer Zuflucht eine, wenn auch übertriebene, Kopie der sozio-professionellen Struktur der Ortschaft darstellt: In den Jahren 1549–1560 schickt Saint-Jean-du-Gard vier Emigranten nach Genf, von denen einer Landwirt und drei Lederhandwerker sind.

Wir sind nun am Ende des Weges angelangt, den die reformierten Ideen in der Gesellschaft zurückgelegt haben. Von Genf sind sie nach Lyon gezogen und von Lyon ins Languedoc, verbreitet von Geistlichen, Studenten, ambulanten Bibelverkäufern und den Maultiertreibern der Rhone. Sie sind in die Kammern der Weber und Kardierer eingedrungen; in den Cevennen, wo die Schuster die Bibel lesen während sie mit der Ahle hantieren, haben sie im Schmutz der Werkstätten und im Gestank der Gerbereien Keime getrieben; auch in den Läden, aus denen die Handwerker rufen: »da geht Jean Blanc«, wenn der Priester die Hostie vorbei trägt. In den Städten am Fuße der Cevennen wird um 1561 die Masse der bäuerlichen Städter von diesen Ideen angesteckt (während die entsprechenden Bevölkerungskreise weiter im Westen sich Calvin gegenüber entschieden ablehnend verhalten). Noch eine letzte Etappe bleibt zu überwinden: Die völlige Durchdringung der bäuerlichen Welt. Denn am Ende ihres Weges klopft die Reformation an die Tore der großen Höfe der Cevennen. Sie lockt die umfangreichen Familien an, die da in enger Nachbarschaft mit ihren gewölbeartigen Schafställen leben. Einige, leider zu seltene Texte beleuchten diese letzte Strecke.

Der Weiler Lancyre liegt am Fuße der wilden Hortusfalte, einem Vorposten der Cevennenkrallen. Heute ist er eine abgelegene landwirtschaftliche Häusergruppe auf einem kalkigen Bodenbuckel. Im 16. Jahrhundert, bevor die erst beginnende Bevölkerungszunahme die Hofeinheit sprengt, ist es ein alleinstehendes Gehöft, der Lancyrehof, auf dem eine erweiterte Familie, Klan oder *frérèche* (verschworene Bruderschaft) lebt, die Jeans. Diese Familie besteht im Jahre 1563 aus mehreren »in Gleichheit und Gütergemeinschaft lebenden« Ehepaaren; unter ihnen das Familienoberhaupt Jean Jean, der ausdrücklich als »Regierung des Hauses« bezeichnet wird; sein Sohn oder vielleicht jüngerer Bruder Louis Jean unternimmt nichts, ohne vorher seinen Herrn und Meister zu fragen.

Die Jeans von Lancyre bewirtschaften ein umfangreiches Gut: 314 Hektar, von denen 264 Weideland für Schafe sind und 50 Hektar Ackerland.

Sie sind eine Familie wohlhabender, fruchtbarer und gebildeter Ackerbauern: Ihr Chef Jean Jean steht im Jahre 1555 an der Spitze einer Liste von Vertrauensleuten, denen es obliegt, den Gesamtcompoix der sechs umliegenden Dörfer zusammenzustellen; sie gehören zur intellektuellen Aristokratie der Ackerbauern. Noch im Jahre 1590 führen sie Prozesse. Und sie investieren sowohl die Arbeitskraft der Familie wie das Geld, das der Hof abwirft: 1558 bauen sie einen neuen Schafspferch, neue Scheuern, um das Stroh zu lagern und neue Schweineställe.

Nun, diese reiche und aufgeklärte Familie tritt im Jahre 1560 gemeinsam über zu der nach den Worten Louis Jeans »dem Worte Gottes entsprechend reformierten Religion und dem heiligen Evangelium«. Gleichzeitig bietet die *frérèche* dem Zehent als der entscheidenden Frage Trotz: Als 1563 der Prior den Zehent von Lancyre erheben will, wird er davongejagt; Louis Jean wird, wie er sagt, nur den Vertretern des Evangeliums zahlen, nicht dem Prior, »von dem er niemals eine erbauliche Lehre erhalten hat noch erhält«. Der Zehentpächter geht vor Gericht...

So nimmt denn die Reformation, die zu Beginn von der demokratischen Handwerkerschaft der Städte propagiert wurde, ihre letzte Gestalt in den autoritären, patriarchalischen Strukturen des Vor- und Niedercevennenlandes an.

Ähnliche Entwicklung auf den großen kapitalistisch betriebenen Gebirgsgütern. Schon 1555 üben die übergetretenen Hofwirte Druck auf ihr Gesinde aus, um es zu dem reformierten Kult zu zwingen. Und siehe da, es entstehen zwischen den Mitgliedern der Unternehmen neue menschliche (oder unmenschliche) Beziehungen, die vom reinsten calvinistischen Geist geprägt sind. Olivier de Serres, der hugenottische Gutsherr, hat sie in einem Kapitel seines *Théatre* beschrieben. Dort zeichnet er aufgrund seiner Erfahrung und der Lehren Calvins, die er in Genf selbst gelernt hat, das strenge Portrait des »Familienvaters«, des selbstwirtschaftenden Grundeigentümers der Cevennen des Vivarais der Generation von 1560–1590. Dieser »Vater« faßt seine Knechte hart an; denn aufgrund der Prädestination weiß er um ihre »niederträchtige Gemütsart«, die »allgemeine Roheit, die sie dumm, nachlässig, schamlos und unfähig zur Freundschaft macht«; er kennt »die wilde und gemeine Natur dieser Lohnempfänger mit ihrer Unbeständigkeit und Ehrlosigkeit«, ihre »allgemeine Treulosigkeit«, »die Unvollkommenheit der Dienstboten«, ihren »alten Rebellionsgeist und ihren Ungehorsam«, »das Böse, das ihre schlechte Natur verursacht hat«. Im Namen der calvinischen Prädestination, die dreimal ausdrücklich erwähnt wird und deren unnuanciert gedeuteter Inhalt unterschwellig fast in jeder Zeile des Textes zu spüren ist, erhebt der Cevennenagrarier gegen das Landproletariat, das in seinen Diensten steht, die abscheulichsten Anschuldigungen: »Wertlose Menschen..., Bleierner Geist in eisernen Körpern«; oder ganz einfach »Huren und Spitzbuben«, »Abschaum des Volkes«, der aus dem Kelch notwendigerweise getrunken werden muß. Wie nicht anders zu erwarten, hat Olivier im Laufe seines Lebens unter diesen Verworfenen hie und da auch einige *Erwählte* angetroffen: »Einige dieser armseligen Menschen haben ein gutes Gewissen, aber ihre Zahl ist so klein. Mißtraut sogar diesen.«

Diese pessimistischen Urteile diktieren das Verhalten des Arbeitgebers, das aggressiv und mißtrauisch wird. Er vertreibt von seinem Hof »Vagabunden, Spaßmacher und Nichtswürdige«, jedes Jahr oder alle zwei Jahre macht er reinen Tisch und wechselt das Personal. Im Falle eines Fehlers entläßt er die höheren Knechte und schlägt und züchtigt die niederen. Er zwingt seine Leute zu keuschem Leben, schreitet gegen Schlüpfrigkeiten ein, die das schlimmste Übel sind; während der Mahlzeiten des Gesindes stellt er von der »Vorküche« aus, in der er sich aufhält »das überlaute Gebaren« und die närrischen Schreie der Knechte und Mägde ab. Sich selbst aber sieht er als einen der Erwählten. Mit gutem Gewissen erfreut er sich seiner Güter und seiner Frau, die ihm beide »von Gott gegeben« sind. Er fühlt in sich als unwiderstehliche Berufung die Hingabe an eine *irdische* Bestimmung: De Serres sagt, daß er »im Amte« lebt, oder auch »im Bewußtsein seiner Aufgabe«, die ihm von Gott auferlegt wurde, und deren er sich würdig erweist. Ist nicht die Landwirtschaft »die heiligste und dem Menschen natürlichste Beschäftigung, die Gott selbst durch seinen Mund befohlen hat?« Dieser Mann tritt in die Landwirtschaft ein wie andere in einen religiösen Orden; und schon 1600, vor den Puritanern, entwickelt Olivier de Serres den im calvinischen Glauben angelegten Gedanken, indem er das Gelingen eines Unternehmens zum irdischen Kriterium der göttlichen Erwählung macht: »Da euer Haus erkannt wurde als ein Haus Gottes, wird Gott darin wohnen und seine Furcht darin walten lassen; und er wird es auf alle Arten segnen, so daß es euch wohl ergehen wird in dieser Welt, wie es in der Schrift verheißen worden ist.« Und er bezieht sich auf das Alte Testament: »Wenn du der Stimme des Herrn gehorchst, werden die Kälber deiner Kühe gesegnet sein, gesegnet sei dein Korb und dein Brotvorrat.« Daher stammt »die erschrekkende moralische Unempfindlichkeit dieses Landwirts und der anderen seinesgleichen: Um seinen gottgewollten Profit zu vermehren, verkauft er nach Weihnachten seinen Weizen zum hohen Frühjahrspreis und »schließt seine Speicher, wenn der Kornpreis zurückgeht, um sie bei angemessenem Preis wieder zu öffnen«. Seinen Arbeitern zahlt er, wie er sagt, »so wenig wie möglich« und das ohne Gewissensbisse oder Zynismus; er behält sogar einen Teil ihres Lohnes zurück, damit sie ihm nicht weglaufen. Das gute Gewissen einer gewissen calvinistischen Geschäftsmoral paßt zu der Lohnverelendung um 1590–1600 und kommt gerade zur rechten Zeit, um dieser als Rechtfertigung zu dienen.

Statt gute Löhne zu zahlen, kümmert sich der Familienvater illusionslos um das Seelenheil seiner Leute; mit der Bibel in der Hand predigt er ihnen »Fürchtet Gott, wandelt auf dem Pfad der Tugend, flieht das Laster«. Mit Ermahnungen und trockenem Brot lehrt er sie das bürgerliche Sparen, die innerweltliche Askese, die zum sozialen Aufstieg führt.

Man würde solche Lehren und solche Verhaltensweisen vergeblich bei den pariser, den italienischen und katalanischen Landwirten suchen. Im Vergleich mit diesen beschreitet de Serres ganz neue Wege, denn er verallgemeinert eine in lateinischen Ländern bisher nie dagewesene menschliche, gesellschaftliche und religiöse Erfahrung; erst die neunzehn Ausgaben seines *Théatre,* die zwischen 1600 und 1674 erschienen sind, verbreiten in ganz Frankreich das erstaunliche, in den Cevennen und im Vivarais entstandene »Modell« des landwirtschaftlichen Unternehmenschefs, den die hugenottische Ethik mit dem Geist des Frühkapitalismus getränkt hat.

Handwerkerschaft der Kleinstädte, Winzer- und Ackerbauerndemokratien der Vorstädte, bäuerliche oder kapitalistische Oligarchie der isolierten Höfe, Proletariat der Knechte: In den calvinistischen Cevennen ist um 1570–1590 die Eroberung der Seelen durch Überzeugung oder Druck so gut wie vollendet; am Ende des Jahrhunderts gibt es in vielen Gemeinden nur noch eine oder zwei katholische Familien. Und auch die bäuerliche Persönlichkeit hat sich durch die Massenbekehrung verändert. In den Ortschaften, wie z. B. in Ganges, (1570–1600) organisieren Pastoren und Kirchenälteste in unbarmherziger Weise (nach dem Vorbild Genfs) ein moralinsaures Denunziantentum, mit Bußgeldern, Vorladungen vor den Kirchenrat, demütigenden Beichten und öffentlichen Selbstanklagen. Die Konsistorien, die zum großen Teil aus Handwerkern, »mit arbeitsgewohnten, klebrigen Händen« zusammengesetzt sind, stellen Spione auf den Stadtwällen auf; sie haben ihre Augen in den Gärten, in den Höfen und in den Kammern; sogar die Betten haben Ohren. Bei den Ratssitzungen der Konsistorien ist pausenlos dieselbe Denunziation zu hören: Ein So-und-So hat Zoten gerissen, Unzucht getrieben, im Bett der So-und-So geschlafen; die sexuellen Tabus werden immer strenger. Die Schuldigen leisten öffentliche Abbitte. Die »Dorfhuren« werden verjagt. Messe, Tanz, Lachen, Kegeln und Kartenspielen sind verboten, ebenso werden zu lange und zärtliche Verlobungszeiten, liederliches Verhalten der Mägde, Abtreibung, Eitelkeit der Frauen und Raufereien der Männer, voreheliche Empfängnis und Zaubereien der Zigeuner unterschiedslos verdammt; rücksichtsvoll, wenn es sich um Adlige handelt, schonungslos dem Landvolk gegenüber. Nur der Wucher und die Ausbeutung von Menschen durch Menschen – die doch beide am Ende des Jahrhunderts in den Cevennen üppig gedeihen – werden vom Bannstrahl des Konsistoriums nicht getroffen: Das Konsistorium von Ganges hat in fünfzehn Jahren nicht ein einziges Mal weder einen Wucherer noch einen Gerbermeister oder Landwirt getadelt, die sich ihren Schuldnern oder ihren Arbeitern gegenüber allzu habgierig gezeigt haben.

Über die sozialen Theorien des Calvinismus kann man endlos diskutieren. Doch über seine historische Praxis im Süden Frankreichs um 1590 kann kein Zweifel bestehen: Es ist die formelle Unterdrückung jeglicher Lust und die stillschweigende Tolerierung des Wuchers. Es ist die laut proklamierte Askese und ein Kapitalismus, den man nicht bei Namen nennt. Und es ist die Entstehung eines neuen Menschentyps mit neugestalteter Persönlichkeit.

Der Cevennenbewohner von 1500 mit seiner saftigen Redeweise

und seinen lockeren Sitten, der tanzt bis zum Umfallen, den Papst verehrt, aber auch abergläubisch der Zauberei huldigt, versinkt im Dunkel des Vergessens und in den Tiefen des Unbewußten. Ein neues Volk entsteht, geprägt von den Hugenotten: Von magischen Riten gereinigte Religion, zensurierte Libido, bürgerlicher Sparsinn und christliche Freiheit. Dieses Volk ist frei und traurig. So wie es geworden ist, wird es die Camisarden lange überdauern, wird es bleiben bis hin zu den bäuerlichen Heldensagen André Chamsons, bis hin zu den Romanen Zolas: Es fällt einem die Figur der alten Gouvernante aus den Cevennen in *Madeleine Férat* ein mit ihrer eisenbeschlagenen Bibel als Waffe. Und man denkt auch an eine andere Geschichte, die in einem viel größeren Raum spielt, aber der unseren so ähnlich ist: An die Geschichte, in deren Verlauf sich das *Merrie Old England* in das puritanische England verwandelt.

Zweites Kapitel
Die hugenottische Offensive und der Landbesitz der Priester

Die Ketzerei macht Fortschritte und ist oft siegreich; geleitet wird sie durch die Kraftlinien des Bildungsfeldes und getragen von den Intellektuellen und den Handwerksgilden. Schon 1550–1560 erreicht sie hier und da ganze Gesellschaften, die ländliche Bourgeoisie, die patriarchalische Familie, das Bauerntum. Die hugenottischen Ideen, die ihrem Ursprung und ihrem Prinzip nach rein religiös waren, laden sich unterwegs »beim Eindringen in die Massen« mit einer materiellen Kraft und einem gefühlsmäßigen und revolutionären Potential auf. Haben sie eine Wirkung auf die Richtung, in der sich die durch den Druck des Jahrhunderts erschwerten gesellschaftlichen Probleme und die Agrarfrage bewegen?

Die Gier nach den weltlichen Gütern der Kirche

März–April 1560: erste reformierte Aufstände in Nîmes und Annonay, Gebieten am Fuß der Cevennen, in denen die Ketzerei blüht. Der Religionskrieg entbrennt, für vierzig Jahre. Und gleichzeitig wird in einer der kirchlichen Bande ledigen landhungrigen Gesellschaft, in der Urbarmacher, kinderreiche Familien und Landaufkäufer angesichts ihrer Unfähigkeit, ihre Erträge pro Hektar zu erhöhen, sich seit sechzig Jahren auf neue Furchen, auf die letzten Stücke Land stürzen, die Frage nach den Kirchengütern gestellt, die Frage, wer das weltliche Gut der Priester bekommen soll.

Wie in jeder traditionellen Gesellschaft steht die Landfrage im Mittelpunkt des revolutionären Prozesses. Und die Felder der Priester sind eine bevorzugte Zielscheibe sowohl für die Bedürfnisse des Fiskus wie für den schwelenden Groll der Landlosen. Denn seit 1500 erfreut sich die Kirche in glücklicher Stabilität gleichbleibender Einkünfte aus Rente und Zehent, die der Inflation angepaßt werden. Sie macht Ersparnisse, sie häuft Kapital an, sie verwandelt es in Grundbesitz; von der Erbteilung verschont, bleibt ihr die Zerstückelung erspart und sie errichtet langsam ein Grundbesitzimperium. In Béziers z. B. ist die

Liste der Bodenbesitzerwerbungen des Domkapitels nach 1500 eindrucksvoll durch die Stetigkeit wenn nicht durch den Umfang.

Daher die beharrliche Idee, die mit den Anfechtungen des Calvinismus einhergeht: Den Priestern ihr Land wieder abnehmen. Diese Absicht verträgt sich auch mit den Wünschen der Bürger und den ruhigen Überlegungen der Rechtsgelehrten. Denn der Sturz der großen Lyoner Partei und der Bankrott haben die königlichen Finanzen ruiniert. Warum nicht die Kosten der Finanzsanierung auf die Kirche abwälzen? Man könnte ihre Güter an den Meistbietenden, also an die Reichen verkaufen; die Kaufsumme könnte dem königlichen Schatzamt zur Verfügung gestellt werden; das wäre die französische Wiederholung des Aktes, mit dem Heinrich VIII. von England die Klostergüter konfisziert hatte.

Als im März 1561 die Landstände des Languedoc in Montpellier zusammentreten, wird die Frage aufgeworfen. Die ganzen Beratungen drehen sich um die Kirchengüter. Zwar halten sich die Kommissare des Königs in diesem Punkte zurück und machen nur gemäßigte Vorschläge: Man soll der Priesterschaft ihre Güter abnehmen? Warum nicht, aber nicht alle; nur in dem Umfang, der nötig ist, um die Krondomänen, die Beisteuern und Salzsteuern, die das in Schulden steckende Staatsschatzamt an die Finanzleute verpfändet hat, wieder auszulösen. Und wenn die Landstände die Vorschläge des Königs genehmigen, wird auch das Volk auf dem in Frankreich klassischen Umweg über die indirekten, die Verbrauchssteuern, an der Seite der Priesterschaft seinen Teil des nationalen Defizits tragen: Der Salzpreis wird erhöht, der Wein besteuert werden. Kurzum: Die Priester werden besteuert und das Volk wird besteuert. Ein Hieb nach rechts, ein Hieb nach links.

Diese königlichen Pläne erzeugen eine Spaltung der Provinzversammlung von 1561. Die Priesterschaft akzeptiert; sie gibt auf, was nicht zu retten ist. Deshalb ist sie bereit, auf dem Wege über den Zwangsverkauf eines Teils ihrer Güter zugunsten des Schatzamtes, die Beisteuern, Salzsteuern und Krondomänen frei zu kaufen. Aber der Eifer des Bürgertums geht über sie hinaus.

Sobald die Verlesung der königlichen Briefe beendet ist, erhebt sich nämlich Claude Terlon, ein berühmter Toulouser Advokat, *leader* des dritten Standes des Languedoc und Sympathisant der Reformierten; er verlangt, daß der dritte Stand zu einer Separatsitzung zusammentrete, um frei beraten zu können, ohne die störende Anwesenheit der beiden anderen Stände. Aus dieser Sondersitzung des regionalen dritten Standes gehen revolutionäre Resolutionen hervor; und angesichts der zaghaften Zugeständnisse der Priesterschaft entlädt sich die bürgerliche Unversöhnlichkeit: Durch die Stimme Terlons »beschließt und entscheidet« der dritte Stand, »daß der König die zeitlichen Güter der Kirche verkaufen lassen soll«; mit der einzigen Ausnahme des »Haupthauses« der Prälaten oder anderen Geistlichen. Ausnahme ohne Bedeutung, denn die Einnahmen der Kirche, ihr Haupteinkommen, stammt aus Zehenten und Halbpachthöfen, die weit ab von dem »zentralen Sitz« gelegen sind.

Die bürgerliche und revolutionäre Substanz der Terlonschen Pläne wird in dem zweiten, ebenfalls vom dritten Stand genehmigten Vorschlag deutlich sichtbar; er impliziert nämlich, daß von nun an die Kaufleute, die Großbürger der guten Städte, die wahren Herren und die Entlohner der Kirche von Frankreich sein sollen: Terlon sieht die Schaffung eines munizipalen Kultusbudgets vor und die Umwandlung der Empfänger in bezahlte Funktionäre, die von den städtischen Konsulaten, den Bürgermeistereien, bezahlt werden. Ihm schwebt eine Art »Kommunalverfassung der Geistlichkeit« vor.

Bei seinem Vorhaben der Liquidierung der Kirchengüter stützt sich Terlon auf die verschiedensten gesellschaftlichen Kräfte. In erster Linie auf die Hugenottenfraktion des dritten Standes, deren Mandatsträger bei den Landständen von 1561 der Advokat Chabot aus Nîmes ist. Chabot unterstützt Terlon; bei den Landständen klagt er die Unwissenheit und die Korruption der Priester an; er verlangt, daß die Steuerlast auf sie abgewälzt werde, um das Volk zu entschädigen für das Übel, »das sie ihm durch ihre Laster angetan haben«. Hinter ihm spürt man den Atem des kleinen Volks von Nîmes, das ihn delegiert hat: Kardierer, Schuhmacher, Weber und das gewöhnliche Arbeitsvolk dieser Stadt verlangten schon in den Beschwerdebriefen von 1561 die Beschlagnahmung eines Teils des kirchlichen Grundbesitzes. Chabot macht sich auch den Druck der Straße zunutze: Während er in Montpellier bei den Landständen spricht, wartet draußen eine schweigende Menge, um jederzeit zu seinen Gunsten einzugreifen. Als er nach Beendigung seiner Rede den Saal verlassen hat, »zieht sich dieses Volk lautlos zurück«.

Gleichzeitig aber findet er Unterstützung bei einem Teil des Adels, denn dieser will auch seinen Anteil bei der Verteilung der Kirchengüter; Terlon hat ihm diesen Anteil ausdrücklich zugesagt, denn er will für seinen Plan die Unterstützung der Privilegierten.

Schon 1560, bei den Landständen in Orléans, war diese Unterstützung gewiß, als dritter Stand und Adel gemeinsame Front in Sachen Kirchengüter machten. Und 1561 bei den Landständen in Montpellier eilt Crussol, Herzog von Uzès, Terlon und Chabot zu Hilfe; er übernimmt es, dem Hof, der Königin, die schließlich von den Landständen beschlossenen Wünsche zu überbringen: Verkauf des kirchlichen Grundbesitzes, Toleranz für die Ketzerei. Der Herzog von Uzès vergißt bei dieser Sache auch seine eigenen Interessen nicht: Wenige Jahre später werden einige schöne kirchliche Herrschaftsgüter, die er zu einem Spottpreis gekauft hat, seine eigenen Ländereien abrunden und damit seinen Eifer als neugebackener Hugenotte belohnen.

Chabot, Terlon, Crussol; Hugenotten, Rechtsgelehrte und Adlige; das ist die Allianz, die sich bildet, um die Kirche zu enteignen. Sie spekuliert auf die Geldnöte des Königs und stützt sich auf den Groll des Volkes. Im Languedoc ist dieses Bündnis lebendiger und radikaler als im übrigen Frankreich; die Pariser Bürger und der dritte Stand der Picardie sind sehr viel zaghafter als die Notabeln des Languedoc, die furchtlos den Sturm auf das Land des Herrgotts wagen; zwar verlangt der dritte Stand auch in Abbeville und in Paris in den Jahren 1560–1561 eine teilweise Abschöpfung der Kirchenvermögen; doch wagt er nicht, ihre totale Veräußerung zu fordern.

Bei den Landständen von Pontoise (August 1561) trägt der languedocsche Schwung den Sieg über die pariserische Vorsicht davon: Der im März in Montpellier formulierte Terlon-Plan wird von der Gesamtheit des dritten Standes fast ohne Abstriche wieder aufgenommen. In naivem Entzücken, »voller Freude, von der Kirche Weltliches entgegenzunehmen« schlagen die Delegierten des dritten Standes die Veräußerung des priesterlichen Grundbesitzes und die Schaffung munizipaler Kulturbudgets Terlonscher Art vor, deren Kapital aus den Verkaufssummen, die nach Tilgung der Staatsschulden übrig bleiben, gebildet werden soll. Dieses Kapital soll den Bürgern »mit annehmbaren Renten und Zinsen« als Darlehen gewährt werden. Doppelter Nutzen: Die Zinsen ermöglichen, die Priester zu entlohnen; und die ausgeliehenen Kapitalien, die in die Wirtschaft fließen »werden Handel und Wandel der Waren des Königreichs mehren«.

Also Grund und Boden in Umlauf bringen, aus seinem lehnsherrenrechtlichen Winterschlaf befreien; das Sparkapital in Umlauf bringen und zugleich den Zinsfuß senken, ihn »annehmbar« machen, und schließlich den Handel ankurbeln: Das ist die Substanz, die bürgerliche und revolutionäre Wirtschaftlichkeit des Terlon-Plans, wie sie zuerst von einem Advokaten des Midi formuliert und dann im nationalen Maßstab vom dritten Stand freudig übernommen worden ist.

Doch die Monarchie ist nicht kühn genug, einen solchen Plan anzunehmen. 1563 beschränkt sie sich darauf, den Befehl zum Verkauf von einem Viertel des Kapitals der großen Pfründen des Königreichs zugunsten des Schatzamtes zu geben. Andere Teilveräußerungen erfolgen in den Jahren 1568, 1574, 1576 und 1586. All dies muß aus der Sicht einer Sozialgeschichte des Landbesitzes betrachtet werden.

Typologie der Käufer

Als um 1563 erstmals mit dem Verkauf kirchlicher Güter begonnen wird, ist dieser, vor allem im Süden, von einer Veränderung der gesellschaftlichen Kräfteverhältnisse begleitet. Von nun an tritt die Handwerkermasse, die hugenottische Demokratie der Städte in den Hintergrund; sie wird bei den Versteigerungen überboten und aus den »politischen Räten der hugenottischen Kirche« verdrängt. Der Verkauf des Bodens der römischen Kirche spült die reichen Klassen in den Vordergrund: Kaufleute, Juristen, Adlige, die entweder Calvinisten oder manchmal auch vom Landerwerb verführte Katholiken sind. Neben das heroische Ketzertum tritt der Geschäftscalvinismus.

In Nîmes und Uzès, Hochburgen der Reformation, ist dieses Hochkommen der Notabelngruppe, die die Landfrage zu ihren Gunsten entscheidet, sehr deutlich. Hier hatten die Handwerker und sogar die Arbeiter schon 1561 mit einer aus Rachsucht und Hoffnung gespeisten Leidenschaft die Veräußerung des Kirchenguts gefordert; doch ohne es zu wissen holten sie nur die Kastanien aus dem Feuer für die Reicheren.

Wer sind denn die Ersteigerer in der Diözese Uzès als im Oktober 1563 die große Verschleuderung der Kirchenländereien beginnt? Versuchen wir, durch Einzelbeschreibungen die Soziologie der Erwerber zu klären. An der Spitze der Liste haben wir Guillaume Calvière; für ein Stück Brot (145 Pfund) kauft er die Mühlen und das Lehen des Großpriors von St. Gilles. Calvière ist ein Bürger, ein unerbittlicher Kämpfer für die Reformation: Als richterlicher Beamter und Herr von Saint-Césaire nimmt er 1567 an der *Michelade* teil, dem Massaker der Katholiken von Nîmes, die entweder mit durchschnittener Kehle oder lebendig in einem Brunnen eingemauert sterben. Im selben Jahr führt Calvière den Vorsitz im Rate der 21 (13 Justizbeamte, 8 militärische Führer), der Nîmes »republikanisch« regiert und den Rest der Kirchengüter konfisziert. Im Jahre 1569 wird Calvière wegen der *Michelade* vom Toulouser Parlament zum Tode verurteilt; und bei seiner Rückkehr von Verhandlungen, die er mit deutschen Protestanten geführt hat, wird er von den Katholiken gefangen genommen. Doch wird er aus Anlaß eines Burgfriedens ausgetauscht, »befreit und laufen gelassen«.

Bürgerliche und adlige Erwerber von »nationalem Gut« sind im 16. Jahrhundert streitbare Aktivisten und oft Angehörige des Militärs: Valentin Grille ist ein provenzalischer Hauptmann und Protestant; im Jahre 1563 kauft er für 1537 Pfund den Landbesitz Saint-Maurice, »mit einem Schloß, Renten, Anerkennungszinsen, Ländereien, Weinbergen und Ölmühlen«. Der Krieger Grille verteidigt seinen Glauben und seinen Besitz mit Klauen und Zähnen. Zwischen 1563 und 1568 ist er an allen Gewaltstreichen beteiligt, einmal besiegt von Joyeuse, ein anderes Mal Sieger über die Katholiken und ein Bauernschlächter. Er wird am Ende Seneschall von Beaucaire, nachdem auch er an dem Massaker von Nîmes im Jahre 1567 teilgenommen hat.

In der Diözese Nîmes ist der Ansturm der calvinistischen Notabeln auf den Grundbesitz noch spektakulärer. Unter ihnen finden wir alte Bekannte, die 1569 zum Tode Verurteilten, die alle besitzen, was man viel später erst »nationales Gut« nennen wird. Beschränken wir uns auf einige typische Beispiele.

Schon 1546 schielt die Familie Barrière, kleine Justizvertreter in Nîmes, nach Land und Lehnsherrschaften. Im selben Jahr kauft der Advokat Jean Barrière Olivenhaine. Im Jahre 1553 wird Jean zum Lehnsherrn und gar zum Lehnsherrn einer Olivenmühle; Besitz und Titel hat er durch Kauf erworben. 1561 ist die Familie calvinistisch und François Barrière, »Stallmeister«, unterzeichnet als erster der Einwohner von Nîmes die Forderung nach Veräußerung der weltlichen Güter der Kirche. Er fügt die Praxis zur Theorie und kauft 1563 von der Kirche das Land einer Kaplanei.

Die hugenottischen Käufer sind Herren von Eisenhütten und Zechen: So die de Cambis von Alès. Jean de Cambis, Sieur de Soustelle, bereitet im Jahre 1567 mit einer kleinen Truppe die *Michelade* vor. Vier Jahre später hatte dieser Jean für 1000 Pfund Archidiakonland und außerdem die kirchliche Herrschaft Cendras mitten im Kohlengebiet an sich gebracht.

Robert Le Blanc, Seigneur de *Rouvière* ist Jurist, Hugenotte, Krieger und Erwerber von Kirchenbesitz: Im Jahre 1562 belagert er mit Crussol und dreihundert Mann Bourg-Saint-Andréol und im Jahr darauf kauft er von der Diözese Nîmes für 2157 Pfund Länder und Herrschaften der Kirche. 1569 wird er mit den anderen Schuldigen an der *Michelade* zum Tode verurteilt.

Jacques Poldo von Albenas, ein Geschäftsmann mit Bildung, ist um

1530 aus seinem heimischen Gebirge gekommen, um sein Glück zu machen. Er erwirbt eine Lizenz und wird Heereslieferant. Im Jahre 1543 leiht er den Bürgern von Nîmes Geld, um Weizen an die Galeeren von Marseille liefern zu können; er stirbt als Stallmeister, nach einem klassischen *cursus honorum:* Geld, Landbesitz, Amt, Adel. Sein Sohn Vidal von Albenas ist Protestant und einer der großen Landerwerber in Nîmes im Jahre 1563: bischöfliche Ländereien und Herrschaften, 4250 Pfund. 1569 ist er unter den wegen der *Michelade* zum Tode Verurteilten.

Am Schluß der Nîmer Liste der betuchteste Erwerber: François de Pavée. Er ist ein alter Kämpfer: 1561 unterzeichnet er mit den Bürgern von Nîmes das Ersuchen nach Zwangsverkauf der priesterlichen Güter, insbesondere der Herrschaften; es ist skandalös, sagt er, diese von den Priestern regieren zu lassen. Sein Eintreten ist nicht platonisch: Im Jahre 1563 reißt er sich zwei Herrschaften unter den Nagel, dazu einen üppigen Hof, der vorher im Besitz der Kapitelherren von Nîmes war und für den er 15125 Pfund bezahlt. Auch er ist an der *Michelade* beteiligt und wird 1569 zum Tode verurteilt; allerdings in Abwesenheit, so daß es ihm nichts anhaben kann.

In ihrer Gesamtheit bilden die Kirchengutserwerber von Nîmes des Jahres 1563 eine festbegrenzte Gruppe, einen Clan, fast einen Club. Sie sind Bürger oder Amtsträger auf dem Wege zum Adel; häufiger noch angeblich oder wirklich vor kurzem in den Adelsstand Erhobene. Kurz, in der Diözese Nîmes werden im Jahre 1563 zwei Drittel der 36 Erwerber von Kirchengut (genau gesagt 24) als Adlige oder Seigneurs irgendeiner Herrschaft bezeichnet. *Schon* adlig oder *noch* bürgerlich – die Grenze wird leicht überschritten – sind diese Menschen untereinander durch den calvinistischen Glauben oder Blutsverwandtschaft verbunden. Durch Geld, Beziehungen oder Einfluß beherrschen sie die Versteigerungen und halten die Katholiken jeder Art, aber auch das kleine hugenottische Volk der Schuhmacher und Weber von dem Kirchengut fern. Als gute Protestanten vergessen sie beim Beten nicht ihre Interessen. Obwohl sie manchmal Kanzleiberufe und häufig eine geschäftliche Tätigkeit ausüben, greifen sie, wenn es nötig ist, zum Schwert. Vier Jahre später besiegelt die *Michelade* durch das gemeinsam vergossene Blut den Pakt zwischen ihnen.

Wenn wir jetzt zur Diözese Montpellier übergehen, so finden wir bei der Versteigerung der Kirchengüter im Jahre 1563 *einen* großen Käufer, der die Hälfte der zum Verkauf kommenden Güter monopolisiert. Von 26000 erzielten Pfund beträgt sein Anteil 12500. Es handelt sich um Simon Fizes, königlicher Rat, Sekretär der Finanzen. Für seine 12 500 Pfund erwirbt er am 16. September 1563 die Baronie Sauve, die vorher im Besitz des Bischofs von Montpellier war. Dieser Fizes ist eine kuriose Erscheinung: seine frische Baronswürde, die er gerade erst der kirchlichen Erbschaft entwunden hat, läßt die Zeitgenossen nicht seine einfache Herkunft vergessen. 1576 sagt ein anonymer Text über ihn: »Genannter Fizes ließ sich Herr von Sauves nennen; einige sagten, daß er aus einem so unbekannten Hause stammte, daß er in seiner Jugend Lakai gewesen sei.« Tatsächlich kommt Fizes aus einer Familie armer, analphabetischer Bauern. Seinen Aufstieg verdankt er seinem Talent, aber auch den guten Diensten seines Landsmanns aus dem Languedoc, des königlichen Justizministers Bertrand, der ihn als Lakaien anstellt und dann zu seinem Privatsekretär macht. Die Familie Guise wird seine Gönnerin und gibt ihm – wer weiß in welcher Absicht – Charlotte de Beaune zur Frau, eine Hofdame der Königin. Fizes ist ein diskreter Gatte, eher ein Strohmann, denn die ehrgeizige Charlotte mit den feinen Lippen und der spitzen Nase hat Liebhaber wie Karl IX., Heinrich von Navarra und den Herzog von Alençon. Als Bauer geboren und als Minister gestorben erscheint uns Fizes als wendiger Mann, der seine Karriere damit beginnt, daß er sich willig zum Hahnrei machen läßt. Bei seinem Aufstieg bedeutet der Kauf eines Kirchengutes, der Baronie Sauve, ein Wegzeichen: von nun an sind Fizes und die schöne Charlotte Monsieur und Madame de Sauves. Im Jahre 1564 ist Karl IX. in ihrem Hause in Montpellier, dem Palais Jacques Coeur, bei ihnen zu Gast. 1570 tritt Herr de Sauve in die Landstände des Languedoc ein und drei Jahre später läßt er sich trotz seiner weiter verfolgten Karriere in Paris zum Gouverneur von Montpellier machen. Seine Schwestern, arme Mädchen, als sie geboren wurden, werden zu den ersten Damen dieser Stadt, protestantisch und mit den herrschenden Calvinisten verschwägert; und von Paris aus, wo er wohnt, protegiert Fizes, der Schützling der erzkatholischen Guises, aus stillschweigender Sympathie die Hugenotten seines Geburtslandes, die er rechtzeitig vor der Bartholomäusnacht warnt.

Ein anderer »Erwerber« in Montpellier im Jahre 1563 ist Jean de Bouques: Er ist aktiver Hugenotte; als Sohn eines Kaufmanns Jurist geworden, ersteigert er bei der Versteigerung von 1563 ein Stück Land (230 Pfund) und »Nutzungsrechte« (155 Pfund). Seit diesem Jahr ist er in calvinistische Umtriebe verwickelt und gründet im Jahre 1568 eine Art Wohlfahrtsausschuß; er wird beschuldigt, das Haus Joyeuses und den Dom von Montpellier geplündert zu haben. Von den an die Macht zurückgekehrten Katholiken wird er aus dem Richterstand ausgeschlossen, gefangen genommen und vom Parlament zum Tode verurteilt; in Toulouse wird er enthauptet.

Der Versuch des Languedoc, sich des Landbesitzes der Kirche zu bemächtigen, ist Teil eines weltweiten, sich auf Deutschland, England und Frankreich erstreckenden Unternehmens; im Süden Frankreichs erreicht die Offensive als Sofortwirkung nur geringe Resultate: Die gesamten Verkäufe von 1563 betragen für die beiden Diözesen Agde und Montpellier zusammen nur 36 000 Pfund, das bedeutet den Wert von drei oder vier großen Dorfprioraten in einem Gebiet, in dem es mehr als hundert davon gibt. Man ist weit entfernt von den Kirchengutsverkäufen des Jahres 1790, die eine Umwälzung des vererbten Grundbesitzbestandes herbeigeführt haben.

Dennoch sind die Kirchengutsverkäufe der Jahre 1563 bis 1591 bedeutsam: sie werfen ein Licht auf die Grundbesitzambitionen einer gesellschaftlichen Gruppe: Der Gruppe der Bodenerwerber, die wir obenstehend durch ein Bündel konvergierender Biographien definiert haben.

Diese Gruppe setzt sich zusammen aus angesehenen Persönlichkeiten und schließt aus ihren Reihen, mehr noch als 1790, Handwerker, Ackerbauern und kleine Leute aus; viele ihrer Angehörigen gelten als Adlige, die wenigsten aber kommen aus dem alten Adel. Gleichwohl stellt sie keine Bourgeoisie im klassischen Sinne des Wortes dar. Eher ist sie, abgesehen vom Calvinismus, gewissen städtischen Eliten der italienischen Renaissance verwandt: Patrizier neben Parvenus, an deren Spitze ein ehemaliger Lakei. Die Mitglieder der Gruppe üben zwar bürgerliche Tätigkeiten in Handel und Rechtswesen aus, aber die adligen Werte und besonders der kriegerische Kampf sind ihnen nicht fremd. Das Land der Kirche – ebenso wie Ämter und Würden – ist für diese Menschen ein Mittel zur Bereicherung, eine Gelegenheit zum sozialen Aufstieg und das höchste Ideal ist für sie der Zutritt zum adligen Leben, zu den eitlen Ehren des Feudalherrentums. Letzten Endes löst der Akt von 1563 den Prozeß aus, der im 17. und 18. Jahrhundert zur Aneignung eines Teils des flachen Landes durch die angesehenen Städter des Languedoc führt.

Drittes Kapitel
Der Zehent: Reform oder Revolution?

Nachdem das Land der Kirche aufgeteilt ist, bleibt als größtes Problem für die Empörer von 1560 und für die gesamte ländliche Welt der Zehent aus den landwirtschaftlichen Erzeugnissen: Soll der Zehent durch eine Revolution schlicht und einfach abgeschafft werden? Oder soll er nur der Kirche entrissen und auf eine andere Klasse, auf eine andere Kirche übertragen werden? Die Frage steht im Mittelpunkt der sozialen Auseinandersetzungen. In einem Wirtschaftssystem, das zu einem wahren Wachstum nicht fähig ist, nicht imstande ist, sein Globalprodukt zu vermehren, stehen schließlich die Verteilungsprobleme an erster Stelle und beschäftigen die Meinungen.

Die Reformierten beschlagnahmen den Zehent

Die erste Lösungsmöglichkeit, die Übertragung der Zehenteinkünfte, findet die Zustimmung der Hugenottenführung. Im Dezember 1562, bei den in Nîmes zusammengetretenen protestantischen Landständen, wird die Frage gestellt. Auch Adlige sind dort vertreten, aber das Bürgertum zweimal, denn einerseits entsendet es die Konsuln der Städte, andererseits die Delegierten der Konsistorien, die fast alle bürgerlich sind und die an die Stelle der ehemaligen Vertreter des geistlichen Standes treten. Durch die Verdoppelung des dritten Standes setzen sich die bürgerlichen Lösungen durch. Die Landstände in Nîmes beschließen die totale Zwangsveräußerung (und nicht nur die teilweise, wie die Monarchie es möchte) der zeitlichen Kirchengüter, die in der Hauptsache (im Languedoc) im Zehent bestehen. Die hugenottischen Zirkel, Pastoren und Militärs, Generalstäbe und Konsistorien, übernehmen das Eigentum an den Zehenteinkünften; und wie in papistischen Zeiten sollen Pächter den Zehent eintreiben und, nach Abzug eines durch Versteigerung festgelegten mäßigen Profits, an die Organisation der reformierten Kirchen abführen.

Die Ausschreibungen beginnen sofort. Die Einsätze sind gewaltig. Für eine einzige Diözese (Montpellier) repräsentieren die zehentberechtigten Priorate, die von den Protestanten »beraubt« werden, ein

Kapital von einer Million Pfund (30 000 Pfund Einkünfte). Dieses Vermögen, das aus ein paar Dutzend Pfründen zusammenkommt, ist bis 1560 von der Kirche verpachtet worden; zwei Jahre später haben sich die Besitzverhältnisse im Lande Montpellier und in den anderen protestantischen Gebieten verändert: Einerseits beharrt der organisierte Protestantismus auf seinem Willen, anstelle der Papisten den Zehent zu erheben. Andererseits meldet die hugenottische Bourgeoisie ihren Anspruch auf die Zehentpachtungen an; sie stellt die große Mehrheit der Pächter, die Pachtverträge abschließen. Durch Bemühung oder Gewalt hält sie die katholischen Bürger von den Versteigerungen fern; sie verdrängt in der letzten Runde aber auch das Fußvolk der hugenottischen Handwerker, der Reformationskämpfer der ersten Stunde, die zu arm sind, um bei den Versteigerungen ihre Glaubensbrüder überbieten zu können.

Hier nun eine Statistik der hugenottischen Arrende der zehentberechtigten Priorate von Montpellier im Jahre 1562: Auf 85 Zeitpächter, die den Zuschlag erhielten, zähle ich 25 % (21) Kaufleute; in ihrer Gruppe finden wir den klassischen Typus des kriegführenden Bürgers: Antoine Verchand, ein reicher Handelsherr, der im Bürgerkrieg Hauptmann geworden ist, ist Adjutant des Barons von Adrets; gemeinsam mit diesem kapert er in Lattes 400 Schafe der katholischen Armee, tötet die Soldaten, die sie hüten oder treibt sie in den benachbarten Teich, wo sie ertrinken. Nach Beendigung des Kampfes wird der Soldat Verchand Zehentpächter; er nimmt Zehent und Land, die ehemals der Kirche gehörten für 527 Pfund pro Jahr in Zeitpacht. 1569 ist er in die Unruhen in Montpellier verstrickt und wird vom Parlament von Toulouse (in contumacio) zum Tode verurteilt. Er stirbt aber erst im Jahre 1579 als Konsul von Montpellier an der Pest.

Unter den hugenottischen Kaufleuten, die Zehentpächter ihrer religiösen Organisation werden, sind 1562 auch manche lokalen Politiker, Konsuln von Montpellier. Andere aus der gleichen Gruppe sind aktive reformistische Kämpfer: Pierre Raymond, der Ende 1562 Zeitpächter der Pfründe Aresquier ist, ist im selben Jahr einer der starken Männer von Montpellier; Mitglied der revolutionären Fünfherrschaft (Kaufleute, ein richterlicher Beamter, ein Chirurg), die die Abwehr der Stadt gegen die Papisten vorbereitet und die Vorstädte schleifen läßt.

Diese kriegerischen Kaufleute sind gerne bereit, die säkularisierten Zehente zu pachten, denn durch ihre geschäftliche Praxis sind sie mit der Landwirtschaft vertraut. Die Kaufleute von Montpellier in der Zeit von 1552 bis 1562 sind fast alle Landhändler. Sie kaufen die Rohwolle auf, die von den Schäfern oder den Metzgern aus den Dörfern gebracht wird. Sie kaufen das Öl der Gemeinden im Hügelland und das Holz der Heidedörfer, sie verkaufen den Bauern der Cevennen die Laken des Audegebiets und verleihen Weizen an die Ländler, die kurz vor der Ernte keines mehr haben. Die Zehentpacht heißt daher für diese Landhändler, in ihrem natürlichen Element zu bleiben.

Neben den Kaufleuten liefert auch die Gruppe der Talarträger, der Rentenbezieher und vermögenden Bürger eine Anzahl Zehentpächter; unter ihnen trifft man ehemalige Marranen, die zu Calvinisten geworden sind und deren Familien vom Warengeschäft in den Stand der Talarträger aufsteigen, ohne deswegen die Profite aus dem Zehent zu verachten. Man trifft auch hugenottische Gerichtsbeamte und Notare mit etwas Kapital, die die fetten Zehente von Wein und Getreide der Ebene in Pacht nehmen. Einer davon ist Nicolas Talard, ein reicher und unermüdlicher Kämpfer für die Reformation: im Jahre 1560 führt er eine Abordnung nach Genf an, um von dort einen zaghaften Pastor zu holen. 1562 pachtet er mehrere zehentberechtigte Priorate, darunter das Priorat Montels für 1150 Pfund pro Jahr. 1567 verurteilt ihn das Toulouser Parlament zum Tode.

Andere hugenottische Zehentpächter des Jahres 1562 stammen aus dem Finanz- und Justizwesen: ein Steuereinnehmer, ein Bevollmächtigter der Beisteuer, mehrere Advokaten.

Neben Kaufleuten (die Mehrzahl), Talarträgern und anderen Bürgern (weniger zahlreich) gibt es in der hugenottischen Zehentpächtergruppe im Jahre 1562 auch einige Adlige oder angebliche Adlige, die zur Zehentpacht entweder aus Freude am Geschäft oder aus protestantischem Eifer gekommen sind. Unter ihnen Vincent Manni, Sohn geadelter italienischer Handelsherren und Verleiher von Weizen an die Bauern; daneben Bertrand de Sobeyras, auch er ein Kampfgefährte des Barons von Adrets und Mörder katholischer Schäfer. Er ist Rentner der fetten Pfründe Fabrègues (450 Pfund).

Manche Pächter unter den Hugenotten kommen sogar aus dem Klerus. Jean Teulet, der für 500 Pfund im Jahr die Zehente eines großen Priorats im Heideland pachtet, ist ein bekannter, der Kutte entsprungener Priester, ein ehemaliger Kapitelherr. Desgleichen Jean Lebas, ein anderer Kanonikus, von dem allerdings die ebenso fromme wie gelehrte Historikerin Louise Guiraud steif und fest behauptet, daß er seiner Kirche treu geblieben sei; ich bin dessen nicht so sicher, denn wieso wäre er dann im Jahre 1562 Zehentpächter der Protestanten gewesen?

In Montpellier also wie in Nîmes stürzt sich die Gruppe der Wohlangesehenen auf die Profite aus dem Land, die plötzlich durch den Kampf gegen die römische Kirche verfügbar geworden sind. Adlige neuen Datums und Talarträger richten ihr Augenmerk vornehmlich auf den Landbesitz der Priester. Die Kaufleute dagegen, die sich mit landwirtschaftlichen Unternehmen auskennen, spezialisieren sich mehr auf die Zehentpacht. Gemeinsam belegen Talar und Handel Landbesitz und Zehent mit Beschlag; und schon 1562–1563 beuten sie zugunsten ihrer Landgelüste den weniger eigennützigen Elan der calvinistischen Handwerkerschaft aus, den Elan, der noch 1561 so lebendig gewesen war.

Es vergehen dreißig Jahre; am Ende des Jahrhunderts bemüht sich die römische Kirche, ihren Besitz wieder zu gewinnen. Da stößt sie auf den Widerstand der protestantischen Geschäftsleute, die mit der Komplizität der städtischen Behörden noch immer die kirchlichen »Benefizien« für sich behalten. 1589 beklagen sich die Prälaten darüber bei den in Béziers tagenden Provinzständen: »Die von den Angehörigen der angeblichen Religion abhängigen Stadtkonsuln behaupten, daß sie ein Recht auf die Verpachtung der Pfründe haben, die in ihrem Bezirk liegen; sie beschlagnahmen die Einkünfte der Kirche und beteiligen ihre Pastoren daran.«

Da wo die Kirche sich weigert, freiwillig den Zehent an die protestantische Führung abzutreten, nimmt sich diese ihn mit Gewalt: 1595 erscheinen in Montpellier zur großen Wut der Kapitelherren, die dabei sind, ihren Zehent einzubringen, mitten in der Ernte vermummte Hugenotten zu Pferde, attackieren die Bauern und bemächtigen sich der ährengefüllten Wagen. Die Priester gehen vor Gericht; vergebene Liebesmüh: keiner tut den Mund auf, niemand in der Stadt kennt die Schuldigen.

Die Zehentpflichtigen streiken

Die hugenottische Bourgeoisie eignet sich mit Gewalt oder Überredung den Zehent an. Aber die Bauern geben auch dem neuen Herrn, der ebenso raffgierig ist wie der alte, nur ungern jede zehnte Garbe ab: sie wollen den Zehent radikal abschaffen, nicht übertragen. Denn die Dörfler sind häufig durch ihre Armut motiviert; sie waren »Zehenthugenotten« ehe sie »Religionshugenotten« waren. Sie ziehen aus der Reformation revolutionäre Konsequenzen, indem sie versuchen, den Zehent loszuwerden, der ihre Hauptlast und drückender als die lehnsherrlichen Abgaben und sogar als die königliche Steuer ist. Daher stoßen alle Zehentberechtigten, die gestrigen sowohl wie die späteren,

Papisten und Hugenotten, auf dumpfen oder wilden bäuerlichen Widerstand.

Seit dem Beginn des 16. Jahrhunderts kann man den Weg der Ideen der Antizehentrevolte nach dem Süden ziemlich genau verfolgen. Ein Herkunftsherd liegt im Rheinland, in der Schweiz und im Elsaß, wo ab 1502–1515 der *Bundschuh* die Bauern die Verweigerung des Zehent und die Schändlichkeit der Kirchengüter lehrt und wo der Bauernkrieg beginnt (1515). Von dort aus breiten sie sich nach dem Süden zu aus, in die Gebiete von Saône und Rhone. Schon 1524 beklagt sich Franz I. über die Verbreitung der lutherischen Sekte im Lyoner Land, wo »Abtrünnige von der heiligen Kirche beim Sturmläuten den Plan ausgeheckt haben, keine Zehente mehr zu zahlen«. 1526 haben Lyoner Aufrührer »beschlossen, keinen Zehent zu bezahlen«. Über das Rhonetal hat die Leitidee vom Zehentstreik 1540 ihren Weg bis nach Nîmes zum Volke des Midi gefunden.

In den Cevennen machen sich Symptome der Bewegung seit 1550 bemerkbar: In diesem Jahr verweigert ein Bewohner von Saint-Martin-de-Ligujac einem Prior den Zehentzins; er rechtfertigt das mit den üblichen Argumenten der hugenottischen Propaganda: Der Prior wohnt nicht am Ort, er kann also den Kranken nicht die heiligen Sakramente bringen, so daß sie wie das Vieh verrecken müssen; er ist auch niemals da, um beim Heraufziehen eines Unwetters die Glocken zu läuten usw.

1560 hat die Antizehentepidemie den ganzen Süden von der Rhone bis zum Atlantik erfaßt. Nun gibt es zwei Arten von Streik: Der eine ist rein religiös, es ist ein maßvoller Streik, bei dem die ins reformierte Lager übergegangenen Bauern bereit sind, weiterhin jede zehnte Garbe abzuführen, aber nur an die Pastoren der neuen Religion. Diese exemplarische Mäßigung ist aber nicht Sache der Allgemeinheit. Für viele Bauern, ob reformiert oder katholisch, kennt die Zehentverweigerung keine Schattierungen: Ihr Streik ist von wilder Heftigkeit; es wird nichts mehr gezahlt, gleichgültig an wen. Die Bauern nehmen ernst, was ihnen »die Großbürger und Kaufleute« des Languedoc, die damit viele Einwohner für die Reformation gewinnen, versprochen haben, nämlich, daß sie »frei und vom Zehent befreit sein würden«. Im Sommer 1560 geht der rote Hahn um, Verzeichnisse und Urkunden gehen in Flammen auf. Der Wunsch der Bauern, welches immer ihr Glaube ist, ist klar: Keinen Zehent mehr zahlen; weder an Rom, noch an Genf.

Die Streiks sind ansteckend und die Bewegung breitet sich nach Westen in das Land von Agen aus, wo »schon vor dem Bürgerkrieg der Zehent nicht mehr bezahlt wurde«; und in die Länder Guyenne und

Périgord, wo selbst die katholischen Bauern ihre Leistungen unterbrachen. In den calvinistischen Gebieten finden die Streiks je nachdem zum Nachteil der Priester oder der Pastoren statt: Ein hugenottischer Zehentpächter namens Pierre Rafinesque macht am eigenen Leibe die Erfahrung: Als er im April 1564 in der Nähe von Montpellier für Rechnung der Synode den Lämmerzehent erheben will, weichen die Bauern seiner Forderung aus oder machen ihm über die Frauen ihre Weigerung verständlich: Claude Prunet erklärt, »er sei an der Gicht erkrankt« und könne zur Zeit nicht zahlen; Jean Euset »ist nicht zu Hause«; aber seine Frau und seine Nichte setzen Rafinesque vor die Tür.

Unsere Problemstellung ist nicht so sehr die Beschreibung der Zehentstreiks um ihrer selbst willen als das Abwägen ihres Einflusses auf Wirtschaft und Gesellschaft. Im 20. Jahrhundert gehen der Unternehmerschaft jedes Jahr Millionen von Arbeitstagen durch Arbeitskämpfe verloren. In derselben Weise kosten die Zehentstreiks nach 1560, die den Bauern Erleichterung bringen sollen, die Geistlichkeit schweres Geld. Kann man, wenn auch nur grob, die finanziellen Einbußen bemessen, die sie mit sich bringen?

Die in diesem Punkt verstreuten Textstellen helfen da nur wenig. Die bäuerliche Welt ist eine Welt außerhalb der Schrift. Und abgesehen von einigen hervorstechenden Episoden machen die Streiks in den Archiven ihrer Zeit keine Schlagzeilen. Um so mehr als es sich oft um heimliche Sabotage handelt, um Bummelstreiks, unauffällige Taten, die von der großen Geschichte nicht beachtet werden, aber trotzdem für die geistlichen Finanzen verderblich sind. Die wahren Auswirkungen schlagen sich nieder in der Buchführung der Kapitelherren über die Zehenteingänge. Zwei Fälle: Kornzehent und Zehentpacht in Geld.

In Saliès und in Creissan sind die Kornzehentlieferungen der Periode 1560–1600, ganz genau von 1572–1593, die geringsten der in 270 Jahren zwischen 1480 und 1750 verzeichneten. Ähnliche Tendenzen in Cuxac und Narbonne und in den Diözesen Agde und Béziers, obwohl dort die Hugenotten nur eine kleine Minderheit sind; auch in Gaillac, wo doch wie im Narbonner Land die Liga regiert, ist der Zehenteifer der Bauern nicht sehr stark; um das Jahr 1580 herum sinkt der Kornzehent des Ortes auf ein ungemein niedriges Niveau.

Was nun den in Geld entrichteten Zehent angeht, so ermöglicht er uns, die bloßen Vermutungen, die uns der auf nur wenige Ländereien beschränkte Naturalzehent nahelegt, an hunderten von Kirchsprengeln zu konkretisieren und daraus verallgemeinernde Schlüsse zu ziehen. In Narbonne (katholisches Land) und in Aiguesmortes (halbprotestantisch) besitzen wir dreijährige oder fünfjährige Zehentpachtverträge in Geld für alle Kirchsprengel – oder Priorate – die zum Kapitelgut gehören. Zwei Mediankurven sind für jedes der beiden Kapitel die Synthese Dutzender von Kirchsprengelkurven.

Trotz der Verschiedenheit von Quellen und lokalen Bedingungen sind die diversen, aus den theoretischen medianen Pachtvertragskurven oder den realen eingegangenen Gesamtsummen erstellten Kurven des Zehenteinkommens konvergent: In »normalen« Zeiten (vor 1560 oder nach 1600) steigen (oder fallen) sie dem nominalen Wert nach im Einklang mit den Preisveränderungen des Weizens während des Jahrhunderts. Was wahrscheinlich bedeutet, daß die landwirtschaftliche Produktion und ganz bestimmt das reale Zehenteinkommen stabil waren. Aber zwischen 1560 und 1600 verhalten sich diese Kurven abweichend: Dem Nominalwert nach setzen sie sich von den Preisen ab; während die nominalen Preise steil in die Höhe klettern, macht das nominale Zehenteinkommen nur geringfügige Fortschritte: die Preise nehmen den Fahrstuhl, der Geldzehent die Treppe.

Etwas Derartiges ist in den zwei Jahrhunderten, um die es hier geht, eine Ausnahme; es ist eine Eigenheit der Epoche der Religionskriege. Und das plötzliche Abweichen des Zehenteinkommens von den Preisen bedeutet schlicht und einfach, daß die realen Zehentleistungen (mit Einschluß von Korn, Wein, Öl, Wolle usw.) stark gesunken sind. Die aus den Geldzehentkurven gezogenen Schlüsse bestätigen so die Daten des Naturalzehents.

Soll man diese Abweichung durch eine Art Nachlässigkeit, eine Denkfaulheit der Kapitelherren erklären, die »vergessen« hätten, ihr Einkommen der Inflation anzupassen als die Verträge erneuert wurden? Nicht doch, so dumm sind die Priester nicht. Die Inflation hat zwar den Anerkennungszins, eine ständige, unveränderliche Einkommensquelle angenagt, aber nicht den Zehent mit seinen kurzen und immer veränderlichen Pachtverträgen. Im übrigen verwenden die Kapitelherren bis 1560 und von Neuem von 1620 bis 1650 große Sorgfalt auf die Anpassung der jeweils auf drei oder fünf Jahre für ihre Priorate abgeschlossenen Pachtverträge an die Preiserhöhungen. Und die Anpassung gelingt ihnen mühelos, denn der Zehent wächst mit den Preisen und kommt diesen sogar manchmal zuvor.

In Wahrheit erfolgt die Abweichung erst mit dem Beginn des reformierten Aufstandes; sie fällt genau mit dem Bürgerkrieg zusammen (1560).

Sinken also die Zehenteinkünfte als Folge eines durch den Krieg hervorgerufenen Produktionsrückgangs? Teilweise ja. Die Unsicherheit, die Requirierung des Zugviehs, die Zerstörungen, die Dörfer, die, wie die Chronisten nicht ohne Übertreibung berichten, »über die Klinge springen« müssen – all dies Unheil hindert den Gang der Produktion und die sorgfältigen Leistungen der Friedenszeit.

Aber der Krieg allein würde den Zehent nicht getötet haben. Zuerst einmal wird der kriegerische Konflikt immer wieder durch Zeiten der Waffenruhe unterbrochen. Ein Beispiel: Im Languedoc herrscht fast völliger Friede zwischen Juni 1563 (dem Datum, von welchem an das Friedensedikt vom März getreulich befolgt wird) und September 1567, als nach dem Aufruf der Abgesandten Condés der ganze südliche Rand des Zentralmassivs im Brand gerät. In dieser Zeit hat die Provinz fünf glückliche, ganz bestimmt friedliche Ernten erlebt (1563–1567); und Karl IX. hat unter großem Beifall, einem Regen aus eingemachtem Obst und einem Hagel von Zuckerzeug in aller Ruhe seine Länder im Midi besucht. Pflügen, Ernten und Dreschen sind ohne Behinderung oder Störungen durch das Kriegsvolk vor sich gegangen. Doch noch nie haben in Béziers und anderswo die Kapitelherren so wenig Zehentgetreide in ihre Vorratshäuser eingefahren wie während dieser friedlichen fünf Jahre.

So ist es denn während fünf aufeinander folgenden Jahre nicht die Ernte, die ausfällt, sondern der Zehent selbst. Nicht am Produkt fehlt es, sondern am guten Willen des Produzenten. Und die Proklamationen, die von den Provinzständen gegen die Streiks erlassen werden (1554–1571), finden ihre Rechtfertigung in der Talfahrt der Zehentpachtkurven: Im Languedoc ganz wie im Pariser Becken grassiert als Sabotage oder offener Kampf in den Jahren 1563–1567 der Zehentstreik.

Halb heimlich, aber hartnäckig schadet der Zehentstreik den Finanzen der Priester mehr als die spektakulären Angriffe wie Kirchenplünderungen oder Diebstähle kostbarer Kelche. In dieser Beziehung ist der Fall des Domkapitels Béziers typisch. Eine Prüfung der Bücher aus dieser Zeit zeigt, daß die durch die Zehentkrise verursachten finanziellen Verluste äußerst schwer und letztendlich katastrophal für es sind. Im Jahre 1558 steht das Domkapitel auf dem Höhepunkt seines Geldvermögens. Sehen wir ab von seinen Getreideeinkünften, die beträchtlich sind und aus fünf Höfen (insgesamt 350 ha) stammen und von dem »großen Zehent« des Béziersumlandes. Halten wir uns nur an die direkt in Geld bezogenen Einkünfte. Sie kommen gänzlich vom Lande und sind im wesentlichen Erträge aus der Verpachtung der Zehentbezirke von 20 Kirchsprengeln oder Prioraten. Diese 20 Priorate bringen dem Kapitel Jahr für Jahr 8 000 Pfund. Dem Zehent geht es also im Jahre 1558, nur zwei Jahre vor dem großen Schiffbruch, wirklich großartig. Seine Anpassung an die Weizenpreise ist garantiert; die Kapitelherren sind nicht zu bedauern, ihr Budget von 1558 platzt vor Gesundheit. Keine Rede von Anleihen: in der Kolonne »Anleihen« des Postens »außergewöhnliche Einnahmen« sind 75 Pfund verzeichnet! Niemand bedauert die Kapitelherren; man beneidet sie, man will ihren Tod.

Folgen die »Ereignisse« von 1560–1563. In Béziers geht es heiß her, aber die Kapitelherren sind bis an die Zähne bewaffnet, besitzen genügend Pulver und Büchsen und entgehen so dem Massaker. Und bald verschwindet aus dem Lande Béziers der hier nur flüchtige Einfluß des Calvinismus. Die Sicherheit kommt wieder. Alles wäre gut für die lokale Geistlichkeit, wenn nicht das teuflische Problem des Zehent bestünde ... Nur kurze Zeit der hugenottischen Propaganda erlegen, bleiben die Bauern des zu Béziers gehörenden Landes gute Katholiken; leider aber werden sie schlechte Zehentzahler. Ein goldenes Zeitalter geht zu Ende: Dasjenige der automatischen Preisanpassung der Pachtverträge. Man urteile selbst: Zwischen 1558 und 1590 steigt das jährliche Einkommen aus den Pachtverträgen der Zehentpriorate von 7 923 Pfund auf 10 550 Pfund. Doch in derselben Zeitspanne hat sich der Preis des Setiers Weizen mehr als verdoppelt; das reale Zehenteinkommen der Kapitelherren ist also im Verlaufe einer Generation beträchtlich gesunken. Der Zehent, die Gans, die goldene Eier legt, ist entschieden krank.

Zwar ist die Zehentwunde nicht tödlich; aber mit ihr beginnt eine Zeit kirchlicher Einschränkungen. Aus Mangel an Geld müssen die Priester und Kapitelherren an den Kosten für Pfründen, Kirchenreparaturen, Chorknabenbekleidung oder auch Prozeßführungen sparen: Es gibt weniger Pomp bei den Zeremonien, weniger Prozesse und die Pfründner sind weniger fett. Und da die Gewohnheit, Geld auszugeben, sich nicht so leicht verliert, borgt das Kapitel am laufenden Band. Der Posten »Anleihen«, der in der Buchführung von vor dem Kriege so unbedeutend war, schwillt in der Zeit der Wirren plötzlich an. Schon 1575 wird die gewöhnliche Einnahme (aus dem Zehent), die 9 000 Pfund beträgt, ergänzt durch eine Anleihe von 3 000 Pfund bei einem Kaufmann aus Béziers. Von 1580 an kranken die Zehente an Blutarmut und die Finanzverwaltung gerät in panische Furcht: Die jährlichen Anleihen sind fast gleich hoch wie die normalen Einkünfte. Und für das Jahr 1590 finde ich bei 10 550 Pfund gewöhnlicher Einnahmen 22 534

Pfund neuer Anleihen, von denen 15 626 Pfund zur Tilgung dringender Schulden dienen und der Rest für laufende Ausgaben.

Auf diese Art nützt das Verhalten der zehentverweigernden Bauern den Gläubigern des verarmten, bis über den Hals verschuldeten Kapitels. Diese Gläubiger sind Kaufleute, Advokaten, adlige Herren oder Notare wie Raymond de Rocolles: Diesem gelingt es, in fünfundzwanzig Jahren mühevoller Arbeit (1579–1604), fünf große Forderungen an das Kapitel zu erraffen und zusammenzulegen, die zusammen 4 201 Pfund betragen. Manche der Geldverleiher sind auch Krieger im Bürgerkrieg; z. B. jener »römische Edelmann«, der im Jahre 1587 dem Kapitel 800 Pfund leiht. Die Zinsen sind hoch, 10 oder 11% pro Jahr; und diese Forderungen werden kaum von der Inflation berührt, da im Languedoc wie auch in der Saintonge und der Dauphiné der schwindelnde Preisanstieg ab 1580 zum Stillstand kommt. Die Zinsen für die Schulden belasten daher bis 1600 die Kirchenhaushalte, die zu Vorzugsobjekten der Geldverleiher werden, sehr schwer. Auf die Dauer können die Kapitelherren nicht länger Anleihen machen oder Geld verlieren. Sie sind gezwungen, einen Teil ihres Grundbesitzes zu verkaufen. Unvorhergesehene, aber logische Konsequenz: Der aus den Tiefen der bäuerlichen Seele hervorgestiegene Zehentstreik, der auf die Zwangsveräußerungen zeitlichen Kirchenguts folgt, zwingt letzten Endes die Geistlichkeit, einen weiteren Teil ihrer Felder herzugeben.

In Béziers lassen die Kapitelherren im Sommer 1570 Zettel anschlagen, die den Verkauf ihrer Ländereien zur Zahlung ihrer Schulden ankündigen: »Es wird kund und zu wissen getan allen, die Äcker kaufen wollen, daß das Kapitel an benanntem Ort verkaufen wird zur Zahlung der Schulden des Kapitels.« Einem Kaufmann wird ein Wiesengrundstück und ein adliges Lehen verkauft (2 500 Pfund). Das genügt aber nicht. Im Herbst neue Schulden, neue Verkäufe: Die Kapitelherren verschleudern Felder, einen großen Olivenhain. 1576 wird eine ganze Herrschaft an den Meistbietenden versteigert, auch wieder zur Zahlung von Zinsen. Herr von Maureillan, der immer auf der Lauer nach Kirchenbesitz liegt, gibt dafür 6 500 Pfund. Erst 1643, zur Zeit des Gegenangriffs des klerikalen Grundbesitzertums, geben seine Nachkommen dem Kapitel die Herrschaft wieder zurück.

Neben dem zwangsweise, zum Nutzen des Königs verkauften Kirchenbesitz gibt es also noch eine verwandte Kategorie; die der freiwillig von ihren Herren verkauften Ländereien der Kirche, um während des Bürgerkrieges die Schulden zahlen zu können, die sie wegen des Zehentstreiks machen mußten. Auch in diesem Falle geschieht die

Übereignung von Grund und Boden zu Nutz und Frommen der Bourgeoisie und der wohlhabenden Klassen. Und wenn man die beiden Kategorien veräußerten Gutes zusammenzählt, sind es insgesamt für 26 000 Pfund Ländereien, Pachthöfe, »Nutzungen« und Häuser, die das Kapitel in 38 Einheiten zwischen 1557 und 1589 nacheinander zugunsten von Bürgerlichen und Adligen veräußert; das ist der Preis, den es zahlen muß, um dem völligen Bankrott zu entgehen, um standzuhalten gegenüber der Offensive der Protestanten, der vom Fiskus geforderten Säkularisierung und schließlich dem Zehentdebakel, das seine Finanzen zu zerrütten droht. Solche Grundeigentumsübertragungen finden sich so gut wie überall, in jeder Gegend, in jedem Kanton. In Montpellier z. B. muß der Bischof Subject, den die Zehentverringerungen ruiniert haben und der sich in Schulden gestürzt hat, um trotzdem seinen gewohnten Lebensstil aufrecht zu erhalten, dem Ratsherrn Griffi für 2 000 Pfund Schloß, Ländereien und Herrschaft Murviel verkaufen. Geringer Trost für den Prälaten: Er behält das Recht, weiterhin ins Schloß zu kommen und seine Leute auf den Turm steigen zu lassen, damit sie dort drei Mal mit lauter Stimme »Es lebe der Herr Bischof« schreien können. Außerdem erhält der Bischof jedes Jahr von Griffi ein Paar vergoldete Sporen mit Samtriemen.

Viertes Kapitel
Kampf und Aktion der »unteren Klassen«

Dadurch, daß die Bauernaktion den Zehent zum Versiegen bringt, ruiniert sie die Geistlichkeit. Aber letzten Endes bereichert sie die Vornehmen, die Adligen und Bürger, denn für diese wird es leicht, den Boden zu erwerben, den die verschuldete Kirche billig hergibt.

Trotz dieser originellen Einheitsaktion – mit verteilten Rollen – sind Bauern und Vornehme weit davon entfernt, immer einen festen Block zu bilden. Sehr früh schon werden die Verschiedenheiten sichtbar, denn die Ziele sind nicht die gleichen. Die einen, die hugenottischen Führer, konfiszieren den Zehent für ihre Synoden oder »Kolloquien«; die Bauern ihrerseits wollen ihn eher abschaffen; und gleichzeitig wollen manche unter ihnen auch die königliche Steuer und die lehnsherrlichen Abgaben abschaffen oder verringern. Das mehr oder weniger bewußte Endziel dieser Empörer: Sich entlasten, ihr eigenes Einkommen erhöhen und damit ihre Würde bekräftigen.

Solche Ansprüche sind für die hugenottische Bourgeoisie untragbar. Denn sie fürchtet den entfesselten Pöbel und begehrt heftig nach Adel, Ämtern und Gesetzmäßigkeit; sie will ihren Bürgerstand verleugnen, um in das Adelslager aufgenommen zu werden; und für ihre Landgüter hat sie ein materielles Interesse an der Unterwerfung der Bauern. Nicht zuletzt braucht sie trotz deren Fragwürdigkeit die politische Allianz mit dem Hochadel, der ihr bei der Aufstellung von Heeren behilflich ist und sie unterstützt bei der Aneignung des zeitlichen Kirchenguts. Deshalb schließt sie Kompromisse mit dem hugenottischen Adel und später, 1574, mit Montmorency und dem katholischen Adel der »Politischen«. Kompromisse, die letzten Endes auf Kosten der bäuerlichen Forderungen, auf dem Rücken des Landvolks zustande kommen... In der Tat macht die Bourgeoisie mit den Adligen gemeinsame Sache gegen die Dörfer. 1561 erschrickt sie über den Ausbruch der Bauern von Agen und den Mord an dem Baron Fumel, den seine Bauern erstochen haben; sie teilt die Furcht der Herren aus dem Agenais, die nach der Inbrandsetzung ihrer Schlösser nach Toulouse geflohen sind. Im Jahre 1562 billigen die hugenottischen Delegierten der Städte und Konsistorien bei ihrer Sitzung in Nîmes »die Klage der Herren vom Adel«; und sie rufen die empörerische Bauernschaft zur Ordnung, die glaubt, aus dem Evangelium den Grundsatz sozialer Befreiung ableiten zu können. Die Delegierten in Nîmes sind darüber entrüstet:

»An einigen Orten denken ganz verderbte Menschen, daß das Evangelium zur Freiheit von Grund und Boden und zur Freilassung führt.« Und sie drohen: »Und deshalb ermahnt die Versammlung die Richter ganz besonders, gegen solche Leute zu ermitteln und sie als Aufrührer zu bestrafen wegen ihrer ärgerniserregenden Reden und wegen der Weigerung, die Gebühren und Abgaben an die Herrschaft zu bezahlen, sowie die Zehente an die Pächter oder Mieter der Pfründen und mit ihnen kurzen Prozeß zu machen«...

So entsteht schon 1562 eine Front der Vornehmen gegen die Freiheit von Grund und Boden. Zur gleichen Zeit wird in der bäuerlichen Welt der selbständige Kampfeswille stärker. Und diese äußerst vielschichtige Bewußtseinsveränderung ist einer der hervorstechendsten Züge der gesellschaftlichen Mentalität während der zweiten Hälfte des 16. Jahrhunderts.

Vor 1550 haben nämlich die Bauernaufstände im Süden Frankreichs noch immer einen beschränkten Charakter, sind sie oft nur Kämpfe gegen die Steuer: nur die Salzsteuer und die Taille sind im Jahre 1548 die Angriffsziele der *Petaults* (Chaoten oder Wirrköpfe) der Guyenne; sie üben Kritik weder am Zehent noch an den Abgaben an den Lehnsherrn.

Nach der Mitte des Jahrhunderts aber werden die Tabus schwächer: Wie wir gesehen haben, wird der Zehent zum entscheidenden Gegenstand der Kämpfe. Zur Zeit der *Jacquerie* in Agen (1560–1561) »beginnen« die Bauern »an manchen Orten, den Zehent nicht mehr zu entrichten und sich zu brüsten, daß sie auch keine Steuer (an den König) und keine Abgaben an den Herrn mehr zahlen werden«. Von nun an gehen die Bauernrüpel die entscheidenen Fragen frontal an und der Kampf, den sie gegen den Zehent führen, wird ergänzt durch ein gegen die Steuer und das Lehnsherrenrecht gerichtetes Programm. Zu derselben Zeit werden die Revolten derart symbolträchtig, daß es besser als vorher möglich ist, sie zu analysieren.

Der Karneval in Romans

Um 1580 ungefähr entbrennt auf beiden Seiten der Rhone, auf dem Dauphinéufer und dem Languedocufer (die Provinzgrenzen sind in diesem Falle ohne Bedeutung) eine starke, leidenschaftliche Bauernerhebung. Sie entzündet sich an dem Elend und an den Weizenpreisen: »In demselbigen Jahr 1580 und seit dem Jahr 1579 sind kummen aus dem Lande Vivarais… eine große Menge Arme, an Zahl mehr als viertausend Männer, Frauen und mit ihnen kleine Kinder, die Hungers starben, schrien und weinten«, so hungrig, daß sie die Saubohnen von den Feldern aßen. Hunger und Revolte schwelen in der ganzen Rhonezone, vom Vivarais im Languedoc, dem Ausgangspunkt der Bewegung, bis in das Umland von Romans in der Dauphiné, einer alten Bastion des Hugenottentums, wo der Aufstand seinen Höhepunkt finden wird… In dieser Region der Mittelrhone – in der die Behörden seit zwanzig Jahren den ansteckenden Einfluß der Schweizer Bünde und sogar ein gewisses Einsickern des revolutionären Wiedertäufertums beklagten – sind die Vereine der Kirchsprengeljugend, denen die Organisierung der Volksfeste oder *reynages* obliegt, die Basiszellen der Erhebung. Diese wird zuerst in einigen protestantischen Dörfern »geschworen« und ihre anfänglichen Ziele sind bescheiden: das Kriegsvolk und die Wegelagerer die Achtung vor dem Frieden zu lehren und die Steuer zu senken, die den Steuerpflichtigen nichts übrig läßt als Fels und lehmige Erde. Bald aber erweitern sich Basis und Programm der Bewegung. Ein de facto-Bündnis wird zwischen den Bauern, der »Partei der Dörfer«, und den romanaisischen Handwerkern geschlossen, einer »Unzahl von Wollkämmern und anderen Arbeitern der Faust«, die angeführt werden von einem lokalen Sportsmann und Schützenkönig, dem »schlimmen Tuchmacher« Jean Serve mit dem Beinamen Paumier, »ein grober, närrischer Kerl«; Serve ist derartig »anmaßend«, daß er sich im Jahre 1579 weigert, vor der Königin Katherina von Medici den üblichen Kniefall zu leisten, als sie zu Besuch in Romans ist! Ermutigt von der Verstärkung durch die städtischen Klassen, erweitern die aufständischen Bauern ihre Forderungen und erklären, »daß sie gar nichts mehr bezahlen wollen«; daß sie 1579 »die Tailles und einen Teil des Zehents gewonnen hatten und daß sie in dem genannten (dem folgenden) Jahr den Rest derselbigen Zehente gewinnen würden, dazu die Anerkennungszinsen und Abgaben, die sie den Herren schuldeten«. Zehent, Anerkennungszins und Taille, die drei Säulen der traditionellen Ordnung, werden damit in Frage gestellt. Und die Bauern werden kühn; sie erobern Châteaudouble, ein Raubritternest. Nun sind sie »ruhmgeschwellt« und »bedrohen die Edelleute, durch schmutzige, feindselige Reden«, … »ihre Häuser umzustürzen«. Schlösser und feudale Anerkennungsverzeichnisse gehen in Flammen auf »und es gibt keinen noch so kleinen Rüpel, der nicht glaubt, daß er ein ebenso großer

Herr sei wie sein Herr selbst«; gleichzeitig bahnt sich der Plan einer gesellschaftlichen Umkehrung an, der der Rebellion im Rhonegebiet ihren letzten Sinn geben wird.

Das Geschehen beginnt mit einer Revolution der unteren Volksschichten. Und es endet als elisabethanisches Drama in den starken Farben der Renaissance. Im Winter 1580 beginnen sich in Romans, das zum Mittelpunkt der Bewegung geworden ist, die Gemüter zu erhitzen. Handwerker und Ackerbürger, erregt durch das Herannahen des Karnevals, tanzen ihre Revolte in den Straßen der Stadt. »Sie veranstalteten mehrere große Gelage, Tänze und Maskeraden und während der ganzen Woche sagten sie bei ihren Tänzen und Maskeraden, daß die Reichen ihrer Stadt sich auf Kosten der armen Leute bereichert hätten.« Dieses Volksballet drückt besser als alle Reden die latenten Motivationen der Empörer aus: Manche Tänzer haben Schweizer Trommeln und Schellen an den Füßen und schwingen nackte Schwerter, andere zücken Rechen, Besen, Dreschflegel und das Kleid der Totengräber (die Ermordung der Reichen – als bloße Phantasie oder manchmal auch ausgeführt – bleibt bis zum spanischen Krieg ein bedeutungsvolles Thema der Bauernrevolten).

Die Dreschflegelschwinger schreien also laut, »daß ehe drei Tage vergehen, das Christenfleisch zu sechs Denier das Pfund verkauft werde«. Das Wort erweckt Grauen und Richter Guérin, unser mutmaßlicher Berichterstatter, wagt kaum, es zu berichten. Paumier aber, der gleich Spartakus mit einer Bärenhaut bekleidet ist, die den Schrecken der Bürger bildet, setzt sich aus eigener Machtvollkommenheit auf einen der Stadtregentenstühle, von dem er den Vertreter der herrschenden Klassen verjagt. Es ist die verkehrte Welt, in der das Pfund ranzigen Thunfischs und der faulende Wein 20 und 25 Sous kosten, »das Rebhuhn mit Orange, die gebratene Schnepfe« und die köstlichsten Speisen (und das Christenfleisch) nur 4 oder 5 Denier, wie es die »besseren Leute« in einem langen spaßhaften, karnevalistischen »Tarif« vorgeschrieben haben, um Paumier lächerlich zu machen. Und dieselben »besseren Leute« bedienen sich des Karnevals, um sich in Fastnachtskleider zu hüllen, die ihren Willen zur Ordnung, zur Macht, zur Selbstdarstellung und zur Einschüchterung symbolisieren und auch ihren Wunsch, sich gegen die Barbarei der revoltierenden »Skythen« mit den brutalen Kräften mannhafter Repression nach Türkenart zu verbinden: Die Leute der Ordnungspartei verkleiden sich also als König, Kanzler, Erzbischof, Großrichter, Schützen, Schweizer Gardisten und beturbante Türken. Am Ende der Messe kreuzt ihr Paradeumzug den der Volksmenge, die ihrerseits bereits Trauer trägt für den Tod derer, die sie als ihre Unterdrücker betrachtet. Der Herold der Paumieranhänger verkleidet sich als Beerdingungsausrufer in Rot und Blau (die Trauerfarben) und reitet auf einem Esel; und das Gefolge schreit wieder: »Zu sechs (oder vier) Denier das Christenfleisch.« Die Reichen legen diesen ärgerniserregenden Slogan als Ausdruck eines kannibalischen Wunsches an ihre Adresse aus; Adlige, Amtsträger, Bürger und Kaufleute unterstellen der Menge die gräßliche Absicht, sie alle zu töten oder aber, sie am Fastnachtsdienstag zu verspeisen, um sich ihre Frauen anzueignen und sich ihr Vermögen zu teilen – unausgesprochener Beweggrund mancher Revolten. Entsetzliches Komplott, Narrenfest, blutige Narretei des Fastnachtsdienstags, die die Welt wahrhaftig auf den Kopf stellen und den Sinn der Worte und der Dinge umkehren würde.

Gerechtfertigt oder nicht, erweckt diese Angst, die den besseren Leuten von Romans fortan in den Knochen sitzt, den Wunsch nach Bestrafung. Sie erwählen als Anführer einen gewissen Laroche, der früher ein enger Freund Jean Serves, sein Bürgerkriegsgefährte gewesen und jetzt, wie es manchmal geschieht, sein erbitterter Feind geworden ist. Die Stadt teilt sich in feindliche Parteien, die den verschiedenen armen oder reichen Stadtteilen entsprechen und den Totemtieren, die den Preis ihrer jeweiligen Brauchtumsfeste bilden: Hammel-, Hasen- oder Kapaunpartei (der von Jean Serve geführten Ackerbürger und Handarbeiter); Hahnen-, Adler- oder Rebhuhnpartei (der besseren Leute). Laroche wird metaphorisch aufgefordert, das Rebhuhn zu *dekken.*

Man wird bemerkt haben, daß die von den Armen gewählten Tiere – im Gegensatz zu dem teils zarten oder kostbaren (Rebhuhn) teils kraftvoll männlichen (Hahn, Adler) Tiervolk der Reichen – schwach, ihrer Männlichkeit beraubt und, wie es der Notar Eustache Piémond sieht, der doch den Rebellen durchaus mit Sympathie gegenübersteht, »von schlechter Vorbedeutung« sind: Die Aufrührer scheinen kaum fest entschlossen, zu siegen; die Trauerriten, die sie üben (deren psychologische Bedeutung übrigens ziemlich dunkel ist) zeigen an, daß sie ein eventueller Tod ihrer Herren mit gewissem Bedauern (natürlich mit Haß gemischt) erfüllen würde. In der Tat sind sie es, die Unterworfenen, die sich nach dem Hinscheiden Paumiers besiegen und widerstandslos von den Adligen töten lassen »wie die Schweine«.

Der Karneval verliert aber auf alle Fälle nicht seine Rechte (das Abschlachtungsfinale findet ein wenig später, beim Scheine der von

Kindern geschwungenen Fackelleuchten des Fastnachtsdienstags statt); und dieser Karneval bietet beiden Parteien eine traumhafte Gelegenheit zu theatralischer Überhöhung: Auf beiden Seiten werden Kampfspiele, Ringelspielwettkämpfe, Bälle und prachtvoll geregelte Gelage veranstaltet, von denen Botschaften und gegenseitige Herausforderungen ausgesandt werden; die Feste bilden das Präludium zu dem blutigen Kampf, bei dem zu Musikbegleitung massakriert wird. Die Gelegenheit zu diesem Massaker liefert in der Nacht zu Fastnachtsdienstag der letzte Umzug der Rebhuhnpartei mit Tanz, Maskerade und Aufmarsch von vier Königen und einer Königin, die so prunkvoll gekleidet ist, »daß alles an ihr nur so funkelte«. Hat die Kapaunenpartei versucht, diese Königin zu attackieren und den Umzug zu plündern? Wie dem auch gewesen sein mag, die Frauen der besseren Leute beim Rebhuhnball geraten in Panik, haben Angst. Und aus dem Ballsaal strömt eine von den gereizten Reichen bewaffnete Menge, die Totschläger des Fastnachtsdienstags: im Morgengrauen dieses Tages (15. Februar 1588) erschlagen sie in einem Überraschungsüberfall Paumier durch einen Spießstoß ins Gesicht; die anderen Volksführer müssen an Seilen über die Mauer klettern oder sich durch Durchschwimmen der eiskalten Isère retten. 1500 Bauern der Umgebung, vom Sturmläuten alarmiert, eilen herbei, die Handwerker zu retten; zu spät! In dem in seine Mauern eingeschlossenen Romans dauert die Schlächterei drei Tage: Das »befreit« die feinen Leute »von der Tyrannei der Bauern und Bündischen«. Der Metzger La Fleur und acht andere Anführer werden gehängt. Die Leiche Paumiers »zu verfault und stinkend«, um gepfählt zu werden, wird auf den Müll geworfen. Endlich können sich die Edelleute an den Empörern rächen, »die sie niedermachen wie Schweine«. So endet der Karneval von Romans, ein verfehlter Akt der Gesellschaftsumkehrung: Alles ist wieder im Lot, die einen Augenblick lang umgeworfenen herrschenden Klassen stehen wieder auf den Füßen. Und um diese Rückkehr zur Ordnung besser zu verdeutlichen lassen die Richter das Abbild Jean Serves, des toten Rebellenführers, mit den Füßen nach oben und dem Kopf nach unten aufhängen.

Der blutige Karneval von Romans, eine lange Reihe symbolischer Darstellungen, ist eine Art Psychodrama, ein Tragödienballett, dessen Darsteller ihre Revolte gespielt und getanzt haben anstatt in Manifesten über sie zu reden; er ist aufgebaut wie ein Kunstwerk, das mühelos den Zugang zum Schaffen des Unbewußten findet. Ohne Zwischenschaltung einer verdunkelnden und sublimierenden Deckideologie offenbart er daher im Aufstand und in seiner Unterdrückung, in den beiderseitigen Ängsten, die sich kreuzen wie Schwerter, etwas von den unformulierten Inhalten, die im Falle der üblichen, weniger ausdrucksvollen Revolten verhüllt bleiben.

Gleichzeitig läßt gerade der außerordentliche Reichtum und die präzise Artikulierung ihrer Themen eine vergleichende thematische Studie der Rhonerevolte mit anderen mittelalterlichen oder modernen Revolten zu, die ebenfalls im languedocschen, im provenzalischen und im franco-provenzalischen Raume stattgefunden haben. So waren das zum Verkauf angebotene menschliche und christliche Fleisch, unbestreitbar eine menschenfresserische Phantasie und das damit verbundene Thema des Frauenaustauschs, den man in Romans ganz sicher in den Ängsten der Reichen und wahrscheinlich in den Drohungen der Armen begegnet, schon in der gleichen Reihenfolge zur Zeit der *Tuchins* aufgetreten, bei den Revolten des Languedoc von 1379 bis 1381, unter Benutzung fast derselben blasphemischen Ausdrucksweise. Wie ein Text berichtet, öffneten »die Aufrührer mit Eisenstangen die Körper der Offiziere des Königs, aßen wie wilde Tiere das *getaufte Fleisch* und fütterten damit ihre Tiere«.[1] Die Rebellen wurden auch beschuldigt, daß sie, nicht zufrieden damit, das Fleisch der Ehemänner zu essen, auch das derer Gattinnen besitzen wollten. Wie ein Chronist des Jahres 1381 berichtet, hatten die Armen von Béziers vor, ihre eigenen Frauen umzubringen, um an ihrer Stelle die schönen Gefährtinnen der Reichen zu nehmen.

Übertriebene Anschuldigungen, wird man sagen. Aber selbst in diesem Falle bleiben sie bezeichnend für die Struktur der Berichte über die Aufrührer und somit für die Obsessionen der Berichterstatter, den Zeugen ihrer Zeit. In der Tat zieht sich das Thema von der Entführung der Frauen der Reichen und der Töchter der Adligen durch die Armen wie ein roter Faden durch die Volksrevolten von einst bis hin zu den niederbretonischen Erhebungen der Jahre 1589 und 1675. Der junge Marx sah darin sogar das zu seiner Zeit verschwundene Merkmal eines primitiven Kommunismus.

Was nun das benachbarte Thema gotteslästerlicher Menschenfresserei angeht – das manchmal von hysterischem Kastrationsgeschehen begleitet ist – so wird es nicht nur, wie wir gesehen haben, in Romans

[1] Man bemerke die erstaunliche – eine psychologische Synchronie enthüllende – Ähnlichkeit zwischen den beiden Ausdrücken: »getauftes Fleisch« in Montpellier, »Christenfleisch« in Romans, zwei Jahrhunderte später.

und in Montpellier bezeugt, sondern auch bei der hugenottischen Plünderung Lodèves (1573), bei der Schifferrevolte von Agen (1635) und gleichfalls bei der ausschweifenden Enthemmung des Volkes, die sich im Jahre 1610 bei der Vierteilung Ravaillacs entlud.

Eine historische Psychoanalyse wird eines Tages Licht in die diversen »Identifizierungssymptome«[2] bringen müssen, die sich Luft machen in den Drohungen, den Ängsten und manchmal dem realen Tun, von denen die Erhebungen der städtischen Plebejer und der Bauern begleitet werden. Das Wichtige für uns hier war, anhand des faszinierenden romanaisischen Beispiels die enorme Gefühlsgeladenheit deutlich zu machen, die bei den südfranzösischen Revolten der zweiten Hälfte des 16. Jahrhunderts hervorbricht. Diese Rebellionen gehen sehr weit: Sie richten sich, wie wir noch sehen werden, gegen Institutionen, die von früheren Aufständen noch respektiert wurden. Aber obwohl sie gesellschaftlich kühner sind, erscheinen sie in Revolte und Niederschlagung barbarischer. Sie haben politisch weitergesteckte Ziele, aber gleichzeitig setzen sie die tiefinnersten Instinkte der menschlichen Psyche in Bewegung.

Die Croquants des Languedoc und Mittelfrankreichs

Die Bauernbewegung ist denn auch nach dem blutigen Fastnachtsdienstag von 1580 noch nicht tot. Zerschmettert im Rhonegebiet, taucht sie in den Bergen des Zentralmassivs, den Bergen des Languedoc, der Auvergne oder des Limousin wieder auf. Alle werden seit 1560 von Krieg, Räuberbanden und Guerillakämpfen verwüstet. Mehr als die Ebenen erleben sie entsetzliche Hungersnöte wie die des Jahres 1586. Gamon, ein Bürger aus Annonay bestätigt in diesem Punkte das Zeugnis einer armen Frau aus dem Lozère, die sich von Aas und Brot aus Farnkraut nährt: Er beschreibt die »beispiellose Unfruchtbarkeit«

[2] In bezug auf eines dieser Symptome findet man eine psychologische Analyse der Menschenfresserphantasien und -ängste in der Geschichte der europäischen Gesellschaften in den Arbeiten Devereux's (der dieses Phänomen in Zusammenhang bringt mit gewissen Regressionen und einigen ganz bestimmten infantilen Ängsten). Ganz allgemein werden die Umkehrungs- und Identifizierungssymptome nirgends sichtbarer als bei den *Tafurs,* den chiliastischen Aufrührern, die am ersten Kreuzzug teilnahmen: Die von ihrem König Tafur angeführten Tafurs essen die Türken, bekleiden sich mit deren luxuriösen Gewändern und vergewaltigen die türkischen Ehefrauen.

des Erntejahres 1585–1586 im Vivarais; der Weizen hat keinen Preis mehr; die Menschen auf dem Lande sind »gezwungen, sich von Eicheln, wilden Wurzeln, von Farnkraut, Traubenrückständen und im Herd getrockneten Traubenkernen zu ernähren, die sie mahlen, um daraus Brot zu backen ebenso wie von Fichten- und anderen Baumrinden, von Nuß-und Mandelschalen, von alten Dachziegeln und Backsteinen, die sie mit etwas Gersten-, Hafer- oder Kleiemehl vermischten«. Wie so oft ließ der Hunger die Pest aufblühen; die von 1586 wird in aller Schwere von den Buchführungen bezeugt: Jean Burel sieht dem Testieren der Pestkranken zu; einer sitzt auf einem hohen Stuhl, ein anderer auf seinem Feld, wiederum ein anderer lehnt sich aus seinem Fenster, alles Vorsichtsmaßregeln, die getroffen werden, damit der Notar sich nicht ansteckt. Eustache Piémond seinerseits zählt in seiner Heimatstadt Saint-Antoine 800 Tote; seine Dienerin und seine beiden großen Töchter ebenso wie sein Bruder und seine Schwägerin und ihre vier Kinder sterben an der Pest. Er selbst ist krank, flüchtet sich in eine Scheune und überlebt durch Gottes Hilfe mit seinen vier verbliebenen Kindern. »Aber der Verlust ist groß für ihn.«

Vor diesem Hintergrund eines oft kriegerischen und blutigen Unheils im Zentralmassiv erwachsen die Bauernrevolten des Jahrhundertendes. Seit 1582 und zehn Jahre lang dauert der Steuerstreik im Hochland von Uzès. Die Bewohner schlagen die Bogenschützen tot, die ihnen die Steuereinnehmer schicken. In Espérou drohen im Jahre 1587 in den Waldstücken versteckte Büchsenschützen den Steuerbeamten, ihnen die Ohren abzuschneiden.

Im Jahrzehnt 1590 führt ein akuter Preissteigerungszyklus bei sinkender Produktion zu erneutem Steuerstreik. In den Jahren 1593–1595 ist er im Süden des Zentralplateaus allgemein. Vivarais und Gévaudan, wo doch keineswegs die Liga vorherrscht, verweigern den Königstreuen die Steuern. Die Einnehmer schicken Berittene gegen sie, legen den Widerstrebenden Kriegsvolk ins Haus, zwingen sie durch »Einquartierung, Garnisonierung und Wegnahme von Vieh«, verüben Greueltaten, pfänden Dachziegel, Türen und Fenster, Zugvieh und Kleidungsstücke. Dasselbe geschieht in von der Liga beherrschten Gebieten, im äußersten Norden des Languedoc (Velay); die Bauern, die Steuerpflichtigen, zeigen nicht mehr Eifer, an Joyeuse zu zahlen als ihre Nachbarn im Süden an Heinrich IV. Zwar würde Burel aus Le Puy es vorziehen »Frau und Kinder aufzuessen« als sich Heinrich IV. zuzuwenden. Aber er hat ein Herz für das Elend und die Reaktionen der armen Masse. Er schreibt, daß im Jahre 1593 in Le Puy die Steuerbücher in den Dreck geworfen wurden. Die Frauen verprügeln die Träger der Verzeichnisse und drohen, dem ersten Bürgermeister den Bart auszureißen. Die *Pinatelles,* eine wertlose Geldmünze, die den Süden Frankreichs unsicher macht, erzeugt in Velay wie in Narbonne die Wut des Volkes; 1592 befiehlt das Stadtkonsulat von Le Puy den Bauern, dieses Geld für ihre Erzeugnisse anzunehmen und will sie mit Gewalt dazu zwingen. Daraufhin fallen die Bauern über die Münzhersteller her und versuchen, sie zu töten.

Die Ereignisse werden noch kompliziert durch Nahrungsmittelkrisen und Teuerungen. Im Mangeljahr 1595 kommen Menschen vom Lande zur Arbeit an den Wällen von Le Puy und betteln vergeblich bei den Konsuln um Brot: »Um Gottes willen, laßt mich ein Brot und einen halben Karton Weizen herausnehmen, um meine armen Kinder zu ernähren. Wir arbeiten an euren Gräben; können wir da nicht ein Brot bekommen?« Zu solchem Unglück kommen noch die Mißhandlungen durch das Kriegsvolk. Der Augenzeuge Burel entrüstet sich darüber: »Nie haben die Juden unserem Herrn Schlimmeres angetan als die Soldaten es den armen Bauern antun; sie werden als Gefangene fortgeführt, mit ausgestreckten Armen und Händen angenagelt, andere durchstechen ihnen die Backen und blasen sie auf, bis sie platzen, während sie an den Füßen aufgehängt sind. Ach armes Landvolk, tröstet Euch in eurem Elend, helft unserem Heiland, sein Kreuz zu tragen.«

Nicht alle teilen die resignierte Haltung, die Burel predigt. Im Jahre 1595 formieren sich im Nordlanguedoc Banden der *Croquants.* Sie sind das Gegenstück zu den *Gautiers* der Normandie, zu den *Francs-Museaux,* den *Châteaux-verts* und den *Lipans* aus Le Perche und sie sind Waffengefährten der *Croquants* des Limousin, des Quercy und des Périgord des Jahres 1594, deren Ziele und Methoden von Jean Tarde und einigen anderen Zeugen beschrieben werden, nämlich: Kampf gegen den Adel, der das Landvolk wie Sklaven behandelt und ihm die Grundrente verdoppelt und verdreifacht; Parole »Freiheit«; Solidarität des ländlichen dritten Standes ohne Ansehen der Religion; Verweigerung, wenn möglich, von Zehent, Taille und Rente; Abrechnung mit den zur Liga oder zu den Königstreuen zählenden Spitzbuben, die »das Rindvieh weggetrieben und die Mädchen genötigt« haben; Bauernaktion gegen die Bürger der Städte, die ihre Waren teuer verkaufen und das Land und die Halbpachthöfe zu billigem Preis an sich raffen, um dann eine hohe Miete dafür zu verlangen; Kampf gegen die Steuerbeauftragten, die die Bauern erpressen, um Profite für sich selbst zu machen; und zum Schluß eine Sonderaktion des vierten Standes: Streik und Streikposten in den Weinbergen der Edelleute. Diese mannigfaltigen Vorhaben tragen nicht den Charakter eines systematischen »Programms«. Sie sind eher zusammenhanglos und verzettelt. Manchmal entspringen sie der bäuerlichen Spontaneität; manchmal scheinen sie angeregt von Dorfintellektuellen, wie dem Advokaten Porquery und dem Amstanwalt Pauillac, genannt Papus, einem kleinen, schlecht gekleideten und verbauerten Mann.

Die *Croquants* des Languedoc von 1595 sind im Handeln ebenso entschlossen, aber in ihrem Programm weniger kühn. Burel sieht sie am Fuß der Wälle von Le Puy vorbeiziehen; zuerst am Karfreitag, »500 die keinerlei Steuer bezahlen wollen«; dann erneut kurz vor der Getreideernte, wo 1200 Croquants »die Dörfer auffordern, sich ihrer Partei anzuschließen, die keine Steuer zahlt und alle diejenigen zugrunde richtet und plündert, die sich ihnen nicht anschließen wollen«. Diese Rebellen des Languedoc sind in der Hauptsache von der Steuer besessen und wenig darauf aus, von der Steuer abgesehen, die herrschende Ordnung in Frage zu stellen. Sehr schnell geraten sie auch in Abhängigkeit vom königstreuen Adel; dieser benutzt sie als Hilfstruppen gegen die Liga. Und dann hat eines Tages Chevrières, der im Namen Heinrichs IV. in Velay regiert, genug von diesen lästigen Bundesgenossen; er stürmt sie mit Waffengewalt, macht sie nieder oder zerstreut sie.

Die kämpferischen »Campanères«

In der südwestlichen Ecke des Languedoc weist in den 1590er Jahren die Bauernbewegung ähnliche Züge auf: Ungestümes Handeln, aber enge Ziele, die sich auf die Forderung nach Frieden und den Kampf gegen die Steuer beschränken. Derart ist beispielsweise das Programm der Bünde oder Zusammenschlüsse der *campanères*, die sich ab 1591 im Lande von Comminges bilden. Am Beginn dieser Bünde steht die Verweigerung der Steuer und der Steuerstreik; und solche Widerspenstigkeit erzeugt bei den in Muret tagenden Landständen die Feindschaft der Prominenz gegen die ländlichen Streiter. Daneben aber üben die ländlichen Bünde auch noch Polizeifunktionen aus, indem sie versuchen, die Räuberbanden in Schach zu halten.

In ihrem Kampf gegen Steuer, Räuberbanden und Krieg sind die *campanères* des Pyrenäenlanguedoc eine originelle (wenn auch beschränkte) Schöpfung militanter Bauern, die sicherlich weniger »gebildet« sind als die kleinen Talarträger, die im Mittelwesten die Leitung der Croquantbewegung in die Hand nehmen. In der Tat findet sich in den Listen der Teilnehmer an den Bundesversammlungen des Comminges kein einziger Adliger, kein Talarträger; nichts als meistens analphabetische Bauern, Gemeindevertreter oder Dorfschulzen. Ein einziger Nichtlandwirt: Jean Désirat ist ein Landhändler, Delegierter eines Dorfes und Führer der gemäßigten Richtung.

Denn in der Bewegung der *campanères* bilden sich zwei Strömungen heraus. Die eine davon ist härter, setzt sich aus Bauern zusammen und besteht bis zum Frühjahr 1594 auf der Verweigerung der Steuer. Dieser extreme Teil scheint in die Umtriebe der Hugenotten verwickelt zu sein: mit Protestanten vermischt, beteiligen sich im November 1593 »drei- oder vierhundert bewaffnete, sich Croquants und Campanères nennende Männer« an dem Sturm auf die Kirchen des Comminges und an der Plünderung des Kirchenbesitzes.

Doch bildet sich eine andere, versöhnlichere Richtung heraus. Und diese hat das Bestreben, die ländlichen Bünde einfach unter dem Banner des großen *Bundes* zusammenzuschließen, der Liga, unter dem Befehl der katholischsten aller Parteien. An der Spitze dieser Strömung steht Désirat. Unter seinem Einfluß tritt der ländliche Bund 1593 den Landständen in Muret bei; und diese, die ihm lange Zeit den Rükken gekehrt haben, heißen ihn willkommen. Wiederum von Désirat angefeuert, versprechen die Bundesgenossen, die Kirche zu respektieren und den Gerichtsherrn anzuerkennen; und sie verpflichten sich, getreulich die Steuern zu zahlen. Schließlich liefern »die vereinigten Dörfer« der Liga der Bigorre auch Fußsoldaten. Von nun an untersteht der ländliche Bund der heiligen Liga; genau wie andernorts die Croquants den Königstreuen. Aus einer bäuerlichen Initiative wird er zum Befehlsempfänger des Adels, der Städte und der örtlichen Geistlichkeit.

Dennoch verzichten Désirat und seine Freunde, die *campanères,* auch nach 1593 nicht ganz auf ihre fordernde und bestreitende Rolle: Sie verlangen von der in Muret versammelten Prominenz auch jetzt noch die Verringerung der Taille, einen Waffenstillstand mit den Hugenotten (März 1594) und in Ermangelung eines solchen die Beschlagnahme der Kircheneinnahmen zur Bezahlung des unentbehrlichen Kriegsvolks.

So verläuft für das 16. Jahrhundert die Kurve der Bauernbewegung im Innern und an den Grenzen des Languedoc und auch allgemeiner in ganz Südfrankreich. Denn die Grundtendenzen sind den Regionen des Midi – Guyenne, Périgord, Languedoc oder Dauphiné – gemeinsam und die Rebellen kümmern die Provinzgrenzen nicht im Geringsten: Die ländliche Unruhe der Jahre 1525 bis 1560 entspringt der Unzufriedenheit mit der Steuer und dem Kampf gegen den Zehent; dieser findet seine Rechtfertigung, seine Ehre in der reformierten Propaganda. Dann entfaltet er sich in der revolutionären Praxis der Jahre 1560–1594 Schritt für Schritt zu einem Angriff auf die etablierte Ordnung und wird – wenn auch ohne Systematik und mit unterschiedlicher Intensität – zum simultanen Kampf gegen Steuern, Zehent und Feudalherrn, manchmal sogar gegen das Bürgertum; Bündnisse mit der Handwerkerschaft der Städte werden geknüpft; das Geschehen im Rhonegebiet im Jahre 1580 und die Bewegung der *Croquants* im Jahre 1594 bezeichnen so einen wirklichen Gipfelpunkt: In manchen Augenblikken scheinen die Kommunarden von Romans den Himmel stürmen zu wollen; die *Croquants* sind die Vorläufer von 1789.

Aber die »Aufklärung« des 18. Jahrhunderts, die diese ungehobelten Bewegungen mit rationalen Inhalten erfüllen könnte, erhellt noch nicht das Dunkel. Anfälle von Barbarei begleiten die Bewußtwerdung. Und diese selbst ist nicht von Dauer. Sehr bald erfolgt die Rückflut. Die Kämpfe gehen zwar weiter, bleiben aber nach und nach stecken in einem geschrumpften Programm. Nach 1555 und besonders nach 1600 ist aus den berühmten Revolten der Vor-Fronde jede Aktion gegen den Zehent, gegen die Privilegien und die Gesellschaftsordnung des Ançien Régime verschwunden, außer in seltenen Ausnahmen. Alles ist jetzt nur noch, und zwar mit äußerster Heftigkeit, gegen das königliche Steuerwesen gerichtet. Die großen Ziele von 1560–1595 sind vergessen; die revolutionäre Leidenschaft flutet zurück in die alten Geleise der Steuerturbulenz. Es ist der Absturz von Jaurès zu Poujade.

Fünftes Kapitel
Hexensabbate und Revolten

Das bäuerliche Bewußtsein drückt sich in den Erhebungen der Volksmassen aus, die wild ausgelebt werden bis zur schließlichen Niederlage; aber dieses Bewußtsein tritt auch in mythischer Weise zutage in der imaginären, übernatürlichen Revolte, dem Hexensabbat, dem Versuch einer Flucht in das Teuflische: Am Ende des 16. Jahrhunderts breitet sich nämlich in ganzen Regionen des französischen Südens, in den Pyrenäen, dem Zentralmassiv und bis zu den Alpen und dem Jura eine Welle des Dämonenglaubens aus. In den Bergländern, speziell den Pyrenäen des Languedoc und dem Vivarais, finden die Hexensabbate zur gleichen Zeit statt wie die Revolten des Volkes.

Heben wir die bedeutsamsten Episoden einer Geschichte und einer Geographie des Teufelsglaubens im Midi heraus, deren erste sich bereits am äußersten Ende des 15. Jahrhunderts abspielen. Gegen 1490 wird die Cevenne, ganz wie das Bergland des Vivarais oder des Queyras, zum Zauberberg, in dem Dutzende von Hexen auftreten, die oft spezialisierten Sippen angehören; die bekannteste von ihnen, Martiale, gilt als Kindsvergifterin, Weindiebin und Verhexerin; sie hat dem Teufel als ihrem Herrn gehuldigt. Alle diese Frauen werden beschuldigt, den Kult des Bocksteufels, eines stinkenden, geilen Tiers, mit den üblichen Riten zu üben: Küsse auf den Hintern, unfruchtbare Umarmung, Tänze, Anzünden schwarzer Kerzen, Herumtreten auf dem Kreuz, Beschimpfungen der Jungfrau Maria, die als »Rothaarige« bezeichnet wird. Die Hexen erleiden die Folter und werden auf den Scheiterhaufen zu Asche verbrannt (1493).

Dann beruhigt sich die Epidemie und ein dauerhafter Friede stellt sich ein, zumindest örtlich. Denn die Cevenne, die jetzt für die Reformation gewonnen worden ist, schwört Satan ab. Hier zumindest gelingt es den Hugenotten – wie in der Schweiz den Jüngern Zwinglis –, das Netz des Teufelsaberglaubens zu zerreißen und das bäuerliche Bewußtsein in den Griff zu bekommen. Gegen 1590 ist in dieser Gegend die Zeit der Hexensabbate vorbei. Nur noch harmlose Begebenheiten, wie mit kabbalistischen Zeichen versehene Brote oder Zaubereigeschichten mit Zigeunern, werden von den Konsistorien der Cevennen gerügt. Die Reformation ist die Trägerin einer helleren, humaneren und wärmeren

Religion; und sie ist erfolgreich bei der Heilung von Angst (oder bei ihrer Verdrängung).

Aber dieser Sieg ist nur ein Teilsieg und labil. Ein Teilsieg insofern, als der aus den Cevennen verjagte Teufel weiter nördlich, im Vivarais, Bastionen bewahrt: Dort wird im Jahre 1490 die Bäuerin Louise Fumat gehängt, weil sie angeblich die Hostie mit Füßen getreten, ihren Körper prostituiert, ihren Mann getötet und am Hexensabbat teilgenommen hat. Eine Generation später werden die Vachonne du Roux, Catherine Las Hermes und andere verbrannt (1519–1530); ihre Verbrechen: Sie sollen Ehepaare entzweit, die Hostie bespien, Schweine verhext und die Gigue um den Bock getanzt haben.

Labiler Sieg: Nach 1550 erlebt die Hexerei, die eine Zeitlang abgeebbt war, eine neue aufsteigende Woge, die zur Zeit der großen Scheiterhaufen zwischen 1580 und 1600 den gesamten Süden überschwemmt. Es gibt in dieser Beziehung nichts Aufschlußreicheres als den Vergleich der Berichte der beiden Brüder Platter, Felix und Thomas, im Abstand von vierzig Jahren, 1556–1596. 1556 ist die Satanskrankheit im Lande von Montpellier noch harmlos; 1596 wird sie pathologisch ernst.

In der Regierungszeit Heinrichs II. erwähnt der eher ängstliche und abergläubische Felix, der Ältere der beiden, nur nebenbei einmal einen Hexenmeister. Vierzig Jahre später begegnet sein junger Bruder Thomas einer ins Unendliche vergrößerten, auf der Furcht vor Satan beruhenden Angst. Vor allem die Fangschnurbesessenheit, die allgemein verbreitete Angst vor der satanischen Kastration, die Thomas im einzelnen beschreibt: Im Augenblick, in dem der Priester eine Heirat segnet, schleicht sich eine Hexe hinter den Bräutigam, knotet einen Faden und wirft unter Anrufung des Teufels ein Geldstück auf den Boden.[1] Wenn die Münze verschwindet, wird das Paar unglücklich, unfruchtbar und ehebrecherisch: »Es ist nicht zu bezweifeln, daß es der Teufel ist, der die Münze aufhebt und der sie bis zum Jüngsten Gericht bewahrt.« Platter gerät gegen 1595 mitten in die Fangschnurpsychose;

---

[1] Symbolische Kastration, die die Technik des Schweineverschneidens nachahmt: Dabei werden die Hoden mit einem Faden oder einem festen Strick abgebunden, so daß sie zur Erde fallen und nur die leeren Säcke zurückbleiben; daher die Bedeutung des Geldstücks (G. Maugard). Das Abbinden heißt eine *Ligatur* machen und die teuflische Fangschnur heißt im Kirchenlatein des Languedoc im Jahre 1609 *ligatura.* Zur Kastrationsangst müßte man das gesamte Werk Freuds heranziehen.

und sein Bericht bringt gerade durch seine Übertreibungen zum Ausdruck, wie stark die Furcht vor den Hexenkünsten war: »Im Languedoc werden keine zehn Heiraten von hundert öffentlich in der Kirche eingesegnet. Die Paare begeben sich mit ihren Eltern heimlich in das Nachbardorf, um dort ihre Eheschließung segnen zu lassen.« Erst dann können die Neuvermählten, von ihrer Angst befreit, nach Hause zurückkehren, das Hochzeitsessen einnehmen, sich ins Bett legen und jeden der Gäste mit einem Kuß auf den Mund verabschieden. Und Platter, ein seriöser Arzt, wiegt gravitätisch den Kopf: Die Panik ist so groß, schließt er, daß am Orte die Gefahr einer Entvölkerung besteht, durch das Seltenerwerden der Eheschließungen aus Angst vor der Fangschnur.

Die Angst vor der Kastration durch die Fangschnur ist untrennbar von der ständigen Impotenzfurcht des Mannes und in manchen Fällen der Frigiditätsbefürchtung der Ehefrau; der sexuellen Kälte, die von den Bauern des Languedoc um das Jahr 1600 kurioserweise mit Unfruchtbarkeit gleichgesetzt wird. Diese Thematik verliert nur langsam an unheilvoller Bedeutung; nachdem sie aus dem Languedoc verschwunden ist, bleibt sie im Volksglauben des Roussillon und Kataloniens noch länger bestehen. Und in den am wenigsten entwickelten Gebieten Europas (Sizilien, Süditalien) werden noch bis in unsere Tage von Neuvermählten Opferriten zur Verhinderung der Kastration vollzogen. Die Methoden sind verschieden, aber die Angst ist die gleiche wie die der Bauern des Languedoc am Ausgang des 16. Jahrhunderts.

Zu jener Zeit glauben im Languedoc die besten Köpfe, die höchstgestellten Menschen, an Teufelskünste und sind manchmal selbst gefürchtete Hexenmeister: Der königliche höchste Richter des Languedoc, Augier, vergiftet die schönen Damen mit einem goldenen Ring, in dem ein *spiritus familiaris* wohnt.

In der Zeit der berühmten Welle des Teufelsglaubens, die 1580 beginnt (und während der in der Franche-Comté und im Baskenland über 500 Scheiterhaufen brennen), erleben die Zauberberge, die große Wahnfabrik, deren Schlote wieder zu rauchen beginnen, ein Wiedererwachen. Die Kraftlinien der dämonischen Einflüsse verlaufen von den Pyrenäen über die okzitanischen Höhen des Zentralmassivs bis in den Jura. In den Pyrenäen des Languedoc, diesem Land entsetzlicher Verwünschungen, berichten die lokalen Historiker noch am Vorabend der Fronde von Hexenprozessen wegen »Verhexung von Vieh, Tötung kleiner Kinder in der Wiege, allgemeiner Zufügung von Ernteschäden« und als Folge davon Erhängung, Verbrennung, Auspeitschung oder

Verbannung der Schuldigen. Weiter nördlich ist das Rouergueland stark betroffen: Gegen 1595 herrschen dort die Hexenmeister über den Schmutz und die Unwissenheit der Bewohner, gottlose und grobschlächtige Menschen, denn dieses Volk weiß nichts von der Bibel. Da sie in abgelegenen Einzelanwesen oder kleinen Weilern leben, also weit von den Kirchen, gehen sie auch nicht zur Messe. So sind sie allen Dämonenängsten schutzlos ausgeliefert. Nicht weit davon, im Saint-Pons-Gebirge, einer Brutstätte von Astrologien und Aberglauben aller Art, ist der Teufel ebenfalls zu Hause; er verängstigt Pfarrer und Notare, deren Register aus den Jahren 1590–1600 uns ihre Furcht überliefern; er zieht mit der Stärke von sechs Männern den Leichnam der Suzanne Rességuière an den Füßen, die sich am Fensterkreuz erhängt hat; es ist auch allen geläufig, daß die Dämonen zwischen Rouergue und Saint-Pons hin und her laufen und dabei den Schnee auf den Gebirgspässen der Schwarzen Berge hinwegfegen.

Im Osten, in der hugenottischen Cevenne tritt, wie wir gesehen haben, die Krankheit nur noch in harmloser Form auf. Die wahre Satansstraße verläuft jetzt im Norden. Sie verläßt das Rouergue, überspringt das calvinistische Gévaudan und landet im Vivarais. Hier brennen im Jahre 1581 nach fünfzig Jahren der Ruhe wieder die Scheiterhaufen: Im Jahre 1581 setzen Konsuln, Ärzte und Apotheker von Annonay (Hauptstadt des Vivarais) die Waffen des Exorzismus und der in den Pfarrkirchen der Stadt geübten Folter gegen die Hexensabbate in den Gebirgen ein. Zitieren wir unter den Verfahren dasjenige der fünfzigjährigen Bäuerin Catherine Boyaronne aus Saint-Symphorion: Hochangesehene Bürger der Stadt »flämmen (sie) wie ein Schlachtschwein«, gießen ihr kochenden Speck in die Ohren und andere Teile ihres Körpers, der bei lebendigem Leibe kocht – alles das, damit sie gesteht, ihre Tochter zum Hexensabbat geführt zu haben.

Vom Vivarais aus führt die Dämonenkette schließlich nach Savoyen und dem Jura (über Lyon), wo es zur Zeit Meister Boguets von Hexenmeistern wimmelte... Ein Auflodern finsteren Geistes, Zaubereikrise am Ende des 16. Jahrhunderts; Teufelsglaube auf dem Lande, insbesondere im Gebirge. Wie soll man das verstehen, da doch in demselben Moment die Reformation ein Licht anzuzünden scheint?

Thomas Platter versucht im Jahre 1595 eine geographische Erklärung: Wo sind, so fragt er sich nach seinen Reisen in den Midi, die Hexenmeisterdörfer? Und er antwortet: Dort, wo die verstreute Siedlungsweise, die Landschaftsgestalt usw. den Bauern den Besuch der Messe oder der Gotteshäuser untersagen; wo die Besuche der geistlichen Hirten schwierig sind; wo die Landleute unwissend, ohne Kenntnis der Bibel sind. Dann sind sie für den Teufel die ideale Beute. Isoliert in ihren abgelegenen Höfen erzeugen sie die ursprünglichste aller ländlichen Ideologien, den Hexenglauben, den Glauben an Zauberei schlechthin. Daher sind das Rouergueland oder das Saint-Pons-Gebirge, die sich geistlich selbst überlassen sind, Hexenmeisternester. Es ist eine Zaubergläubigkeit der toten Winkel.

Die Erklärung ist zu statisch, sie kann aber dynamisiert und in den lebendigen Strom des 16. Jahrhunderts eingeordnet werden. Denn das Ansteigen von Akten der Zauberei entspricht nicht nur unveränderlichen geographischen Bedingungen. Es erfolgt zu bestimmten Zeiten, situiert sich präzise in der Zeit. Es ist das Anzeichen des Fehlens und der wachsenden Krise einer spirituellen Führung. Unter diesem Gesichtspunkt können gewisse, in ganz verschiedenem Kontext unternommene soziologische Analysen *mutatis mutandis* nützliche Hinweise erbringen. Der Bevölkerungsaufschwung des 16. Jahrhunderts führt zu einer verhältnismäßigen Dichte der Menschenmassen in den alten Pfarrgemeinden, den Vorstädten und den gerodeten Hängen der Gebirge. Aber weder die örtliche Geistlichkeit noch die zivilen Behörden haben dieses Phänomen vorausgesehen, verstanden oder auch nur zur Kenntnis genommen; nichts ist organisiert worden, um es aufzufangen. Erst im 17. Jahrhundert kümmern sich die Bischöfe auf ihren Pastoralreisen um die Kranken, die auf den abgelegenen Höfen des erst kürzlich besiedelten Landes, weit entfernt von den Kirchen, ohne geistliche Betreuung sterben.

Die Bürgerkriege ab 1560 verschärfen noch diesen Zustand des Verlassenseins: Priester werden massakriert, andere fliehen vor der Unsicherheit. Viele Geistliche verlassen ihre Schäflein, greifen zur Büchse und schließen sich den Soldaten der katholischen Liga an. Geistlicher Beistand ist also nicht mehr gesichert. Besonders betrüblich ist die Gottverlassenheit in den Gebirgen, Brutstätten von Gesetzlosigkeit, Räuberei und Terrorismus: Fern von ihren Priestern stehen die Bauern allein ihren Ängsten, ihren uralten Schreckensbildern gegenüber. So weihen sie sich dem Teufel.

Der Wunsch nach Umkehrung

Heißt es aber nicht, die Analyse vereinfachen, wenn man die Teufelssucht nur auf seelische Entbehrung, auf eine Entwertung der Überzeugungen oder gar auf einen Mangel an religiöser Betreuung zurückführt? Über die »Negativität« hinaus muß man der Zauberei ihren vollen kompakten Charakter als echt bäuerliche, kraftstrotzende Ideenwelt zubilligen, die aus Urzeiten und dem Urgrund der Seelen kommt. So erscheint sie nicht nur als Ausdruck eines geistlichen Vakuums, sondern als lebendige Reaktion des bäuerlichen Bewußtseins. Dieses ist enttäuscht von den Ideen städtischer Herkunft; nach 1560 wird es von den Kriegen gebrochen, verängstigt von Elend und Tod, oft auch über sexuelle Unfähigkeit (Fangschnur, Kastrationsangst). Es bricht aus, die Beute alter Wahnvorstellungen; es überläßt sich den Dämonen; mangels einer wirklichen Befreiung sucht es das Abenteuer einer Satansrevolte.

Diese fantasierten Aufstände und die wahren Volksaufstände, die in diesen Gebirgen ebenfalls um 1580–1600 ihren Höhepunkt erreichen, fallen oft geographisch, zeitlich und manchmal in denselben Familien zusammen. Aber zwischen Hexensabbatglauben und Revolten bestehen gewisse Verwandtschaften, besonders auf der Ebene der geistigen Strukturen und des psychischen Unbewußten. Wir haben bereits im Zusammenhang mit der Fangschnur auf bestimmte charakteristische Angstvorstellungen hingewiesen. Aber auch die Mechanismen der Legendenbildung weisen bemerkenswerte gemeinsame Züge auf. In beiden Phänomenen, dem Zauberglauben und dem Aufruhr findet sich nämlich von Zeit zu Zeit der Gedanke der Umkehrung, eine Fortführung des Traumes, das fiktive Aufdenkopfstellen der Wirklichkeitswelt, das im mythischen Gedankengut und im »Denken der Primitiven« so häufig ist. Es ist nicht erstaunlich, daß diese Verkehrung gewissen Arten von Revolten, ob nur geplanten oder durchgeführten und oft verzweifelten, eigen ist; denn die Welt umkehren, sie auf den Kopf stellen, heißt nicht, sie revolutionieren, nicht einmal sie wirklich verändern; es heißt aber, auf elementare Art ihre Berechtigung bestreiten, sie leugnen und die Nichtübereinstimmung mit ihr proklamieren. Und der Zauberglaube von 1600 ist, wie die Revolten und wie die Volksfeste, systematisch von dieser Neigung geprägt.

Typisch für die Besessenheit von dem Wunsch nach Vertauschung ist das in einem Verhör festgehaltene Zeugnis eines kleinen Hexenmeisters aus dem Süden, eines 15jährigen Jugendlichen aus Saint-Jean-de-Luz, der eine schwarze Messe beschreibt, wie er sie im Jahre 1609 »sechs oder sieben Mal« von dem Pfarrer Jean Souhardibels in der Ortschaft Cohandia (im Lande Labourd) zelebriert gesehen haben will: »Während dieser Messe hob Souhardibels bei der Elevation eine schwarze Hostie mit den Füßen nach oben in die Höhe, den Kopf nach unten dem Teufel zugekehrt und er blieb in dieser Stellung während der Elevation so lange Zeit wie man brauchen würde, um ein *credo* zu sagen und der Zeuge selbst nahm vor uns die gleiche Stellung ein, um es uns besser zu zeigen (denn Satan lehrt sie die schrecklichsten Dinge, die man jemals gesehen hat) und er sagte uns noch mehr und Dinge, die er nicht ausdrücken konnte, daß der ganze Leib des Priesters in die Höhe gehoben wurde, so daß er, obwohl der Leib umgekehrt war und den Kopf unten hatte und die Füße nach oben, trotzdem die Elevation vornahm; er sagte, daß Körper und Arme des Priesters in der gleichen Proportion waren wie unsere Priester sie haben, wenn sie die wahre Elevation in der Kirche Gottes vornehmen, weil (wie der Zeuge hinzufügt) der Teufel beim Hexensabbat alle Dinge verkehrt herum erscheinen läßt, wie sie allen Menschen unmöglich scheinen, aber nicht ihm.«

Ein wertvolles Zeugnis. Denn in der totalen Absurdität eines Vorstellungsbildes – ein Priester, der die Messe liest mit den Füßen in der Luft und dem Kopf nach unten – kündet es von der hartnäckigen und am Ende deutlich ausgedrückten Forderung mythischen Denkens nach Vertauschung der Institutionen, nach Umstülpung der Welt kopfüber, kopfunter. Zwei Jahre später (1611) nimmt ein anderer Zeuge die gleiche Idee in verschiedener Form und den Gesetzen der Schwerkraft weniger zuwiderlaufend wieder auf: »Die Priester im Lande Labourd«, läßt er sich vernehmen, »zelebrieren die schwarze Messe nicht nach normalem Ritus, sondern »gegen den Strich«; und z. B. lesen sie die Messe mit dem Gesicht zu den Anwesenden und nicht zum Altar wie bei der richtigen Messe. Auch weihen sie anstelle einer weißen Hostie eine schwarze Wurzel.« Eine tiefe Sinnesstörung; und auch hier wieder Umkehrung der normalen Verhältnisse.

Diese »Verkehrte-Welt«-Thematik ist nicht auf das baskische Gebirge, das dunkle Land der Hexen, beschränkt. Man findet sie in verschiedenen Formen im katalanischen Zaubereiwesen: Von hinten nach vorn rezitierte lateinische Gebete, Dämonen mit umgedrehten Leibern, deren Gesicht sich an der Stelle des Unterleibs befindet (auf den Teufelsbildern der katalanischen Schule, die im Perpignaner Museum aufbewahrt werden). Man findet sie aber auch im ganzen Mittelmeersüden Frankreichs, nun nicht mehr als Drama von Hexensabbat und schwarzen Messen, sondern unter den possenhaften Aspekten des Narrenfestes, der kirchlichen Saturnalien, Schabernack- und Possenmessen, die von einem Karnevalspriester zelebriert werden, der fröhlichen Gemüts die burleske Hymne *Memento David ohne Trüffel* anstimmt.

Bei denen, die Messe und kirchliche Hierarchien nachäffen, geht die Bemühung um Umkehrung sehr weit. Naudé hat einige Zeit später einen dieser Folkloregottesdienste der Mittelmeergegenden beschrieben, wie er in dem Franziskanerkloster von Antibes stattgefunden hat: Beim Narrenfest nahmen die niederen Laienbrüder, die Küchendiener und Gärtner, in den Chorstühlen die Stelle der Ordenspriester ein; die geweihten Gewänder sind zerrissen und werden umgekehrt getragen, die Bücher umgedreht und verkehrt gelesen und zwar mit blinden Brillen ohne Gläser und mit Vorsatzstücken aus Orangenschalen; Messe und Psalmen werden undeutlich, von kleinen wirren Schreien unterbrochen, gemurmelt.

Aber diese bis ins Detail gehende Umkehrungsthematik findet sich nicht nur bei den Hexensaturnalien und dem Narrenfest, sondern auch bei den großen sozialen Saturnalien als die die Volksrevolten früherer Zeiten erscheinen; mangels realer Möglichkeiten haben es diese sehr schwer, einen effektiven Plan zur revolutionären Veränderung der Gesellschaft aufzustellen und wenn sie über unmittelbare Forderungen hinausgehen, sind sie beherrscht von dem wilden – oft chiliastischen – Wunsch nach Vertauschung von Rang, Realität und Riten: »Die Ersten werden die Letzten sein«.... Auf den Kopf gestellte Bücher verkehrt herum lesen ist die groteske Posse der niederen Laienbrüder von Antibes; aber hunderte von Meilen entfernt wird es zu einer schwerwiegenden Geste sozialen Trotzes, deren sich die Wiedertäufer von Münster vollig unabhängig davon bedienen, um das arme analphabetische Volk zu verherrlichen.

Und ohne so weit zu gehen: Im südlichen Rhonegebiet wird die gesamte Handwerker- und Bauernrevolte, die in den blutigen Maskeraden des Karnevals von Romans ihren Höhepunkt findet, in der Psyche des Volkes und der Bourgeoisie als Umkehrung erlebt: Als angestrebte Auswechslung von Reich und Arm bis ins Absurde, von Rängen, Lebensbedingungen, Gütern, Ehefrauen und sogar den Preisen aller Lebensmittel.

So scheint denn der Prozeß der Bewußtseinsveränderung am Ausgang des 16. Jahrhunderts manchmal durch das Aufgeben der Ziele fehl zu schlagen oder aber vehement im Irrationalen zu münden. Das kommt daher, daß die vernünftigen Kampfziele – die sich gegen den Zehent, die Grundrenten, die Grundherrschaft, die Privilegien, die schlechte Verteilung des Bodens und die etablierte Unordnung richten – noch nicht auf einer gebildeten Elite, Trägerin der »Aufklärung« und auf einer modernen Auffassung vom Menschen fußen. Und die noch primitiven Kämpfe bleiben stecken in der Finsternis des Geistes; der kämpfende Bauer tastet im Dunkel, und dieses Dunkel verdichtet sich am Ende des Jahrhunderts ... Der Bevölkerungszuwachs wird, wie wir gesehen haben, nicht von einer harmonischen Vermehrung des Reichtums begleitet; und diese soziale Fehlentwicklung findet ihre Entsprechung auf der Ebene des Bewußtseins, der bäuerlichen Kämpfe und der unbewußten Vorgänge. Denn der Bauernfreiheit ist kein Sieg beschieden; so kehrt die Angst zurück und mit ihr die alten Wahnvorstellungen; und im Verhalten der Volksmassen erleben wir so das Wiederauftauchen eines weit zurückliegenden »primitiven Denkens«.

Dritter Teil
Die Offensive der Rente

Die Widersprüche des 17. Jahrhunderts, die später von Malthus und Ricardo in abstrakte Modelle gefaßt worden sind, haben die Religionskonflikte überlebt. Sie überschatten einen großen Teil des 17. Jahrhunderts[1]*: Nach 1600 wächst die Bevölkerung immer noch an, ohne daß in diesem langen Zeitraum auch das Globaleinkommen seinem realen Wert nach in gleichem Schritt zunimmt. Gewiß gibt es Anzeichen dafür, daß dem Bevölkerungsaufschwung der Atem ausgeht und daß die Vermehrung, von Armut unterdrückt oder erdrückt, auf der Stelle tritt. In den Dörfern, die noch nach 1600 vom Phänomen des Bevölkerungsaufschwungs betroffen sind, nimmt die Zahl der Steuerpflichtigen pro Jahrzehnt meistens nur noch um 2 bis 3 % zu und nicht mehr um 10 % wie im schönen Abschnitt des 16. Jahrhunderts. In manchen, zwar minderheitlichen Fällen, hört die Haussekonjunktur sogar völlig auf, um einer deutlichen Baisse zu weichen; die Pest von 1630 entvölkert nämlich einige Gemeinden, in denen ein Viertel oder ein Drittel der Bewohner dahingerafft werden.*

Diese Nuancen können aber nicht über das Wesentliche hinwegtäuschen: Trotz der durch die Pest verursachten Ausnahmen und trotz der im Vergleich mit der Vergangenheit abnehmenden Schnelligkeit erhält sich der demographische Aufschwung in den Dörfern des Languedoc noch unter Heinrich IV. und Ludwig XIII; erst nach 1680 kommt er zum Stillstand.

Die Gesellschaft leidet also an einem fortschreitenden Überschuß menschlicher Wesen. Sie liefert diesen aber nicht die zusätzlichen Ressourcen, die sie nötig hätten. Gemessen an der Höhe der Zehente und den Grundbucheintragungen vermehrt sich die landwirtschaftliche Produktion nach 1600 nicht in dem Tempo, das dem steigenden Bevölkerungsdruck angemessen wäre. Zwar gibt es einige schöne Erfolge: Zwischen 1600 und 1655 bedecken sich die Nachbargebiete des Golfs du Lion mit Rebanpflanzungen, deren Erzeugnisse nach Genua exportiert werden. In den Cevennen und dem Comtat Venaissin werden Maulbeerbäume und Seidenraupen gezogen. Auch wenn man über diese Erfolge auf Teilgebieten hinausgeht und sich die des Bruttoprodukts insgesamt ansieht, zu dem Getreide, Vieh und Olivenöl gehören, könnte der erste Eindruck optimistisch stimmen: Die Jahre 1600–1650 scheinen geprägt

---

[1] Die kursiv gesetzten Seiten, die in großen Umrissen die Perioden zwischen 1600 und 1650 behandeln, sind eine vom Autor vorgenommene Zusammenfassung des entsprechenden Teils der ungekürzten französischen Ausgabe.

von einer kräftigen Wiederbelebung und einer Vermehrung des Landwirtschaftsprodukts. Aber eine genauere Analyse rückt die Dinge in ein anderes Licht. Diese Wiederbelebung hat nichts mit echtem Wachstum zu tun. Sie bedeutet nur eine gewisse Erholung, eine gründliche Nachholepisode. Während der Bürgerkriege war das Landwirtschaftseinkommen real und global zurückgegangen. Im Laufe des 17. Jahrhunderts, zwischen 1600 und 1640–1660 gewinnt es schrittweise seine Höhe von vor 1560, der Zeit Franz I. wieder. Aber in der Zwischenzeit (sagen wir ungefähr 1550–1650) ist die Bevölkerungszahl trotz aller Widrigkeiten langsam gestiegen. Der Fluch des 16. Jahrhunderts wirkt sich von der Renaissance bis zum Barock und bis gegen 1650–1655 aus: Wenn die Dividende gleich bleibt, die Empfänger sich aber vermehren, kann der individuelle Anteil wohl kaum anwachsen, selbst wenn sich gewisse Erholungsphasen abzeichnen. Zwischen dem Edikt von Nantes und seiner Aufhebung wirken daher die vertrauten Verelendungsfaktoren, denen wir schon seit 1500 begegnet sind (siehe oben, erster Teil, 3. Kapitel) weiter. Sie zeigen sich besonders im Weiterbestehen der Bodenzerstückelung, jener Atomisierung der Parzellen, die ganz gewiß zur Verarmung führt, da sie nicht mit einer dauerhaften Ertragserhöhung pro Hektar einhergeht. Wieder einmal sind die compoix Zeugen der fortschreitenden Atomisierung des Grundbesitzes, die bis um 1680 weitergeht.

In einem Punkte allerdings unterscheiden sich die ersten sechzig Jahre des »großen Jahrhunderts« grundlegend von der im ersten Teil unseres Buches untersuchten vorangehenden Phase: Zum ersten Male erleben wir nämlich, beginnend mit den Herrschaftszeiten Heinrichs IV. oder Ludwigs XIII., die charakteristische Aufwärtsbewegung der Grundrente und aller möglichen Arten der Abschöpfung des Bruttoerzeugnisses durch die »Besitzklassen«. Die durch den Grundbesitzer vom Bewirtschafter (dem Pächter) erhobene Grundrente kommt in Schwung und setzt sich an die Spitze der Profite. Natürlich wird sie stimuliert von dem demographischen Aufschwung, der die Anwärter auf Pachthöfe vermehrt und die Nachfrage nach Land verstärkt, ohne daß doch das Angebot an verfügbarem Ackerland sich vergrößert. Dieser Anstieg des Pachtzinses erfolgt in einem veränderten Kontext: Der Landwirtschaftslohn, der sich nach der Verelendung des 16. Jahrhunderts auf der untersten Stufe stabilisiert hat, ist nun, im ersten Teil des 17. Jahrhunderts, zu einer nicht mehr reduzierbaren Variablen geworden, einem »Prellbock«; unter diesen Umständen kann die »moderne«

Aufblähung der Grundrente nur noch zu Lasten des Pächterprofits gehen; der Landwirt, dem es einst (zur Zeit der Renaissance) so gut ging, kommt immer schwieriger über die Runden, je weiter das Jahrhundert Ludwigs XIII. fortschreitet.

Die staatliche Abschöpfung ihrerseits, materialisiert in der direkten und indirekten Steuer, war dem realen Wert nach seit Ludwig XII., und bis zu dem jungen Ludwig XIII. einigermaßen stabil geblieben. All das ändert sich mit Richelieu: Mit der ihm eigenen Energie zieht er die Steuerschraube an und finanziert damit den Krieg und den Ausbau des monarchischen Apparats, was im Gegenzug zu Aufruhr und Revolte führt. Der Bauer, das »Maultier des Staates« und großer Zahler von Steuern, hat als erster unter der Steuerpolitik des Kardinals zu leiden...

Auch die katholische Kirche, die den Zehent von den Früchten der Erde erhebt, bleibt nicht zurück. Nach den für sie unheilvollen Zeiten der hugenottischen Erfolge und der Zehentstreiks (1560–1595) kommt nun die für den Klerus wohltätige Zeit der fetten Kühe des Jahrhunderts der Heiligen und des Triumph verkündenden Barocks: Die Zehentverweigerungen sind im 17. Jahrhundert voll und ganz vergessen. Im gleichen Rhythmus, in dem die Abschöpfung durch den Zehent steigt, den das Landvolk nun getreulich bezahlt, wachsen auf dem Boden des Languedoc Kirchen, Bischofspaläste, Klöster und Seminare, in deren Bau die aus der zehnten Garbe stammenden Sümmchen investiert werden. Nach dieser dreifachen Abschöpfung – der grundherrlichen, der staatlichen und der kirchlichen (Pacht, Steuer, Zehent oder, mit anderen Worten: Zahlung an Grundeigentum, Obrigkeit und Kirche) – kommt schließlich noch eine vierte Abschöpfungskategorie zu relativem Wohlstand; es handelt sich um die Summen, die in Form von Zinsen und Darlehensrückzahlungen in die Geldkatzen der Geldverleiher fließen, deren arme, ländliche Kunden so zahlreich sind. Die Schuldverschreibungen (die das Vermögen der Wucherer bilden) und die von den Schuldnern zugestandenen »rentes constitués« oder nicht rückzahlbare Darlehen, die aber ad infinitum zinspflichtig sind und so zu einem festen Einkommen für den Gläubiger (und seine Erben und Nacherben) werden, sind nach 1600, im Maße, in dem die Inflation sie weniger aufzehrt, eine bessere Geldanlage als in der Vergangenheit. Denn trotz gelegentlicher Haussen und manchmal eindrucksvoller Kursschwankungen ist die Zeit des Preisverfalls nach den 1590er Jahren endgültig vorbei. Keine galoppierende Inflation kommt den in Schulden erstickenden Bauern mehr zu Hilfe und sie sind nun den Geldverleihern mehr als je ausgeliefert. Das 17. Jahrhundert ist das goldene Zeitalter für Monsieur Dimanche.[2]

Während der ersten beiden Generationen der hier behandelten hundert Jahre stehen wir also vor einer ländlichen Gesellschaft, die immer mehr Menschen produziert, aber arm an Besitz und zu immer stärkerer Zerstückelung des nicht ausweitbaren Bodens verurteilt ist, dabei aber ausgebeutet von Rente und Abschöpfungen jeden Schlages. Diese verstärkten Abschöpfungen zu Lasten des Bruttoprodukts und des landwirtschaftlichen Produzenten erfolgen zugunsten jener prosperierenden Gruppe, die Quesnay hundert Jahre später die »Klasse der Besitzer« genannt hat: Herrscher, Grundeigentümer, Zehentberechtigte und andere Benefiziäre des »Nettoprodukts«. Die Konstellation ist mit Spannungen geladen.

Wenn diese Spannungen extrem stark gespürt werden, wie nach 1625, merkt ein Teil der Gesellschaft, daß sie leidet und ihr Leiden schlägt gelegentlich um in wilden Aufruhr (Agen, 1635; Rouergue, 1643; Montpellier, 1545, usw.). Die verhaßte Steuer liefert den rein oberflächlichen Vorwand dieses »Gefühlsaufruhrs« des Volkes; aber unterhalb der Antisteuerparolen regen sich dunkle Kräfte, bei denen die Rolle des kollektiven Unbewußten nicht zu übersehen ist: Die Rebellen von Agen finden im Jahre 1635 mühelos und einfach ihrem Instinkt folgend zu den Gesten der Kastration und des Kannibalismus zurück, die den Helden der Ilias und den primitiven Rebellen des Mittelalters selbstverständlich waren.

Kraftvoll, demographisch gewissermaßen gesättigt, aber voller Frustrationen und unlösbarer Widersprüche, in der Klemme zwischen ihrer Zeugungs- und Gefühlsenergie, die sie nach vorne trägt und den malthusianischen und ricardianischen Bremsen, die ihren Aufschwung hindern, geht die traditionelle bäuerliche Gesellschaft des Languedoc in der dritten Generation des 17. Jahrhunderts langsam auf eine negative Lösung und eine Konjunkturwende zu: Auf das fast zweihundertjährige Ansteigen der Flut, die einen schmerzlichen Höhepunkt erreicht, folgt unter Ludwig XIV. ein jähes Zurückfluten. Wir wollen versuchen, seinen zeitlichen Ablauf zu determinieren.

---

[2] Monsieur Dimanche ist die Figur eines Gläubigers im *Don Juan* Molières (Anm. d. Übers.).

Vierter Teil
Die Rückflut

1653–1654 zeigt der wöchentliche Marktbericht von Béziers für das laufende Erntejahr den Rekordpreis des Jahrhunderts für Weizen an: 10 Pfund 6 Sous pro Sétier. Und dann erfolgt der unwiderrufliche Sturz in die Tiefen des Colbertismus[1], in den Sumpf der Zeit der Aufhebung des Edikts von Nantes durch Ludwig XIV. Die Phase B der Nominalpreise, die sich so abzeichnet, ist hier wie in Italien früher eingetreten als im Norden Frankreichs, oder im Norden Europas. Um eine Vorstellung davon zu geben und einige Märkte zu zitieren, deren Preise bekannt sind, so scheint es, daß Mailand vor Aix und Béziers, Béziers vor Paris und Paris vor Danzig von der Rezession betroffen worden sind. Ansteckung von Süden nach Norden, die sich vom Währungsepizentrum am Mittelmeer bis zu den fernen Ostseeküsten erstreckt? Die Daten sprechen für sich: Der Preissturz beginnt in Mailand 1637, in Béziers 1654, in Paris und Beauvais 1662, in Danzig 1663.

Aber auch die Kontraste der Ernteerträge tragen zur Erklärung einiger dieser zeitlichen Unterschiede bei. Vielleicht hätte sich in Paris die Phase B schon im Jahrzehnt 1560 angekündigt, wäre sie nicht fast sofort daran gehindert worden: Die Hungersnot des Jahres 1661–1662 läßt die Kurven wieder ansteigen und bringt für ein Jahr in einem verzweiflungsvollen Ausbruch die höchsten Weizenpreise des Jahrhunderts. Wohl kann Ludwig XIV. in seiner Hauptstadt prunkvolle Feste zu seinem Regierungsantritt feiern, aber in einer ganzen roten Zone, die von Blois bis Boulogne reicht, krepiert das Volk vor Hunger, essen die Armen Kohlstrünke mit in Stockfischwasser eingeweichter Kleie, sterben oder trocknen aus, siechen dahin und verlieren den Verstand.

Nichts dergleichen im Midi. In diesem zur Trockenheit neigenden Lande haben weder Regen noch Weizengicht die Getreideernte des Regierungsantrittsjahres verdorben. Und paradoxerweise verkauft der Midi, Languedoc und Gascogne, im Mangeljahr 1662 über Bordeaux Weizen an die Normannen und die Pariser. Die Märkte im Süden verzeichnen im Jahre 1661–1662 nur eine geringe Getreidepreissteigerung, ohne Vergleich mit der, von der sie zur Zeit der Fronde gebeutelt worden waren. Und die absteigende Kurve der Diagramme wird in Béziers nicht (wie in Beauvais) durch den Zwischenfall zu Beginn des

[1] Jean-Baptiste Colbert, 1619–1683, unter Mazarin und während eines großen Teils der Regierungszeit Ludwigs XIV. einflußreicher Minister und Erneuerer des Finanzwesens.

Jahrzehnts 1660 durchbrochen; die Kurve der Getreidepreise bleibt auf ihrer ganzen Linienführung niedrig und lustlos bis 1673. Hier haben wir die Phase B des Colbertismus in ihrer ursprünglichen Reinheit: Die Preise sind niedrig, das Geld knapp; die Ernten sind oft reich (man kann es von den Aktivitätsindikatoren ablesen), aber sie verfaulen und verderben aus Mangel an Absatz; der Handel ist »seltsam unterbrochen«; das Land ist außerstande, seine Belastungen und die Unkosten der Bewirtschaftung zu bezahlen. Das Drama ist europaweit: Dem schlechten Absatz des Weizens aus Languedoc und Burgund entspricht der des Korns aus den Ostseeländern; und man erlebt die Verlangsamung, den provisorischen Ausfall des großen Kornausfuhrkreislaufs, der zwei Jahrhunderte vorher in Polen, im Fürstentum Preußen und im Livonien der Deutschordensritter begonnen hatte.

Internationales Verhängnis hat internationale Ursachen: Die Bischöfe des Languedoc erklären bei den Landständen die Absatzschwäche von Weizen und Wein manchmal mit den Überfällen der Berber oder der Fregatten, die von den Zollpächtern auf der Rhone postiert worden sind, um den Handel zu erpressen. Das sind zwar ganz reale Ursachen, aber nur gelegentliche, vorübergehende Provokationen; in Wirklichkeit hat der Preisverfall des Jahrzehnts 1660 tiefe Ursachen, die weit über den Rahmen einer Region oder sogar einer Nation hinausgehen. Eine dieser Ursachen ist das Nachlassen der Nachfrage, das wohl aus einigen großen demographischen Rückschlägen abgeleitet werden kann: Rückschläge in Spanien, Italien und, verursacht durch die Fronde, in Nordfrankreich; Rückschläge in Deutschland und in Polen (vergessen wir nicht, daß die Schweden und ihre Verbündeten es zwischen 1635 und 1665 fertig gebracht haben, zwei Nationen, die deutsche und die polnische, buchstäblich hinzumorden; hinzu kommt noch das Nachlassen einer zahlungsfähigen Nachfrage besonders wegen der »Geldhungersnot«, der wohlbekannten Verknappung des Geldes. Weniger bekannt, aber, wie betont werden muß, durch einige Studien allmählich dem Dunkel entrissen, ist die Tatsache eines vorläufigen Fortbestehens, einer gewissen Stetigkeit des Angebots: Im Norden Angebot von Weizen aus England und der Bretagne, das wahrscheinlich angeregt ist durch einen Sonnenwetterzyklus reicher Ernten und zweifellos auch durch Verkaufsanstrengungen; im Süden Angebot von italienischem und aquitanischem Mais; in unserer Region stetiges, bis gegen 1670 sogar wachsendes Angebot von Getreide und zehentpflichtigen Erzeugnissen außer Wein.

Internationale Nachfrage sinkend, stetiges oder manchmal sogar steigendes Angebot – liegt hier der Schlüssel zu dem Preisverfall der Phase B der Colbertzeit, die als Resultat erscheint?

Wenn im Midi die Phase B der Nominalpreise früher beginnt als im Norden, so erfolgt dort auch die Abschwächung früher als im Pariser Becken. Schon die zyklischen Preissteigerungen von 1678 und 1684 sind in Béziers und in Aix deutlicher ausgeprägt als in Paris oder Beauvais. Ist der Midi immunisiert, vom wirtschaftlichen Niedergang weniger betroffen als der Norden? Das scheint einleuchtend. Aber auch hier sind lokale, rein »zyklische« Ursachen im Spiel: Im Languedoc und der Provence sind die Preisauftriebe des Jahrzehnts 1680 einem Getreidedefizit durch Dürre zu verdanken; die Getreideernten des Nordens, in dem es feuchter und frischer ist, haben nicht im selben Grade unter der Gluthitze gelitten.

Ab 1690 ist die Wende überall da: Die Nominalkurse für Korn, Wein und Öl steigen in Béziers steil an, erreichen ab 1690–1700 erst die Rekorde der Fronde, um sie dann gegen 1709–1715 und nach 1718 zu übersteigen.

Die Preissteigerung ist europaweit und bedeutet vielerlei: Im Jahrzehnt 1690 ist einer der Faktoren der Zyklus von strengen Wintern und kalten, fauligen Sommern, von schlechten Ernten im Norden Europas. Aber auch die Aufblähung durch die Inflation spielt hinein. In Frankreich und in England führen die Regierungen Krieg; sie legen Heeresvorräte an; sie versuchen, die Steuern zu erhöhen und treiben dadurch die Steuerzahler dazu, ihre Verkaufspreise zu erhöhen, um die Steuerlast überzuwälzen. Besonders die großen Staaten finanzieren ihr Haushaltsdefizit durch Kreditaufnahmen, was letzten Endes Abwertung bedeutet. Diese Inflation ist es, die – mehr noch als der noch geringe Zustrom des »brasilianischen Goldes« – dazu beiträgt, um 1690–1700 das Diagramm der Nominalpreise in die Höhe zu treiben.

Es ist also ein ungesundes Wachstum, Steigerungen, die dem Elend, der Seltenheit und dem Schwarzmarkt zuzuschreiben sind: In Frankreich entsprechen sie zeitlich den Landwirtschaftskatastrophen vom Ende der Regierungszeit (Ludwig XIV.). Trotzdem ist dieses Wachstum imstande, auf manchen kleineren Teilgebieten den »Kreislauf von Produktion und Profit« zu beleben. Es schafft Kontraste, Kompensationen und Entwicklungen von »Scheren«, die aufgezeigt werden müssen: z. B. geht um 1700 die Landwirtschaft des Languedoc zugrunde, die Tuchmacherei dagegen floriert. Und während die Äcker brach liegen, verlassen die nach Osten segelnden, mit Stoffen beladenen Schiffe in immer größerer Zahl den Marseiller Hafen.

Die Nominalpreiskurven mit ihrem wechselvollen Bild, ihren Gefällebrüchen am Ende des Jahrhunderts sind sehr kontrastreich. Ganz anders sieht es mit den Preisen in Gold und Silber aus: fast jahrhundertelange Einheitlichkeit, trostloser Verfall. Wenn ich die Normalpreise des Kornmarktes von Béziers in Gold- oder Silberpreise umrechne, erhalte ich von 1650 bis 1730 eine sanft absteigende Kurve, ein fortgesetzt gleichmäßiges Gefälle; die Kurve zeigt zwar Wellenlinien, wird aber von den wenigen Unebenheiten der Jahre 1690 und 1710 nicht gebrochen. Es ist eine lange Periode der Baisse, achtzig Jahre; sehr wahrscheinlich ist sie ein Zeichen von Geldverknappung oder Schrumpfung der Wirtschaft oder von beiden zugleich.

Chronologische Kontraste also. Die Phase B der Nominalpreise war relativ kurz: Sie entspricht ungefähr der Dauer von Colberts Regierungszeit. Dagegen erstreckt sich die Phase B der Gold- und Silberpreise über eine lange Zeit. Sie dauert eine ganze geschichtliche Periode lang an, von Fouquet bis Fleury.[2] Die beiden Zeichensysteme, das nominale und das metallische, stimmen nicht überein. Muß man das erstere im Namen des letzteren verwerfen, den Realismus des Nominalismus wegen?

In Wirklichkeit muß dieser Widerspruch überwunden werden. Nicht aufgrund einer unfruchtbaren Debatte, bei der endlos über Silbergramme und turonensische Pfunde geredet und die abgedroschenen Gemeinplätze einer rein quantitativen Betrachtungsweise bis hin zu der Paradoxie einer geldlosen Wirtschaft vorgebracht würden. Aber echte Überwindung durch Hinwendung zum Konkreten: Jenseits der mehrdeutigen Landschaft der Preisdiagramme heißt es nun, vom Zehent ausgehend die erhellenden Leitkurven aufzudecken; Produktionskurven, Bruttoeinkommenskurven, sowohl die nominalen wie sodann die realen (in Weizen berechneten). Von diesen Aktivitätsanzeichen müssen wir übergehen zu den Bevölkerungsdaten und schließlich zur Spektralanalyse der Verteilung. Dann wird man über die Preiskurven, die nominalen und die metallischen, hinauskommen. Man wird diese dann besser verstehen, sie in einen wirtschaftlichen und sozialen Rahmen einordnen; man wird sie gewissermaßen transparent machen.

[2] Fouquet (1615–1680), unter Ludwig XIV. Superintendant der Finanzen, wegen angeblicher Veruntreuung 1661 verhaftet und nach 19jähriger Haft in der Festung Pignerol gestorben. Fleury, Kardinal, Bischof von Fréjus und Minister unter Ludwig XV. Geb. 1653, gest. 1743. (Anm. d. Übers.)

Erstes Kapitel
Wandlungen des Bruttoprodukts

Wein

Die Produktion. Erste Symptome: der Weinbau. Um 1670 herum zieht der Landwirtschaftsintendant d'Aguesseau eine Bilanz des Weinbaus in seinem Languedoc. Er bewundert einige kapitalistische Neuerscheinungen (z. B. bei einem Weingutsbesitzer von Béziers aus einer Stoffhändlerfamilie einen riesigen Weinkeller, der 10 000 Hektoliter aufnehmen kann); er beschreibt die entfernten – nicht sehr entfernten – Märkte, zu denen die Weine des Niederlanguedoc expediert werden: Nach Italien – Rom und Genua – über See; nach dem Südosten Frankreichs, Marseille, Grenoble, Genf, Lyon, über die Rhone. Nach den trinkfreudigen Ausläufern des Zentralmassivs – Vivarais, Gévaudan und hauptsächlich Mende (das als Säuferstadt gilt) mit Maultierkarawanen. Dieser Handel kommt einem reichlich provinziell vor, wenn man im Vergleich dazu an die französischen Weine der Atlantikküste denkt, die nach England, nach Holland und in die Ostseeländer gehen. Ein einziges Gewächs des Midi, der Muscat von Frontignan, ist zu dieser Zeit jenseits der Grenzen bekannt.

D'Aguesseau zeigt, daß der Handelshorizont eng begrenzt ist; meine eigenen Forschungen weisen niedrige Zehentzahlungen aus, die pessimistische Rückschlüsse auf die Produktion zulassen. In den großen Weinbaugebieten Béziers, Agde und Narbonne, die in Meeresnähe gut gelegen sind, sinkt die Produktion von 1645–1650 an und geht dann unter Colbert bis auf die Hälfte der Rekordhöhen vor der Fronde zurück. Sie stabilisiert sich danach auf dieser niederen Stufe bis etwa 1710 (in diesem Jahr brechen Kurven und Dokumentation ab). In Gaillac ist gegen 1700 der Weinzehent deutlich geringer als unter Ludwig XIII. und beträgt nur ein Viertel desjenigen während der Fronde. Gelegentlich machen sich von 1725–1730 folgenlose Belebungserscheinungen bemerkbar; sie werden zuerst von Kursstürzen gebremst und 1730 durch das Verbot der Weinanpflanzung ganz unterbunden. Das Ansteigen der Weinproduktion beginnt in Gaillac erst wieder richtig ab 1734 und besonders 1740, als das Anpflanzverbot in Vergessenheit gerät. Die Rekorde der Frondezeit werden erst nach 1751/1752 wieder erreicht. Aber erst nach Turgot, im Jahre 1779, werden sie geschlagen. Eine Entwicklung der Weinbauerfolge des frühen 18. Jahrhunderts und des Ausmaßes des Verfalls unter Colbert und Ludwig XIV., die zu denken gibt.

Der Nutzen dieser Weinzehente: Zunächst einmal berichtigen sie einen gewissen Mythos, mit dem manche guten Historiker den Bau des *Canal du Midi* umgeben haben. Glaubte man diesen, so wären Riquet, der von 1604 bis 1680 lebte und den Kanal gebaut hat, und die Stadt Sète, von der dieser ausgeht, die Urheber der Massenerzeugung von Wein im Midi gewesen. Das stimmt aber nicht. Agde und Béziers liegen beide an der neuen Wasserstraße. Und die Weinernte auf ihren Gebieten ist nie so miserabel gewesen wie nach der Vollendung von Riquets großem Unternehmen und während des folgenden halben Jahrhunderts. Der Kanal hat seine Früchte – Früchte der Nachsaison – erst getragen, als mit der zweiten Generation des 18. Jahrhunderts die Wiederbelebung der Wirtschaft begann.

Der Zusammenbruch des Zehents in Gaillac unter Ludwig XIV. ist bezeichnend für eine weiter verbreitete Not, von der alle Weine Aquitaniens betroffen werden. Unter Colbert klagen alle Winzer des Südwestens. John Locke stellt einem von ihnen im Jahre 1678 ein paar nüchterne Fragen: Der Mann, seine Frau, drei Kinder. Nahrung? Schwarzbrot und Wasser. Kein Fleisch. Nur an Feiertagen das Gekröse eines Schlachttiers. Einkommen? Von der Geringfügigkeit eines Nebenverdienstes: Für ihn, 7 Sous pro Tag, für sie, 3 Sous. Der kleine Weinberg bringt nichts ein: Anbaukosten, Fässer und die sehr hohe Grundrente sowie die direkte königliche Steuer, die Taille, fressen den ganzen Verdienst auf. Die Familie schläft unter dem Dach, in einem fensterlosen Raum; und sie wird gerupft von dem Steuereintreiber, der an Stelle des nicht vorhandenen Geldes, sich der Teller und der Bratpfanne des Haushalts bemächtigt hat.

Woher kommen diese Schwierigkeiten des Weinbaus und der Niedergang der zehentpflichtigen Produktion nach 1560–1660? Daher, daß die Preise, genauer gesagt, die Gewinnspannen der Preise von jener Zeit an aufgehört haben, ertragreich zu sein. Nicht einmal der Frost des Frühjahrs hat die Kurse wieder angehoben. In Béziers sinkt der Preis des neuen Weins von 1655 bis 1690 von 40 auf 20 Pfund pro Muid. Das ist ein Sturz von 50%, mehr als der Sturz des Getreidepreises (–25%). Von allen großen Erzeugnissen ist der Wein am stärksten von der Rezession betroffen; sein Preis sinkt mehr als der von Olivenöl und Lammfleisch; viel mehr auch als Löhne und Steuern. Daher werden die

Belastungen für den Weinbau unerträglich; und dieser bis dahin blühende Produktionszweig wird defizitär. Infolgedessen hört der Winzer auf, zu pflanzen, reißt die Weinstöcke aus oder läßt den Weinberg brach liegen. Er ist das große Opfer der Colbertschen Wirtschaftspolitik.

Die Weinbaukrise des Südens zwischen 1655 und 1690 ist gleichzeitig länger und tiefer als z. B. diejenige zwischen 1778 und 1785, die als Krise sehr bekannt ist. Sie ist länger, da sie eine ganze Generation lang andauert; sie ist tiefer, da sie zu dem Preissturz die Verringerung der erzeugten Mengen hinzufügt und so zu einem erschreckenden Umsatzverfall führt.

Dieser Katastrophe gegenüber reagieren alle Dörfer, alle Ortschaften auf die gleiche, durch Dutzende von Dokumenten belegte Weise: sie igeln sich ein, unterbinden die Einfuhr von Wein und Trauben aus dem Nachbardorf, trinken bei sich zu Hause und im Wirtshaus nur noch den selbsterzeugten Trester. »So lange, bis die Preise steigen«, wie im Jahre 1666 die Bewohner von Nègrepelisse schreiben. Der Weinbau löst sich in Atome auf; er gebiert kleine tür- und fensterlose, hartnäckig verbarrikadierte Monaden. Der Wunsch, jede einzelne Gruppe vor der Krise zu schützen, verstärkt diese für alle.

Wird nun der starke Preisanstieg des Weins, der nach 1690 wieder an die Getreidepreise gebunden ist, dazu führen, den Weinbau wieder anzukurbeln? Nicht doch. Die Weinzehente bleiben während der ganzen Endzeit Ludwigs XIV. und unter der Regentschaft niedrig, schwerfällig und unbeweglich. Der Preis ist nicht imstande, die Produktion wiederzubeleben. Für diese Unfähigkeit scheint es verschiedene strukturelle Ursachen zu geben: Zu hohe Steuern, zu enger Absatzmarkt; die Weinabnehmer werden zwischen 1690 und 1715 geringer an Zahl und Kaufkraft. Allgemein sind die Winzer am Ende der Regierungszeit Ludwigs XIV. entmutigt. Sie haben nicht das Herz, neue Weinstöcke zu pflanzen. Es dauert bis 1720, 1735 oder 1740, ehe sich das wirtschaftliche und psychologische Klima ändert: dann kann der Weinzehent sich vom »Boden lösen« und zu neuen Gipfeln emporsteigen.

Aber um 1700–1715 herrscht noch der Geist der Resignation und eine Provinzuntersuchung über verlassene Anwesen (1714) enthüllt, genau wie die *compoix*, eine große Anzahl verkommener Rebflächen, von Weinbergruinen, die wieder zu Brachland wurden, weil sie die Belastungen nicht ausgehalten und den Winzer nicht ernährt haben.

Unter diesen Umständen sucht der Weinhandel und die gewerbliche Weinverwertung seit den schwierigen Zeiten unter Colbert, sich anzupassen und neue Absatzmöglichkeiten ausfindig zu machen: den

Branntwein. Die klassisch gewordene Lösung der Verwertung der Überschüsse: Es wird destilliert, der Wein wird den Flammen ausgesetzt.

Bis 1666 wird im französischen Midi kaum Branntwein erzeugt. Der bleibt der Atlantikküste vorbehalten, den holländischen Seeleuten, den bretonischen Trinkern, den Weinbauern der Gironde und den baskischen Fischern, die so sehr nach Alkohol und Tabak stinken, daß ihre Frauen in den Liebesstreik treten. Gegen 1615 jedoch laden die Marseiller Schiffe Kisten mit Branntwein für die kanarischen Inseln und einige Jahre später für Saint-Malo. Das Meer wird zum Träger neuer Techniken. In Montpellier aber ist der Branntwein noch unter Ludwig XIII. nur eine Apothekendroge.

Dann, gegen 1663–1664, als sich die Weinbaukrise bereits häuslich eingerichtet hat – erscheinen ziemlich plötzlich neue Zeichen: im Jahre 1663 gehört zu der Mahlzeit der Weinlesearbeiter, zum ersten Mal erwähnt, ein Schluck Branntwein. Im nächsten Jahre werden zur Weinlesezeit in Lunel Klagen gegen einen neuen Typ Gewerbetreibender erhoben, der bis dahin in dieser Region unbekannt war: Die Weinbrenner. Die Leute sagen, daß deren Öfen die Holzpreise in die Höhe treiben, daß ihren Werkstätten fauliges Wasser entfließt. Vergebliche Klagen: der Fortschritt läßt sich nicht aufhalten. Auch im Jahre 1664 wieder erwähnt der Wochenmarktbericht von Béziers (diese ungemein präzise Quelle) am 10. April zum ersten Mal im Jahrhundert »zu Branntwein verarbeiteter Wein«; von da an wird er regelmäßig kotiert. Merken wir uns dieses Datum: Es eröffnet mitten im Marasmus des Weinbaus ein Kapitel Wirtschaftsgeschichte: das Kapitel des Branntweins im französischen Süden.

Der neue Produktionszweig läuft allerdings nur langsam an. Im Jahre 1670 verzeichnet d'Aguesseau in einem wohlinformierten Memorandum noch keinerlei Ausfuhr von Branntwein aus dem Languedoc. Aber Basville erwähnt sie im Jahre 1698 als wichtigen Faktor.

So stimulieren die Weinbaukrise und die Absatzschwierigkeiten für Wein in weiten Teilen Frankreichs unter Ludwig XIV. eine auf Branntwein fußende Trunksucht, die zu dem Weinalkoholismus der Epoche Ludwigs XIII. hinzukommt. Branntwein, Wein und Tabak treten weitgehend an die Stelle der an Wert verlierenden Reizmittel des Mittelalters: Pfeffer und Gewürze aller Art. Seit Ludwig XIV. lassen sich die Trinker des Südwestens vollaufen mit Birnen- und Apfelschnaps, den Vorläufern des überwältigenden Calvados, dem ganze Generationen von Bauern zum Opfer fallen. Und in den Städten haben die Reichen auch nicht mehr das Monopol des Weinbrandalkoholismus: von 1675 an vertilgen auch die Arbeiter kleine Mengen von Branntwein und eingelegten Nüssen; Wanderhändler verkaufen ihnen auf der Straße Alkoholika in Zinnbechern, auf Tischen oder Trittbrettern, die von tragbaren Wachstuchschirmen beschützt werden. Sogar in dem so nüchternen Süden wettern die Bischöfe schon 1680 gegen die Wirtshäuser, die der Untergang der Dörfer sind.

Zu dieser Zeit beginnt Sète ein Alkoholhafen zu werden: 1676–1684 errichten Finanzleute – an der königlichen Finanzverwaltung fett gewordene Schatzmeister des Königreichs, Verwalter von direkter und von Salzsteuer – in Sète eine kurzlebige Handelsgesellschaft, die Fässer mit Branntwein bis nach Amsterdam expediert. Später, im Jahre 1699 gefährdet ein gutes Weinerntejahr die Preise. Sofortige Reaktion: Die Destillierung. 45 000 Hektoliter Wein verlassen den Hafen von Sète. Aber weitere 45 000 Hektoliter wandern in die Retorte und verwandeln sich dort in 10 000 Hektoliter Branntwein, der ausgeführt wird.

Am Ende des Jahrhunderts, während der harten Krisen unter Ludwig XIV., wird der Branntwein zum Retter des Weinbaus. Von 1690–1693 an trägt er (mit Hilfe einiger schlechter Weinerntejahre) dazu bei, die Weinpreiskurse wieder an die Getreidepreise zu binden (von denen sie seit fünfunddreißig Jahren abgekoppelt waren). Aber diese Rettung ist keine Heilung. Der Weinzehent zieht erst wieder um 1735–1740 an; als die Absatzmärkte wieder aufwachen; als die besten Weine des Languedoc von Sète aus endlich »bis nach England, nach Holland und letzten Endes auch nach Rußland« gehen.

Weizen

Nach dem Wein der Weizen. Für diese Untersuchung wurden etwa ein Dutzend Gebiete zwischen Aquitanien und der Camargue herangezogen. Kommentieren wir nun, ausgehend von den graphischen Darstellungen, in Kürze die Daten: Zunächst einmal haben wir drei Gebiete, in denen die Weizenproduktion schon 1635 »aushakt«. Und das zuerst zögerliche Sinken der Erntekurven wird nach 1675 glatt beunruhigend. Zu diesem Zeitpunkt fällt sie in denselben Gebieten mit dem Rückgang der Wein- und Ölzehente zusammen. Sie bezeugt demnach einen allgemeinen Verfall der pflanzlichen Erzeugung im letzten Viertel des Jahrhunderts.

Auch in Cuxac (Narbonnais) zeigt sich seit den Jahren 1630–1635 eine leichte Unruhe. Aber im Falle dieses Dorfes wird unter Colbert die alte Lage wiederhergestellt, mehr nicht. Der wahre Niedergang beginnt erst im Jahr 1682; die von da an abfallende Kurve bleibt niedrig bis 1740 – wo sie aufhört, da es keine Dokumente mehr gibt.

In vier weiteren Gebieten zeigt die Weizenproduktion unter Colbert keinerlei Anzeichen von Kurzatmigkeit. Sie bewahrt in dieser Periode feste, manchmal sogar glänzende Positionen. Erst um 1675–1685 erfolgt der plötzliche Sturz in die Tiefe. Eine Tiefe, die ein halbes Jahrhundert währt und von da an mit der des Weinbaus zusammenfällt. Der Weizenzehent kommt für das Wachstum des »18. Jahrhunderts« erst ab 1730 wieder an die Oberfläche. In diesen Fällen sieht es ganz so aus, als ob wir uns der charakteristischsten Entwicklung gegenüber befinden. Zumindest was einen bestimmten Teil des Midi angeht, der sich ungefähr von der Rhone zur Garonne erstreckt. Niedergang zwischen 1675 und 1680; Tiefpunkt von 1680–1720: Stillstand, Verschwinden jeder Rodungstätigkeit, allen Pioniergeistes. Allgemeine Tendenz zum Brachliegenlassen des Bodens. Es ist genau diese Entwicklung, die aus dem Gesamtzehent der Camargue für die mobilen Weizenvorräte aus dem Lande von Arles hervorgeht. Dort steigt in einem Durchschnittsjahr zwischen 1613 und 1665 der Gesamtzehent von 2160 Sétiers auf 2500 Sétiers. In der Periode von 1687–1691 fällt er auf 1640 Sétiers, gegen 1712 auf 1370 Sétiers. Der Wendepunkt ist im letzten Viertel des 17. Jahrhunderts, und der Verfall ist dauerhaft.

Wir müssen jetzt versuchen, diese Weizenkrise, die man ab 1675–1680 überall feststellt, zu charakterisieren.

Wirkliche Krise – und nicht halb fiktive (wie es hundert Jahre vorher der Fall war, als der Zehentstreik den Zehent verringerte): In den Jahren 1680 werden die Zehente getreulich gezahlt und wenn sie geringer werden, so bedeutet das ein Geringerwerden des Erzeugnisses und nicht Sabotage des Erzeugers.

Schwere Krise: Der Zehent sinkt manchmal unter sein Niveau des 16., ja sogar des 15. Jahrhunderts.

Komplexe Krise: Im Anfang, gegen 1680 wird der Niedergang durch eine unglückliche Reihe schlechter Ernten ausgelöst. Die unbarmherzige Dürre von 1680 und der folgenden Jahre zerschnipselt die Kurven und verursacht tiefe Einschnitte. Doch die Dürrezeit geht vorüber, die niedrigen Weizenproduktionskurven jedoch bleiben. Das klimatische Mißgeschick war also, wie es oft geschieht, nur ein auslösendes Element; es bringt tiefe menschliche Ursachen zum Tragen, die dauerhafter sind als es selbst.

Verspätete Krise schließlich: Die Weinproduktion bricht schon ab 1650–1660 zusammen. Die Weizenerzeugung hält sich in der Hälfte der bekannten Landgebiete noch zwanzig Jahre länger. Erst nach 1675 gibt auch sie überall nach. Eine solche Diskrepanz spiegelt natürlich die Verzerrung der Preisrelation wider. Wenn das Weinerntevolumen viel früher zusammenbricht als das Getreideerntevolumen, so heißt das, daß der Weinpreis früher gesunken ist, vor allem aber, daß er stärker gesunken ist als der Weizenpreis. Es ist daher normal, daß der Weizenbauer, der vom Preissturz weniger betroffen ist als der Weinbauer, der Paria der colbertschen Deflationspolitik, eine Zeitlang die bessere Figur macht.

Aber wir haben es nicht nur mit den wöchentlichen Marktberichten zu tun. In unserer Region gehören Wein und Weizen zu zwei Preissystemen, aber auch zu zwei verschiedenen Ordnungen auf zwei Stufen der Wirtschaft. Der Wein des 17. Jahrhunderts ist schon sehr stark in eine Marktwirtschaft eingeordnet. Er ist daher, ganz wie die heutigen Produkte, den Veränderungen der wirtschaftlichen Wetterlage ausgesetzt. Und das Sinken der Preise führt den Weinbau in die Katastrophe.

Im Gegensatz dazu spielt der Weizen des mediterranen Midi, eines kargen, trockenen Landes (das manchmal Weizen ausführt, oft aber einführt), seine größte Rolle noch in der Naturalwirtschaft, dem traditionellen Eigenverbrauch der Familien und der Ortschaften. Hier ist weder die Brie noch Polen. Man lese nur d'Aguesseau: Im Jahre 1670 kommen der Weizen und der Roggen des Languedoc wenig herum, »werden an Ort und Stelle verbraucht«. Es gibt einigen internen Austausch von Gebirge zu Gebirge, zwischen Gebirge und Ebene, etwas Korn geht nach Bordeaux. Die Hauptsache aber, sagt der Intendant, bleibt der örtliche Verbrauch innerhalb der Grenzen jeder Diözese. Die großen Ausfuhrlinien (Toulouse–Bordeaux–Antillen, Toulouse–Narbonne–Barcelona) werden erst im 18. Jahrhundert eingerichtet.

Unter diesen Umständen bedeutet das Studium des Weizenzehents im 17. Jahrhundert die Sondierung der tiefen Schichten der Wirtschaft, der stillen Wasser einer auf Eigenverbrauch ausgerichteten Landwirtschaft, die weiterbesteht und wenig verkauft. Sie widersteht lange der colbertschen Senkung der Preise; das ist normal, da ja ein großer Teil ihrer Produktion nicht auf den Markt geworfen wird. Diese wohltuende Unbeweglichkeit kann zwanzig und mehr Jahre dauern; aber auf lange Sicht lassen die dauerhafte Unrentabilität, die Schwere der Belastungen und der Unkosten und schließlich der Gegenschlag des beginnenden demographischen Rückgangs auch die Familienwirtschaft, die Getreidewirtschaft, ins Schwanken geraten. Der Verfall des Weins spiegelt sehr früh einen ins Stocken geratenen Markt wider. Der Verfall des Getreides aber ist ab 1680 der nahe Vorläufer eines neuen, viel ernsteren Phänomens: des tendenziellen Niedergangs der Bevölkerung.

Öl

Das Olivenöl verfügt über einen geschützten Preis, der mit aller Kraft dem Sinken nach 1660 widersteht; und der sich hält, besser als der des Weizens, sehr viel besser als der des Weins. Die Kaufkraft des Ölproduzenten erfährt unter Colbert eine Aufwertung in Brot, Wein und Fleisch.

Das kommt daher, daß das in den örtlichen Verbrauch fließende Öl auch über andere gute Absatzmärkte verfügt, die stabil zu sein scheinen. Es reist mehr als der Wein und wird gegen 1670 ziemlich weit nach Norden exportiert: Das Öl aus Uzès geht bis nach Lyon und Paris, teils auf der Rhone, teils über die Landstraßen; das Öl aus Agde wird per Wagen nach Toulouse transportiert, von dort auf Kähnen über die Garonne nach Bordeaux, von wo aus Schiffe es nach England, nach Holland oder dem Pariser Netz bringen. Vom Markt angeregt ist das Jahrzehnt 1660 eine gute Zeit für die Olivenbäume. Das bezeugen die Ölzehente aus sechs Erzeugergebieten. Ein gemeinsamer Auftrieb hebt ab 1630–1635 alle Kurven zu einem kleinen Höhepunkt der Olivenölproduktion, der sich örtlich in der Periode 1660–1670 niederschlägt. »Kleiner« Höhepunkt deshalb, weil er nur manchen früheren Höhepunkten, die sich auf den Langzeitkurven im 16. Jahrhundert abzeichnen, gleichkommt oder sie um weniges überschreitet. Aber so klein er ist, hat ein solcher Höhepunkt des Öls im ersten Jahrzehnt des Colbertismus seine Meriten: Er beweist eine kräftige Nachfrage des lokalen Verbrauchs – Küche, Seifenherstellung, Tuchgewerbe – und einen gewissen Anreiz durch den großen Handel. Diese »belle époque« kulminiert 1670 mit einer großartigen Ernte, einer der reichsten der mehrhundertjährigen Reihen.

Und dann, nach dem Gipfel von 1670–1672, geht etwas schief. Es ist wie eine Lethargie, eine Ermattungskrankheit (die wir schon beim Wein und beim Weizen gesehen haben). Die Ölkurven stoßen an ihre obere Grenze und gehen langsam nieder. Nach 1680 verstärkt sich dieser Niedergang in den meisten Olivenpflanzungen; und der Rückgang geht weiter bis zu den schlechten Jahren des Jahrzehnts 1700.

Dieser Verfall wird von den Ereignissen unwiderruflich gemacht. Schon die Fröste des Jahrzehnts 1690 haben die Olivenhaine verheert und zu einem Steigen der Preise geführt. Im Winter 1709 werden die Olivenpflanzungen des Languedoc völlig zerstört; es ist ein Zufall: Ende Januar 1709 werden die Bäume von intensivem Frost überfallen; unglücklicherweise waren sie durch die starken Regenfälle der vorhergegangenen Monate mit Wasser vollgesogen. Das Eis sprengt die Bäume und sie gehen alle ein. Es ist dies der typische Fall einer überdeterminierten Katastrophe, das äußerst seltene Zusammentreffen unabhängiger Ursachenreihen, wie es nur einmal alle zwei oder dreihundert Jahre vorkommt. Jedenfalls hatten die Ölzehente seit 1480 niemals auf ein solches Desaster hingewiesen. Von 1709 an sind alle seine Kurven ohne Ausnahme unterbrochen; und eine ganze Generation hindurch fehlt jede Andeutung auf eine Zehentzahlung für Öl. Die neuen Olivenbäume oder auch neu aufgepfropfte alte Stämme tragen erst ab 1723 (einige Flaschen Öl) und manchmal erst nach 1740. Und die so erneuerten Ölkurven schleppen sich in jammervoller Tiefe dahin, gegen 1740–1780 unterhalb des Produktionsniveaus des 16. oder 17. Jahrhunderts.

Das Schlimmste daran ist, daß während zwanzig oder dreißig Jahren (1709–1735) die französisch-mediterrane Ölpflanzung nicht mehr existiert. Und in dieser Zeitspanne wandeln sich die Strukturen; die Plätze werden besetzt, die Märkte erobert. In die provenzalische Küche und die provenzalische Seifenherstellung zieht das Olivenöl aus Cadix, aus der Levante, aus Vendôme und aus Kreta ein; dadurch wird die Olivenpflanzung des Languedoc nie wieder zu ihrem vergangenen Glanz erwachen.

So gehen denn die Ernten von Wein, Weizen und Öl tendenziell zurück; nach 1680 ist ihr Absturz generell. Um 1700–1710 ist die gesamte Pflanzenproduktion wie der Block einer geologischen Masse zusammengebrochen. Steht es mit der Viehzucht ebenso?

Vieh

Zwei Typen der Entwicklung schälen sich aus der Lektüre der *carnencs* (Bezeichnung der Zehentpachtverträge für Vieh, hauptsächlich Schafe) heraus: ein ländlicher Typus und ein vorstädtischer Typus.

Betrachten wir zuerst den Typus der Entwicklung auf dem Lande: In Moussan (eine Gemarkung von Hügeln und Anhöhen) und in anderen Dörfern durchlief die Viehzucht bei großen Schwankungen um 1657–

1660 eine Art Höchststadium. Nach diesem Datum erfolgt plötzlich ein Zusammenbruch: Die Nominalkurven der *carnencs*, die in Geld stipuliert werden, stürzen bis 1685 in die Tiefe, in höherem Maße noch als die Preiskurve für geschlachtetes Vieh. Das ist ein Anzeichen für einen starken Rückgang der Herden.

Woher kommt diese Krise? Aus einem gewissen Unbehagen des allgemeinen Wirtschaftslebens und vor allem von den Viehseuchen der Jahre 1676 und 1682 usw. Der z. T. vernichtete, zusammengeschmolzene Viehbestand erzeugt viel weniger Mist; und dieser Düngermangel trägt nun seinerseits dazu bei, zu erklären, warum um 1675 in Moussan die pflanzliche Produktion (Öl, Weizen) sinkt.

In der Folgezeit nehmen die Herden in diesem Dorf wieder zu: Gegen 1700 steigen die Kurven der *carnencs* in Moussan wieder an. Aber es ist ein bescheidener Anstieg, wenn man ihn in realen Preisen berechnet. In Wahrheit beschränkt sich der Viehbestand im 18. Jahrhundert darauf, seine Stärke der Epoche Ludwigs XIII. wiederzufinden. Und der »Rekord« bleibt weit unterhalb der Höchstgrenzen der Zeit Ludwigs XII. oder Franz I., dem goldenen Zeitalter der Herden des Südens.

Warum entsteht während des universellen Malthusianismus diese besondere Krise der Viehzucht unter dem reifen und alternden Ludwig XIV.? Verschiedene Gründe lassen sich erkennen: Die Fleischpreise (im großen ganzen an die Weizenpreise gebunden) sind nicht einträglich genug, um den Belastungen (Steuer, Salz für das Vieh) standzuhalten. Besonders der Viehbestand, der immer ein Symbol bäuerlichen Wohlstands war, fällt logischerweise der Armut zum Opfer: Nach 1660 ist die Verschuldung die schwärende Wunde der Epoche; die Gläubiger aber halten sich zuerst an das vierfüßige Pfand, das Vieh, das leicht zu ergreifen und zu verkaufen ist. Das wird von vielen vergeblich wiederholten Verboten bezeugt. Ganz allgemein wirkt sich der Kapitalmangel und das Nichtvorhandensein von Ersparnissen bei den tiefverschuldeten Bauern des Jahrhundertendes zuerst in einer Verringerung des Viehbestandes aus: Kapitalanlage bedeutet Vermehrung des Viehbestandes. Anschließend verringert dann der Bevölkerungsrückgang, das Absinken des Lebensniveaus in den letzten Jahrzehnten (1690–1710) den Absatz von Fleisch und die Absatzmöglichkeiten für die Züchter.

Der zweite Trend, der andere Entwicklungstypus ist davon ganz verschieden. Neben der *notleidenden* Viehzucht, mit der wir es soeben zu tun hatten, besteht unter Ludwig XIV. und seiner Regentschaft das Paradox einer anderen, *blühenden* Viehzucht. Sie gedeiht in den Städten; diesen mittelgroßen Städten des Languedoc, die es fertig bringen, inmitten der allgemeinen Schrumpfung den Bevölkerungsrückgang zu vermeiden und Reichtum und Verbrauch ihrer Bürger zu bewahren. In Béziers, Narbonne und Arles hatten die Herden sich schon unter Ludwig XIII. vergrößert. Trotz gelegentlicher Unterbrechungen, vorübergehender Schwierigkeiten, geht unter Ludwig XIV. diese Bewegung mit imponierenden Wachstumsprozenten weiter.

In der ersten Hälfte des 18. Jahrhunderts werden in diesen Gebieten ausnahmsweise sogar die Viehzuchtrekorde des frühen 16. Jahrhunderts gebrochen. Und zum ersten Mal werden in diesen privilegierten Zentren die malthusianischen Riegel gesprengt, die seit eineinhalb Jahrhunderten den Aufschwung der Herden verhindert haben.

Die Städte verhalten sich also wie Ausnahmezellen. Während auf dem flachen Lande die Viehzucht stagniert oder zurückgeht, sieht man, wie um die Kreisstädte herum die städtischen Herden wachsen.

Einzigartige Entwicklung, die mit dem spezifischen Wohlstand der Städte dieser Zeit zusammenhängt: Er läßt die Nachfrage nach Qualitätsfleisch steigen. Überall gibt es Fleischereien. Die städtischen Fleischer haben ein Monopol und kaufen meilenweit in der Runde das Vieh des flachen Landes auf. Diese günstigen Umstände, die eine Ausnahme bilden und auf dem Lande nicht existieren, sind der Rahmen für den Aufschwung der stadtnahen Viehzucht. Aber so interessant dieser Ausnahmeaufschwung auch ist, so kann er doch den allgemeinen Rückgang des landwirtschaftlichen Einkommens, wie er massiv in den in Geld bezahlten Zehenten ab 1675–1680 zum Ausdruck kommt, weder ausgleichen noch verdecken.

Reales Globaleinkommen:
Letztlich Abnahme, tendenziell Stillstand

Mit den Geldzehenten und ihrer Bedeutung für das Globaleinkommen haben wir endlich unter Ludwig XIV. und Ludwig XV. die Hauptquelle gefunden; die Quelle, die alle anderen einschließt, die in der Gesamtentwicklung des Landwirtschaftseinkommens die diversen Preis- und Ertragsbewegungen, die Gegebenheiten von Tier- und Pflanzenaufkommen, von Wein und Getreidebau zusammenfaßt. Wir haben hier eine vollständige Beschreibung der aus den Preisen ersichtlichen Tendenzen der Landwirtschaftsprodukte. Denn diese Beschreibung betrifft gleichermaßen den Teil der auf den Markt gelangenden Ernten und den Anteil an dem für Neuinvestierung und Eigenverbrauch bestimmten Bruttoprodukt, der an den Pächter, den Arbeiter und den Eigentümer geht.

Nehmen wir uns also die Diagramme dieses nominalen Bruttoeinkommens vor. Wandeln wir es um in reales, preiskonstantes Bruttoeinkommen, beispielsweise durch Umrechnung in den Leitwert Weizen. Was finden wir?[1]

Zuerst, bis zum Ministerium Colberts, einen ziemlich lebhaften Auftrieb dieses Realprodukts. In der ersten Hälfte des 16. Jahrhunderts stieg die (in Weizen errechnete) Landwirtschaftsproduktion langsam an. Dann werden plötzlich, von 1655 an, alle bisherigen Rekorde gebrochen. Die Schwierigkeiten der Frondezeit sind vergessen. In den letzten fünf Jahren Mazarins, den Jahren Fouquets, erleben wir ein lebhaftes Wachstum. Gegen 1660–1665 spätestens erreicht es eine Art Obergrenze, die verhältnismäßig hoch liegt. Im Vergleich zum Anfang des 17. Jahrhunderts ist die zehentpflichtige Produktion um 50 bis 80% gestiegen (im Vergleich zum frühen 16. Jahrhundert weniger).

Mit anderen Worten: Zum ersten Mal seit hundertfünfzig Jahren ist die Kurve des (nominalen) Bruttoeinkommens höher als die der Nominalpreise. In diesem gnädigen Jahrzehnt übersteigt das reale Globaleinkommen der 500 zwischen Narbonne bis Nîmes verstreuten Dörfer zum ersten Mal ziemlich gründlich (je nach Diözese um 30 bis 40%) die hundert Jahre früher unter Franz I. und Heinrich II. erreichte Rekordhöhe. Sollte ein mehr als ein Jahrhundert dauernder Malthusianismus gebrochen sein? Das gäbe der Politik Riquets und den Colbertschen Bemühungen ihren vollen Sinn.

Diese Expansion, dieser momentane Anstieg der Produktion ist für den Lebensunterhalt, besonders für den Eigenverbrauch der Familien sehr günstig. Aber er wird weder von einer Produktivitätssteigerung noch von einer Diversifizierung der Kulturen begleitet (der Weinbau geht im Gegenteil zurück). Das bis 1670 wachsende Angebot der traditionellen Erzeugnisse (Weizen, Öl, manchmal auch Lammfleisch) drückt daher die ohnehin schon gefallenen landwirtschaftlichen Preise, während jedoch die Gestehungskosten nicht geringer werden. Dadurch werden (wie wir noch sehen werden) in dem Jahrzehnt 1670 die Profitwirtschaft und die Bodenrentabilität zum Verschwinden gebracht.

---

[1] In bezug auf die folgenden Abschnitte werden die demnächst erscheinenden Arbeiten von Herrn Joseph Goy einige Nuancen und viele neue Elemente erbringen.

Die während der Expansion bestehenden Infrastrukturen bleiben also malthusianisch. Und die Landwirte können nicht, um ihr Einkommen zu erhalten, das Sinken der Preise durch unaufhörliche Mehrproduktion ausgleichen. Schon lauert der Ruin, und letzten Endes siegen die Kräfte der Stagnation und des Rückgangs.

Kommen wir wieder auf die Produktion zurück: Das von dieser gegen 1660–1665 erreichte hohe Niveau erhält sich noch einige Zeit; zehn oder fünfzehn Jahre (daher, außer in lokalen Ausnahmefällen, keine Verknappung in dieser Periode). Aber schon hören die Fortschrittsfaktoren auf zu wirken; nach 1665 stößt die Produktion an ihre Grenze, weil entweder die Produzenten nicht mehr in größerem Maße investieren oder die neuen Investitionen eine geringere oder gar keine Rentabilität erbringen.

Und von 1680 an setzt dann der unaufhaltsame Verfall des Bruttoproduktes ein: Die entscheidenden Hauptkurven der Geldzehente bestätigen in diesem Punkt in ihrer Mehrheit die fragmentarischen Daten der Naturalzehente, die wir voranstehend dargelegt haben.

Der Verfall ist besonders stark in den Dörfern des Flachlandes von Narbonne und Béziers: Nach einem beeindruckenden Absturz in den Jahrzehnten 1680–1690 – auf den zwischen 1700 und 1705 eine kurzfristige Besserung folgte – fallen die Zehente dieser ländlichen Priorate in den Jahren 1710–1715, in der finstersten Nacht der Regierungszeit Ludwigs XIV., auf 50 % ihres Realwertes zur Zeit Colberts. Das ist weniger als in der Epoche Heinrichs IV. und Ludwigs XIII. Daran ist nichts Verwunderliches: Die Diözese Narbonne – wir kommen darauf zurück – ist eine der durch Landaufgabe zu Beginn des 18. Jahrhunderts am meisten geschädigten.

In den Landgegenden von Montpellier und Nîmes ist der Absturz weniger stark, aber immer noch deutlich. Dafür ist eine geographische Ungleichheit verantwortlich, die sich auf die Niedergangserscheinungen auswirkt: In den Gebieten von Nîmes und Montpellier gibt es Industrie (Tuchmachereien, Seidenfabriken) und sie verfügen rein dadurch über die Möglichkeit zu Nebeneinnahmen und Ausgleichstätigkeiten, stabilisierende Gegengewichte. Um Narbonne und Béziers dagegen gibt es keine solchen Rückgriffsfaktoren, denn es sind rein landwirtschaftliche Gebiete, wo die Landwirtschaftskrise sich ohne Gegengewicht in voller Stärke entfaltet.

In der Jahrhundertsicht wird für das verlängerte 17. Jahrhundert, das bis 1720 reicht, eine Tendenz sichtbar. Es ist trotz manchmal sehr starker Schwankungen der tendenzielle Stillstand der landwirtschaftlichen Produktion. Der Rückgang vom Ende des Jahrhunderts und dem Ende des Regnums führt das Bruttoprodukt (nach dem kurzen Anstieg unter Colbert) auf sein Anfangsniveau des 17. oder des 16. Jahrhunderts oder noch darüber hinaus zurück. Ist das eine Rückkehr zum goldenen Zeitalter? Michtnichten: Eher eine Höllenfahrt. Denn in hundert Jahren sind Bevölkerung, Bedürfnisse und Belastungen gewachsen. Und das Sinken des Bruttoprodukts, sein Rückfall auf eine frühere, geringere Höhe, erzeugt durch die Strukturveränderung, die inzwischen eingetreten ist, unerträgliche Spannungen; nur durch eine Abnahme der Bevölkerung können diese abgebaut werden, durch einen »wohltätigen« Aderlaß, der das Gleichgewicht wieder herstellt.

Betrachtet man den Rückgang des Bruttoproduktes für eine kürzere, innerhalb des Jahrhunderts liegende Zeit (1675–1720), so kann er zu einer Zeitbestimmung dienen. Man kann nämlich mit seiner Hilfe, wenigstens für eine Region, einen alten Disput entscheiden: Voltaire gegen Vauban; Voltaire gegen Boisguillebert. In den Schriften *Détail de la France* und *La Dîme royale* wird 1660 als das kritische Datum bezeichnet, an dem der Niedergang (500 Millionen) der Einkommen aus Grund und Boden beginne; an dem auch der Verbrauch der Massen zu sinken beginne, was sich an den Umsätzen der Jahrmärkte, der Wirtshäuser und der Fleischereien zeige. Gegen diese These erhebt Voltaire Einspruch. Boisguillebert, sagt er ungefähr, ist nur ein Dummkopf, wenn er behauptet, daß seit 1660 alles in Verfall geraten ist. Genau das Gegenteil sei der Fall. Frankreich ging es niemals so gut wie seit dem Tod Mazarins bis zum Krieg von 1689. Die Armut sei vom Krieg und den hohen Steuern ab 1690 verursacht worden.

Alles in allem hat Voltaire nicht unrecht, Boisguillebert derart zu korrigieren und eine gewisse Vitalität im Frankreich Colberts festzustellen. Zumindest im Midi macht das Ansteigen der Produktion in den ersten paar fünf Jahren Colberts das Sinken der Preise weitgehend wett. Und das reale Sinken der Einkommen aus der Landwirtschaft beginnt in Wirklichkeit erst gegen 1675, fünfzehn Jahre nach dem von Boisguillebert angenommenen Datum, aber fünfzehn Jahre früher als Voltaire vermutet.

Sollte das richtige Datum nicht dasjenige sein, das in einem Text von 1684 der Botschafter Venedigs anführt, der die Provinz besucht hat? »Seit Beginn des letzten Krieges ist der Wert des Bodens durch die Verarmung und das Wegziehen der Menschen, das sich noch durch die Schikanen zur Vertreibung derer von der Religion verstärkt hat, um mehr als ein Drittel gesunken.« Der von dem venezianischen Diplomaten bezeichnete Wendepunkt ist 1672. Unsere (Fünfjahres-)Kurven besagen: 1675. Und im Jahre 1674–1675 revoltieren die Seeprovinzen (Bretagne, Guyenne), die so anfällig sind für die negativen Schwankungen des Handels.

Diese Übereinstimmungen sprechen deutlich für eine gesicherte Chronologie. Nebenbei weisen sie auch auf die verursachende Rolle des Krieges mit Holland und seiner Vernichtung guter Handelszweige für die Auslösung des Bruttoproduktrückgangs hin: Der Krieg mit Holland verringert den französischen Export und verstärkt dadurch die bereits bestehende Geldknappheit.

Nachdem wir jetzt über die Chronologie entschieden haben, müssen wir die Einschränkung machen, daß sie sich besonders auf den Midi bezieht. In manchen Nordprovinzen hat der reale Landwirtschaftsniedergang möglicherweise schon sehr viel früher, ab 1650–1660, vielleicht sogar schon während der Fronde oder des Dreißigjährigen Krieges begonnen. Darüber wird die Auswertung der Zehentreihen des Nordens Auskunft geben, wenn sie erst einmal in Angriff genommen werden wird.

Für den Süden müssen wir den massiven Rückgang der Globalproduktion ab 1675–1680 festhalten. Sehr wahrscheinlich erfolgt eine solche Verringerung der erzeugten Mengen nicht ohne gleichzeitige Verminderung der verkauften Mengen, eine Schrumpfung des Handelsvolumens. Wie sollte man sonst die allgemeine Rückläufigkeit der für den Handel bestimmten Kulturen wie Wein, Öl und Seide am Ende des Jahrhunderts erklären?

Es ist sehr wahrscheinlich, daß auch die Zahl der Handelsabschlüsse und die Schnelligkeit des Geldumlaufs abnehmen. In dieser Beziehung verfügen wir über schriftliche Quellen: nämlich die Kontrollverzeichnisse der Notariatsakte. Ich habe die Register mehrerer großer Kontrollregisterämter von der Cevenne bis zum Meer aus den Jahren 1691 und 1789 auswerten können, in denen über 800 000 Notariatsakte verzeichnet sind. Unter diesen Akten sind Testamente und Heiratsverträge, aber in der Mehrzahl sind es Darlehen, Handelsabschlüsse über Mobilien und Immobilien. Die Jahres- oder Dreijahreskurven, die wir aufgrund dieser Verzeichnisse konstruiert haben, fangen etwas verspätet an; immerhin erbringen sie die Tendenz: Sinken der Zahl der Transaktionen in den Jahren 1690–1709; Talsohle von 1709 bis 1717. Danach langsames Wiederansteigen unter Law bis Turgot.

1709–1717: Das ist die Sohle des Abgrunds; diese beiden Daten grenzen die tragische Periode ein, während der in den Landwirtschaftsregionen die erzeugten und die verkauften Mengen sowie die Zahl der Geschäftsabschlüsse auf den tiefsten Punkt sinken.

Tote Erde

Wenn die erzeugten Mengen am Ende des 17. Jahrhunderts weniger werden, so kommt das in erster Linie daher, daß der Boden weniger trägt: Um 1660–1670, in der großen Zeit des Weizens, war der Weizenertrag 1:4 oder 1:5 oder sogar mehr (1:6, 7 oder 8) auf guter Ackererde; das ergibt sich aus der erschöpfenden Studie d'Aguesseaus über das Languedoc. Aber fünfzehn Jahre später, während des landwirtschaftlichen Zusammenbruchs (1683–1687) tragen die guten Böden von Coussergues (im Raum Béziers) weniger als 4:1. Das ist ein Rückgang, der die Landwirte dieser Region um ein Jahrhundert zurückwirft, bis fast in die tristen Ertragszeiten des Bürgerkriegs (um 1580–1585 nicht einmal 3:1).

Warum die sinkenden Erträge? Ist die Erde geizig geworden? Wohl kaum. Aber die Landwirte sind arm, es fehlt ihnen an Geldmitteln, an Betriebskapital, an Kredit und an Vieh, daher auch an Dünger. Die Landaufkäufer machen manchmal damit schlechte Erfahrungen: so kauft zum Beispiel im Jahre 1706 der Pfarrherr Albouze einen Grundbesitz in der Nähe von Narbonne; er läßt ihn von Sachverständigen schätzen; die Antwort: Die Felder sind ausgebrannt und unfruchtbar, »weil sie seit langem nicht mehr gedüngt worden sind«.

Der Dünger ist nicht das einzige, was fehlt. In Wahrheit wird im Jahrzehnt 1680 der ganze Kreislauf landwirtschaftlicher Arbeit von den Pächtern vernachlässigt, da sie keine Mittel haben. Als Beispiel unter anderen diene der Pächter Grangeant in Maurin: Im Jahre 1681 ist er nachlässig im Jäten des Weizens, für das er nur 60 Pfund ausgibt, statt der 400 oder 500 Pfund, die nötig wären. Resultat: die Äcker sind voller Unkraut, das Frucht tragen und sich im nächsten Jahr ausbreiten wird. Derselbe Grangeant »vergißt« im Jahre 1681 ein Feld pflügen zu lassen, weil er kein Geld hat, um seine Knechte zu bezahlen; 1682 »vergißt« er, sein Korn zu dreschen. Ein Verhalten, das man Ende des Jahrhunderts bei den meisten Pächtern findet, die verarmt, wütend auf ihre Herren, mittellos und ohne Verantwortungsgefühl für ihre Felder sind. Unter diesen Umständen kann es nicht wundern, daß die Erträge, die Weizenmengen und der Zehent lächerlich gering werden.

Heute vernachlässigte Erde, morgen tote Erde. Zur gleichen Zeit, in der der Zehent stürzt und das Alter des Sonnenkönigs herannaht, vermehren sich auch die Zeugnisse vom Verlassen des Bodens.

Das eigentliche Signal zur massenhaften Landflucht geben die Dürre und die Glutwinde des Jahres 1680 und der folgenden Jahre: Verbrannte Erntefelder, Preise, die wenig steigen (wegen der Einfuhr von Korn aus Aquitanien, dem Maghreb und der Levante) – mehr ist nicht nötig, um die Pächter zu ruinieren, die eingekeilt sind zwischen einer zu geringen Ernte und einem zu niedrigen Preis; und die aus Kapitalmangel, vor allem aber wegen der Unrentabilität des Weinbaus, nicht imstande sind, sich auf die Weinerzeugung umzustellen. Diesmal sind die Zeugnisse von Landaufgabe schier unzählig.

Dank ausgezeichneter *compoix* können wir uns den Ort *les Claux*, auf Anhöhen und Hügeln im Küstenstreifen des Gard gelegen, aus der Nähe betrachten. Am Ende der Landaufgaben des 15. Jahrhunderts war dort jungfräulicher (oder wieder jungfräulich gewordener) Boden; zwischen 1500–1610 war er wieder urbar gemacht worden: Große neu besäte Felder, Steinmäuerchen, Waldrodung. Unter Ludwig XIII. waren zahlreiche Weinberge entstanden. Aber nach dem *compoix* von 1682 erleidet *les Claux* einen neuerlichen Rückfall in Brachland: zwischen die Weingärten und die von steinernen Mäuerchen umgrenzten Anbauflächen schieben sich *hermes*, verwilderte Landstücke. Es ist der Beginn einer Entwicklung, die in diesem Randgebiet mit der zeitgenössischen völligen Landflucht geendet hat.

Doch das Hauptgebiet des Unheils befindet sich in dem Jahrzehnt 1680 weiter östlich, in den Diözesen Béziers, Saint-Pons, Agde und vor allem Narbonne und Albi. Hier schulden im Jahre 1680 die von der Dürre ruinierten, tief verschuldeten Bewohner zwei Drittel der königlichen Steuer, der Taille; und mehr als die Hälfte im Jahre 1681: 253 000 Pfund. Schulden und Rückstände werden immer größer. Die davon erdrückten Steuerpflichtigen ziehen es vor, wegzulaufen, ihren Grund und Boden zu verlassen. Das Drama ist in der ganzen Provinz dasselbe: Die Steuerschulden der verlassenen Anwesen, die in den Jahren 1701–1702 »jeden Tag mehr werden«, müssen von den noch tätigen Steuerpflichtigen solidarisch mitbezahlt werden. Die lebendige Erde zahlt für die stillgelegte; der Tod greift nach dem Leben. Dadurch wird ein kumulativer Landfluchtprozeß ausgelöst, denn die steuerliche Zusatzbelastung erdrückt das Land und führt zu immer neuer Flucht.

Zusätzlich wird manches Verlassen auch noch durch die Aushebung von Soldaten, die Auswanderung protestantischer Landbesitzer und die Wirren der »Fanatiker« (1702–1705) verursacht. Vergessen wir jedoch nicht, daß es trotz des Unglücks der Hugenotten die katholischen - ökonomisch am wenigsten aktiven - Diözesen (Narbonne) sind, die von der Landflucht am stärksten betroffen sind.

Zwischen 1708–1716 (während der niedrigsten Produktions- und Transaktionskurven) scheint eine Art kritischer Punkt erreicht: Knappes Geld, von den Steuern aufgefressenes und schlecht verteiltes Landwirtschaftseinkommen, Steuereintreiber, die nicht in der Lage sind, sich ihrer Aufgaben zu entledigen und sich bei der ersten Mahnung ihrer Vorgesetzten heilfroh ins Gefängnis begeben. Ganze Gemeinden erklären den Verzicht auf ihre Anwesen: Manchmal eine gewöhnliche Erpressung, aber häufig wirkliches Aufgeben. Im Gebirge werden neue rote Stellen sichtbar: Zur Brache gewordenes Land - im Vivarais (1711), in der Diözese Castres (1714).

Dann kommt endlich 1715 und das langsame Tauwetter unter der Regentschaft und dem Minister Fleury. Die Landflucht hört auf; die Wunden vernarben. Der unwerte Boden weicht dem Anbau. Die letzten Erwähnungen von verlassenen Anwesen stammen je nach Diözese aus den Jahren 1728, 1732–1733 und spätestens von 1739–1741. Von neuem rückt das Pionierland vor. Die Wüstungen, die zwischen 1690 und 1720 die Öffentlichkeit so leidenschaftlich bewegte, sind vergessen.

Zweites Kapitel
Abschwung des Bevölkerungsanstiegs

Die verlassene Erde ist ein Übel, das mit der Verringerung des Bruttoprodukts zusammenhängt. Aber sie ist auch Symptom für etwas anderes: Wenn z. B. eine Diözese (Albi) zahlreiche »verlassene Anwesen« aufweist, so deshalb, weil die Dörfer »wegen Armut und Sterblichkeit« ... »nur noch wenige Einwohner« haben. Schafft also auch der Tod rote Zonen, vermehrt auch er die verlassenen Gebiete? Muß man über die Landflucht hinausgehen und sich mit der Entvölkerung der Gemeinden, dem demographischen Kontext befassen? Von neuem erhebt sich die Frage nach der Zahlengeschichte der Bevölkerung.

Standesämter und österliche Kommunion

Zuerst die gröberen Statistiken. (Sie ergeben den Rahmen für die subtileren Reihen der Standesämter, die ich später darstellen werde.) Alle zehn Jahre (ungefähr) macht der Bischof von Montpellier, wie alle seine Kollegen, eine Rundreise durch seine Diözese. In jedem Sprengel stellt er dem Pfarrer die Grundfrage aller religiösen Soziologie: »Wieviele Kommunikanten gibt es hier?« Die Antwort – 150, 820, 982 usw. – ist an sich nicht von großem Interesse für uns. Aber die zeitliche Aufeinanderfolge der Antworten bildet von 1657 bis 1772 eine Reihe aus mehr als hundert Kirchgemeinden. Und diese gewaltige repräsentative Auswahl ermöglicht es uns, die Wendungen eines auf- oder absteigenden Jahrhunderttrends zu bestimmen.

Methodisches Vorgehen: Bei der Berechnung des Enddurchschnitts muß man die wenigen Dörfer mit protestantischer Mehrheit oder starker Minderheit eliminieren; die Pseudoübertritte zum Katholizismus vom Ende des Jahrhunderts würden die Statistik verzerren. Nach diesem Abstrich bleiben die rein katholischen Dörfer; für sie haben die Zahlenergebnisse Bedeutung für die Bevölkerungszahl. Denn in der damaligen Zeit ist die religiöse Praxis, zumindest die Teilnahme an der österlichen Kommunion außer in schändlichen Ausnahmefällen auf dem Lande so gut wie jedermanns Sache. Die dörfliche Wachsamkeit findet schnell heraus, wer an Ostern nicht zur Beichte und Kommunion geht und denunziert ihn: im allgemeinen handelt es sich nicht um einen

Neinsager, sondern eher um den Dorftrottel, einen Idioten oder sonst eine Randfigur. In Wirklichkeit gibt es für einen Pfarrer keinen richtigen Nichtkommunikanten. Sieht man von Hugenotten, Juden und Neukatholischen ab, so wird für die Statistik jeder, der in das Alter kommt, wo er Verstand besitzt (etwa ab 7 bis 10 Jahren) ohne weiteres zu einem Kommunikanten, selbst dann, wenn er einmal die österliche Kommunion ausläßt. Wie ein Pfarrer im Jahre 1741 notiert: »50 Kommunikanten; alle, außer einem, haben ihrer Osterpflicht genügt.« Wenn die Statistik totalitär ist, wird die Demographie erschöpfend.

Wir erhalten also eine Tabelle mit zwei Eintragungen[1], in der die Antworten der von ihrem Bischof über die Anzahl ihrer Kommunikanten befragten Pfarrer aufgeführt werden. In der Abszisse die Dörfer der Diözese Montpellier (es sind bei Ausschluß der hugenottischen Ortschaften 98); in der Ordinate die einander folgenden Daten, die den dreizehn bischöflichen Besuchsreisejahren entsprechen, deren Spuren wir zwischen 1657 und 1772 in den Archiven verfolgen können. Jede in dieser Tabelle eingetragene Zahl weist auf ein Dorf und ein Jahr hin.

Es wäre ideal, für jedes dieser bekannten Jahre die Zahlen aus allen Dörfern addieren zu können. Man erhielte so durch die einander folgenden Gesamtzahlen eine statistische Reihe, die für mehr als ein Jahrhundert und für alle 98 Dörfer gültig wäre. Leider ist dieses einfache Verfahren nicht möglich. Denn in jedem der betreffenden Jahre würden Dörfer auf der Liste fehlen. Die Bischöfe besuchen auf ihren jeweiligen Rundreisen immer nur einen Teil ihrer Kirchsprengel. Daher sind die chronologischen Schnitte nie vollständig.

Man muß also auf erschöpfende Additionen verzichten und sich damit begnügen, durch die Berechnung von Index und Durchschnitt einen Trend herauszuschälen. Problem: Wo soll man den Index 100 ansetzen? Bei irgendeinem willkürlich herausgegriffenen Jahr der Pastoralreisen? Aber so zahlreich die Dörfer in diesem Jahr auch sein mögen, einige werden beim Appell zwangsläufig fehlen. Einigen wir uns also darauf, daß der Index 100 demjenigen Jahr des »17. Jahrhunderts« (der bekannten Zeitspanne 1657–1711) zukommt, in dem die bischöfliche Reise – im Vergleich zu den vorangegangenen und den innerhalb unserer Zeitspanne folgenden – die höchste Kommunikationszahl aufweist; das mag für 1657 hier, für 1677 dort, für 1704

[1] Diese Tabelle kann in der französischen vollständigen Ausgabe dieses Buches, in Bd. II, Anhang 18 eingesehen werden.

sonstwo usw. der Fall sein. Der Diözesandurchschnitt aller Indexziffern je Besuchsreisejahr (1657, 1665 usw. bis 1772) zeigt für alle bekannten Kirchsprengel an, wie weit man sich nach oben oder unten dem demographischen Maximum der Diözese im »17. Jahrhundert« nähert oder sich von ihm entfernt. Dieses Maximum, das dem Index 100 nahekommt, ohne ihm doch gleich zu sein, entspricht seinerseits demjenigen Besuchsjahr, in dem die Höchstzahl der Dörfer den Index 100 erreicht und in dem daher der Diözesandurchschnitt aller Indexziffern der höchste ist. Nach all diesen Berechnungen erhält man von 1657 bis 1772 eine Reihe von Indexziffern für die Diözese, die ein Diagramm ergeben. Nachfolgend sei dieses zuerst als Tabelle dargestellt:

	Durchschnittlicher Diözesanindex der Zahl der Osterkommunikanten	Zahl der besuchten »altkatholischen« Dörfer
1657	Ind. 81	37
1665	- 81	29
1671	- 89	22
1677	- 90	89
1687	- 87	25
1690	- 86	90
1699	- 82	85
1704	- 86	40
1708	- 83	15
1711	- 80	52
1741	- 74	76
1756	- 77	26
1772	- 89	48

Halten wir die wesentlichen Wendepunkte dieser Kurve fest: Zuerst, 1677, ein Gipfelpunkt nach vorausgegangenem Anstieg. Dann ein fast ständiger Abstieg, trotz eines kurzen Ansteigens im Jahre 1704. Dieser Niedergang führt von Sturz zu Sturz (1687, 1690, 1699, 1711) zu dem deutlichen Tiefpunkt von 1741. Danach steigt die Kurve wieder an und findet 1772 fast ihre Spitze von 1677 wieder.

Das Hauptfaktum ist das Jahrhundertminimum: 1741. Die Zahl der Kommunikanten sinkt von 1677 bis 1741 um 18 %. Das bedeutet, daß in den katholischen Landgemeinden ein Einwohner von fünf verschwunden ist.

Der demographische Verfall beginnt im allgemeinen ab 1677, besonders in der Küstenzone: Zwischen 1677 und 1687–1690 erleben 41 Kirchsprengel einen zahlenmäßigen Rückgang ihrer Osterkommunikanten; 13 bleiben sich gleich. Jedoch setzen zwischen diesen beiden Daten 30 Gemeinden noch unter Louvois den demographischen Aufschwung fort, der unter Colbert verzeichnet worden ist; erst ab 1690 – und in einigen Fällen sogar erst ab 1700 oder 1710 – beginnen auch sie nach den vierzig anderen den Sprung in die Tiefe, der sie zu dem Minimum der Jahrhundertmitte führen wird. Diese leichten zeitlichen Verschiebungen haben ihre Bedeutung: Dem klaren, kantigen und schroffen Stil des ökonomischen Niedergangs ab 1675–1680 steht die mehr zögerliche Gangart des demographischen Verfalls gegenüber. Er fängt häufig 1680 an, manchmal aber erst zehn oder zwanzig Jahre später. Dieser Unterschied der Verhaltensweisen ist wohl der zwischen dem erzeugenden Element (Wirtschaft) und der erzeugten Wirkung (Demographie). Was natürlich nicht gegenseitige Kausalitäten, Bumerangeffekte und Wechselwirkungen ausschließt.

Gibt es externe Entsprechungen zu der allgemeinen Diözesankurve mit ihren charakteristischen Wendungen (mehrheitliches Maximum im Jahre 1677, Minimum der Jahre 1730–1740)? Ersichtlich ist, daß sie sich gut in die nahe, katalanische und provenzalische Entwicklung einfügt.

In Katalonien beginnt gerade im Jahre 1677 eine neue Landwirtschaftsphase. Dürre folgt auf Dürre; Heuschrecken fressen den Weizen auf. Seuchen und Knappheit und dann der Krieg verheeren die Bevölkerung. Die dadurch entstandenen Breschen werden erst wieder durch den Bevölkerungsruck in der Aufklärung geschlossen. Auch in der Provence zeichnet die Bevölkerungskurve um 1690–1725 eine leicht negative Wellenlinie. Katalonien, Languedoc und Provence haben also eine gemeinsame Verhaltensweise: Eine Chronologie der Bevölkerungsbewegung zeichnet sich ab, die für alle Anrainer des Golfe du Lion gilt.

Die Kommunikantenkurven erbringen nicht nur eine Übereinstimmung mit außerhalb ihres Bereichs und vorher durchgeführten Arbeiten, die sie bekräftigen. Sie liefern auch auf der wirtschaftlichen Ebene manche grundlegenden Präzisionen. Denn der Kommunikant, das ist der arbeitende Mensch, das ist der Erwachsene oder das im Arbeitsprozeß stehende Kind von über 10 Jahren, das für geringen Lohn schwere Arbeit leistet. Daher ist der Rückgang der Kommunikantenzahl ein die aktive Bevölkerung betreffender Verfall, der Verfall der Menge der potentiellen Arbeiter. Ein solcher Verfall versetzt der Produktion einen zusätzlichen Schlag. Die – schon vorher bestehende – Wirtschaftskrise wird verstärkt durch die Bevölkerungskrise, die sie erzeugt und durch den wachsenden Mangel an Arbeitskräften. So schlägt die Wirkung zurück auf die Ursache.

Absteigende Tendenz: Die Standesämter

Lokale, auf die Standesamtsregister gegründete Kurven bekräftigen und nuancieren örtlich die allgemeine, durch die Osterkommunikanten gegebene Tendenz. In der vorliegenden gekürzten Ausgabe wollen wir uns auf zwei zutreffende typische Beispiele beschränken.

Montpeyroux ist ein Dorf von Ölproduzenten und von Maultiertreibern, die Rhabarber transportieren, ein Heilmittel, das sie im 18. Jahrhundert in Lorient und Nantes einkaufen werden, um es in Marseille auf den Markt zu bringen. In Montpeyroux beginnen Taufen und Eheschließungen seit Heinrich IV. zahlreicher zu werden, bis sie in den Jahren 1674–1690 einen zahlenmäßigen Höhepunkt erreichen (50 bis 60 Taufen und 10–15 Heiraten pro Jahr). Im Jahrzehnt 1690 schlägt der Tod hart zu; ein Rückgang zeichnet sich ab; der niedrigste Stand für Taufen und Heiraten fällt in die Jahre 1735–1750. Dann erfolgt endlich unter Ludwig XVI. der Wiederanstieg: Hochzeiten und Geburten werden zahlreicher, Beerdigungen seltener.

Auch in Viols-le-Fort gibt es zwischen 1700 und mindestens 1747 ein langes Zahlentief der Heiraten.

Pole der Widerstandskraft: Die Städte

Manche reichen Dörfer, manche aktiven Gebiete scheinen gegen diese Entvölkerung gefeit zu sein. Zu diesen immunen Zonen gehören die stadtnahen Regionen. Die Dörfer, die dem Bevölkerungsschwund widerstehen, liegen oft nahe bei einer größeren Stadt (Montpellier), deren kräftige Bevölkerungszahl sich auf das Eigenleben des betreffenden Dorfes auswirkt; seine Bewohner kommen in die Stadt, arbeiten darin oder bringen Holz. Die Frauen waschen die Wäsche für die Städterinnen oder sind Ammen für die städtischen Säuglinge. Genug, um ein bißchen Geld zu verdienen, das den Landleuten ermöglicht, bis zur nächsten Ernte durchzuhalten und der Bevölkerungszahl, der Krise zu trotzen.

Den Städten selbst geht es während der schlimmen Zeit nicht schlecht. Die kleine Hafenstadt Sète, die bei Null angefangen hat, hat im Jahre 1735 dreitausend Einwohner. Montpellier wächst bis 1720 und stabilisiert sich dann bis gegen 1750. Diese glückliche Ausnahmesituation der Städte findet man den ganzen Golfe du Lion entlang, wo sie manchmal sehr bedeutende Formen annimmt; so kennen z. B. Barcelona und Marseille, gleichgültig gegenüber dem Rückgang auf dem Lande, nach 1680 keinerlei Bevölkerungsschwund: Möglich, daß die Abwanderung vom Lande ihre Menschenbestände auffüllt.

Bruttoprodukt und ländliche Bevölkerungszahl

Lassen wir die Ausnahmen und kommen wir zu der Gesamttendenz zurück. Die beiden Hauptfakten, deren eines dem andern vorausgeht, sind der Niedergang der Menge der landwirtschaftlichen Produktion seit dem Ende des Jahrzehnts 1670 und die Rückläufigkeit des Bevölkerungszuwachses auf dem Lande, die sich ab 1685, 1690 und 1700 bemerkbar macht. Ist die Reihenfolge das Zeichen einer Regulierung? In der Tat sieht alles so aus, als ob die Bevölkerung sich mit Mühe den Bedingungen einer geschrumpften Wirtschaft anpaßte. Das wesentliche Problem ist hier, herauszufinden, welches die konkreten Vermittlungen sind: Wie wirkt sich empirisch, in Anbetracht der festgestellten Tatsachen, die landwirtschaftliche Entwicklung auf die Bevölkerungsentwicklung, das Landwirtschaftsprodukt auf den ländlichen Bevölkerungsstand aus?

Die einfachste Vermittlung ist der Tod. In Montpeyroux, in Cessenon weisen die Niedergangsphasen der Bevölkerung (Ende des 17., Anfang des 18. Jahrhunderts) hohe Sterblichkeitsziffern auf und sind durchsetzt mit Jahren des Defizits, in denen die Zahl der Todesfälle die der Geburten übersteigt.

Woran wird gestorben? oder vielmehr: woran wird zuviel gestorben? Im schlimmsten Fall an Hunger, oft an Unterernährung oder Nahrungsmangel. Diese Art Tod scheint in den Jahren des raren Weizens in den Kreisen des ärmsten Volkes (Tagelöhner, Tucharbeiter) häufig zu sein. Z. B. in den Jahren 1680 und 1694 während der Mangeljahre, die im Languedoc eine verursachende Rolle bei der Auslösung der Bevölkerungsabnahme spielen. Auch im Jahre 1709–1710 kommen wieder viele um; diejenigen Armen, die im Languedoc davonkommen, überleben nur mit Hilfe von Hirse, Rüben und solchen Gemüsearten (Saubohnen), die nach dem Winter ausgesät werden; schlimmstenfalls essen sie Gras, aus Quecken gebackenes Brot (*gramenas*) und Hammelgekröse.

Es scheint sinnvoll, von einer offensiven Rückkehr des Hungers seit dem Jahrzehnt 1680 zu sprechen. So kann man im Norden und in der Mitte des Königreichs feststellen, wie 1694 und 1709 nach dreißig Jahren relativen Weizenwohlstands Hungersnöte ausbrechen. Im Süden zeigt die Chronologie des Hungers trotz gewisser Nuancen eine ähnliche Tendenz. Es ist der lang andauernde Rückgang des landwirtschaftlichen Produkts, der neben anderen Faktoren die wachsenden Versorgungsschwierigkeiten erklärt. Schlechte Ernten haben eine harmlose Wirkung, wenn sie in einer blühenden Landwirtschaft vorkommen. Aber sie werden schrecklich, wenn sie eine Produktion verkürzen, die schon in gewöhnlichen Jahren chronisch darnieder liegt.

Doch der Hunger erklärt nicht alles, weit gefehlt. Es wird auch auf subtilere Weise an ansteckenden Krankheiten gestorben, die in Mangeljahren gedeihen: Unterernährte Menschen sind gute Krankheitsträger, da sie den Krankheitserregern wenig entgegenzusetzen haben; eine Lebensmittelkrise wird fast immer von ebenso willkürlichen wie unvorhersehbaren, die Wirkung verstärkenden Epidemien begleitet.

Ein Pfarrer im Narbonnais beschreibt im Jahre 1693–1694 dieses Ineinanderfließen von Hunger und Krankheiten: Die Natur, schreibt er am 3. August 1694, ist seit sieben oder acht Jahren durch Krieg, Unfruchtbarkeit und Ansteckungskrankheiten hinfällig geworden. Im Jahre 1694 ist es »der Hunger, der den meisten Schaden anrichtet«: Die Einwohner leiden an ihm in ihrem Heim bis zum Tode von Vater, Mutter oder Kindern; dann verlassen sie ihr verfluchtes Dorf, ihr Zentralmassiv oder ihr Rouergue; sie sind »wie Skelette oder Gespenster«, die versuchen, fern von ihren Gemeinden ihr schwindendes Leben durch milde Gaben guter Menschen zu erhalten. Sie verbreiten auf ihrer Wanderung manche Seuchen, besonders den *pourpre,* den »Purpur«, der »wie ein Irrlicht« in alle Häuser eindringt und »oft alle infiziert, die darin wohnen«. Daher die vielen Toten; daher die Fehlgeburten, die gleichzeitig »die Mutter und die Leibesfrucht« töten.

Die Natur hat also mehr als einen Pfeil im Köcher, um den Bevölkerungsstand den Ressourcen anzupassen, wenn diese abnehmen. Und die Entvölkerung, von der die Mehrzahl der Gemeinden betroffen wird, die durch die Depression verarmt sind, ist ein mehrschichtiges Phänomen: Vorherrschend ist der Sterblichkeitsfaktor; zusätzlich wirkt das Hinauszögern der Eheschließungen und in einigen sehr seltenen Fällen sogar die Empfängnisverhütung; unterstrichen wird es noch durch die

Abwanderung aus den untergehenden Ortschaften in die Städte oder in die Armee.

Diese Entvölkerung kommt verspätet; im allgemeinen später als im Elsaß und in Burgund oder im Frankreich der Gegend von Beauvais oder der Loire, wo die Pest von 1630, die Schrecken des Dreißigjährigen Krieges oder der Fronde und die Hungersnot von 1661 oft frühzeitig die Dörfer entleert haben.

Die Entvölkerung im Midi ist dagegen gewöhnlich ziemlich mäßig (in zwei Generationen, 1677 bis 1741, durchschnittlich 18 % der Landbevölkerung). In gewissen Fällen jedoch, in besonders grausam geschlagenen Dörfern oder Landkreisen ist der Menschenschwund viel stärker; in extremen Fällen (sehr hohe Sterblichkeit und gleichzeitige Massenabwanderung) kann er sogar eine Siedlung von der Landkarte streichen oder ganze Dörfer zum Verschwinden bringen.

Drittes Kapitel
Von der Zerstückelung zur Umverteilung

Von der allgemeinen Demographie, in der wir uns mit verschwundenen Siedlungen und lebendigen Dörfern befaßt haben, gehen wir nun über zur Katasterdemographie, dem ersten Zugang zu den Problemen, die mit der unterschiedlichen Verteilung der Einkünfte aus der Landwirtschaft zu tun haben.

Katasterdemographie: Deflation der Steuerpflichtigenzahl

Wie verändert sich am Wendepunkt zur Abwärtsbewegung (ungefähres Datum ab 1675–1680) die Zahl der Steuerpflichtigen, d. h. der Grundbesitzer? Verändert sie sich im großen ganzen parallel zur Bevölkerungszahl, wie das in der vorangegangenen Periode der Fall war? Lassen wir auch hier wieder die Ziffern aus der Zeit der Rückflut für sich selbst sprechen; und zum Vergleich auch die Ziffern während der folgenden Epoche des 18. Jahrhunderts. Die herangezogenen Daten stammen aus 32 Dörfern.[1]

Es bestehen zwischen den 32 Dörfern große Trendunterschiede; diese leiten sich von der jeweiligen Lage der Orte her und auch von der ungenügenden chronologischen Vollständigkeit der Reihen, die je nach dem Ort und der Erhaltung der Steuerdokumente nur in willkürlichen Teilen vorhanden sind. Und dennoch gehören in der langen Sicht alle die verschiedenen Reihen ein und derselben Gattung an: Sie bezeugen eine Bremsung und dann einen Rückgang der steuerpflichtigen Bevölkerung seit dem Ende des 17. Jahrhunderts. Seit 1670, 1680, 1690, 1700 oder 1710, je nach dem Dorf (ausgenommen einige Vorläufer wie Soubès, die schon 1630–1640 zusammenbrechen), hört die Zahl der Steuerpflichtigen, die im allgemeinen seit Heinrich IV. oder Ludwig XIII. nur noch sehr langsam gewachsen war, gegen 1680–1690 auf, zu wachsen, sinkt in sich zusammen und verringert sich; im besten Falle stagniert sie, im schlimmsten bricht sie zusammen. Hier bestätigt die Betrach-

---

[1] S. die Tabelle in der französischen vollständigen Ausgabe, auf Seite 567.

tung der steuerpflichtigen Bevölkerung nur die Tatsachen, die sich aus der allgemeinen Bevölkerungsuntersuchung ergeben haben – mit einer Verschiebung von zehn bis zwanzig Jahren. Man sehe sich die Gemeindelisten an, bei denen eine Nachprüfung möglich ist: Die Abwärtsbewegung, die an den Katasterdaten ablesbar ist, wird von den Bevölkerungslisten bestätigt, die ihrerseits auf Standesamtseintragungen und Kommunikantenzahlen beruhen.

Aber Kataster und Steuerbücher haben nicht nur den Wert einer Bestätigung; sie erweitern und bestärken die Schlußfolgerungen, die sich aus der rein demographischen Untersuchung ergeben haben.

In erster Linie geben sie dieser Untersuchung ihre wahren Dimensionen, erfüllen sie mit dem Leben des Jahrhunderts. Denn im Lichte der *compoix* (die es möglich machen, zeitlich sehr weit zurück zu gehen) bemerkt man, daß der demographische Abschwung, der gegen 1680 seinen Anfang nimmt, eine Bedeutung hat, die weit über ihn selbst, weit über seine eigene chronologische Begrenzung hinausgeht.

Dieser Abschwung bezeichnet nämlich das Ende einer Epoche; das Ende einer Welle des Bevölkerunganstiegs, die unter Ludwig XII. ihre Geburtsstunde hat und unter Ludwig XIV. ihren Höhepunkt erreicht und dann niedersinkt. Eine graphische Darstellung[2] faßt die auf den *compoix,* den Steuerbüchern und Grundbesitzstammrollen beruhenden Katastereintragungen verschiedener Dörfer des 15. und 16. Jahrhunderts zusammen, die wir gezählt haben. Sie dient als Meßlatte für die lange ansteigende Flut der Steuerpflichtigenzahl: im 15. Jahrhundert ist sie zuerst sehr niedrig; im 16. Jahrhundert steigt sie rasch, bis etwa 1570; dann steigt sie weiter (in weniger lebhaftem Tempo); in der Frühzeit Ludwigs XIV. bleibt sie sich fast gleich; dann sinkt sie langsam, von 1680–1700 an bis ungefähr 1570; und erst ab 1770 erhebt sie sich deutlich zu einer neuen, mächtigen Aufwärtsbewegung, die dann ohne Nachlassen bis etwa 1870 anhält.

Zwischen den beiden großen Aufwärtsbewegungen (der einen, die langsam schwächer werdend von der Renaissance bis zu der Aufhebung des Edikts von Nantes reicht und der anderen, die sich von Turgot bis Gambetta über das 19. Jahrhundert erstreckt) erscheint so die Periode 1680 bis 1750 wie eine Zwischenstufe – manchmal wie eine Vertiefung – immer aber wie eine demographische und Besitzverteilungspause. Selbstverständlich handelt es sich nicht um eine Fahrt in den

---

[2] Vgl. Graphik »Langzeittendenz der im Kataster erfaßten Bevölkerung« im Anhang auf S. 349.

Abgrund, wie beim Ausgang des Mittelalters. Nichtsdestoweniger macht sich die negative Wellenbewegung an den Kurven bemerkbar. Sie bezeichnet durch einen langen Rückgang das Ende eines großen Zyklus der ländlichen Bevölkerungsexpansion, die mit Höhen und Tiefen mehr als eineinhalb Jahrhunderte anhielt (von 1500 bis etwa 1680). Die Gesamtentwicklung könnte in einem Kurvenbüschel von »ballistischem« Aussehen dargestellt werden, konstruiert auf der Grundlage typischer Dörfer. Diese Kurven nehmen ihren Anlauf in der Tiefe des 15. Jahrhunderts, erstürmen die malthusianischen Gipfel, kommen über diese Grenze nicht hinaus und biegen dann, ab 1680–1700, wie angezogen von einem Magnetfeld nach unten ab.

Die Stärkung des rechten Flügels

Der chronologischen Breite entspricht andererseits die soziologische Genauigkeit. Denn dank der *compoix* und Steuerbücher gelangt man von der Zählung der Menschen zur Verteilung der Güter; und vom demographischen Trend zu der beweglichen Realität der Bodenbesitzstrukturen. Auf diesem Gebiet ist vom Ende des 17. Jahrhunderts an das Neue die Verschiebung nach rechts auf den auf die Grundbesitzverteilung bezüglichen Stufendiagrammen. Seit 1500 und manchmal bis 1630, oft bis 1680 waren die Stufendiagramme linkslastig, nach der Seite des Kleinparzellenbesitzes verschoben. Eine fortwährende Bodenzerstückelung begleitete den mehr oder weniger starken bäuerlichen Bevölkerungsaufschwung.

Ein wenig vor und nach 1680 erfolgt in den meisten Fällen eine Umkehrung dieser alten, fast zwei Jahrhunderte dauernden Tendenz. Der rechte Flügel verstärkt sich in einer unwiderstehlichen Entwicklung der Stufendiagramme. Der Kleinbesitz geht zugrunde. Und seine Parzellen werden von den mittleren, manchmal auch von den großen und sehr großen Steuerzahlern geschluckt. Das Zusammenschmelzen der Zahl der Grundbesitzer geschieht zu Lasten der Kleinen und zugunsten der Größten, in einer Art natürlicher Auslese. Diese scheidet aus der Statistik die Schwächsten oder am wenigsten Besitzenden beim Kampf ums Überleben und um das Verdienen aus.

In der vorliegenden gekürzten Ausgabe wird ein einziges, absolut typisches Beispiel dargestellt[3]: Es handelt sich um das Dorf Saint-

[3] Siehe die zahlreichen übereinstimmenden Beispiele (23 Dörfer) in der französischen vollständigen Ausgabe, S. 571–581.

André-de-Sangonis, das im Besitz einer großartigen Reihe ist. Von einem im Jahre 1636 angelegten Vater-*compoix* stammt eine Nachkommenschaft von Steuerrollen, guten Dokumenten, die ihn selbst immer wieder auf den laufenden Stand bringen und jedem Steuerzahler zuteilen, was ihm den Grundbesitzübertragungen entsprechend zusteht, ohne jedoch die Grundlage für die Schätzungen im Grundbuch anzutasten (die immer noch einen Gesamtpfundwert von 1307 Pfund ausmacht). Unter diesen wertvollen Dokumenten, die »brevette«, die Kurzfassung von 1690, die »Abschrift des *»compoix«* von 1726 und alljährlich die Steuerrolle.

Ich habe mich angesichts einer so kompletten Reihe, bei der man auswählen kann, für zwei besonders geeignete Zeitpunkte der Betrachtung entschieden, einen Gipfel- und einen Talpunkt.

Der Gipfelpunkt: 1690, der Höchststand der lokalen Steuerzahler, nämlich 893 Steuerpflichtige. Die Talsohle: 1749, das Jahr, in dem die im Kataster erscheinende Bevölkerung den niedrigsten Stand erreicht, gerade vor dem Wiederanstieg des späteren 18. Jahrhunderts. Es gibt 1749 nur 697 Steuerpflichtige, von denen nur 563 Einheimische sind.

Wie sind an diesen Wendepunkten die 1300 Pfunde des Gesamtschätzwertes des *compoix* von Saint-André verteilt, der seit seiner Herstellung im Jahre 1636 der gleiche geblieben ist?

Im Jahre 1690 Höhepunkt der Zerstückelung: Auf den Stufendiagrammen des Grundbesitzes eine Verschiebung nach links im Vergleich zur vorhergehenden Statistik (1665).

Im Jahre 1749 zeigt sich im Gegenteil eine Konzentration: Im Vergleich mit 1690 Verschiebung nach rechts im Häufigkeitsvieleck der Bodenbesitzverhältnisse.

Die kritische Schwelle, wie immer durch Vergleich der Stufendiagramme definiert, wird von denjenigen Anwesen gebildet, die im *compoix* mit je 3 Pfund erscheinen.

3 Pfund, die Obergrenze, von der aus der Niedergang der Kleinen erfolgt. Links von dieser Schwelle waren es auf den Stufendiagrammen von 1690 774. 1749 sind es nur noch 555. Es sind also 219 »Microfundien« verschwunden, zugrunde gerichtet von der Depression.

3 Pfund, die Ausgangsbasis für den Grundbesitzehrgeiz der besser Gestellten. Rechts von dieser Schwelle – entweder gleich mit ihr oder darüberliegend (≧ 3 Pf.) – waren es 1690 119 mittlere und große Steuerzahler; zwei Generationen später, 1749, sind es 142 geworden. Die 219 verschwundenen Grundstücke haben also die Schaffung von

23 größeren Anwesen ermöglicht: Neun kleine haben ein großes ergeben. Der Boden dieses Dorfes ist also Mitte des 18. Jahrhunderts mit Landzukäufern gespickt.

Diese Landaufkäufer sind je nach Ortschaft sehr unterschiedliche Leute. In dem Weiler Cambous sind es Notable – der Seigneur des Ortes und der Vogt Léotard – die zwischen 1690 und 1749 ihre Güter vergrößern; die bäuerlichen Landwirte werden an Zahl geringer, ohne jedoch deshalb mehr Land zu gewinnen: Sie schmelzen zusammen, ohne sich aufzurunden. Die Landarbeiter schließlich, die häufig nebenbei auch Töpfer sind, wie die Familie Cannet, gehen ein und verschwinden aus dem Kataster.

Im Weiler Sainte-Brigitte stammen die Landaufkäufer aus dem Volke. Es sind Bauern und Fuhrleute (untereinander und mit Handwerkern verwandt), die von 1690 bis 1749 die Grundstücksfetzen der Tagelöhner zusammenlegen.

In recht eintöniger Weise machen wir also dieselbe Feststellung in den Dörfern: Die Urheber der Landkonzentration sind gesellschaftlich verschiedener Natur; aber die Konzentration selbst, die Umverteilung ist etwas Gemeinsames, der gemeinsame Nenner einer Epoche.

Damit sind wir als Abschluß der Monographie zum Problem der Konzentration des Grundbesitzes und dessen neuzeitlicher Variante, der Inbesitznahme des Landes durch die Städter gelangt.

Denn die Entwicklung (gegen 1700) ist nicht genau wie im 15. Jahrhundert vor sich gegangen, im Verlaufe der früheren Welle landwirtschaftlicher Depression. Damals, von 1350 bis 1450, war die Konzentration des Grundbesitzes schlicht und einfach die Auswirkung des zahlenmäßigen Zusammenbruchs der Bevölkerung; sie war zwar ihre Resultate betreffend manchmal noch ausgeprägter als die unter Ludwig XIV. und sie führte zur Schaffung sehr großer Güter; diese aber blieben in ihrer Mehrzahl in rein ländlichen Händen; den Händen von Gentlemen-Farmern, bäuerlichen Priestern, freien Bauern oder Brudergemeinschaften, den frérèches.

Die Umverteilung des Grundbesitzes vom Ende des 17. Jahrhunderts, die sich bis in das 18. Jahrhundert hinein fortsetzt, hat zwar gewisse gemeinsame Züge mit dieser entsprechenden Episode des ausgehenden Mittelalters: Auch sie wird von einem ländlichen Bevölkerungsrückgang verursacht (der aber unter Ludwig XIV. weniger ausgeprägt ist als im 15. Jahrhundert). Damit hört der Vergleich aber bereits auf. Sind auch manche Ursachen gemeinsam, so sind doch die gesellschaftlichen Aspekte ganz verschieden. Die mittelalterliche Episode war von einer katastrophalen Abkapselung des Landes begleitet. Die neuzeitliche Episode ist dagegen untrennbar von einer für das städtische Patriziat glücklichen Begleiterscheinung – Adel, Amtsträger und Bourgeoisie im Sturm auf die Eroberung des flachen Landes. Und diese Eroberung erweist sich als solide: Trotz mancher Rückschläge wird sie bis in die Kataster des 20. Jahrhunderts hinein unauslöschliche Spuren hinterlassen.

Viertes Kapitel
Das Land ist nicht mehr rentabel

Bis hierher habe ich eine Anzahl großer, wahrscheinlich zusammenhängender Phänomene beschrieben, die nacheinander oder gleichzeitig aufgetreten sind: Das Sinken der Nominalpreise, dem das Sinken der Preise in Gold- und Silberwährung folgt; sehr viel später der mengenmäßige Rückgang des landwirtschaftlichen Bruttoerzeugnisses; der Niedergang der Bevölkerungszahl und die Abnahme der kleinen Grundstücksparzellen; in engem Zusammenhang damit schließlich der Zuwachs an konzentriertem Grundeigentum.

Warum und wie dieses Zurückfluten auf der ganzen Linie? Die Suche nach den Determinanten und den Prozessen setzt eine subtile Analyse voraus. Eine Analyse, die Licht auf die Bewegung der vertikalen Verteilung des Bruttoerzeugnisses nach hierarchischen Einkommensschichtungen wirft: Es muß also wieder von Profit und Rente, von Löhnen, Lasten und Gesellschaftsgruppen gesprochen werden.

Eine schwierige Aufgabe, schwieriger als in den vorangegangenen Perioden. Denn für manche wesentlichen Variablen – Einkommen der Unternehmen, Landwirtschaftslöhne – werden unsere Quellen trotz einleuchtender Konkretheit lückenhaft: Die so wertvollen Langzeitreihen der Verpachtungen in eigener Regie und der Misch- und Naturallöhne hören praktisch im Jahre 1660 auf. Die Dokumente sind zwar zahlreicher, aber von nun an weniger lückenlos. So wird es zwar leichter, zu beschreiben, aber manchmal unmöglich, zu quantifizieren.

Dennoch werden manche Gegebenheiten deutlich sichtbar. Zunächst auf dem Schlüsselgebiet Profit.

1665–1672: Sterben des Profits

Nach 1660 und besonders 1670 nimmt die Produktion (für einige Zeit) noch zu, aber sie verliert ihre Seele; denn der Profit stirbt. Zumindest kann das aus den Langzeitreihen von Buchhaltungen gefolgert werden.

Béziers, Montpellier: Die Haushalte der Kapitelherren. In der Rubrik Einnahmen: In der Hauptsache der in Geld bezahlte Zehent, also breitgestreutes, repräsentatives und gewichtetes landwirtschaftliches Einkommen. Unter »Ausgaben« die Kosten für Luxus (privaten und kirchlichen Luxus), Löhne, Steuerbelastungen (Décime – die Abgabe des Klerus an die Krone, Salzsteuer und Taille für die nichtadligen Güter) Zinsen für Darlehen. Unter Ludwig XIII. und noch unter Mazarin sind die Einnahmen in einem von zwei oder zwei von drei Jahren höher als die Ausgaben. Alles in allem stellt sich während der guten oder weniger schlechten Zeit des 17. Jahrhunderts oft ein Profit ein. Diese normale Periode nimmt in Montpellier 1663, in Béziers 1671 ein Ende.

Nach diesem Datum und bis zum Ende des Jahrhunderts verlieren die Haushalte der Kapitelherren das Gleichgewicht, ganz wie die Haushalte Colberts. Sie sind in einer finanziellen Sackgasse, haben ausnahmslos konstant und regelmäßig jedes Jahr ein Defizit. Erst von 1720 an gibt es in den Kassen der Kapitelherren wieder kontinuierliche Einnahmeüberschüsse; diese Überschüsse bleiben dann das ganze blühende 18. Jahrhundert über beständig.

Die Ursachen des Profitsterbens unter und nach Colbert sind nicht immer einfach zu klären – ich werde darauf zurückkommen. Die Konsequenzen jedoch sind klar: Ohne Profite und ohne Ersparnisse sind die Landleute, die Geld zusetzen müssen, zum Schuldenmachen gezwungen und im Falle schlechter Ernten von Konkurs und Ruin bedroht; denn da sie keine Reserven haben, zeigen sie sich plötzlich außerstande, ihre Fälligkeiten zu bezahlen. Die Geschichte der landwirtschaftlichen Unternehmen – Ackerhofpächter und große Landwirte, die Hauptträger ländlicher Profite und Defizite – ist unter diesem Gesichtspunkt auch aufschlußreich für eine Chronologie der Konkurse zwischen Nachfrondezeit und Aufhebung des Edikts.

1680: Untergang der Pächter

Die Krise des Verpachtungswesens kündigt sich in aller Stille schon ab 1670-1674 an: Das Ausbleiben des Profits, das uns schon in den Rechnungsbüchern des Klerus aufgefallen ist, erfaßt auch die Pächter, von denen einige in diesen Jahren Bekanntschaft mit Pfändung und Gefängnis machen.

In den Jahren 1679 und vor allem 1680 kommt dann endlich die Stunde der Wahrheit für die verschuldeten, in den roten Zahlen stekkenden Bauern, die von einer schlimmen Trockenzeit brutal ruiniert werden, die zu ertragen gewesen wäre, hätte sie nicht eine schon vorher verarmte Landwirtschaft heimgesucht. Zur Veranschaulichung mögen im Rahmen unserer Kurzfassung drei Beispiele genügen.

Als erstes das Gut Viala: Die Pacht liegt seit 1676 in den Händen eines zu drei Vierteln analphabetischen Pächters mit Namen Pierre Arribat; er ist arm, zum Geldleihen gezwungen und »er hat die Nutzung ohne Gegenleistung«. Im Jahre 1680 wird er von zwei Katastrophen ereilt: die Trockenheit vollendet seinen Ruin und er stirbt. Angstvoll verfolgen die Kapitelherren sein Sterben: Arribat liegt im Sterben, Arribat ist tot. Seine Witwe Marguerite, eine völlige Analphabetin, übernimmt das Ruder. Das Kapitel hat Mitleid mit ihrer Not und erläßt ihr einen Teil ihrer Schulden. Sie verpflichtet sich, den Hof »als gute Haushälterin und Familienvater (sic) zu verwalten«; zur Hilfe hat sie ihren Schwiegersohn Tapié, der mit einem schwungvollen Namenszug unterzeichnet. Aber Marguerite ist erfolglos. Sie zahlt weder die Pacht noch den Rest ihrer Schulden. Und 1684 wird sie gepfändet. Sie wehrt sich so gut sie kann und versucht, die Ernte für sich zu behalten. Die Grundeigentümer müssen Tag und Nacht Wachen aufstellen, um die Witwe in Schach zu halten und das Korn ihrer Rente[1] zu retten. So vergehen die Monate in Scharmützeln zwischen der Bäuerin und ihrer Herrschaft, die von allen anderen Gläubigern unterstützt wird. Im Sommer 1685 kommt es schließlich zum Krieg: Der Schwiegersohn Tapié ruft seine Verwandtschaft zusammen und gemeinsam mit einem Vetter schlägt er die Tore zu seinem eigenen Hof ein und führt das vom Kapitel gepfändete Getreide im Leiterwagen fort. Er wird eingeholt, ergriffen und ins Gefängnis geworfen. Aber nun kommt niemand mehr, der die Pacht haben und an seiner Stelle das Defizitgeschäft eines Pächters betreiben will. Das Gut Viala, das im 16. Jahrhundert eine herrliche Getreidefabrik war, ist jetzt nur noch eine lahm gewordene Maschine und die Kapitelherren sind gezwungen, sie in eigener Regie selbst zu bewirtschaften, um sie wieder in Gang zu bringen.

Maurin: Auf diesem riesigen Gut (fünfundzwanzig Paar Ochsen, für 4 000 Pfund Aussaat, für 10 000 Pfund Vieh) beginnen die Schwierigkeiten 1680, als die mittellosen Pächter von der Dürre überrascht werden und ihre Armut zutage tritt: Dauerschulden, Unterlassen der Feldbestellung, Prozesse in Toulouse; Kapitalmangel, Mangel an flüssigem Geld, an Kredit, an Ochsen und Schwingpflügen; Mogeleien beim Säen; vernachlässigte, verschmutzte, notleidende Erde: all das durch die Schuld des Pächters Pierre Grangeant, der wegen seiner finanziellen Nöte gezwungen ist, seine Pacht im Jahre 1683 aufzugeben. (Seine

[1] Rente heißt in diesem Falle nichts anderes als Pachtgeld.

Schulden und seine Prozesse ziehen sich noch bis ins Jahr 1689 weiter, dann wird er verurteilt.)

Im Jahre 1683 bekommt Maurin also einen neuen Pächter mit verminderter Rente: der Neue, mit Namen Régis, soll ja einen Anreiz erhalten. Wiederum mißlingt es! Im Jahre 1684 hat Régis kein Geld für die Schnitter und keine Wagen für das Getreide, so kann er weder ernten noch dreschen. Im Frühjahr 1686 ist er außerstande, die Unkrautjäterinnen zu bezahlen und Äcker und Brachfelder werden von Unkraut überwuchert. Im Sommer 1686 wird ihm das Korn gepfändet, weil er die Pfründe der Kapitelherren nicht bezahlt hat. Régis, der von seinen Gläubigern buchstäblich belagert wird, kann seine Gespanne nicht mehr ausfahren: Die Marquise de Graves, deren Schuldner er ist, läßt sie auf Wegelagererart entführen! Im Herbst hat er nicht genug Geld, um seine Knechte zu entlohnen (die »hohen« Löhne von 1686 – ich komme noch darauf zurück – sind eine der Ursachen für den Ruin der Pächter).

Die Kapitelherren versuchen zwar, Régis loszuwerden, aber ihre Bemühungen sind vergeblich. Niemand will seine Stellung, bei der nichts zu gewinnen ist. Im Jahre 1687 geht es auf Maurin schlechter und schlechter: immer noch kein Geld bei dem Pächter, es wird nicht gejätet, nur wenig geerntet. Schließlich kommt es zu einer Verzweiflungslösung: Aus Régis, dem selbständigen Pächter, wird ein Halbpächter; der typische Fall eines gesellschaftlichen Abstiegs in Zeiten wirtschaftlicher Not.

Auch auf dem Sankt-Peter-Hof hat der analphabetische Pächter Thomas Lagarde (sein Handzeichen: I einige Mühe, über das Jahr 1680 zu kommen. Die Dürre jenes Jahres verdirbt seine Ernten und verschafft ihm 1 000 Pfund Schulden an seine Grundeigentümer, Schulden, die er bei seiner Armut nicht zurückzahlen kann; im Jahre 1686 schuldet er die tausend Pfund noch immer; und seine Beziehungen zu den Kapitelherren, die er ausführlich beschimpft und denen er die Gespanndienste verweigert, sind äußerst gespannt. Jedoch behält er trotz Krankheit, Zorn und Geldlosigkeit seine Pacht bis zu seinem Tode im Jahre 1692.

Die Beziehungen zwischen Pächter und Eigentümer werden mit Vézinet, dem Nachfolger Lagardes auf dem Sankt-Peter-Hof, noch schlechter. Der neue Pächter, der eine erdrückende Pacht zu zahlen hat, stellt sich (vom Standpunkt der Kapitelherren aus) sehr bald als kreditunwürdig und widerwärtig heraus: Seine Tiere fressen die Maulbeeren des Kapitels ab; er bringt das Korn, das er schuldig ist, nicht auf die

Tenne ein. Schon 1696 schicken ihm die Kapitelherren den »Inspektor«, um seine Ernte zu beschlagnahmen. Und die Gläubigermeute ist derart hinter Vézinet her, daß sie ihm sogar den Schlüssel zu seiner Scheuer abnimmt. Um die Wette pfänden die Gläubiger im Jahre 1696–1697 sein Korn und zitieren ihn vor das Parlament von Toulouse. Wie einst Lagarde antwortet Vézinet mit einem Streik der Gespanndienste (er hatte sich nämlich, wie alle Pächter jener Zeit, in seinem Pachtvertrag dazu verpflichtet, für seine Herren eine bestimmte Anzahl Fuhren zu übernehmen, was an die mittelalterlichen Frondienste denken läßt).

Das Grundproblem ist immer das gleiche: Vézinet besitzt keinen Heller; und er erzielt keine Gewinne und ist 1697 außerstande, seine Knechte zu bezahlen und seinen Pachtzins in Korn oder Stroh zu entrichten.

Im Oktober 1697 sieht es aus, als sei Vézinet am Ende: Er sagt, er habe kein Saatgut mehr; sein Korn ist gepfändet worden. Aber dieser harte, ziemlich bösartige Mensch, der Schläge mit Schlägen beantwortet, läßt sich nicht so leicht abwürgen. Auf die Pfändung reagiert er mit Diebstahl und schneidet einen Teil seines noch unreifen Weizens, um ihn an die Maultiertreiber und Fuhrleute der Stadt zu verkaufen; und im Juni 1698 verschleudert er heimlich das gemähte Getreide. Im Juli übt er offene Sabotage der Landwirtschaftsarbeit: Er weigert sich, zu dreschen, versäumt, das fällige Brachfeld zu pflügen und fährt bei Nacht die Ähren vom Feld, um sie für eigene Rechnung zu verkaufen, obwohl er dem Kapitel 3 000 Pfund schuldet. Schließlich ruft auch er die bäuerliche Sippensolidarität zu Hilfe: 1699 dreschen Landarbeiter, die mit ihm verwandt sind, für seine Rechnung den Weizen und verbergen das Pachtkorn.

Epilog im Jahr 1700: Vézinet wird von acht Schergen in das Narbonner Gefängnis abgeführt. Dort bleibt er einen Monat, wird dann freigelassen und kommt auf seinen Pachthof zurück, wo er eines Tages (5. Oktober 1700) den Schlüssel unter die Tür legt und ohne Hinterlassung einer Adresse verschwindet. Arm und verschlagen ist er zehn Jahre lang der am stärksten von der Rente erdrückte und am wenigsten vom Profit verwöhnte Pächter gewesen, den es auf dem Sankt-Peter-Hof in zwei Jahrhunderten gegeben hat.

Kurzum, die Landwirte durchleben um 1680–1690 eine sehr schwere Zeit; sie sind verschuldet und mittellos. Selbst die reichsten nehmen die Gewohnheit an, sogar die Prostituierten in Naturalien zu bezahlen, indem sie ihnen als Belohnung für ihre Dienste das Recht zugestehen, auf ihrem Acker Ähren zu lesen.

Unsere Landwirte sind vom Bankrott bedroht oder ruiniert. Daher sind sie je nach Temperament angsterfüllt, krank vor Sorge, deprimiert oder jähzornig.

Es ist die Pächterklasse als Ganze, die Gruppe der großen Hofpächter als solche, die ab 1680 zusammenbricht (nicht für immer, natürlich). Zählen wir: Von dreizehn verpachteten Hofgütern, deren Langzeitpachtreihen uns aus den Archiven bekannt sind, erleben zehn zwischen 1680 und 1695 unüberwindliche Schwierigkeiten: Der Ackerbau hört eine Zeitlang auf, sich zu lohnen.

Unter welchen Umständen ist seine Rentabilität verloren gegangen? Schwer zu sagen: die Buchhaltung der Wirte aus dieser Zeit ist nicht erhalten geblieben. Aber gewisse Beobachtungen ergeben einen guten Sinn. Zunächst folgende: Von einem bestimmten Zeitpunkt an haben die Ausgaben der Pächter ebenso wie die der Kapitelherren – ihre Unkosten – die Einnahmen übersteigen müssen; die Belastungen sind die gleichen geblieben, während die Verkaufspreise für die landwirtschaftlichen Erzeugnisse gefallen sind. Gewinne und Ersparnisse sind plattgewalzt worden und so sind die Ackerbauern für jedes klimatische Unglück sehr anfällig geworden. Damit spielt die Dürre von 1680 und der folgenden Jahre eine auslösende (aber an sich nicht entscheidende) Rolle.

Unnachgiebigkeit der Löhne

Welche »unnachgiebigen« Belastungen soll man verantwortlich machen? Zuerst natürlich die Verschuldung: Darauf werden wir noch zurückkommen. Dann die Löhne, eine starke Belastung, die, wie wir gesehen haben, einen großen Teil des Bruttoeinkommens der großen Landwirte verschlingen kann. Leider haben wir für diese Periode keine Dokumentation über die Naturallöhne mehr. Dafür kennen wir aber in manchen Fällen die Entlohnung in Geld oder den Geldanteil der Mischlöhne des Gesindes, die uns aufschlußreiche Anhaltspunkte liefern. Was sagen sie aus? Folgendes: Zwischen 1658 und 1680 zeigen sich die Löhne der Tagelöhner in der Regel ziemlich widerstandsfähig gegen Verringerungen. Ein solcher Umstand führt bei stabiler Produktivität notgedrungen zu einer Schmälerung der Gewinnspanne des Unternehmers, da ja die Weizen- und Weinpreise stärker sinken als die Lohnzahlungen.

Gleichzeitig steigt der jährliche Geldlohn der Acker- und Fuhrknechte, von denen es auf einem normalen Getreidebauernhof vier oder fünf gibt und die als landwirtschaftliche Facharbeiter anzusehen sind, von 1640–1655 bis 1686 in auffälliger Weise (in turonensischen Pfunden): Der Anstieg erreicht 30 %, während der Weizenpreis in derselben Periode sinkt oder stagniert.

Insgesamt haben die Reallöhne unter Fouquet und besonders Colbert eine steigende Tendenz. Und dieses Ansteigen wird nicht durch einen Beschäftigungsrückgang kompensiert. Im Gegenteil (und trotz einer gewissen nicht behobenen Arbeitslosigkeit), bleibt die Beschäftigung in diesen drei Vierteln des Jahrhunderts auf einem Höchststand; und zwar deshalb, weil die landwirtschaftliche Produktion zunimmt oder auf ihrem Höchststand verharrt, ohne daß die Produktivität steigt.

Das Ansteigen oder Gleichbleiben der nominalen Arbeitskraftkosten bei gleichzeitigem Sinken der Nominalpreise ist also einer der Faktoren der Profitvernichtung, die ihrerseits sehr schnell zum Zusammenbruch der Landwirtschaft führt.

Reine Deduktion? Keineswegs. Eine Erfahrungstatsache. Im Jahrzehnt 1680, das so unheilvoll für sie ist, erweisen sich die Ackerbauunternehmer, die ihre Anwesen verlassen, buchstäblich außerstande, ihre Knechte zu entlohnen und Schnitter, Jäterinnen und Fuhrleute der Vereinbarung gemäß zu bezahlen.

So hat denn der Lohn neben anderen Belastungen einen Teil des Gewinns verschlungen und zum Fall des Unternehmers beigetragen. Das bedeutet aber keineswegs, daß die Arbeiter nun leben wie die Fürsten. Sondern einfach, daß der in der Renaissance begonnene Verarmungsprozeß, der zum Erzeuger des Unternehmensprofits geworden war, endlich im Verlaufe der Colbertschen Phase B zum Stillstand gekommen ist; nun zahlen die landwirtschaftlichen Arbeitgeber die Kosten der Widerstandskraft ihrer Arbeitnehmer.

Das Nachgeben der Rente

Die Beständigkeit der Belastungen führt zum Sinken des Unternehmensprofits, das häufig in der Katastrophe endet. Aber dieses Sinken wirkt wiederum sehr schnell auf gewisse Belastungen zurück, die sich als relativ nachgiebig erweisen. Insbesondere verursacht es den Sturz der Grundrente. Denn die arm gewordenen Pächter sind nicht mehr fähig, ihre Grundeigentümer weiterhin im selben Grade wie bisher zu bereichern. Seit dem Ende der Colbertzeit sind die hohen Renten, wie sie unter Ludwig XIII. und Mazarin zur Gewohnheit geworden waren, nicht mehr zu halten. Die Texte erweisen und die Diagramme bestätigen den Verfall der Grundpacht.

John Locke (zur Kur in Montpellier) notiert diesen Verfall; und er weist auch auf seine Ursachen hin, nämlich: Armut der Bauern, geringer Geldumlauf. »Die Grundrenten in Frankreich«, schreibt er am 1. Mai 1676, »sind in diesen wenigen Jahren aufgrund der Armut der Menschen und der Geldknappheit um die Hälfte gefallen.«

Meine Diagramme bestätigen diese Behauptungen vollkommen. Da sie auf Pachtverträgen in Korn beruhen, beweisen sie außerdem, daß es sich wirklich um ein reales Sinken und nicht nur um eine normale Verringerung der Renten handelt.

Die vierzehn über das ganze Languedoc verstreuten Landgüter, die uns die Aufschlüsse liefern, zeigen unterschiedliche Kurven; doch nur in zwei Fällen sehe ich in der Zeit nach Colbert ein beständiges Ansteigen der in Korn gezahlten Rente; ein Ansteigen, das als Ausnahme die Prächtigkeit des frühen 17. Jahrhunderts fortsetzt. Ansonsten ist in 80 % der Fälle (zwölf Güter von vierzehn) der Anstieg der Grundrente nach 1650–1660, spätestens nach 1675–1680, gestoppt worden. Auf den Lieferkurven der Pächter erscheint eine flache Zwischenstufe, oft eine Abwärtsbewegung. Die Kornsäcke, die in die Scheuern der Verpächter eingefahren werden, sind weniger zahlreich, der Abstieg beträgt 20 % oder auch 50 %. Die Proportion ist unterschiedlich, aber die Entwicklungsrichtung kann nicht geleugnet werden. Um 1700 sind die Einkünfte der Grundrentner nicht gut.

Es ist nun möglich, eine einleuchtende Chronologie zu skizzieren: Auf das Sinken der Preise (seit 1655) folgt – trotz vorübergehender Belebung der Produktion – eine Rentabilitätskrise. Diese Krise zeigt sich, selbst für Landwirte, die keine strenge Buchführung kennen, im Verschwinden von Profit und Ersparnis (um 1665–1672). Dies Verschwinden geht einher mit einem Verfall der Grundrente und setzt sich ab 1680 bis in die größten Höfe als Notlage der Bauernwirtschaft fort. Eine Kette von Unglück, ein Defizit, das mit dem Bankrott endet. Dieser Prozeß erklärt die Mutlosigkeit und Ohnmacht der Produzenten und als Folge davon den dauerhaften Niedergang der Aktivitätsanzeichen, der Zehentkurven und der Produktionsdiagramme, wie wir sie ab 1665–1680 verzeichnet haben.

Damit stellt sich mit noch größerer Schärfe – und nicht nur für den bisher betrachteten Fall der großen Pachthöfe – das *allgemeine* Problem der Belastungen. In ihrer Starrheit tragen diese nämlich seit der Periode des Preisverfalls (Jahrzehnt 1660) dazu bei, den Profit erst platt zu drücken und dann umzubringen; nach 1675–1680, wenn sie nun auf einer verminderten Produktion lasten, können sie, selbst wenn sie unverändert bleiben, in gewissen Fällen unerträglich werden. Denn sogar ohne sich im geringsten zu verändern, nur durch die Zunahme ihres relativen Drucks auf eine zusammengeschrumpfte Bruttoerzeugung erhalten sie eine zusätzliche, unerträgliche Erdrückungskapazität.

Das Pfund tötet die Ähre

Zu den Belastungen zähle ich nicht nur und nicht in erster Linie die bereits untersuchten, die hauptsächlich die Großpächter betreffen: Grundrente und Löhne. Ich denke dabei eher an die allgemeinen Belastungen, von denen jede Art der landwirtschaftlichen Produktion betroffen ist, ob es sich um Familien-Parzellen oder kapitalistische Wirtschaft handelt. Und besonders an die Schulden und den Wucher und andererseits die fiskalischen Belastungen.

Zuerst die Schulden.

In Umkehrung eines berühmten Ausspruchs ist es unter Colbert der Franc, der die Ähre tötet. In der Tat haben die Gläubiger niemals eine so ruhige Kugel geschoben, nie eine so große Sicherheit für ihr Kapital gehabt wie in den Jahrzehnten 1650–1680. Alle landwirtschaftlichen Preise erfahren einen langanhaltenden nominalen Niedergang. Der Kapitalwert aller Forderungen dagegen – die älter als 1653 und noch nicht beglichen sind – wird durch diese Deflation automatisch aufgewertet. Eine unter Ludwig XIII. eingegangene Schuld verlor unter Mazarin einen Teil ihres in Weizen berechneten Realwertes, einfach dadurch, daß die Preise stiegen; unter Colbert jedoch wird diese Schuld durch die gegenteilige Wirkung des Preisrückgangs wieder aufgefrischt und findet die ungebrochene Kaufkraft wieder, die ihr unter Richelieu innewohnte.

Der Kapitalist, der unter der Fronde, während die Preise in vollem Anstieg waren, die gute Idee hatte, Geld zu verleihen, wird jetzt von der darauffolgenden Deflation belohnt. Sein in Weizen berechnetes Kapital gewinnt zwischen 1650 und 1670 hinzu. Monsieur Dimanche ist nicht zu bedauern. Das sagt ihm Don Juan denn auch auf den Kopf zu.

Das ist um so mehr der Fall, als die Schulden im 17. Jahrhundert ein zähes Leben haben: So finde ich in den Papieren der Kapitelherren eine Rekordschuld von 107 Jahren; im Jahre 1598 aufgenommen, besteht sie im Jahre 1705 noch immer, obwohl sie durch einfache Zinszahlung schon vier oder fünfmal beglichen worden ist. Gute, alte, treue Forderung!

Kann man sich in unserem 20. Jahrhundert gigantischer Inflationen vorstellen, daß jemand zahlen und sogar den Gerichtsvollzieher im Hause dulden muß für die Schulden oder die Torheiten eines Urgroßvaters? Im 17. Jahrhundert ist das jedoch vorgekommen, wie die Geschichte der Lalleschen Schuld beweist, die 84 Jahre bestanden hat: Im Jahre 1611 nehmen Antoine de Lalle und sein Sohn Henri, ersterer Grundbesitzer, der zweite ein hoher Justizbeamter in Béziers, beim Kapitel ihrer Stadt ein verzinsliches Darlehen von 3 000 Pfund in spanischen Dublonen und Viertelécus auf. Henri, der die Verantwortung für die Schuld übernimmt, hat es nicht eilig mit der Rückzahlung: Von 1618 bis 1647 verschiebt er immer wieder die Rückgabe des Kapitals und ist säumig bei der Zahlung der Zinsen. Damit sich seine Gläubiger vom Kapitel in Geduld fassen, gibt er ihnen 1618 einen Sohn als Kapitelherrn. Aber als Rückzahlung nichts.

1669 segnet Henri das Zeitliche, ohne gezahlt zu haben. Er hat damit den Schaden: Durch den Preisverfall unter Colbert ist seine Schuld aufgewertet worden. Sein Sohn Jacques, wie sein Vater königlicher Justizbeamter, entschließt sich nach mehreren Pfändungen, 300 Pfund von den 3 000 zurückzuzahlen.

Im Jahre 1689 ist der Rest von 2 700 Pfund noch immer unerledigt, noch immer nicht beglichen. Lalle und die Kapitelherren prozessieren gegeneinander. Im Jahre 1695 sind vier Generationen vergangen. Jetzt ist die Tochter Jacques', Marguerite, für die Schuld der Vorfahren verantwortlich; sie hat noch immer nichts von den 2 700 Pfund abgezahlt und muß nun einen ganzen Halbpachthof verkaufen, um sich davon zu befreien; die Schulden des Urgroßvaters haben schließlich nach einem Jahrhundert das Grundvermögen der Familie angegriffen. Das Tote hat sich des Lebendigen bemächtigt.

Ein solches Trauerspiel von Verschuldung wäre in Zeiten rascher Inflation (16. oder 20. Jahrhundert) undenkbar; doch es ist verständlich im 17. Jahrhundert, als die Preise sich dahinschleppen und lange Deflationsperioden altehrwürdigen Forderungen neue Kraft einflößen.

Unter dieser neuen Kraft leiden in erster Linie die Bauerngemeinden. Während der Pest von 1630 und während der Fronde haben sie pausenlos Anleihen gemacht. Der Preisverfall, der 1653–1655 einsetzt, versetzt sie ungefähr in die gräßliche Lage, die die amerikanischen Farmer im Jahre 1930 kennen lernen. (Diese haben in der wohlhabenden Hooverperiode Schulden gemacht – Kreditkäufe von Dünger, Traktoren usw. –, die sie nun mit Weizen oder Baumwolle zurückzahlen müssen, die nur noch die Hälfte dessen wert sind, was sie vor der Krise waren.)

So ergeht es den Dörfern des Languedoc nach 1655. Die Gemeindevertretungen haben aus Leichtsinn oder ernsten Gründen Schulden gemacht: Krieg, Pest, Prozesse, Geschenke an hohe Persönlichkeiten. Bagnols hat 80 000 Pfund Schulden, Gignac 105 000 Pfund; und noch die kleinsten Dörfer in entsprechender Proportion. Und sie müssen zum Nennwert zurückzahlen, während Weizen, Wein, Öl und Vieh – die Hauptquellen ihrer Einkünfte – ein Drittel oder die Hälfte ihres Nominalwertes eingebüßt haben.

Auch die Gemeindeverschuldung erhält sich als schwelende Wunde; die große, leider unvollständige Enquete der Intendantur über die Gemeindeschulden erweist zwischen 1686 und 1691 die große Höhe der Abschöpfung durch die Forderungen der Gläubiger in allen Dörfern. Die Landgemeinde bleibt bis zu Law die Milchkuh der Geldverleiher.

Jedoch schon am Ende des 17. Jahrhunderts beginnen sich gewisse ausgleichende Elemente unauffällig auszuwirken. Erstens ist Colbert nicht mehr und der Krieg stellt Anforderungen: 1689 wagt man endlich, die Währung anzutasten, das turonensische Pfund abzuwerten. Sehr zum Schaden der noch nicht bezahlten Gläubiger; und es ist nicht zu früh. Gleichzeitig – sicher im Zusammenhang damit – steigen die Nominalpreise langsam an. Dadurch verliert das in Weizen berechnete Leihkapital zwischen 1690 und 1720 rund gerechnet 20 % seines Wertes; für den Schuldner eine Erleichterung von einem Fünftel.

Das Beste steht aber noch aus: 1716–1720 erscheint Law, der Befreier der Verschuldeten. Dank des Überflusses an Geld im Umlauf, dank der Senkung des Zinsfußes, führt das *System* zum Tode der Schuldverschreibungen. Nicht nur im Norden, wo sich die erleichterten Menschen auf dem Lande nun besser dem Alkoholismus hingeben können, sondern auch im Languedoc, wo die Bauern erklären, »man muß die Zeit nutzen« und den Geldverleihern ein Ultimatum stellen: »Akzeptiert die Senkung des Zinsfußes auf 3 % oder 2 %; oder wir leihen uns die nötigen Summen zu diesem Zinsfuß woanders aus und zahlen euch auf der Stelle aus.« Die Archive der Dörfer und der Landstände wimmeln um 1720 von Aufforderungen solcher Art, die meistens die gewünschte Wirkung haben.

Ohne Kummer sieht man endlich die alten Forderungen aus der Colbertzeit im Orkus verschwinden. Zwanzig Jahre lang haben sie sich jammervoll dahingeschleppt, durch die Zinsen fast doppelt zurückgezahlt, das Kapital aber immer noch geschuldet! Plötzlich ermöglicht es die Fülle des Lawschen Banknotenumlaufs den Schuldnern oder den Söhnen der Schuldner, sich ihrer Schuld zu entledigen, wenn nötig durch Ausleihen der Summe zu geringem Zins: Um das Jahr 1720 finden wir in den Archiven des Narbonner Kapitels die Spuren der Rückzahlung »in Scheinen zu Tausend« von mehr als 55 000 verschiedenen Schuldverschreibungen, die alle aus der gleichen Zeit stammten, der Zeit der Allgemeinverschuldung, also Schulden aus den Jahren 1658, 1666, 1669, 1674 und 1676.

Die Revolution durch das *System* hat dauerhafte Folgen: Der in den Verträgen des Languedoc tatsächlich praktizierte Zinsfuß fällt zwischen 1720 und 1760 trotz einiger Schwankungen auf 3%. Vierzig Jahre lang bleibt das Geld billig. Es ist das Ende eines bestimmten goldenen Zeitalters der Rente, das schwer auf dem Schuldner lastete.

Zur gleichen Zeit wie der Zinsfuß sinkt, setzt sich der Auftrieb der Nominalpreise, der um 1690 begonnen hat, regelmäßig bis etwa 1770 fort. Auch er erleichtert spürbar die Anleihenbelastung: In Weizen berechnet, verliert eine langfristige Schuld zwischen diesen beiden Daten, also zwischen Louvois und Turgot, die Hälfte ihres Wertes. Zur Freude des Schuldners, besonders wenn dieser ein Landwirt ist: Der Zinsfuß sinkt und das Kapital wird entwertet. Aus diesen beiden Gründen wird die finanzielle Lage der Bauerngemeinden im 18. Jahrhundert allmählich saniert, im Kontrast zu dem Schuldendruck, unter dem sie in der Zeit Colberts und der Aufhebung des Edikts gelitten hat.

Bilanz: Wenn man einerseits die Kurven der Nominalpreise für Korn (die die Weizenindexierung des Kapitals ergeben) und andererseits die Zinsfußkurven miteinander kombiniert, so sieht man deutlich, wie sich zwei Perioden abzeichnen: Die eine ist sehr schwer für die Schuldner – stagnierende Preise, noch hoher Zinsfuß – und sie erreicht ihre volle Stärke um 1680–1690. Die zweite ist günstiger für die Verschuldeten und ihre beste Phase liegt zwischen 1720–1760. Ist es ein Zufall, daß der Zusammenbruch der Landwirtschaftsproduktion am Ende der ersten Periode erfolgt, als die zu starren Renten in Geld neben anderen Faktoren ihr Teil dazu beitragen, jede Expansion zu verhindern? Umgekehrt – und hier haben wir es mit der wohlbekannten Dialektik zu tun, der wir in den Jahren 1930–1935 wieder begegnen – macht dieser Zusammenbruch der Produktion durch einen Bumerangeffekt die bäuerlichen Schuldner noch zahlungsunfähiger und trägt dazu bei, den Unternehmungsgeist und den Agrarkredit ab dem Jahrzehnt 1680 zu lähmen.

Unter diesem Gesichtspunkt stellt das Lawsche Experiment, der

New Deal der Regentschaft, mehr oder weniger bewußt den Versuch einer Rückkoppelung (*feedback*) in den Wirtschaftsorganismus dar: Er verschafft den Schuldnern Erleichterung und belebt schließlich wieder einige wesentliche Kreisläufe der landwirtschaftlichen Produktion.

Der Fiskus attackiert zur Unzeit

Wie die Abschöpfungen durch die Gläubiger, belastet auch die Steuer die Wirtschaft in einem ungünstigen Moment.

Unterscheiden wir durch einen Vergleich der graphischen Darstellungen zwei wesentliche Phasen des Steuerwesens im Languedoc unter Ludwig XIV.

Erste Phase: Colbert, bis gegen 1675. Die direkte königliche Steuer, die Taille, ist dem Nominalwert nach stabil. Das Gleiche gilt für die indirekte Steuer (Salz). Diese steuerliche Milde wird Colbert gerne gutgeschrieben. Soll man sich diesem Lobgesang anschließen? Wohl doch, aber mit einigen Vorbehalten: Während die Steuer in dieser Weise unverändert bleibt, fallen die Landwirtschaftspreise. Taille und Salz erfahren daher trotz nominaler Unbeweglichkeit in der Praxis eine Aufwertung. Der Staat schwimmt im Jahrzehnt 1660 in Geld und kann billig für seine Soldaten Brot, Wein und Fleisch einkaufen oder die Bauarbeiten in Versailles und am Canal du Midi beginnen. Colbert ist sich dieser günstigen Lage bewußt und drückt mehrere Male seine Freude darüber aus.

Die Steuerbelastung bleibt also hoch. Da uns keine Bücher zur Verfügung stehen, beziehen wir uns auf die von Locke im Jahre 1676 in der Gegend von Montpellier festgehaltenen Zeugenberichte. Nach seinen Ziffern hätte die direkte Steuer rund gerechnet zehn Prozent des Gesamtbruttoerzeugnisses des Bodens verschlungen, 25 % des in den Handel kommenden Bruttoprodukts und 40 % der Grundrente oder des Nettoeinkommens. Das genügt in extremen Fällen, um die Rentabilität von Grund und Boden zu beeinträchtigen und manchmal eine Revolte gegen die Steuer zu rechtfertigen (Vivarais, 1670).

Trotzdem ist bis 1675 noch nichts verloren und kein Grund zur Verzweiflung vorhanden. Zwar ist die Steuer drückend und seit 1655 sinken die Nominalpreise mehr als die Nominalsteuer. Aber der entscheidende Vergleich in bezug auf den Trend darf nicht zwischen Preis und Besteuerung, sondern muß zwischen der Realsteuer und dem Realeinkommen gezogen werden. Nun ist aber unzweifelhaft von 1650 bis 1675 das Einkommen beweglicher als die Steuer und wächst mehr als der Steuerdruck. Die Steuerlast beeinträchtigt zwar neben anderen Belastungen den landwirtschaftlichen Gewinn; aber sie wird allmählich von der Produktion überflügelt. Daher ist noch ein gewisser Optimismus möglich: Noch eine kleine Anstrengung und das Bruttoprodukt kann das Rennen machen.

Frommer Wunsch, unmögliche Anstrengung: Wir wissen bereits, daß der Spitzenrenner erschöpft, erledigt ist und daß er zusammenbrechen und die Probe nicht bestehen wird.

Es beginnt die zweite Phase: von 1675 bis 1680 an.

Vonseiten der Steuer gibt es zunächst wenig Veränderung. Die Taille bleibt etwa ein Jahrzehnt lang gleich. Dann, von 1690 an und bis 1715 wird sie dem Nominalwert nach sehr schnell höher. Diese Erhöhung findet eine teilweise Rechtfertigung durch den allgemeinen Preisanstieg. Die *reale* Steuererhöhung wird bei vorausgesetzt konstanten Preisen durch die zunehmenden Bedürfnisse der Außenpolitik und des Krieges verursacht. Jedoch ist diese reale Erhöhung weniger ausgeprägt als der nominale Höhenflug. In Weizen berechnet, erfährt die Kaufkraft der Taille von 1690 bis 1715 dennoch eine deutliche Zunahme.

Zu dieser höheren Belastung muß man noch die zusätzliche Last der Kopfsteuer hinzurechnen, die ab 1695–1701 erhoben wird.

Für eine dynamische, expansive Wirtschaft wären Abzapfungen dieser Art – Erhöhung der Taille und Kopfsteuer – die durch die Kriegführung verursacht wurden, zwar schmerzlich, aber erträglich gewesen, in manchen Fällen sogar stimulierend. Denn wie man weiß, fließt ein Teil der steuerlichen Abschöpfung durch die Käufe der Militärverwaltung wieder in die Wirtschaft zurück und kann den Korn- und Viehhandel wiederbeleben, wie es im Languedoc in den Jahren 1694, 1695 und 1701 auch gelegentlich geschehen ist.

Nur erfolgt die steuerliche Überbelastung, die am Ende des Jahrhunderts von Ludwig XIV. und seinen Ministern verordnet worden ist, zur Unzeit. Denn sie trifft eine im Niedergang befindliche Wirtschaft.

Vergleichen wir wiederum die Bewegung der Realsteuer und die des Realeinkommens: Auf der einen Seite die Gesamtheit der am Zehent gemessenen und gewichteten produzierten Mengen (seien sie verkauft oder selbstverbraucht worden); auf der anderen Seite die Gesamtheit der von der direkten Steuer erhobenen Mengen; beide umgerechnet in Weizen.

In der Frühzeit Colberts fiel dieser Vergleich trotz des Gemurres über die Steuer vorteilhaft für das Einkommen aus, das, zumindest im Languedoc, bis etwa 1675 schneller wuchs als die direkte Steuer.

Nach 1675–1680 und bis zum Ende der Regierungszeit Ludwigs XIV. ist es genau umgekehrt: Die Schere öffnet sich, aber nach der falschen Seite: Das Einkommen wird ruckweise geringer. Doch die Steuer, die davon gezahlt werden muß, bleibt zuerst starr, um dann, in der Spanne zwischen dem Augsburger Bündnis und dem Tode des Königs, substantiell anzusteigen. Eine Steuererhöhung zu ungelegener Zeit: Nicht, daß der Fiskus soviel bösartiger wäre als früher; nur die Steuerzahler produzieren weniger und sind ärmer. Unter Colbert hat man sie geschoren. Unter Chamillart fühlen sie sich geschunden. Von 1686–1688 an scheinen die Steuerpflichtigen am Ende zu sein. Und nach Montbel, dem Generalbevollmächtigten der Landstände, haben 95 % der Dörfer des Languedoc zwangsverpflichtete Steuereintreiber, arme Bauern oder Landarbeiter ohne Geld oder Arbeit, die ständig mit einem Fuß im Gefängnis stehen, wie die Dekurionen, die Steuereintreiber des spätrömischen Reiches.

Am Ende der Regierungszeit, als die Schere Steuer–Einkommen am weitesten geöffnet ist, erfolgt das massenhaft beobachtete Aufgeben der zahlungsunfähigen ländlichen Anwesen, das etwa 1715–1720 seinen Höhepunkt erreicht.

Die Steuer ist nicht allein und nicht in erster Linie Schuld am Niedergang der Landwirtschaft, weit gefehlt. Sie ist nur eine Variable unter anderen. Aber wie vor der Fronde treten vereinfachende Vorstellungen wieder in Aktion: Die Steuer wird zur großen Schuldigen erklärt. Und damit bleibt die Aktion gegen das Steuersystem im Mittelpunkt von Volkserhebungen, die auf dramatische Weise psychologische Strukturen offenbaren.

Fünftes Kapitel
Barbarische Rebellionen

Es lebe der König, nieder mit den Gewählten

November 1669: Aus jenem Grenzgebiet des Languedoc kommend, das den Namen Vivarais trägt, beschreibt ein alter Bischof die Symptome der ländlichen Notlage, die hier ganz sicher schwerer ist und sich früher bemerkbar macht als anderswo, da die Armut im Gebirge von besonderer Art ist. Der jetzige Mangel, sagt der Bischof, ist an die Stelle des früheren Überflusses getreten, das arme Landvolk leidet Hunger und die reichsten Bewohner der schönen Städte haben kaum genug zum Leben; die hohen Steuerkosten – Spenden, Kanal, Zahlung geschuldeter Kapitalien – haben die steuerpflichtigen Grundbesitzer an den Rand des Abgrunds gebracht, denn »die direkten Steuern sind mehr geworden als das, was der Boden hergibt«.

April 1670: Mehrfaches Unheil verschärft die Notlage im Vivarais: Ein harter Winter zerstört die Feigenbäume und läßt die Preise der Steinkohle aus Saint-Etienne hochschnellen; daraufhin verkaufen die Schmiede zur Wut der Landwirtschaftsarbeiter ihre Hacken und Sicheln teurer. Und im allgemeinen beklagen sich alle: »Die drückenden Hilfsgelder (Steuern), die außerordentlichen Abgaben« nagen an den sowieso schon niedrigen Einkommen. Hinzu kommt das Entstehen einer im Midi des 17. Jahrhunderts häufigen Panik: Die Behörden, so wird verbreitet, wollen die Kopfsteuer einführen, eine persönliche Steuer, die zu der Realsteuer, der Taille, hinzugefügt werden soll. Schon im Jahre 1627 war in Villefranche-de-Rouergue ein solches Gerücht umgelaufen: Der König würde eine Abgabe für jedes kommende Kind erheben, für jeden Krug vom Brunnen geholten Wassers. Am 30. April 1670 die gleiche Angst in Aubenas: Von nun an, sagen die Gerüchtemacher, wird die Steuer eine Abgabe von einem Sou für einen Landarbeitstag erheben, 10 Pfund bei der Geburt eines männlichen und 5 Pfund bei der Geburt eines weiblichen Kindes, 3 Pfund auf ein neues Gewand, 5 Sou für einen Hut oder ein Hemd, 3 Sou für ein Paar Schuhe, einen Denier für jedes Pfund Brot. Ein absurder Tarif, die Karikatur einer persönlichen Steuer; reiner Wahn (der nichtsdestoweniger ein

Körnchen künftiger Wahrheit enthält: Ein Vierteljahrhundert später wird auf den Rat des Intendanten des Languedoc, Basville, der mit dem ungenügenden Ertrag der Realsteuer rechnet, tatsächlich eine persönliche Abgabe, die Kopfsteuer, im Königreich eingeführt).

Mitten in der Panik und ohne etwas von ihr zu ahnen, erscheint in Aubenas der Steuerpächter Casse. Er hat die Abgabe von zwei Ecus pro Mietpferd und von 8 Pfund pro Gastwirt in Pacht genommen. In aller Unschuld bringt er die Bekanntmachungen mit der Einziehungsankündigung an. Die Frauen auf der Straße werden wütend, einige Handlanger schließen sich ihnen an. Casse wird beschimpft und niedergeschlagen; da die Aufrührer nun einmal Blut geleckt haben, ziehen sie zum Stadtrat, um gegen die Notabeln zu randalieren.

Die auf diese Weise ausgelösten Unruhen dauern mehrere Wochen. An der Spitze der aufrührerischen Städter stehen wie üblich Handwerker (und zwar oft wohlhabende); unter den Anführern, die zum Tode verurteilt werden als die Stunde der Rache kommt, zähle ich einen Schuhmacher, einen Hutmacher, einen Gastwirt, einen Kesselschmied, einen Weinbrenner, einen Wollkämmer und Bauern. Die Rebellen haben gegen sich die Edelleute und die reiche Bourgeoisie von Aubenas, die feinen Leute, Papisten und Hugenotten. Diese besseren Leute, Freunde der Ordnung und voller Sorge über eine mögliche Plünderung ihrer Häuser, Männer, die in den Amtsstuben der königlichen Steuerverwaltung ein- und ausgehen, haben keine Lust zu einer gewalttätigen Revolte gegen die Steuer. Im übrigen sind sie der Meinung, daß die Aufrührer der Teufel reitet; und sie begreifen die Revolte als eine kollektive Schuldverstrickung, als einen Akt göttlicher Justiz, damit »wir uns von unseren Sünden abwenden«.

Die Revolte selbst ist sicher gespeist von unbestimmten demokratischen Bestrebungen prophetischer oder neutestamentarischer Herkunft (die Ersten werden die Letzten sein). Der anonyme Autor eines handschriftlichen Berichts über den Aufstand zitiert nämlich gewisse Parolen der Aufrührer: »Die Edelleute und die Vornehmen waren in ihren (der Rebellen) Augen geringer als sie; sie mußten deshalb in ihrer Logik ihre Knechte werden; die Zeit der Prophezeiung sei gekommen, sagten sie, wo die irdenen Töpfe die eisernen Töpfe zerbrechen müßten.«

Dieser prophetischen Tendenz begegnet man fast überall in den neuzeitlichen Revolten des Midi (namentlich in Romans im Jahre 1580 und im Rouergue im Jahre 1627); sie gründet sich auf biblische Erinnerungen, auf vage Vorstellungen von gesellschaftlicher Umkehrung, auf die

Frustrationen der Nichtprivilegierten und zu guter Letzt auf einen gewissen Antagonismus zwischen dem niederen Volk und dem Adel, einem Antagonismus, den auch John Locke 1676 in Montpellier bezeugt. Man sollte aber den ziemlich nebelhaften »Demokratismus« der Aufständischen von Aubenas nicht überschätzen; er ist viel weniger deutlich als bei den bretonischen Aufständischen des Jahres 1674, deren Programm verschiedene ausdrückliche Maßnahmen zur Beschneidung der Privilegien vorsieht. Im Vivarais von 1670 macht sich der Groll auf die Adligen beim Becher Luft; er führt nicht zu Taten. Wenn es um die alltägliche Aufwiegelei, um präzise Parolen geht, bleibt das rebellische Vivarais vorsichtig, königstreu und, wie oft im 17. Jahrhundert, rein auf die Steuergegnerschaft beschränkt. Die Aufrührer von Aubenas brüllen nicht: »Nieder mit den Adligen«, nicht einmal, »Es lebe der dritte Stand«, wie es die *Croquants,* die aufständischen Bauern des Jahrzehnts 1590 getan haben; sie erheben keine Forderungen an die Privilegierten, sondern beschränken sich darauf, in neuer Form die alte steuerfeindliche, aber monarchistische Parole (Es lebe der König ohne direkte und ohne Salzsteuer) wieder aufzunehmen und zu schreien: Es lebe der König, weg mit den Gewählten.

Die städtische Revolte zieht das nahe Land nach. Bei Gesängen gegen Mazarin, bekannt unter dem Namen *Mazarinaden,* rebellieren die Bauern gegen dessen Anhänger und die Steuerbevollmächtigten. Sie brauchen einen Anführer und es ist ihnen ganz natürlich, sich ihn unter den reichsten Notabeln zu holen. Das ist ein häufiger Reflex der bäuerlichen Rebellen unter dem Ancien Régime: Die Rotmützen der Bretagne zwingen Adlige dazu, sich an ihre Spitze zu stellen und kleiden sie gewaltsam in bäuerliche Tracht. Im Vivarais erscheint Antoine de Roure den revoltierenden Dörflern als der ideale Anführer. Er will nicht? Das hat nichts zu sagen. Man zwingt ihn: eine Schar Landwirte und Knechte dringt in sein Haus ein; ihr Führer, ein Schäfer namens Laroze, ohrfeigt Roure und nennt ihn einen Feigling; durch diesen »freundschaftlichen Rippenstoß« herausgefordert, findet sich Roure damit ab, seine Beleidiger als Befehlshaber anzuführen.

Die beiden Protagonisten dieser Szene, Roure und Laroze, haben einen Symbolwert. Laroze verkörpert die reine Gewalttätigkeit des niederen Volkes, die in seinem Falle noch durch sadistische Züge kompliziert wird: Während der Massaker in Aubenas stolziert er herum mit den »Eingeweiden« eines Notabeln der Stadt um den Hals, der beschuldigt wird, die königliche Armee in die Stadt eingelassen zu haben. Im Gegenteil dazu bedeutet Roure für die Rebellen in erster Linie militärischen Sachverstand und Achtbarkeit. Seine wahre Persönlichkeit ist indessen sehr umstritten. Sein Biograph Raoul de Vissac macht aus ihm in einem an Tartarin (von Tarascon) erinnernden Bericht einen kühnen, echt adligen Helden, einen aus dem Mittelalter, aus der Zeit der zinnenbewehrten Türme und der Wasserspeier entsprungenen edlen Paladin. Umgekehrt bestreiten die Behörden des Languedoc, die Roure verfolgten und vierteilten, seinen Adel und nennen ihn einen »Landwirt«.

In Wirklichkeit verdient Antoine du Roure weder das Übermaß aristokratischer Ehren noch auch die »Schmach« der Unadligkeit, mit der seine Feinde ihn zu erledigen glauben. Er ist ein Notabler, ein ländlicher Bürger, ein wohlsituierter selbstwirtschaftender Grundbesitzer, dem rund um den mit dem pompösen Namen Chateau de la Rande belegten Gutshof »Ländereien im Werte von zehntausend Ecus« gehören. Seit dem 16. Jahrhundert zählen zu seiner Familie reiche Landwirte und wohlhabende Bürger. Sein Vater, Guillaume du Roure, strebt nach gesellschaftlichem Aufstieg und Erhebung in den Adelsstand »entweder durch ein Amt oder durch Landbesitz«, wie er selbst sagt. Nach langem Suchen gelingt es ihm 1651, ein Adelsgut zu erwerben. Die Familie ist also, selbst wenn sie es noch nicht ist, auf dem besten Wege, adlig zu werden.

Antoine du Roure ist ein gebildeter Mann, ein guter Katholik. In seiner Jugend hat er als Offizier in der königlichen Armee gedient (ein Grund mehr für die Rebellen, ihn als einen auf dem Schlachtfeld Erfahrenen zum »General« an ihrer Spitze zu machen). Als reicher Grundbesitzer, gläubiger Christ, ehemaliger Offizier und Gatte einer adligen Frau ist Roure kein Außenseiter des Systems heroischer und religiöser, theologischer und militärischer Werte, die den herrschenden Ständen im Frankreich Ludwigs XIV. Leben und Sterben sinnvoll machen. Dagegen ist der demokratische Prophetismus mancher Plebejer von Aubenas sehr entfernt von seinem normalen Denken. An der Revolte ist Roure nur insoweit interessiert als sie den steuerfeindlichen Reflex berührt, der ohne weiteres die Union der Unzufriedenen erlaubt und Sympathien sogar bei den Privilegierten hervorruft. Die Rebellen schreien: »Drauf auf die Gewählten! Tod den Blutsaugern des Volkes.« Und Roure fällt ein in ihren Chor. In seinem Brief vom 20. Juni schlägt er vor, »die *Gewählten,* die uns Hungers sterben lassen«, auszurotten. Auf dieser Basis führt er seine Anhänger in den Kampf: arme Schlukker, aber auch Hofpächter, Seidenraupenzüchter und »eine Menge in die Rebellion verstrickte gute Bauern«, die manchmal nur unter der

Drohung mitmachen, daß ihre Ernten angezündet würden, wenn sie der etablierten Macht treu blieben.

Das Ende ist bekannt: Aubenas geplündert, dann die Aufrührer geschlagen. Nun gibt es für Roure, wie für Jean Cavalier im Jahre 1704 und wie für Marcelin Albert (Chef der revoltierenden Weinbauern) im Jahre 1907 nur noch einen Ausweg, der eine loyalistische und monarchistische Geisteshaltung enthüllt: Sich dem König (oder im Jahre 1907 dem Präsidenten der Republik) zu Füßen zu werfen.

Clémenceau hat Marcelin Albert wenigstens empfangen und ihm sogar zum Spott aus seiner eigenen Tasche die Rückfahrt nach Narbonne bezahlt. Aber in Versailles, wohin sich Roure begibt, wird er abgewiesen. Darauf faßt er den Entschluß, nach Spanien zu fliehen, um die Gnade eines anderen Königs – des katholischen Königs – zu erflehen. In Saint-Jean-Pied-de-Port, wo er ein letztes Glas Wein trinkt, wird er außer Reichweite seiner Pistolen verhaftet. Er stirbt auf dem Rad.

Die Revolte des Vivarais ist typisch für eine volkstümliche Psychologie und eine weniger vernunftgemäße als instinktmäßige Reaktion auf die Landwirtschaftskrise. Diese Revolte trägt sich zu in einer zwar materiell leidenden, aber gesinnungsmäßig integrierten Gesellschaft, der, wenn auch nicht die Praxis oder die Vorahnung des Konflikts zwischen den Ständen oder Klassen, so doch jedes ausgearbeitete Konzept dazu fremd ist. Daher ist der einzig vorstellbare Feind für alle, der einzige Sündenbock, nicht der immer noch geliebte König (Wenn der König wüßte), sondern die abstrakte, ferne Macht; besonders die Steuerverwaltung, ein fremdes, nicht in die örtliche Gesellschaft verwobenes Element, dessen Ansprüchen offenbar keine Gegenleistungen gegenüberstehen.

Die Rebellen lassen die schlimmsten lokalen Übel bestehen, ohne sie anzugreifen oder den Versuch zu einer Änderung zu machen. Sie tolerieren die *realen* Krebsgeschwüre Wucher, Grundrenten und Zehent, die den bäuerlichen Lebensnerv aufzehren und ihre Gewalttätigkeit richtet sich nur gegen die Steuer, manchmal die tatsächliche und in manchen – absurden, aber mobilisierenden – Fällen eine nichtexistierende, künftig vielleicht mögliche oder völlig fiktive Steuer: Ein irres Schreckgespenst wie die Abgabe auf Hüte, Hemden oder bevorstehende Geburten, diese Abgabe, die nie existiert hat außer in den Köpfen jener, die gegen ihre Erhebung revoltiert haben.

Als nach 1680 die Wirtschaft zusammenbricht und sich die Aufhebung des Edikts ankündigt, wechseln die Revolten das Lager und die Inhalte.

Von nun an verhalten sich die Regionen mit katholischer Mehrheit ruhig oder beinahe ruhig. Die Bretagne ist ruhig seit 1675, Bordeaux seit 1676, der Raum Boulogne seit 1663. Und diese Bravheit hält trotz der Misere bis zum Ende der Regierung Ludwigs XIV. an. Auch im Languedoc springt die führende Rolle von einem Gebirge auf ein anderes über und wird von dem papistischen Vivarais an die hugenottischen Cevennen abgegeben.

Woher kommt diese katholische Stille? Man kann nicht unbedingt gewisse Gründe ausschließen, die sowohl politisch wie religiös sind. Nehmen wir z. B. den Notar Borrély, einen kleinen Bürger aus Nîmes und der Typ des durchschnittlichen Katholiken am Ende des 17. Jahrhunderts. Gegen 1685–1690 verliert er jährlich Geld und fürchtet so sehr, im Armenhaus zu enden, daß er seine schäbigen Perücken nur noch aus zweiter Hand kauft. Er weiß, daß die Verfolgung des Protestantismus zum Ruin seiner Stadt und zu seinem eigenen beiträgt, weil die Reichen auswandern und ihr Kapital aus dem Lande flieht.

Aber was soll's! Er ist in erster Linie gläubig und deshalb empfänglich für die göttliche Überraschung der Aufhebung des Edikts und der massenhaften Übertritte der hugenottischen Gemeinden (deren Unaufrichtigkeit ihm doch durchaus bekannt ist). In seinem Tagebuch notiert er dazu: »Was man auch sagen mag, es liegt darin ein Wunder Gottes.« Und dieser von den religiösen Erfolgen seines Königs bezauberte Katholik wird unter der Drohung der protestantischen Koalition des Jahres 1689 zwar ein unglücklicher, aber exemplarischer Steuerzahler, der an alles denkt, nur nicht an Revolte: »Groß ist das Elend, aber unser großer König hat so viel zu tun, daß es gerecht ist, sich zur Ader zu lassen«, schreibt er im Moment, in dem er seine Quote der sechs Millionen Steuern bezahlt, die der Provinz auferlegt werden.

Die französische Katholikenschaft war seit der großen Liga politisch unruhig gewesen; im Jahre 1685 sieht alles so aus, als ordne sie sich, von der Aufhebung des Edikts geblendet, wieder ein.

Das normale Gegenstück dieser fortschreitenden Beruhigung der Katholiken: die hugenottischen Erhebungen. Die Reformierten hatten sich seit den Kriegen Rohans nicht gerührt. Sie waren ruhig geblieben in den Jahren 1632 und 1650 und während der Revolte des Vivarais. Gegen Ende des Jahrhunderts werden sie wieder kämpferisch; die Motive, die sie bestimmen, liegen auf der Hand.

Wie alle anderen auch, leiden die protestantischen Bauern unter der Wirtschaftsflaute, der Unterbrechung des Handels, die »für die Cevennen so unheilvoll« ist und der hohen Sterblichkeit: Im Jahre 1685, demselben Jahr, in dem das Edikt aufgehoben wird, fehlen in den Hochcevennen Kastanien und Weizen und die Menschen nähren sich von Eicheln und Gras. Zu diesen Übeln gesellt sich für die Hugenotten noch die spezielle Unterdrückung, deren Opfer sie sind. Sie ist von Anfang an nicht nur das Werk der staatlichen Macht, sondern auch Ausdruck des Rachewillens der im Languedoc triumphierenden Kirche, die im Jahrhundert der Heiligen hochverehrt wird und bis unter Colbert durch die steigenden Landwirtschaftspreise und die damit verbundene Zehenterhöhung reich geworden ist. Die Hugenottenverfolgung wird von Versailles gefördert. Aber an Ort und Stelle wird sie gelenkt von der mächtigen Lobby der Bischöfe, die aus der Provinzialversammlung eine Kriegsmaschine gegen die Reformierten machen. Die Landstände des Languedoc üben zwischen 1661 und 1680 mehr und mehr Druck aus, vervielfachen ihr Zureden; sie streben danach, die Konsuln der reformierten Partei aus den Steuerräten nichtkirchlicher Diözesen zu verdrängen; sie verlangen, daß dem hugenottischen Ungeheuer durch Austreibung der letzten Reformierten aus Privas »der Kopf zertreten und das Herz herausgerissen« werde; sie befehlen, nur hundertprozentige Katholiken zu Konsuln der Städte und beruflichen Verwaltern zu machen, sogar in reformierten Ortschaften; sie bitten (mit Erfolg) den König, die »Chambre de l'Edit«, die Kammer, die über Fragen des Edikts entscheidet, die letzte rechtliche Garantie der Reformierten, in den voll und ganz katholischen Schoß des Toulouser Parlaments zu überführen; sie fordern die Auflösung der protestantischen Akademie, die bereits nach Puylaurens übersiedelt ist; sie erreichen die Zerstörung mehrerer Tempel; sie schikanieren die Pastoren; und nach der Aufhebung des Edikts, als die Ketzerei vernichtet ist, stimmen sie aus Dankbarkeit für die Errichtung einer Reiterstatue des Königs, die 450 Zentner wiegt.

Die Hugenotten befinden sich also einem totalen Unterdrückungsfeldzug gegenüber; geführt wird er von der Zentralgewalt und dem örtlichen Klerus, vom Intendanten der Provinz und von den Landständen, also der monarchischen Verwaltung und der hierarchisch gegliederten Dreiständegesellschaft, die in der Provinzversammlung verkörpert ist.

Durch Krise und Steuerlast im selben Grade verarmt wie die Papisten, drangsaliert vom Zehent, den sie nur widerwillig entrichten – während sich die katholischen Bauern inzwischen mit dieser Verpflichtung abgefunden haben, so schwer sie ihnen auch fällt – stehen sie außerdem auch noch im Feuer einer nur auf sie gemünzten Operation, der Ausmerzung des Calvinismus.

Nun ist aber in den hugenottischen Cevennen die Religion auch die Kultur. Im Jahre 1685 die eine zu zerschlagen, bedeutet, die andere der Gefahr der Auflösung auszusetzen und das wiederum bedeutet eine schwere Erschütterung des psychischen und affektiven Gleichgewichts und des täglichen Lebens der Menschen.

Klarsehende heutige Forscher sind sich ja längst der völligen Durchdringung des Alltagslebens der Cevennenbewohner mit dem Calvinismus bewußt: Die religiöse Bekehrung ist so allseitig gewesen, daß sie, einmalig in Frankreich, das folkloristische Erbe völlig verdrängt hat. In dieser Region, verzeichnet Charles Bost, findet man keine Volkslieder mehr, sie sind verschwunden und ersetzt worden durch die Psalmen, mit denen die Urahne die Wiegenkinder in den Schlaf singt.

Es ist schon lange her, daß der Psalter von Marot und Theodore Bèze die Grundlage einer lokalen musikalischen Volkskultur neuen Ursprungs geworden ist. Schon 1659 hört man (wie ein Bischof berichtet) in den Städten mit zahlreicher reformierter Bevölkerung die Handwerker und auf dem Lande die Bauern die Psalmen Marots singen; während die Katholiken entweder stumm sind oder schlüpfrige Lieder singen.

Sogar die Kultur der *langue d'oïl,* des Französischen aus dem Norden, dringt in die okzitanischen Cevennen fast ausschließlich durch das Medium der Bibel und protestantischer Schriften ein, und zwar in der frühen Kindheit der Bauernkinder. Sie lernen auswendig das *ABC des Chrétiens* (eine Art liturgische und biblische Kinderfibel), die *Catéchismes* (Religionslehrbücher) von Calvin oder Bèze und den *Miroir de la Jeunesse* (Jugendspiegel). Merkwürdiges Land, in dem das Französische im Kontrast mit der Muttersprache, der *langue d'oc,* fast für eine liturgische Sprache und in besonderen Fällen für ein Zeichen göttlicher Eingebung gehalten wird. Wenn die »Entrückten« der Cevennen unter der Eingebung des Heiligen Geistes *in Zungen,* in fremden Zungen reden, sprechen sie fließend *französisch* und das okzitanisch sprechende Volk gerät in helles Staunen.

In einem solchen Milieu bedeutet die Aufhebung des Edikts von Nantes, der Versuch der absoluten Ausrottung des Protestantismus, seiner Glaubenslehre, seiner Psalmen und seiner Bibel, den Zwang zu einer wahren Dekulturation, die erzwungene Aufgabe einer ganzen Kultur. Es ist bekannt, welchen traumatischen Schock mit blutigen Konsequenzen solche Unternehmungen manchmal ausgelöst haben, namentlich im 20. Jahrhundert. Die protestantischen Cevennen des 17. Jahrhunderts machten keine Ausnahme von dieser Regel: Das Trauma ist so stark, daß es bei diesem, seiner Pastoren und seines geistlichen Umfeldes beraubten Volke, das unter Schuldgefühlen leidet (wegen der Akzeptierung der Aufhebung und der zeitweisen Verleugnung seines Glaubens) und dazu noch durch die Krise und die Steuer belastet ist, zu Angstneurosen und sogar hysterischen Erscheinungen kommt, die sich zu blutigem Fanatismus auswachsen. Zum großen Erstaunen der Behörden und besonders Basvilles. Dieser schlechte Psychologe, ein frommer Katholik, aber enger Rationalist, hatte das nicht vorausgesehen, diese unerbittliche Dialektik: Aufhebung–Schuldgefühl–Fanatismus, als er seine Drachen entfesselte.

Diese Verkettung will ich jetzt zu beschreiben versuchen. Eine notwendige Beschreibung zum Verständnis des Funktionierens einer gewissen bäuerlichen Mentalität und zur Beleuchtung des Ablaufs der letzten Revolten, die so verschieden sind von den traditionellen Aufständen gegen die Steuer – und doch in manchen Punkten so verwandt.

Der hugenottische Gegenschlag entwickelt sich von 1688–1689 an; er erreicht seinen Höhepunkt mit den Camisarden. Gleich von Anfang an geht er über den rein religiösen Kampf hinaus und bringt einige politische und gesellschaftliche Analysen mit sich. So z. B. den Miremont-Plan, der schon 1689 den Aufstand der Cevennen vorschlägt und der dazu nicht nur die Verzweiflung der Protestanten, sondern »die allgemeine Unzufriedenheit« der Untertanen beider Religionen, den klassischen Antisteuerreflex auf den Plan rufen will. Miremont, der rebellische Marquis, spricht wie ein Anhänger Antoine du Roures. Er will, daß überall geschrien wird, »Abschaffung des Stempelpapiers, der unerträglichen Steuern« und daß die Zoll- und Steuerämter zerschlagen werden. Damit übernimmt er die gleichzeitig freiheitlichen und rückständigen Klagen, die im selben Jahr in einer prohugenottischen Streitschrift, *Soupirs de la France esclave* (Seufzer des geknechteten Frankreich) formuliert werden: »Der Glanz des Adels ist erloschen, die Autorität des Parlaments ist zerschlagen, die drei Stände sind abgeschafft« durch die verhaßte Tyrannei Ludwigs XIV. Das Programm spricht zum Herzen der Hugenotten (trotz mancher reaktionärer Seiten), weil es das alte Banner des Hasses auf die Tyrannei erhebt: in den

Gesängen der Reformierten des Gévaudan ist der Papst seit 1686 ein Spitzbube, doch Ludwig XIV. ist ein Tyrann.

Dennoch ist es nicht Miremont, sondern Jurieu, der mit seinem kühnen Denken die Rebellionen des Languedoc beeinflußt. Auch er behandelt politische Themen: In seinen *Lettres pastorales* (Hirtenbriefe) geht er aus von einer Art sozialem Vertrag, einem Recht der Völker über die Könige, einem legitimen Rückgriff auf den Aufstand. Doch hat Jurieu nichts von einem modernen Denker. Er ist ein Prophet, der Verkünder einer sehr alten Botschaft. Dieser in der Verbannung lebende fruchtbare Schreiber, kämpferisch wie ein Lenin, steht in der Nachfolge der großen Chiliasten des Mittelalters und des 16. Jahrhunderts: Eudes de l'Etoile, Joachim de Fiore, Thomas Müntzer und der Revolutionär vom Oberrhein.

Die Jurieuapokalypse

Die sich ankündigende Revolution soll sich, wenn man sich an Jurieu hält, nach den alten Visionen des Buches Daniel und der Zeiteinteilung der Apokalypse vollziehen: Zuerst ein Blutbad und die Verfolgung der Gerechten und dann, nach überstandener Prüfung, die Erneuerung des Menschengeschlechts durch Gott, der endgültige Sturz Babylons und Roms, der in Purpur gekleideten Hure; alsdann wird die Welt schöner erblühen.

Der in der holländischen Verbannung lebende Jurieu nimmt mutig die apokalyptischen Probleme da wieder auf, wo sie die kleinen pseudojoachimitischen Propheten des XIII. Jahrhunderts gelassen hatten. Er versucht, die verhängnisvolle Zahl 1260 zu interpretieren, die in den Kapiteln 11, 12 und 13 der Offenbarung Johannes' Datum und Dauer der Zeit bezeichnet, in der »das Weib« in die Wüste flieht, die beiden Zeugen predigen und sterben und die Herrschaft des Tieres besteht; er knetet die Chiliasten durch und durch und zieht Quadratwurzeln aus dem Ergebnis; er manipuliert die Weissagungen Ushers, des Erzbischofs von Armagh und die Schriften seines eigenen Vorfahren, Du Moulin, Verfasser einer *Erfüllung der Prophezeiungen.* Am Ende all seiner Berechnungen setzt Jurieu »eine große Erwartung« genau auf das Jahr 1689 fest; und er prophezeit das Ende des Papismus zwischen 1710 und 1720, ein Ende, auf das die tatsächliche Errichtung »eines Tausendjährigen Reiches des Friedens und der Heiligkeit in dieser Welt« folgen wird. Unser Mann ist allerdings zwar ein Fanatiker, aber auch ein Bourgeois und deshalb legt er Wert darauf, die bürgerlichen

Belange zu wahren; gewiß, sagt er, wird das Tausendjährige Reich die Gütergemeinschaft einführen, wie es in der Heiligen Schrift geschrieben steht, aber es wird das Privateigentum achten (?).

Unsinniges Zeug? Schon. Aber diese 1686 veröffentlichten Prophezeiungen und einige andere desselben Stils sind im hugenottischen Languedoc stärker verbreitet »als die Jahreskalender«; die Polizei stellt Exemplare davon in den entlegensten Höfen der Cevennen sicher. Die Leichtgläubigkeit des Volkes bereitet ihnen schon im voraus einen guten Empfang: Die Weber in Béziers sind voll von Nostradamus. In und um Nîmes wird in den Werkstätten und in den Mühlen immer wieder aus Jurieu und dem 11. Kapitel der Apokalypse zitiert. Schon 1686 hält der Prediger Serein bei einer geheimen Versammlung, an der viele Wollkämmer teilnehmen, eine Predigt über das 16. Kapitel desselben Buches: *Gericht über Babylon und das Tier.* Ein anderer Prediger, Roman, der im Jahre 1689 nach seiner Gefangennahme von Broglie vernommen wird, der ihn an den Haaren packt, schreit diesem in Auflehnung ins Gesicht: »Du Gefolgsmann des Tieres!« Die Sprache der Apokalypse ist in den allgemeinen Sprachgebrauch eingegangen.

Diese aus dem Volk stammenden Prediger des Niederlanguedoc, von denen die meisten, nach dem Ausdruck Basvilles »miserable Wollkämmer und Bauern« sind und die nach der Aufhebung des Edikts an die Stelle der geflohenen Pastoren treten, werden weit oben von den einzigen Intellektuellen ihrer Gruppe beherrscht: Dem Schullehrer Vivent und dem Advokaten Brousson. Diese beiden Männer sind treue Jünger Jurieus: Sie kommen im Jahre 1689 nach Frankreich zurück auf die Gefahr hin, dort zu Märtyrern zu werden, weil der Amsterdamer Theologe ausdrücklich für dieses Jahr »die große Erwartung« des Buches Johannes in Patmos vorausgesagt hat. Und beide bleiben sie, gehetzt wie wilde Eber, bis zum Martyrium Fanatiker der *Apokalypse.*

François Vivent verdient diese Bezeichnung wegen seines Hasses und Abscheus auf die römische Kirche, »Brutstätte der Teufel, Schlupfwinkel ekelhafter Vögel«. Claude Brousson dagegen ist ein zarter und mit Talent begabter Apokalyptiker, von abergläubischem Staunen erfüllt. Ablehnend gegenüber Rationalismus und Wissenschaft, ein Feind Descartes', mit der Bibel und gegen Galilei überzeugt davon, daß die Sonne um die Erde kreist, beschließt ab 1686–1687 auch Brousson, die Zukunft vorauszusagen. Und seine Weissagungen (die er in aller Unschuld an die römischen Katholiken versendet) über den Jammer, der von dem Antechrist – dem Papst – ausgehen wird und die baldige

Ankunft Christi in dieser Welt, halten sich eng an die Kommentare Jurieus zur Apokalypse. Dasselbe gilt für die schöne Predigt Broussons, die *mystische Taube,* die er in den Cevennen gehalten hat und die von den Reformierten ständig wieder niedergeschrieben wird: »Meine Taube, sagt der Herr, die du dich in den Felsspalten und Gebirgshöhlen verbirgst... meine Taube, zeige mir dein Antlitz und laß' mich deine Stimme hören, denn deine Stimme ist süß und dein Antlitz ist schön. Erhebe dich, meine Freundin und komme; denn der Winter ist vorbei, die Blumen blühen auf und die Zeit der Lieder ist gekommen. Hörst du nicht das Lied des Täubchens? Erhebe dich, meine Freundin, meine Schöne und komme mit mir.« In einem unveröffentlichten Text identifiziert Brousson diese in Felsen und Höhlen verborgene Taube (deren Vorbild aus dem *Lied der Lieder* stammt) mit dem *Weib* (der Apokalypse), der Braut Christi, die vom Teufel gezwungen wird, sich vorübergehend in der Wüste zu verbergen.

Das Gaukelspiel Jurieus, den das Nichteintreffen seiner Prophezeiungen dazu zwingt, immer neue zu erfinden, die die früheren modifizieren, ist für die Eiferer des Languedoc keine Entmutigung. Das liegt daran, daß die apokalyptische Mentalität, für die das schlimmste Unheil nur die Vorhalle zu höchsten Glückseligkeit ist, ein beruhigendes Interpretationssystem ist. Charakteristisch dafür ist die Haltung Broussons: bei seinen geheimen Reisen in den Jahren 1694–1698 nimmt er klar die wirtschaftliche und demographische Krise zur Kenntnis, die wir in dem vorliegenden Buch skizziert haben; er sieht, daß die Provinz entblößt ist von jungen Menschen, von Hirten und Arbeitern, die das Feld bebauen, daß das Volk niedergeschlagen und ratlos ist, die Städte durch den Ausfall des Handels fast ruiniert und die Landstraßen voll von Bettlern sind, die den Reisenden fast eine halbe Meile lang folgen. Doch nachdem er ganz verständig diese Feststellungen getroffen hat, schaltet Brousson, wie Daniel vor Nebukadnezar oder Balthasar, sein Deutungssystem ein: Er rationalisiert auf seine Art und dechiffriert diese Elendsbeweise als Zeichen der Ankündigung des göttlichen Gerichts. Gott, sagt er, straft das lästerliche Frankreich, weil es das Edikt aufgehoben hat; »der Himmel ist voll von Feuer« gegen Ludwig XIV.; der Brunnen des Abgrunds wird sich öffnen, um das Heer des Königs zu verschlingen. Und dann, nach dieser Prüfung, wird alles sich zum Guten wenden: Gott wird die römischen Katholiken erleuchten; er wird sich »ein neues Volk schaffen, um sein göttliches Lob zu verkünden«.

Die Revolte der Camisarden (1702) zeigt, wie stark diese Mentalität in den Kämpfenden verwurzelt war (die fast alle Bauern oder dörfliche Handwerker waren). Abraham Mazel, der Mörder des Abbé du Chayla und Auslöser des Krieges, prophezeit schon 1701 die Zerstörung des Reiches des Tieres. Im Herbst des Jahres 1702 erhält der Abbé de la Pize, Prior von Saint-Martin-de-Bobaux, den Besuch einer Camisardenabteilung; die Männer werfen ihm vor, »in einer Kirche zu bleiben, die die babylonische Hure ist, von der Johannes in der *Offenbarung* spricht«, sie schießen ihm drei Kugeln in den Leib und geben ihm dann mit Säbelhieben den Rest... Im Jahre 1703 entdeckt ein Offizier nach einem Gefecht in der Nähe von La Calmette die Leiche eines Kämpfers mit entstelltem Gesicht. Der Mann war ein Prediger gewesen: In seiner Tasche findet man den Text einer Predigt. Sie ist von Anfang bis Ende eine lange Darstellung einer Apoclix oder Pocalix entnommenen Prophezeiung: Mit vielen Zitaten kündigt er an, daß im Jahre 1705, nachdem Ströme von Blut geflossen sind, Frankreich und Ludwig XIV. durch königliches Edikt geschlossen zum Protestantismus übertreten und die Hugenotten um Verzeihung bitten werden.

Die konvulsionäre prophetische Hysterie

Die Apokalypse ist nicht alles; die Camisardenrevolte, die aus Verfolgung und Elend erwachsen ist, ist zweifellos durch den Chiliasmus eines Jurieu gesteigert worden; aber sie ist auch nicht zu denken ohne die Einwirkung eines anderen Elements, das sich bis ins 20. Jahrhundert hinein häufig in den sozio-religiösen Bewegungen unterdrückter Völker wiederfindet, nämlich die konvulsionäre prophetische Hysterie. Michelet, der leidenschaftlich das *Théatre Sacré des Cévennes* (das sakrale Theater der Cevennen) las, ist es bereits aufgefallen. Und in den zwanziger Jahren hat dann Charles Bost sich in einer gesunden Reaktion gegen die zu starke Rationalisierungstendenz der zeitgenössischen Geschichtsschreibung gewandt. Er entdeckte unveröffentlichte Dokumente, die auf der Linie der Micheletschen Intuition lagen und bestätigt ein Wort von Borgès: »Die Gelehrtheit ist zuweilen die modernste Form des Fantastischen.«

Am Anfang der Bewegung der Erleuchteten, die zu Anführern der Camisarden werden, ein 16jähriges Hirtenmädchen: Isabelle Vincent aus Saou (Dauphiné), die im Schlafe sprach und die Hugenotten ermahnte, standhaft zu bleiben. Sie wird ins Gefängnis geworfen und der katholische Historiker Brueys sagt von ihr: »Isabelle macht es nicht wie die Vögel, die nicht mehr singen, wenn sie in den Käfig gesteckt werden; im Gegenteil zwitschert« sie mehr denn je ihre Erleuchtungen heraus.

Auf alle Fälle kommt die Einkerkerung der kleinen Hirtin zu spät. Schon seit dem Sommer 1688 findet Isabelle Nachahmer und kleine Propheten und schlafende Propheten stecken sich gegenseitig an, um »das reizende, himmlische Übel« weiter zu verbreiten. Unter ihnen der junge Landwirt Gabriel Astier; er bringt den »Fanatismus« auf das Languedocufer der Rhone, in jenes »wilde und arme Land«, das der hugenottische Teil des Vivarais ist.

Isabelle blieb in ihrem Wahn an der Oberfläche verhältnismäßig ruhig. Aber Astier bringt in das Vivarais den konvulsionären Stil, mit einem großen, in drei Stadien ablaufenden Anfall wie Charcot ihn beschrieben hat: Ohnmacht, dann Krämpfe; darauf Steifheit des Körpers »wie eine Eisenstange«; zuletzt die Bußrede. Die örtlichen Nachahmer Astiers, Veranstalter frenetischer Versammlungen, sind Legion; und die hugenottischen Bauern »lassen ihre Feldbestellung im Stich« und errichten Bühnen, um die fanatisierenden jungen Propheten besser sehen zu können. Es ist nicht ausgeschlossen, daß es bei diesen Versammlungen exhibitionistische Szenen gegeben hat: »Die Propheten haben die Frechheit gehabt, im Angesicht der Versammlung Unzucht zu treiben« schreibt an Brousson ein empörter Hugenotte.

Die Konvulsionäre dieser Region leben in den Jahren 1688/1689 in der Erwartung des rettenden Helden, des *Messias* in dem Sinne, in dem diese Bezeichnung in der heutigen Religionssoziologie gebraucht wird. Eine Weissagung aus dem Vivarais zu Beginn des Jahres 1689 sagt, dieser Messias sei der Prinz von Oranien, den ein Engel holen würde, um ihn an den Haaren nach Frankreich zu bringen, mit einem Heer von 100 000 Mann. (Umgekehrt haben die Katholiken eine solche Angst vor diesem Prinzen, daß bei der Ankündigung seines – vermuteten – Todes die Schüler der Jesuitenkollegien, als Teufel verkleidet, eine Strohpuppe seiner Leiche über den Boden schleifen und zerfetzen.)

Dieses erste prophetische Aufflammen nimmt ein schlechtes Ende. Wie viele Propheten der Unterdrückten (wie Thomas Müntzer, der die Kugeln mit den Ärmeln seines Gewandes auffing und wie in einem anderen Zusammenhang der wundertätige Kongolaner Epikilipikili seine Getreuen gegen die Projektile der Europäer immun machte) halten sich die Erleuchteten des Vivarais, die sich von schneeweißen, nur fingerlangen Engeln behütet glauben, für unverwundbar; außerdem sind sie gewaltlos: mit dem Ausruf, »tartara, weiche Satan«, öffnen sie ihre Wämser für die Gewehre der Soldaten und hinterlassen bei der

Versammlung von Serre de la Salle, bei der mehrere tausend Menschen anwesend waren, dreihundert Tote (19. Februar 1689).

Auch noch nach diesem Gemetzel ist der Prophetismus des Languedoc noch nicht tot; aber er hält sich jetzt in geheimen winzigen Sekten und tritt für ein Jahrzehnt in eine Latenzperiode.

Das zweite Aufflammen, die Camisardenrevolte, beginnt im Sommer 1700. Es schwelte im prophetischen Vivarais unter der Asche und dort bricht es dann in der Nähe von Vals durch die Erleuchtungen der Blut weinenden hinkenden Marie auch aus. Es ist entscheidend, daß die Epidemie von hier aus zum ersten Mal nach Süden vordringt, in die Cevennen und das Niederlanguedoc. Ein analphabetischer Landwirt namens Daniel Raoux breitet in geheim abgehaltenen Kulten den prophetischen Fanatismus in der Diözese Uzès aus (Anfang 1701). Es kommt zu den hysterischen Szenen des 22. Mai 1701 gegen die Priester, die gekommen sind, um den Zehent zu erheben; im Sommer ergreift das Fieber dann die beiden Gardontäler; im Herbst kommt die Reihe an die Hochcevennen des Lozère, die von nun an zum Zentrum der Bewegung werden. Es ist paradox, daß die von Basville – zur Repression und den Durchzug der Artillerie – gebauten Königsstraßen es den »kulturellen« Einflüssen der Erleuchteten von Vals und Uzès leicht gemacht haben, in diese kargen Gebirgsgegenden einzudringen.

Die Konvulsionäre des Languedoc, die zur Seele des Camisardenaufstandes werden, haben endlich ihre Hochburg gefunden; und viele Zeugnisse erlauben es von nun an, ihr Verhalten zu beschreiben. Diese übereinstimmenden Zeugnisse stammen aus voneinander unabhängigen Quellen: Im *Théatre Sacré des Cévennes* haben Freunde der Camisarden schon 1707 erste Berichte gegeben. Die Memoranden von Villars, Polizeiberichte der Intendantur, die erst im 20. Jahrhundert aus den Archiven ausgegraben wurden, enthalten Beschreibungen, die mit den Texten des *Théatre* übereinstimmen, obwohl sie diesmal aus dem gegnerischen Lager kommen und bisweilen von den ärgsten Feinden des Prophetismus geliefert worden sind; diese Feinde bezeichnen die Konvulsionäre immer als Fanatiker, aber nie als Simulanten.

Schließlich geben uns die *Memoiren* von Mazel und Marion, die 1931 veröffentlicht wurden, zum ersten Mal einen unmittelbaren selbstbiographischen Zeugenbericht.

Zitieren wir aufs Geratewohl eine Beschreibung prophetischer Szenen unter zehn anderen (die hier folgende stammt aus dem *Théatre Sacré des Cévennes*). »Die Propheten sagten, daß ihr Hinfallen etwas wunderbares und göttliches habe und daß es mit Schauern und Schwächeanfällen wie bei Fieber beginne, so daß sie Arme und Beine von sich strecken und mehrmals gähnen müßten, bevor sie hinfielen..., sie schlugen mit den Händen um sich..., sie warfen sich rücklings auf die Erde, sie schlossen die Augen, ihr Leib schwoll an; sie blieben während einiger Zeit in diesem Zustand liegen und sprudelten dann beim ruckhaften Erwachen alles heraus, was ihnen in den Mund kam. Sie sagten, sie sähen den Himmel offen, die Engel, das Paradies und die Hölle.«

Die anderen Texte bekräftigen in ihrer Gesamtheit die lebendige Beschreibung des *Théatre*: Drei Stadien werden im allgemeinen unterschieden: Das Hinfallen; die oft entsetzlichen Konvulsionen und Kontorsionen; die vom Geiste eingegebenen, bald unverständlichen, bald mehr oder weniger zusammenhängenden Reden über die Vernichtung des Reiches des Teufels, des Tieres und des falschen Propheten. Elie Marion, der in einem lange unveröffentlicht gebliebenen Text seinen eigenen Fall schildert, ist in der Beschreibung der Symptome am genauesten. Wie er sagt, sind seine Anfälle begleitet von Schauern, denen eine große Hitze vorausgeht; seine Augen schließen sich, sein Körper wird hin und her geschleudert, er seufzt und schluchzt und spürt »äußerst rauhe Stöße«; all das während einer Viertelstunde, ohne zu sprechen. Dann, im letzten Stadium, der prophetische Augenblick, »der Geist bildet Worte in seinem Mund« unter Zuckungen des ganzen Körpers, ungewöhnlichen, von Angst begleiteten Bewegungen.

Simulierung, die ja an sich auch schon krankhaft sein kann, kann gewisse Fälle erklären; sie würde aber Verhaltensweisen nicht völlig in Betracht ziehen, die die Erleuchteten allen Umständen zum Trotz durchgehalten haben, denn es ist gesehen worden, daß sie trotz Bestrafung, trotz ihrer Väter, wider die Obrigkeit und, wie Esprit Séguier, mit einer außerordentlichen Anstrengung, sich der Realität zu entziehen, bis auf die Folterbank »fanatisiert« haben. Sehr häufig erwähnte hysterische Symptome gehen mit dem Ablauf des Anfalls einher: Unempfindlichkeit gegen Schläge oder Zwicken, Gedächtnisverlust; Zungenreden (Menschen, die im Alltagsleben nur ihre langue d'oc, ihr Okzitanisch sprechen, fangen an, im Laufe der Erleuchtungsphase auf Französisch die Bibel oder Psalmen zu rezitieren). Manchmal werden auch Schreie gehört, die nichts Menschliches haben: In Le Pont-de-Montvert bellt Esprit Séguier, Isabeau Cipeyre stößt während ihres Anfalls Laute aus wie ein Hahn oder ein Hund. Schließlich begegnet man auch verschiedentlich dem *hysterischen Kloß* in Hals oder Magen: Der Prophet Rouergas erklärt z. B. dem Bischof Fléchier (der ihn am 5. November 1701 verhört), er verspüre im Augenblick des Eintritts des Heiligen

Geistes in seinen Körper in seinem Magen etwas wie einen Kieselstein... Manche Schilderungen gehen soweit, daß sie an die berühmte arktische Hysterie erinnern, der viele Ethnologen des 20. Jahrhunderts begegnet sind: Ein Teilnehmer einer geheimen Versammlung fällt in den hohen Schnee wie von der Epilepsie gefällt; dann fängt er mit geschlossenen Augen an zu predigen und zu prophezeien.

Manche der hier geschilderten Szenen spielen sich fast in Einsamkeit ab, zum Beispiel im Gefängnis unter den Augen eines Polizisten oder Richters, ja eines Folterers. Aber häufiger finden sie in der Öffentlichkeit statt, theatralisch, unter dem Händeklatschen und Skandieren der Teilnehmer eines Geheimkults, die einander umarmen, schluchzen, außer Atem geraten und sich schütteln, brüllen, seufzen und sich an die Brust schlagen, das Ganze das Bild eines Hexensabbats, während der Prophet aus seinem Anfall heraus mit etwas Schaum in den Mundwinkeln jedem, der es hören will verkündet, daß die Welt ihrem Ende nahe ist. Der vernünftige Villars, der Zeuge einer solchen Szene wird, seufzt fassungslos: »Ich habe es mit Verrückten zu tun.«

Daß es unter den Erleuchteten von Geburt an geistig Beschränkte, Idioten gibt, ist sicher. Das *Théatre Sacré* beschreibt den Anfall eines Schäfers der Cevennen, Pierre Bernard, eines »armen Trottels«: er »fiel um wie tot«, dann zuckte sein Körper gewaltig, wurde hochgeworfen und auf und ab geschüttelt wie von einem starken Mann; endlich öffnete Bernard in einem Anfall von Schuldgefühl den Mund, »um zu sagen, daß er so gequält worden sei, um seiner Sünden willen«; und er, der Okzitanier, zitierte auf Französisch Stellen aus der Heiligen Schrift als hätte er die Bibel auswendig gewußt... Neben dem Fall Bernard zitiert der Pastor Dubois vier weitere Beispiele geistig Beschränkter, die erleuchtet wurden und unter ihnen »eine Idiotin, die in eine große Predigerin verwandelt wurde«.

Das sind jedoch marginale Fälle. Fünf Trottel oder Halbtrottel auf fast hundert Erleuchtete, uns namentlich bekannte Camisarden, das ist wichtig, aber nicht entscheidend. Denn tatsächlich befinden sich unter den Hundert bekanntermaßen solche mit ganz normalem Geist, der nur von einer vorübergehenden Störung befallen war. Beispielsweise Jean Cavalier.

Jean Cavalier, ein kleiner Bauer, der zum Chef der Rebellen und Verhandlungspartner des Intendanten Villars geworden ist, war ein erleuchteter Konvulsionär gewesen. Später findet er zurück zu einem normalen seelischen, sozialen und sexuellen Leben; er wird der Liebhaber der Pimpette und Gouverneur von Jersey, ein Gesprächspartner

Voltaires. In seinen Memoiren schweigt er sich über seine Neurose aus, übergeht er für die Öffentlichkeit seine Prophetenjahre und rationalisiert die Revolte, die er erlebt hat, indem er sich nur (was wahr ist, aber nur ein Teil der Wahrheit) als früheren Kämpfer für eine gerechte Sache, die Sache der Gewissensfreiheit hinstellt.

Aber an seiner Stelle sprechen viele andere Zeugen. Sie erzählen vom Traum des Zwölfjährigen, in dem er sich als Retter seiner Brüder sah und der entscheidend war für sein Leben als Erleuchteter. Arnassan, Marion, die Mutter Pimpettes und das *Théatre Sacré* sprechen unabhängig voneinander von den Ekstasen Cavaliers während des Camisardenkriegs, von dem »außerordentlichen Gerüttel« seines Körpers, das ihn hochhob und heftig schüttelte, so daß sein Bett wackelte und daß ihm am Ende der Geist diktierte, wie er sich selbst und den Krieg zu führen habe und ihm befahl, diese und jene Schlacht zu schlagen oder einen bestimmten Verräter zu töten. Sogar Villars machte sich eine der Visionen Cavaliers, in der eine Stimme diesem sagte: »Geh' und sprich mit dem König« zunutze, um ihn zu Verhandlungen mit Ludwig XIV. zu bringen.

Als »Narr Gottes« ist Cavalier nicht der einzige seiner Art. Im Gegenteil ist er um 1700 der typische Vertreter eines bestimmten Teils der jungen Hugenottengeneration und er hat keine Skrupel, sich als Verteidiger der von abtrünnigen Vätern verratenen Söhne hinzustellen. Der junge Rebell (der im übrigen eine liebevolle Anhänglichkeit an seine Mutter an den Tag legt) erklärt nämlich, er sei »durch die Gnade Gottes dazu bestimmt worden, über das Verhalten der Herde zu wachen, um die Sache des Gesetzes zu verteidigen, die unsere Väter aus Feigheit leider im Stich gelassen« haben. Die gleichen, an den barmherzigen Gott gerichteten Schmähreden gegen »die Feigheit unserer Väter«, sind aus der Feder Rollands bekannt, seines Zeichens Wollkämmer und Schweinekastrierer, der ein Maquisard der Cevennen geworden ist. Diese jungen, häufig noch im Jünglingsalter stehenden Menschen – deren noch nicht gefestigte und schlecht ausgebildete Persönlichkeit eine leichte Beute der Hysterie ist – ziehen aus den Umständen eine geheiligte Rechtfertigung ihres Ödipuskonflikts.

Wieviele sind sie, diese jungen Propheten? Der katholische Chronist Brueys spricht mit sehr wahrscheinlicher Übertreibung von hunderten und sogar tausenden Erleuchteten im Vivarais und der Dauphiné während des Jahres 1688–1689. Elie Marion, der selbst ein Konvulsionär ist, stellt in seinen *Memoiren* nach seiner Erinnerung zwei Listen auf: Die eine enthält 14 Namen von Menschen der Cevennen oder des Niederlanguedoc in den Jahren 1700 bis 1704; sie alle stammen aus dem kleinen Bauern- oder Handwerkervolk der Dörfer; sie sind Wollkämmer, aber auch Landarbeiter, Bäcker, Schweinekastrierer, Weber, Kuhhirten, Maurer. Nicht ein einziger wirklicher Bürger oder Intellektueller, kein Edelmann unter ihnen. Aber die großen Camisardenführer: Mazel, Rolland, Cavalier.

Die andere Liste Marions (unvollständig, wie er erklärt) enthält 80 Personen, davon 63 Männer (mit Einschluß der 14 bereits aufgeführten *Erleuchteten*) und 17 Frauen, »die im Augenblick des Krieges die Gabe des Predigens erhalten haben«. Keiner von denen, die Marion an anderer Stelle als *Nichterleuchtete* unter den hauptsächlichen Camisarden bezeichnet (er nennt nur 5, die vom *Wehen des Geistes* nicht ergriffen worden sind) erscheint unter den 80 Empfängern der Gaben des Heiligen Geistes. Insgesamt also wohl etwa einhundert wahre Propheten. Aus dieser Phalanx, so kann man lesen, werden die Führer des Krieges gewählt, im wesentlichen ihrer Erleuchtungen wegen; denn zu Beginn verstand »keiner der Chefs etwas vom Kriege«, und so muß ihnen der Heilige Geist väterlich sagen, welche Schlacht sie liefern, welche Wache sie aufstellen und welchen Priester sie umbringen sollen.

Hier kann man den Finger auf den wesentlichen Unterschied zwischen den Camisarden und ihren modernen Brüdern des angelsächsischen Protestantismus legen: Den apokalyptischen Muggletoniern des 17. Jahrhunderts und auch den Zitterern, *quaker, shaker* aller Art. Diese sind pazifistisch und gewaltlos. Im Gegensatz dazu bringen die Konvulsionäre der Cevennen nicht den Frieden, sondern den Krieg mit sich.

Diese kriegerische Tendenz hat sich nicht sofort bemerkbar gemacht. Lange Zeit hindurch, von 1688 bis 1701, gehen die individuellen und kollektiven Hysterieausbrüche der verfolgten hugenottischen Bauern mit einem erdrückenden und masochistischen Schuldgefühl einher (eine Feststellung, die keineswegs im Widerspruch zu neueren Forschungen steht). Diese Ausbrüche werden von der Sündenbesessenheit beherrscht, von den Gewissensbissen über die kollektive, im Jahre 1685 erfolgte Glaubensverleugnung, von dem brennenden Willen zur Reue. »Erbarmen! Bereut!« rufen in der heulenden Menge die kindlichen Propheten, die im Jahre 1701 durch das Land von Uzès und die Gardontäler ziehen.

Und dann erscheint von 1701–1702 an eine neue Tendenz: Am 16. Januar 1702 kündigt Françoise Brès vom Galgen aus ihrem Verfolger du Chayla an, daß auch er umkommen werde. Und zum ersten Male seit langer Zeit wird vier Monate später in den geheimen Versammlungen der Hochcevennen vom 8. und 19. Mai der König persönlich angegriffen und der Prediger und Prophet Mandagout stößt den ersten Kriegsruf aus: »Reißt die Kirchen nieder, tötet alle Katholiken.«

Zu Recht lassen die Historiker den realen Zyklus der hugenottischen Gewalttaten, die eine Reaktion auf andere Gewalttaten sind, mit der Ermordung du Chaylas beginnen, mit dem »peinlichen Mißgeschick des Abbé du Chayla« wie Basville sich ausdrückt. Und lange Zeit hindurch hat man sich auf eine Art Gleichwertigkeit von Schuld und Sühne beschränkt: Der Abbé hatte wahrscheinlich gefoltert und bestimmt zum Tode verurteilt; nun wurde auch der Abbé getötet. Das ist zwar vielleicht nicht berechtigt, aber wenigstens rational und logisch. Aug' um Auge, Zahn um Zahn, »das ist das Talionsgesetz, ein weises und maßvolles Gesetz«; wie ein neuerer Historiker der Camisarden schreibt. Solche »händlerischen« Gleichsetzungen sind nicht unbedingt unrichtig; sie können manches Denken befriedigen; aber sie schmälern die menschliche Seite, den gefühlsmäßigen und nicht rationalen Anteil an der den Krieg auslösenden Tat. Man muß die *Memoiren* Abraham Mazels lesen, des Hauptverantwortlichen für den Mord, um zu verstehen, in welch außergewöhnlichem Zusammenhang von Konvulsionen und Träumen, unter welchen Aufwallungen des Irrsinns die Ermordung des Priesters vorbereitet und durchgeführt wurde.

Abraham Mazel, im Jahre 1677 geboren, ist der Sohn eines hugenottischen Landwirts aus Saint-Jean-du-Gard. Seine Mutter stammt aus den Hochcevennen. Im Oktober 1701 hat er bei einer in der Nähe seines Dorfes von dem Erleuchteten Cabrit abgehaltenen Versammlung seine erste Erleuchtung. Im Frühling oder Anfang des Sommers 1702 hat er einen Traum: Schwarze, fette Ochsen fressen ungestraft den Kohl im Garten; der Träumer verjagt sie. Mazel schenkt wie seine Zeitgenossen, Prediger oder Camisarden, wie Brousson und wie Cavalier der Deutung von Träumen, die er als entscheidende Hinweise betrachtet, große Aufmerksamkeit; und einige Tage später offenbart ihm denn auch eine Erleuchtung den Sinn seines Traumes: Der Garten ist die Kirche Jesu Christi; er, Mazel, ist von Gott auserwählt, um die Eindringlinge mit Gewalt aus dem göttlichen Garten zu vertreiben. Und wer sind denn nun die Eindringlinge, diese schwarzen, fetten Ochsen? In den Camisardentexten bedeutet schwarz immer die Sünde; merkwürdigerweise können die Ochsenfantasien eine teuflische Bedeutung haben. Für Mazel jedenfalls gibt es darüber keinen Zweifel: Die schwarzen Ochsen, die verjagt, bald auch ausgetilgt und in jedem Fall ihrer

Ochsenbestimmung als Junggesellen oder Kastraten zugeführt werden müssen, das sind, wie er ausdrücklich sagt, die katholischen Priester. Diese Traumdeutung bedeutet die Eröffnung der Priesterjagd mit Feuer und Schwert. Das wird sich in der Folge zeigen.

Mazel gesellt sich zu einer Prophetenbande, die seit einigen Monaten in der Nähe von Barre-les-Cévennes im Maquis untergetaucht ist. Unter ihnen der Kardeur Esprit Séguier, dürr, schwarz und zahnlos, eine neurotische Heldenfigur. In seiner Jugend ist er wegen Notzucht an einem kleinen Mädchen verurteilt worden. Er ist derjenige, der nach seiner Gefangennahme auf der Folterbank »in allen Formen fanatisiert«. Zum Feuertode verurteilt wird er erklären: »Meine Seele ist ein Garten voller Schatten und Brunnen«; und auf dem Scheiterhaufen wird er sich die vom Henker halb abgetrennte Hand mit den Zähnen vollends abreißen.

Dort unter diesen Menschen wird Mazel bei den Versammlungen in Le Bougès seine entscheidenden Konvulsionen haben, aus denen die Affäre du Chayla hervorgeht. Mazel erzählt: »Am 22. Juli 1702 kam der Geist in so schrecklicher Weise über mich, daß das Geschüttel, das er in meinem ganzen Körper verursachte in der Seele derer, die mich ansahen Furcht und Schrecken verbreitete...; schließlich, nachdem sich mein Mund geöffnet hatte, hielt er eine ziemlich lange Rede« (die Persönlichkeitsspaltung ist in diesem Fall vollständig und der Mund Mazels funktioniert unabhängig von seinem gewöhnlichen Benutzer, wie eine »Büchse Gottes«, eine *God box*, um den Ausdruck gewisser Erleuchteter des 20. Jahrhunderts wiederaufzunehmen). Dieser Rede zufolge »befahl der Geist, unsere in Le Pont-de-Montvert eingekerkerten Brüder zu befreien«, in Le Pont-de-Montvert, wo der Abbé du Chayla das Gefängnis unter sich hatte.

Also zieht der durch Bauern vergrößerte Prophetentrupp davon, um den Visionen Mazels zu gehorchen und das Haus des Abbés anzugreifen. Von Anfang bis Ende werden die Marschordnung, sodann die Kampfhandlungen und schließlich der Mordentschluß genauestens vom »Geist« diktiert, der sich in den mehrmaligen Visionen Mazels und Séguiers ausdrückt (23. Juli 1702). Die blutige Expedition endet mit einer weniger bekannten, aber sehr aufschlußreichen Episode: Am 27. Juli 1702 erreicht die Prophetentruppe Saint-André-de-Lancize, um, sagt Mazel, »einen anderen durch meinen Mund ausgesprochenen Befehl auszuführen«: Mazels Mannen töten den Pfarrer Boissonnade, zerstören die *marmousets* (»Götzenbilder« oder Heiligenstatuen), die sich in der Kirche befinden und fügen einem anderen Priester namens

Parent, der in Saint-André das Amt des Schulmeisters ausübt *Verwundungen* zu.

Was für »Verwundungen«? Das sagt Mazel nicht. Und auch Rampon, ein anderer Erleuchteter, der an der Sache teilnimmt, drückt sich in seinen sehr viel später niedergeschriebenen Erinnerungen nicht deutlicher aus. Er schreibt nur, die Aufrührer hätten gerne *die Konkubine der beiden Priester getötet,* wenn sie sie hätten finden können. Doch die katholischen Chronisten haben keinen Grund zu solcher Schamhaftigkeit und so bezeichnenden Unterlassungen. Zwei von ihnen, Louvreleuil und Mingaud, letzterer Pfarrer eines Nachbardorfes (der Parent zu einem Chirurgen gebracht hat), erklären: dem Pfarrer Boissonnade wurden Ohren und Nase abgeschnitten als ihm das Leben genommen wurde; Parent, der priesterliche Schulmeister, wurde kastriert, wodurch er neun Tage später starb.

So sieht die Episode aus, mit der der Krieg beginnt: Traum, konvulsionärer Wahn, Morde und Kastration. Diese Kette beweist klar, daß Mazel zu allem bereit ist, um seinem Traum zu gehorchen und die Priester aus dem Garten der Lüste zu vertreiben; er und seine Freunde lassen sich ständig von ihren Zwangsvorstellungen leiten; und das bleibt so im ganzen Verlauf des Krieges, den sie mit Hilfe hysterischer Erleuchtungen und von Zeit zu Zeit einem geeigneten Wunder, einem Gottesurteil oder *firewalking* gar nicht so schlecht führen.

Solche Anstöße sind zu einem guten Teil irrational motiviert und zu ihrem Verständnis bedürfte es einer Erklärung der prophetischen Hysterie und in den extremen Fällen, soweit es sich um die überspanntesten und eindeutig neurotischen Propheten handelt, einer Analyse des Unbewußten. Eine mehr als schwierige Analyse. Cavalier, Mazel usw. sind nicht mehr da, um sich auf der Couch eines hypothetischen psychoanalytischen Historikers auszustrecken. Was man tun kann, ist, gewisse klar ersichtliche Züge aufzuzeigen, die sich im allgemeinen in Fällen derartiger Hysterien (Konversionshysterien) wiederfinden. Zu diesen Zügen gehören der Infantilismus, der theatralische Charakter, d. h. die Lust am Sich-zur-Schau-Stellen und die sexuelle Verdrängung.

Dieser letzte Punkt ist zum Abschluß einer kurzen Ausführung wert. Den Camisarden selbst war der Zusammenhang in gewisser Weise bewußt. Sie sagen, daß bei den jungen Prophetinnen die Erleuchtung solange dauert wie ihre Jungfräulichkeit; sie verschwindet mit der Heirat, mit anderen Worten, mit dem Ende einer Phase gehemmter Sexualität.

Ist es nicht auch ganz allgemein bemerkenswert, daß sich die beiden großen Ausbrüche konvulsionären Fiebers im Frankreich des beginnenden 18. Jahrhunderts ausgerechnet in jenen beiden Bezirken des religiösen Lebens ereignet haben, in denen die Sexualmoral die höchsten Anforderungen stellt und am strengsten, am stärksten verinnerlicht ist: einerseits bei den hugenottischen Bauern der Cevennen, den Puritanern des französischen Südens; und andererseits dreißig Jahre später im Kreise des Pariser Jansenismus bei den Konvulsionären von Saint-Médard.

Der Groll der Steuerzahler

Die Geschehnisse um die Camisarden bedürfen in Wahrheit einer mehrschichtigen Interpretation. Die traditionelle Deutung – als der gerechte Kampf für die Gewissensfreiheit – ist zwar richtig, aber weit entfernt davon, erschöpfend zu sein. Denn sie läßt manche wichtigen Aspekte im Dunklen.

Wir haben, wie auch schon andere Autoren, auf den prophetischen Charakter hingewiesen. Aber es gibt auch noch ein anderes, sehr viel erdverbundeneres Element; es ist zwar untergeordnet, aber keineswegs belanglos: Es handelt sich um den traditionellen Kampf gegen die Steuer, den Groll der Steuerzahler.

Die Hugenottendörfer lauschen zwar den Propheten, aber sie vergessen darüber nicht die Kopfsteuer, die neue, verhaßte Abgabe, die dem schon durch den wirtschaftlichen Niedergang verarmten Lande eine zusätzliche Belastung auferlegt. »In ihren aufrührerischen Unternehmungen spielt die Kopfsteuer eine ebensolche Rolle wie die Religion«, schreibt im Oktober 1702 der Bischof von Alès, das Haupt einer Cevennendiözese, an den Kriegsminister. Und auch das Beispiel des von den Abgesandten Cavaliers bearbeiteten hugenottischen Teils des Vivarais ist schlüssig: Dort ist der Steuerstreik eng verbunden mit dem religiösen Aufruhr und der prophetischen Schwarmgeisterei. Am 17. Juli 1703 sagt Montrevel »eine vom Konsistorium angezettelte allgemeine Bewegung im Vivarais…« voraus. Und er fügt hinzu: »Es ist sicher, daß die Menschen hier seit einigen Tagen so ungewöhnlich aufgeregten Geistes sind…, daß sie an mehreren Orten des Vivarais sich geweigert haben, die Kopfsteuer zu bezahlen.«

Bestimmt haben diese Steuerverweigerungen eine große Wirkung gehabt: In der Provinz Languedoc bleibt im Jahre 1703 die erste Vierteljahresrate der Kopfsteuer zu 70 % unbezahlt und bis zum Ende der hugenottischen Erhebung, bis 1705 häufen sich enorme unbezahlte Rückstände an.

Als letzter Bauernkrieg des Ancien Régime markiert der Cevennenkonflikt das Ende einer Epoche. Und dieser letzte Bürgerkrieg führt uns auf seine Art mehr als alle vorhergehenden die eigentümlichen Züge der Gesellschaft vor Augen, aus der er entstanden ist: Eine durch die Krise verarmte, durch die Aufhebung des Edikts traumatisierte Gesellschaft. Die Erhebung der Camisarden mit ihrer besonderen Logik erweist sich daher als ein explosives Gemisch aus prophetischer Neurose und steuerfeindlicher Unruhe.

Ein großer Agrarzyklus

Schwarze Magie der Hexen am Ende des 16. Jahrhunderts, weiße Magie der Propheten zu Beginn des 18. Die radikale Gegensätzlichkeit der mythischen Inhalte darf uns nicht den Blick verstellen für die Verwandtschaft zwischen bestimmten Mentalitätstrukturen und das in der neuzeitlichen Epoche lange Fortbestehen einer Fähigkeit zu Angst und Staunen, einer Wundergläubigkeit, die heute verschwunden ist. Ist das eines von vielen Anzeichen, die zwischen 1500 und 1700 auf eine gewisse Form der kulturellen Kontinuität hinweisen, die der sozialen Kontinuität und der Einheitlichkeit eines großen Agrarzyklus' zugrunde liegt?

Periodisierung

Ich habe mich in diesem Buche bemüht, der Langzeitbewegung eines ökonomischen Systems und der Gesellschaft, in die es eingebettet ist, auf verschiedenen Ebenen nachzugehen: Unter- und Überbau, das materielle und das kulturelle Leben, die soziologische Entwicklung und die Kollektivpsychologie, all das im Schoße einer zum großen Teil traditionell gebliebenen ländlichen Welt. Genauer ausgedrückt habe ich den Versuch gemacht, verschiedene einander ablösende Typen von Wachstum und Rückgang unter ihren vielfachen Aspekten zu analysieren. Diese Typen als Ganzes lassen in ihrer chronologischen Abfolge von Anlauf, Aufschwung, voller Entfaltung und Abschwung darauf schließen, daß sie eine Einheit bilden und eine in sich gegliederte, jahrhundertelange, große Wellenbewegung der ländlichen Welt anzeigen, die sich über acht Generationen hinweg erstreckt.

Einfacher ausgedrückt, die zentrale Figur meines Buches ist ein großer, in seiner Gesamtheit betrachteter Agrarzyklus, der sich vom Ende des 15. bis zum Beginn des 18. Jahrhunderts erstreckt. Selbstverständlich habe ich ihn anhand der Preiskurven beschreiben und charakterisieren können; aber genauer als durch diese anhand des Studiums der allgemeinen und der im Grundbuch erscheinenden Bevölkerungsveränderungen, durch die Produktions- und Aktivitätsanzeichen und die Diagramme, die nacheinander die Verteilung von Grund und Boden, der Vermögen und der Einkommen darstellen.

Eine konkrete Dokumentation, reich an verschiedenen kontinuierlichen, indizienbildenden Reihen hat uns zum Glück erlaubt, »die Elemente und Bestandteile der Langzeitbewegung« in fruchtbarer Weise zu zerlegen; sie hat deren innere Gliederung aufgedeckt, »die Bedeutungen, die Modalitäten und die Zeitenfolge«.

Mehrere Phasen stellen sich im Ablauf der großen Wellenbewegung heraus:

Erste Phase: Der Niedrigstand (die Ausgangslage beim Start). Es gibt wenig Menschen (denn die Bevölkerung war am Ende der vorhergegangenen – mittelalterlichen – Wellenbewegung, die auch sehr stark war und Jahrhunderte gedauert hat – vom 11. bis 15. Jahrhundert – zusammengebrochen); Brachland und Wald sind von neuem reichlich vorhanden und bilden Reserven und Ressourcen für neuerliche Expansion; Grundbesitz und Familie sind in große Güter und mächtige Sippen gegliedert; die geringe Grundrente stimuliert allmählich Urbarmacher, Gutspächter und Arbeiter; Lebensmittel sind leicht zu haben; die besser genährten Menschen sind gesünder; und sie sind auch weniger anfällig für die Pestansteckung, die ein gutes Jahrhundert lang Hekatomben gefordert hat; all das bereitet »die Zündung« eines neuen Aufschwungs vor.

Zweite Phase: Aufschwung. Wie wir gesehen haben, ergibt sich dieser im wesentlichen von selbst, einfach durch die Anhäufung endogener Faktoren: Die Brennstoffe haben sich lange Zeit hindurch angesammelt und so genügt der kleinste Funke (eine Reihe guter Ernten, das zusätzliche Einströmen neuen Edelmetalls in den Geldumlauf und der Einfluß neuer Handelslinien oder der Pole städtischen Wachstums oder ganz einfach eine Zeit von Frieden und Sicherheit), um die Flammen hochschlagen und sich überall verbreiten zu lassen.

Der Aufschwung, ein rascher Wandel am Ende eines unsichtbaren Heranreifens, nimmt dergestalt örtlich ziemlich plötzlich, um 1490–1500, seinen Anfang. Es ist vor allem die Bevölkerung, die sich schnell vermehrt; die Wirtschaft dagegen macht nur geringe Fortschritte. Daher stellt sich schon 1530 ein lebhafter Widerspruch heraus: auf der einen Seite die dynamische Elastizität der Bevölkerung, auf der anderen die hartnäckige Starrheit der landwirtschaftlichen Produktion. Ist diese Starrheit, die man überall in Westeuropa, im Süden sowohl wie im Norden feststellt, die »Frucht« der technischen Unbeweglichkeit, des Kapitalmangels, des Fehlens von Initiative und Neuerungsgeist? Auf alle Fälle führt sie zu Sparsamkeit und Rationierungserscheinungen: Rationierung der Löhne durch Senkung des Realentgelts und Pauperisierung von Gesinde und Tagelöhnern; Rationierung des Grundbesitzes durch beschleunigte Zerstückelung der Anwesen. Die Verarmung entsteht einerseits durch eine Art »ehernes Gesetz« der Löhne, andererseits durch das Auseinanderreißen der Grundstücke ohne eine Ertragssteigerung pro Hektar. Malthus und Ricardo reichen sich die Hand.

Eine solche ungleichmäßige Entwicklung ohne Harmonie kann trotz einer Profitsteigerung der Unternehmen keinen Agrarkapitalismus in großem Maßstab hervorbringen. Wahres Wachstum, das das Prokopfeinkommen für den Durchschnitt der Einwohner erhöhen würde, bleibt in einem solchen Milieu unvorstellbar und weit jenseits seines Horizonts.

Die Zeitgenossen spüren etwas davon, aber sowohl Volk wie Notabeln nur auf sehr unklare Weise. Soll man sich über diese relative Unbewußtheit wundern? Durchaus nicht. Es ist daran nichts anstößiges, wenn man die Mentalität jener Epoche bedenkt. Die Menschen dieser Zeit haben anderes im Kopf als das Bruttoprodukt. Ihre besten Vertreter sind bis hin zum Opfer ihres Lebens – und das ist einer der stärksten und typischsten Züge der traditionellen Gesellschaft – mit Fragen beschäftigt, die die Kirche betreffen. Hugenotten und Papisten, die Kämpfer des Bürgerkriegs, leben in der blutigen Zwangsvorstellung des göttlichen Heils. Nach 1560 stürzen sie sich mit aller Macht in die religiöse Schlacht.

Natürlich mischen sich auf der protestantischen Seite in die sakralen Motivierungen gewisse soziale Vorstellungen, die die Kirchengüter, den Zehent, den Fiskus und sogar die Gliederung in die drei Stände in Frage stellen; solche Vorstellungen zielen dunkel auf einen teilweisen Ausgleich für das Fehlen einer gesellschaftlichen Entwicklung ab.

Aber die Ergebnisse sind kümmerlich: Die soziale Unruhe des Jahrhundertendes verliert sich in antifiskalischen Kämpfen oder gar im Wahnsinn der Hexensabbate, der die Welt auf den Kopf stellt, statt sie zu verändern.

Dritte Phase: Nach 1600, die volle Entfaltung. Die malthusianischen und ricardianischen Bremsungen entwickeln sich zu richtigen Sperren. So z. B. unter dem demographischen Gesichtspunkt: Aus Gründen, die mit der Verschlechterung des Lebensniveaus zusammenhängen, kommen die Sterblichkeitsziffern den Geburtsziffern gefährlich nahe. Zwar wächst im Languedoc (wie auch in der Provence, im Tal der Loire, im Raum von Beauvais, in Holland und in England) die Bevölkerung nach 1600 noch weiter; und der französische Süden – ganz wie viele mehr im Norden gelegene Gebiete des kontinentalen Europa – ist noch nicht vom Rückgang des Bevölkerungswachstums betroffen, von jenem früheren und langandauernden Rückgang, der ab 1600 Kastilien und manche Gebiete Italiens befällt.

Trotzdem macht sich nach 1600 im Languedoc das Nachlassen der Wachstumsbeschleunigung der Bevölkerung deutlich bemerkbar: Die Globalkurve der Menschenzahl war einst, unter Franz I. und Heinrich II. stark ansteigend. Zwischen 1570 und 1650 wird sie allmählich asymptotisch zur Waagrechten.

Rationierung und Sparen, Erscheinungen, die wir in der vorhergehenden Phase festgestellt haben und die auch in der dritten Phase noch weiterbestehen, werden nun von neuen, parasitären Phänomenen überlagert: Die Rente in allen ihren Formen zieht an; die Geldrente, die Grundrente, die Kirchen- und die Staatsrente: Geldverleih, Pacht, Zehent, Steuer. Der Rentiersgeist siegt über die Unternehmerinitiative. Die Agronomen werden zu Agrarbesitzern. In manchen ihrer Aspekte versteinert die Gesellschaft in sozialer Unbeweglichkeit; deren lähmende Konsequenzen gesellen sich zu den malthusianischen Auswirkungen der technischen Unbeweglichkeit, die sich schon seit langem breit gemacht hat.

Die enorm gesteigerte Steuerabschöpfung ist in dieser dritten Phase kennzeichnend für die Verlockungen von Prestige und Macht des Staates, die sich in der Politik Richelieus verkörpern. Der Staat, dessen Stärke sich in der vorhergehenden Expansionsphase gefestigt ist, läßt sich auf Kriege großen Ausmaßes ein, deren Kosten zu hoch für die Gesellschaft werden.

Diese Phase III, die wir die Phase der vollen Entfaltung einer Landwirtschaftsgesellschaft nennen und die einem gewissen Verfall vorausgeht, ist also sehr verschieden von der Phase gleichen Namens, die von den Theoretikern des modernen wirtschaftlichen Wachstums beschrieben worden ist. Es ist nicht die glückliche Entfaltung der industriellen Gesellschaften, zumindest der begünstigsten unter ihnen; sondern es ist im Gegenteil eine Periode voller Tücken, wachsender Schwierigkeiten und sich häufender Hindernisse, in der das Bruttoprodukt langfristig auf der Stelle tritt, die Bevölkerung daher notgedrungen ihren Aufschwung drosseln muß und das Kapital sich der Rentenanlage zuwendet.

Kann man nach all dem vorstehend Gesagten in bezug auf eine solche Periode so allgemeine Ausdrücke gebrauchen wie »Krise des

17. Jahrhunderts« oder »Konjunkturwende« seit den ersten Jahrzehnten des 17. Jahrhunderts?

Solche Ausdrücke sind völlig gültig für die kolonialspanische Konjunktur, für das iberische Amerika, das früh vom Geldmangel und besonders vom Niedergang der eingeborenen Bevölkerung betroffen worden ist. Sie haben auch für Kastilien und Italien Gültigkeit. Und schließlich sind sie auch einige Jahrzehnte später zutreffend auf Deutschland und das Nachbarland Burgund, die beide vom Dreißigjährigen Krieg zugrunde gerichtet wurden. Aber jenseits dieser schon sehr weit gesteckten geographischen Begrenzungen wäre eine einfache Extrapolation nicht möglich; man kann nicht einmal sagen, daß die »Mittelmeerkonjunktur« in ihrer Gesamtheit von einem Gefällebruch um 1620 herum zeugt. Heftige zeitweilige Krisen, ja; eine geringere Beschleunigung des Bevölkerungswachstums ohne Zweifel (schon seit dem letzten Drittel des 16. Jahrhunderts). Doch kein jahrhundertelanger allgemeiner Rückgang; noch nicht. Denn Provence, Languedoc und Katalonien, die ganze Mittelmeerregion des Golfe du Lion, die nicht unbedeutend ist und sich von Tarragona bis Toulon erstreckt, entgehen der totalen Konjunkturwende, die nun einen äußerst auf den Süden, die iberische Halbinsel, beschränkten und von Europa aus gesehen marginalen Charakter annimmt.

An den nördlicheren Küsten des »Binnenmeeres« wird die Konjunktur zwar ruhiger, sie modifiziert sich und wird *schwerfälliger*, aber sie *wendet* sich noch nicht. Das »zeitliche Auseinanderklaffen«, die »dauerhafte Unstimmigkeit«, von der Pierre Jeannin 1964 spricht, erfolgt entlang einer Grenze, die sehr weit im Süden liegt. Diese Grenze isoliert die kolonialspanische und italienisch-kastilianische Konjunktur, die dem langen Wachstumsrückgang von 1620 an zum Opfer fällt. Auf der Nordseite, in vielen Regionen Kontinentaleuropas und der Neuen Welt, in einem sehr weiten Bereich, der vom katalanischen und französischen Mittelmeer bis zur Nordsee und dem Atlantik der Puritaner reicht, wissen die Völker noch für einige Zeit nichts von der Lepra des langen Wachstumsrückgangs, die Italiener, Kastilianer und Amerikaner spanischer Herkunft befallen hat.

Die Entwicklung im Languedoc ist zwar lethargisch, bricht aber nicht zusammen; ganz im Gegenteil erfahren nach 1620 einige Sektoren wie der Weinbau eine recht merkliche Belebung. Der Bevölkerungsaufschwung geht weiter, obwohl er sehr langsam geworden ist. Und die verschiedensten Kategorien von Rentenbeziehern werden reicher und geben viel aus für Zwecke des Prestiges, der Frömmigkeit und der Macht, für protzige Gebrauchsgüter wie Schlösser und Kirchen.

Zwar ist der »jubelnde Anstieg« des 16. Jahrhunderts zu Ende; Anzeichen von Verknöcherung und Endstadium von Gesellschaft und Bevölkerungsstand häufen sich. Und hier findet man eine Analogie mit der viel ernsteren Sklerose Kastiliens und Italiens. Aber nur hier, denn abgesehen von örtlichen Ausnahmen haben sich Bruttoprodukt und Bevölkerungszahl überwiegend gehalten.

Das Drama des Languedoc in der Phase III ist nicht der Sturz der Produktion, sondern nur ihre mangelnde Elastizität, ihre Starrheit; nicht der Rückgang des Wachstums, sondern das Fehlen eines ausgeprägten Wachstums. Nehmen wir einmal an – als bequeme Fiktion und günstigere Hypothese – das Bruttoprodukt hätte sich unter Richelieu und Mazarin wesentlich vermehrt. Dann hätte es mit Leichtigkeit (ohne unheilvolle Konsequenzen für den Lebensstandard) den anhaltenden Bevölkerungszuwachs, die ständige Zerstückelung der Anwesen und die wachsenden Abschöpfungen durch die Rentiers ausgehalten; es hätte die großen Kriege und die Ambitionen der Ministerkardinäle mit dem gleichen Jubel finanziert wie die Unternehmungen Napoleons.

Nichts davon ist geschehen; das landwirtschaftliche Bruttoprodukt ist von Franz I. bis zur Fronde für eine sehr lange Zeit fast gleich geblieben, bei kaum ansteigender Tendenz. Von da das ganze Unglück, selbst wenn die Konjunktur sich nicht »gewendet« hat; selbst wenn diese vollständige »Wende«, die tragische Periode einer Geschichte, tatsächlich erst viel später eintritt, in der Endphase des großen Agrarzyklus, die ich als »Rückflut« bezeichnet habe.

Unter Colbert scheint diese Starrheit der Produktion eine Zeitlang aufgehoben; das Produkt nimmt zu und durchstößt zehn oder fünfzehn Jahre lang eine jahrhundertalte Höchstgrenze. Leider vermehrt sich aber der rentabelste Produktionszweig dieser Gegend – der Weinbau – nicht und nimmt sogar ab während der Dauer dieses kurzen Aufschwungs. Und diese Unstimmigkeit ist kennzeichnend, denn die Gesellschaft unter Colbert ist weder materiell noch geistig dafür ausgerüstet, diesen prekären teilweisen Anstieg des Bruttoprodukts aufzunehmen und dauerhaft zu machen. Die Angebotssteigerung, die automatisch auf eine solche Produktionssteigerung folgt, erfolgt in einem Augenblick stark fallender Preise und trägt dazu bei, den Preisverfall noch zu verstärken.

Die Rentabilität der Landbewirtschaftung verschwindet ab 1665–

1670. Und schließlich bricht in den Katastrophen des Jahrzehnts 1680, von denen gleichzeitig die Kleinparzellenanwesen und der Großanbau der Hofpächter betroffen werden, die ganze Produktion zusammen.

Wir sind inmitten der *Phase IV, in der langen Periode des Rückflutens.* Die landwirtschaftliche Globalproduktion sinkt; jedoch fällt sie gar nicht einmal so tief. Sie beschränkt sich darauf, ihre vorübergehende Zunahme der Zeit von Fouquet und Colbert abzubauen; sie begnügt sich mit der ungefähren Rückkehr zu ihrer Ausgangslage, dem ungeschmeidigen niedrigen Niveau, das zu überschreiten sie im 16. Jahrhundert und in der ersten Hälfte des 17. unfähig gewesen war.

Diese Rückkehr zu Ludwig XIII., zu Heinrich II. ja sogar zu Franz I. mitten in der Endzeit der Herrschaft Ludwigs XIV. enthält bedrükkende Konsequenzen für die bäuerliche Gesellschaft. Lange Zeit hindurch, bis 1650, hatte sich dieses niedrige Produktionsniveau mit dem – immer langsameren und schwierigeren – Anwachsen von Bevölkerung und Zerstückelung vereinbaren lassen; auch noch mit den höheren Renten und den immer größeren Abschöpfungen. Man rückte ein wenig enger zusammen, man wurde sparsamer und der Gesellschaft gelang es noch immer, *über die Runden zu kommen.* Auch der vorübergehende Aufschwung nach 1650 hatte der bäuerlichen Gesellschaft einen neuen Aufschub gewährt: Es war möglich geworden, weiter zu machen, noch ein bißchen mehr Bevölkerungszuwachs, noch ein bißchen mehr Zerstückelung und Abschöpfung.

Aber die Rückkehr zu dem Niedrigstand der Produktion seit 1675–1680 macht letzten Endes eine Anpassung, eine gesellschaftliche Begradigung nötig, eine Art unglücklicher Rationalisierung. Auf welchem Gebiet? Aus Gründen der hohen Politik kann keine Rede davon sein, daß die Machthaber angesichts des Tiefstandes des Bruttoprodukts ihre Ansprüche auf steuerliche Abschöpfung verringern. Ganz im Gegenteil wird die Abschöpfung am Ende des Jahrhunderts sogar noch stärker werden, zwar aller ökonomischen Logik entgegen, aber in Einklang mit den großen Vorhaben des Sonnenkönigs, dem eine rückgratlose Bürokratie gewissenhaft zu Diensten steht.

Die Anpassung und die Neuordnung müssen also auf anderem Feld vollzogen werden. Zunächst werden statt der öffentlichen Abschöpfungen einige private gemildert; die Grundrente hat am Ende des Jahrhunderts eine deutliche Tendenz zur Realwertabschwächung. Aber das Hauptopfer der sozialen Anpassung ist die Bevölkerungszahl: auf die Verringerung des Bruttoprodukts, auf seine Rückkehr zum jahrhundertalten *status quo* antwortet die Gesellschaft mit den einfachsten Lösungen: Sie verringert die Zahl der Esser, der zu beschäftigenden Arme; sie amputiert sich selbst ohne Narkose einen Teil ihres Menschenbestandes; sie opfert ein Pfund Fleisch. Nach 1680 gibt es nicht einmal mehr die allerbescheidenste Bevölkerungszunahme; und was dabei die Haupttatsache, das wirklich neue Ereignis ist, zum ersten Mal seit zweihundert Jahren beginnt die Bevölkerung einen langfristigen zahlenmäßigen Niedergang; einen Niedergang, der nicht so sehr durch die wiederholten Hungersnöte hervorgerufen wird, die vielleicht weniger schwer waren als in Mittelfrankreich oder im Norden, sondern durch Arbeitslosigkeit und Armut, durch chronische Unterernährung, durch den niedrigen Lebensstandard, der Seuchen begünstigt und durch den schlechten Gesundheitszustand der armen Klassen, gelegentlich auch durch Auswanderung, durch die späten Heiraten oder sogar Geburtenbeschränkungen. Normale logische Folge: Hand in Hand mit dem Rückfluten der Zahl der armen Bevölkerung geht der Untergang der Parzellenanwesen. Die Bodenzerstückelung, die seit der Renaissance grassierte, hört endlich auf; und eine Phase der Konzentration, gewinnbringend für die großen Landerwerber, nimmt ihren Anfang.

Hier handelt es sich nicht mehr – wie im ersten Teil des 17. Jahrhunderts – um das einfache Stillerwerden einer vorher sehr lebhaften Konjunktur; sondern ab 1675–1680 um eine vollständige Umkehrbewegung dieser Konjunktur, wie sie völlig klar aus der Demographie und aus den Grundbüchern zu ersehen ist. Die fast zweihundertjährige Konjunktur dauerte mit Bevölkerungsaufschwung und Bodenzerstükkelung seit 1500 an; während des größten Teils des 16. Jahrhunderts außerordentlich lebhaft, gab es seit dem 17. Jahrhundert sichtbare Zeichen von Reife, Sklerose und Ermüdung; schließlich verschwindet sie im Jahre 1680 und macht der Gegenbewegung Platz. Damit ist (wenigstens für den Regionalfall des französischen Südens – die Chronologie kann andernorts anders aussehen) die Konjunkturwende voll gekennzeichnet; sie ist »der entscheidende Einschnitt«, den fast alle Historiker zu Recht hartnäckig in das abgekämpfte Europa des 17. Jahrhunderts verlegen.

Technische Sackgassen und kulturelle Sperren

Das ganze vorliegende Buch hindurch und besonders in seinem letzten, der »Rückflut« – Stillstand des Wachstums und Schrumpfung einer alten Gesellschaft – gewidmeten Teil habe ich versucht, durch Aufstellung einer subtilen Chronologie die Determinanten, die wahren verantwortlichen Faktoren zu orten. In dieser Hinsicht erscheint mindestens ein Zusammenhang als klar erwiesen: Die technologische Schwäche der Gesellschaft, ihre Unfähigkeit zur Steigerung der Produktivität, ihr Unvermögen, die Produktion dauerhaft und endgültig zu erhöhen, das die Schranke geschaffen hat, an der am Ende der Periode der fast zweihundertjährige Aufschwung des Bevölkerungsstandes und des kleinen bäuerlichen Grundbesitzes zerbrochen ist.

Hier haben wir es tatsächlich mit jener »vorindustriellen Gesellschaft langsamer technischer Entwicklung« zu tun, in der die »Prozesse von Wachstum und Niedergang« dominiert bleiben von »der Spannung zwischen demographischer Ausweitung und der von den Ressourcen gesetzten Grenze«. Von Anfang bis Ende des großen Agrarzyklus, von 1500 bis 1700, führt das Bruttoprodukt, wenn auch auf sehr passive Art, rein durch das Gewicht seines Beharrungsvermögens, diesen Prozeß an. Es führt allmählich zur Krümmung bis zum völligen Abbiegen nach unten der demographischen Kurve, deren parabolische, ballistisch aussehende Linienführung in vollkommener Weise diese Bremsung einer Gesellschaft durch ihr Bruttoprodukt vor Augen führt. In der Phase II führt es zu den Pauperisierungserscheinungen und in der Phase III bewirkt es durch seine Unfähigkeit, zu wachsen die Unerträglichkeit der zunehmenden Abschöpfungen (die eine dynamische Produktion im Gegenteil sehr gut aushalten würde). Schließlich erzeugt in der Phase IV die Rückläufigkeit oder vielmehr die wiedergefundene Passivität nach einem vorübergehenden Aufflackern des Bruttoprodukts den endlichen Niedergang von Bevölkerung, Kleinbesitz und Bewirtschaftung.

Dieses Ende ist logisch: Die malthusianische Schere zwischen Bevölkerung und Produktion konnte sich nicht immer weiter öffnen.

Muß man unter diesen Umständen die klassische Erklärung zurückweisen, nach der das Unbehagen im 17. Jahrhundert und die Abschlußkrise auf der »geldlichen Hungersnot« beruhen? Sicherlich nicht. Trotz ihres Überholtseins verdient die quantitative Geldtheorie nicht diese summarische Hinrichtung. Aber sie kann nicht länger die zentrale Rolle bewahren, die ihr eine Zeitlang zugeschrieben wurde. Sie muß in ein zugleich umfassenderes und flexibleres vereinheitlichtes Erklärungssystem eingeordnet werden.

Wenn so manche Wirtschaft, so manche Bevölkerung und so manche Gesellschaft Europas wie die des Languedoc im Verlaufe des 17. Jahrhunderts an ihre Grenze gestoßen und schließlich nach dem fröhlichen Aufstieg im vorhergehenden Jahrhundert niedergegangen sind, so kommt das nicht nur daher, daß die Kolonisatoren Amerikas die besten Edelmetallvorkommen abgesahnt und das Bergwerksproletariat der Cordilleren ausgezehrt haben. Die Geldsackgasse besteht natürlich. Aber sie ist nicht das einzige Hindernis für die Expansion. Sie gehört zu einer ganzen Gattung, zu einer Art strukturellem Ganzen von Sackgassen: Wie z. B. die Sackgasse von Grund und Boden – das Fehlen unbegrenzter Reserven guter, leicht zu bearbeitender und gewinnbringender Erde; und hinter dieser gewissermaßen versteckt die grundlegende technologische Sackgasse, die das Haupthindernis darstellt.

Schlagendes Beispiel im letzteren Bereich: Nach Quellen aus erster Hand bleibt der durchschnittliche Weizenertrag im Languedoc vom 16. Jahrhundert (erste Daten) bis 1730–1740 gleich und sehr gering (von 3 bis 4,5 zu 1). Nur in der Colbertepoche erfährt er eine kurze Belebung. Erst ab 1750 hebt er sich, und zwar recht schwerfällig.

Mit anderen Worten: Wenn die Gesellschaft zusammenschrumpft und die Wirtschaft verknöchert und schließlich am Ende des 17. Jahrhunderts auf ihre Ausgangsbasis zurücksinkt, so kommt das daher, daß diese Wirtschaft es nicht fertig gebracht hat, ihre Vorräte weder zu vermehren noch zu erneuern. Gewiß, auch ihren Vorrat an Edelmetall, aber auch den Vorrat an guter Erde, der seiner Definition nach begrenzt sein muß; wo diese aber fehlt ist der »Vorrat« an technischem Fortschritt im 16. und 17. Jahrhundert geradezu lachhaft. Führen wir eine Hypothese weiter, die wir bereits aufgestellt haben: Wenn sich der Kornertrag zwischen 1500 und 1700 um einige Punkte erhöht hätte (wie er es später getan hat), wenn man massenhaft und stetig Wein angepflanzt hätte (wie es fast ununterbrochen zwischen 1760 und 1870 der Fall gewesen ist) oder Bewässerungsanlagen gebaut hätte (wie die Katalanen seit 1720), dann hätte die Gesellschaft des Languedoc durch einfache Erhöhung des im Grundbuch verzeichneten Einkommens fertig werden können mit dem demographischen Aufschwung, der galoppierenden Zerstückelung und der verstärkten Abschöpfung durch Belastungen aller Art. Die Zerstückelung wird nur übermäßig und die Belastungen untragbar, weil sie eine jahrhundertelang stagnierende Produktion und Produktivität treffen.

In Wahrheit ist eine solche technologische Unbeweglichkeit eingebettet in und getragen von einer ganzen Reihe kultureller Sperren. Man hat von einer *natürlichen* Grenze der Ressourcen gesprochen. Aber die hier gemeinte »Natur« ist die Kultur, es sind die Sitten, die

Lebensweise, die Denkstrukturen; es ist das aus technologischen Kenntnissen, aus dem Wertsystem, aus den angewandten Mitteln und den verfolgten Zielen gebildete Ganze. Die Kräfte, die der Expansion entgegenstehen, sie bremsen und schließlich brechen, sind nicht nur wirtschaftliche Kräfte im engeren Sinn; sondern kulturelle Kräfte in einem weiten Sinne und in gewissem Maße sogar geistige Kräfte. In dieser letzten Kategorie sind sie unmöglich zu beziffern; aber ihre zwingende Stärke ist klar ersichtlich.

Trotz einer gewissen Entwicklung, von der noch die Rede sein wird, bleibt die Gesellschaft des Languedoc ebenso sehr wie die gesamte französische Gesellschaft, theologisch und militärisch; und noch unter Ludwig XIV. gehen die Kleinbürgersöhne ganz wie die Söhne der Adligen mit Vorliebe ins Heer oder eine kirchliche Laufbahn.

Für die begabtesten Köpfe jener Zeit ist das Seelenheil wichtiger als die Verbesserung der Techniken. Die pragmatische und »ernüchterte«, tief unreligiöse Welt, in der wir leben, ist vor 1700 zumindest für die Masse noch nicht vorstellbar.

Zum Beispiel wird im 16. Jahrhundert, in einer doch durchaus expansiven Gesellschaft, das seit der Renaissance angehäufte Kapital an menschlicher Energie weder in den Dienst der Wirtschaft gestellt noch der Wahrung eines Minimums von Wohlsein gewidmet. Dieses Kapital wird wild verschwendet im Feuer der religiösen Kämpfe. Und erst beim zweiten Hinsehen und einem Nachhinken vergleichbar bringen die Protestanten der Bürgerkriege einige im übrigen bescheidene soziale Ziele hervor: Neuverteilung des Bodens, Neugestaltung des Zehents.

Nach 1600 ist der Sieg des Katholizismus in fortschreitendem Maße untrennbar von einem gewissen Neuanstieg der Feudalgesellschaft (»feudal« nicht in dem strikten, institutionellen Sinne der Mediävisten, sondern in dem weiteren Sinne, den die Aufklärer des 18. Jahrhunderts dieser Bezeichnung gegeben haben).

Dieser Aufstieg wird durch den relativen Mißerfolg der protestantischen Agronomen oder Politiker bezeugt: Serres, Laffemas und Sully, die sich jeder auf seine Art und manchmal widersprüchlich um die wirtschaftliche Expansion – der Landwirtschaft und des Gewerbes – bemühen, machen nach 1610 kaum Schule. Mit Richelieu wählt die Nation den Krieg; mit Ludwig XIV. wählt sie trotz der Colbertepisode die Glorie. Das aristokratische Heldenideal, das katholische Heilsideal geben dem Verhalten der herrschenden Gruppen die Richtung an.

In der Phase, die ich die der vollen Entfaltung genannt habe (Phase III), erhebt das goldene Zeitalter der Rente seinen schweren Tribut von einer lethargischen Produktion; und dieses Zeitalter ist untrennbar von einer Anzahl von Stilen und Lebensweisen, die je nach dem Fall auf Prunk oder Sicherheit ausgerichtet sind; Sucht nach Ämtern oder Land von seiten der Bourgeoisie; Ausgaben für Klöster und Barockbauten auf der Seite des Klerus; ausschweifendes oder militärisches Leben der Adligen oder Möchtegernadligen. Diese Lebensweisen sind kennzeichnend für einen relativen Reichtum; doch die Expansion stimulieren sie nicht.

In der Phase V (Rückläufigkeit) strebt die mit Zustimmung eines großen Teils der Eliten betriebene Politik der Regierung danach, zum (wenn nötig) höchsten Preis den Sonnenruhm eines Mannes und seiner Sippe, die kriegerische und territoriale Macht des Königreichs und das absolute Monopol *einer* Kirche zu erreichen. Eine solche Politik ist als Konsequenz eines bestimmten Wertsystems (das uns Heutigen absurd erscheint) vollkommen logisch; aber sie steht in direktem Gegensatz zu den Notwendigkeiten der Wiederbelebung einer angespannten Wirtschaft. Versailles und das Heer, die Haushalte für Militär und Luxusaufwendungen verstärken den Steuerdruck; und dieser beschneidet zur Unzeit ein Bruttoprodukt in vollem Niedergang.

Was nun die Aufhebung des Edikts von Nantes angeht – eine andere Seite dieser globalen Politik –, so enthüllt sie bei Basville, ihrem Hauptvertreter im Languedoc, ein übersteigertes Verlangen nach religiösem und politischem Monismus: Für den Intendanten des Languedoc ist die Einheit des Glaubens ein Wert an sich; und außerdem hat sie den großen Vorteil, für die Einmütigkeit der Franzosen im Gehorsam vor dem allerchristlichsten König zu bürgen.

Solcher Monismus ist nicht sinnlos, wenn man sich in die von ihnen aus richtige Sicht seiner Verfechter hineindenkt. Aber er ist kostspielig. Und er liefert das bemerkenswerte Beispiel einer Kultur, die sich gegen die zu ihr gehörige Wirtschaft wendet und diese aufzehrt. Zweifellos ist die Aufhebung des Edikts nicht die erste und nicht die hauptsächliche Ursache des Niedergangs der französischen Wirtschaft am Ende von Ludwigs XIV. Herrschaft. Jedoch ereignet sie sich 1685 in dem mit Hugenotten durchsetzten Süden in einem schlechten Augenblick, auch sie zur Unzeit: Gerade nach 1675–1680, nach dem Beginn des wirtschaftlichen Verfalls. Im Languedoc verschärft die Aufhebung, zumindest in den protestantischen Kantonen den bereits bestehenden Marasmus; sie vollendet den zeitweisen Ruin der Seidenfabrikation in den Cevennen und den Vorcevennen; sie veranlaßt die Kapitalflucht aus Nîmes in das Ausland.

Den katholischen Zeitgenossen sind diese unglücklichen Tatsachen bewußt: »das Elend ist groß seit dem Religionswechsel«, schreibt der Notar Borrely am Schluß seiner verdienstvollen Aufzeichnungen. Trotzdem hat derselbe Borrely den Akt von 1685 im voraus akzeptiert und er rechtfertigt ihn im nachhinein. Denn er sieht darin das höchste Wirken der Gnade, ein Wunder und Werk Gottes; auf alle Fälle aber denkt er, daß die Protestanten, diese *übelgesinnten Teufel,* diese Ungeheuer, diese Fanatiker, ihr trauriges Los verdienen; schlimm, wenn sie durch den Dominoeffekt der Bankrotte ihre katholischen Zeitgenossen in ihren Untergang mithineinreißen; doch das ist der Preis, der gezahlt werden muß.

Von einem gewissen Standpunkt aus machen also die verantwortlichen Männer jener Zeit klaren Sinnes ihre eigene Geschichte und vollenden ihr eigenes Unglück. Es ist eine Frage der Bewertung: Für viele von ihnen war die Einheit der Religion ein wertvolleres Gut an sich als die Rettung von Profit und Wohlergehen um jeden Preis.

Auch die Rebellen, die sich gegen diese oder jene Unterdrückung erheben, verhalten sich - nach unseren heutigen Kriterien - nicht immer völlig rational und ihren Zielen - der Beendigung ihres Leidenszustandes - entsprechend. Lange Zeit hindurch beschränken sie sich auf die Bekämpfung des Steuerwesens, während doch die realen Ursachen ihrer Schwierigkeiten viel tiefer liegen und auch der sozialen Organisation entspringen. Im Frankreich des 17. Jahrhunderts hat eine einzige Revolte den Versuch gemacht, in einem Programm - und unter dem Einfluß englischer, unter dem Eindruck ihrer eigenen Revolution stehenden Emigranten - ziemlich klar das Problem der gleichen Rechte und Lasten und der Volksvertretung zu stellen. Es handelt sich um die *Ormée* in Bordeaux während der Fronde. Das kühne Programm der *Ormée* läßt die fürstlichen Frondeure einen Moment lang aufhorchen, aber in der Bevölkerung erweckt es kein nachhaltiges Echo. Dieser Versuch der Aufpropfung angelsächsischen politischen Denkens auf das Bewußtsein der französischen Rebellen kommt nicht an. Das Propfreis stirbt auf dem eingeschnittenen Ast. Wir sind noch nicht im 18. Jahrhundert, wo das Wirken der Aufklärung auf die Dauer den Weg frei macht für die Einfuhr politischer Programme von jenseits des Kanals. Im 17. Jahrhundert stehen die kulturellen Bereiche Frankreichs und Englands im Kontrast. Einem französischen Rebellen jener Zeit, sei es vor oder nach der Fronde, von wirklicher Abschaffung der

Privilegien und von einer gewählten Nationalversammlung zu sprechen, wäre mutatis mutandis ein bißchen dasselbe, wie wenn man den Afrikanern im Jahre 1850 oder 1900 die Einführung des Sozialismus vorgeschlagen hätte. Aber sprich ihm vom Fiskus und von den Salzherren, diesem Franzosen der Zeit von 1640 oder 1670; dann sieht er rot, selbst wenn die Steuer nur eine der Ursachen unter vielen anderen seiner Schwierigkeiten ist.

Auf einem anderen Gebiet, dem der religiösen Unterdrückung, entfernen sich die Menschen der Cevennen während der Camisardenrevolte, nach unseren, vielleicht relativen Kriterien von dem, was als Rationalität einer solchen Revolte erscheinen könnte: Sie begnügen sich nicht mit dem Verlangen nach Gewissensfreiheit oder auch nur nach der Freiheit für die Protestanten zur Bekehrungsarbeit; statt dessen wenden sie sich hysterischem Tranceverhalten zu, das auf den Konvulsionen der Erleuchteten und der Erwartung der baldigen Wiederkehr Christi beruht. Dieses Verhalten wird von den zeitgenössischen Protestanten hoch geschätzt und wenn möglich nachgeahmt; dagegen wird es in unserer heutigen Kultur und auch schon von den katholischen Rationalisten und Frommen wie Fléchier und Basville im allgemeinen für abartig und neurotisch gehalten.

Aus dieser Sicht müßte die Untersuchung über die kulturellen Sperren sehr weit ausgedehnt werden – über die »Kultur« im engen Sinne des Wortes hinaus – bis in die tiefsten Schichten, in das unbewußte Seelenleben hinein: Die so verbreiteten und so angstbesetzten Fangschnurriten und das Tun und Treiben, dem wir während der Revolten und den »Gefühlserregungen« des Volkes[1] begegnen, haben uns mehr-

---

[1] Wie bekannt haben die Revolten des Ancien Régime und die an ihnen beteiligten »unteren Klassen« eine ganze Reihe wichtiger Forschungsarbeiten verursacht. Die Problemstellung der einen erkennt in den Erhebungen eine Zweckbestimmtheit, die über die unmittelbaren Interessen und über das Bewußtsein der Empörer hinausgeht: »objektiv« handelt es sich um den Kampf gegen die herrschaftliche und absolutistische Ordnung; um Intrigen von Aristokraten und Patriziern, die offen oder unter der Hand »Aufruhr stiften«; um apokalyptische Ziele. Andere Autoren stellen in den Vordergrund der Beweggründe der »primitiven Rebellen« den Selbsterhaltungstrieb und den Antrieb des Hungers, anders ausgedrückt also die einfachsten Beweggründe des menschlichen Ichs. Alle diese verschiedenen Analysen, deren jede unsere Erkenntnisse bereichert, schließen sich nicht gegenseitig aus; meine eigenen Monographien von Volkserhebungen bestätigen oder erweitern sie in vielen Punkten; aber diese Monographien führen auch zur Deutung der für rationales Denken unerklärlichsten,

mals das Vorhandensein von typischen Ängsten, Trieben und Fantasien enthüllt; sie drücken sich in einer Symbol-»Sprache« von erschreckender Deutlichkeit aus, für die es in unserer heutigen Kultur nichts mehr gibt, was ihr an Genauigkeit gleichgesetzt werden könnte.

Eine lange Monographie über die bäuerlichen Camisarden hat uns zudem die Möglichkeit gegeben, aufgrund des konvulsionären Verhaltens die Symptome der hysterischen »Konversion« herauszuarbeiten, diese den Ethnologen geläufige Neurose traditioneller Gesellschaften, die heute aus den entwickeltsten Ländern zu verschwinden im Begriff ist. Dank dieser Symptome ist die latente Rolle einer sehr strengen sexuellen Verdrängung zum Vorschein gekommen, die durch die hugenottische Ethik den Menschen der Cevennen von früher Kindheit an auferlegt wurde; die übrigens auch an anderen Orten, im Languedoc und in Paris von der jansenistischen Ethik aufgezwungen wurde, deren Einfluß unter Ludwig XIV. und in der ersten Zeit Ludwigs XV. immer stärker wurde.

Ob jansenistische oder hugenottische Ethik, in diesem Fall stimmt die Tiefenpsychologie mit den Gegebenheiten der Gesellschaftsstruktur überein, genauer gesagt mit den grundlegenden Gegebenheiten der Bevölkerung in der alten Gesellschaft; diese bringen für den größten Teil der Jugend vor der Heirat eine sehr lange Zeit sexueller Enthaltsamkeit mit sich, die eine strenge Unterdrückung des Trieblebens nötig macht.[2]

---

abartigsten und absurdesten Phänomene solche Triebe an, die nicht nur in den überindividuellen Beweggründen, sondern auch in bewußten Ich latent vorhanden sind; diese Triebe können nur aus der ältesten, tiefsten der Seelenschichten stammen, aus denen die menschliche Persönlichkeit besteht: Aus dem »Es«. Allgemein gesprochen können nur die Heranziehung des unbewußten Seelenlebens, das Eingreifen einer in der Tiefe wirkenden Instanz die wilden, verzweifelten und irrationalen Energien begreiflich machen, die sich in den Revolten des alten Schlags entladen; sie sind nicht nur ein gewalttätiges, zur Erreichung eines rechtfertigenden Ziels eingesetztes Mittel; sie sind auch der primitive Ausdruck einer seit langem unterdrückten Erbitterung; noch in ihren erstaunlichsten Aggressionen sind sie eigentlich ein »Übergehen zur Tat«.

[2] Die Existenz dieser sehr viel längeren und sehr viel strengeren Enthaltsamkeitsperiode als sie in unserer heutigen Kultur üblich ist, geht aus mehreren Tatsachenreihen hervor (die uns die Arbeiten von Goubert, 1960, und für das Languedoc von Godechot und Moncassin, 1964, zugänglich gemacht haben) nämlich:

a) Das Fehlen oder die geringe Bedeutung der Empfängnisverhütung im Languedoc und im Raum von Beauvais vor 1730;

Materiell dürftig und sexuell gehemmt, scheint uns am Ende unserer Untersuchung die traditionelle Gesellschaft in ihren unteren Klassen charakterisiert durch eine Doppelreihe von Frustrationen und Knappheit, die einander verstärken und sich gegenseitig bedingen.

Die materiellen Seiten des großen Agrarzyklus sind also untrennbar von seinen eigentlich kulturellen Seiten. Beide unterstützen einander, verstärken sich gegenseitig. Die Wirtschaft stagniert, die Gesellschaft erstarrt und die Bevölkerungszahl, die vorher Triumphe gefeiert hat, sinkt wieder, weil Gesellschaft, Demographie und Ökonomie keine Kenntnis der fortschrittlichen Technologie echten Wachstums besitzen. Sie besitzen aber auch nicht oder noch nicht oder nicht genügend – d. h. weit verbreitet in den herrschenden Gruppen und im Volke – das Bewußtsein, die Kultur, die Moral, die Politik, die Erziehung, den reformistischen Geist und das freiere Streben nach Glück, die alle zusammen die technische Initiative und den Unternehmungsgeist anregen könnten und den »Aufwärtsstart« der Wirtschaft bewirken würden.

Keime echten Wachstums

Das Bild soll aber doch nicht übertrieben pessimistisch erscheinen. Ich habe von vielhundertjähriger landwirtschaftlicher Wellenbewegung oder kürzer vom großen Agrarzyklus gesprochen. Eine solche Benennung ist zwar bequem, darf aber nicht zur Verwirrung führen. Es handelt sich keinesfalls um eine Art ewiger Wiederkehr, um eine einfache zwei-oder dreihundertjährige Schaukelbewegung, die die Gesellschaft nach einer Zeit der Expansion wieder zu ihrem Ausgangspunkt, zur »Stufe Null« zurückführen würde.

Eine solche Konzeption wäre unsinnig und auch nicht in Übereinstimmung mit den bekannten Fakten. In Wirklichkeit – auch wenn die echte Wachstumsepidemie am Ausgang des 17. Jahrhunderts bei weitem noch nicht begonnen hat – gibt es zu jener Zeit in der Gesellschaft

---

b) der sehr niedrige Prozentsatz vorehelicher Empfängnis und illegitimer Geburten (0,5 %) im Languedoc während des ganzen 18. Jahrhunderts. Wenn voreheliche sexuelle Beziehungen wirklich zahlreich gewesen wären, hätten sie bei der herrschenden Unkenntnis der Empfängnisverhütung zu vielen Geburten dieser Art führen müssen. Das ist nicht der Fall.

c) Das dauernd späte Heiratsalter (25 Jahre für die Frauen, 29 Jahre für die Männer im Languedoc von 1700 bis 1789): Dadurch wird die durch die beiden obenstehenden Bedingungen definierte sexuelle Enthaltsamkeitsperiode automatisch verlängert.

des Languedoc bereits vereinzelte, wenige Elemente einer wirklichen Entwicklung; sie leuchten in der Nacht der Herrschaft Ludwigs XIV. wie glühende Elementarteilchen. Und ohne sie bereits zu verwirklichen kündigen sie schon die Entwicklung vom modernen Typ an, eine Entwicklung auf der Basis einer langsamen, aber individuellen, unbegrenzten Bereicherung.

Zunächst in der Landwirtschaft: Weinbau (zur Wein- und Branntweingewinnung) und Seidenraupenzucht bleiben trotz ihrer Endkrise in der Zeit von 1700–1710 weiter verbreitet als im 16. Jahrhundert. Sowohl die von Basville angeführten Zahlen wie die *compoix* beweisen das deutlich; der Fortschritt auf diesem Gebiet ist trotz teilweisem Rückgang nicht mehr umkehrbar. Unter Heinrich IV. bis zu Mazarin hat der Weinbau zwei Schritte vorwärts gemacht unter Ludwig XIV. einen Schritt zurück. Bleibt immer noch ein Schritt übrig.

Eine andere unwiderrufliche Tatsache ist, daß am Ende des 17. Jahrhunderts der Agrarsektor seine fast ausschließliche Vorherrschaft verloren hat. Ein Manufaktursektor entwickelt sich. Nicht ohne Schwierigkeiten. Lange Zeit hindurch hat Colbert ins Leere gepredigt. Dieser tüchtige Minister, der aber kein Talent dazu hat, den Leuten zu gefallen, kann die Landstände des Languedoc nicht verführen; und wenn diese erhabene Versammlung doch den ministeriellen Projekten – Riquetkanal, Fabriken – zustimmt, dann ist es für sie nur ein Tauschobjekt, das sie dem Hof gewährt in der Hoffnung, vom König neue Maßnahmen der Protestantenverfolgung zugestanden zu bekommen: *»Gib du mir die Hugenotten, dann gebe ich dir den Kanal«.*

Aber von 1670–1672 an verbreiten sich unter den maßgebenden Leuten die ersten Keime einer industriellen Mentalität. Nun gewähren die Provinzstände, ohne sich lange bitten zu lassen, gerne »eine Pistole[3] pro Ballen« für die Ausfuhr von Tuch. So wird die Tuchmacherei des Languedoc subventioniert. Von 1685–1700 an macht sie nach Osten hin den holländischen Erzeugnissen Konkurrenz; und von 1700 an, dem ersten Datum bezifferter Reihen, weiten sich ihre Exportstatistiken über den obligatorischen Marseiller Hafen gründlich aus. Dieser Fortschritt hält trotz mancher Schwankungen in den folgenden Jahrzehnten an.

Die Tuchmacherei des Languedoc nimmt also ihren Aufschwung um 1680–1715 im selben Augenblick, in dem die landwirtschaftliche Produktion zusammenbricht. Die beiden Kurven, Landwirtschaft und

---

[3] Spanische Goldmünze (Anm. d. Übers.)

Tuchmacherei, kreuzen sich. Das Nachlassen des Landwirtschaftssektors wird teilweise durch den Aufschwung des Textilsektors wettgemacht, auf dem die Wachstumselemente nicht zu leugnen sind.

Das vorliegende Buch ist der Geschichte der Landwirtschaft gewidmet und es ist nicht möglich, in seinem Rahmen den Fall der Industrieentwicklung im Languedoc im einzelnen zu untersuchen; dazu bedürfte es eines besonderen Buches. Sagen wir also nur, daß dieses Beispiel einer kontrastierten Entwicklung – bei der der landwirtschaftliche Verfall nicht das Wachsen gewisser Keime eines »maritimen«, industriellen und kommerziellen Aufschwungs verhindert – am Ende des 17. und zu Beginn des 18. Jahrhunderts in Europa nicht einzig dasteht. Man könnte andere Beispiele in der Provence, in Katalonien und weit davon entfernt an den Küsten der Nordsee und der Ostsee finden; in den nördlichen Ebenen des europäischen Kontinents vollzieht sich in der Tat in den Jahren 1680–1720 ein eindrucksvoller Absturz der Landwirtschaft: Die Produktion von Korn, Leinen und Hanf geht zurück, ganz wie in der gleichen Zeit im Languedoc die Produktion von Weizen, Wein und Öl. Und diese Verringerung des Angebots führt in Nordeuropa wie im Süden Frankreichs zu einer Aufwärtsbewegung der Landwirtschaftspreise und zu der universellen Reihe zyklischer, spekulativer und ungesunder Steigerungen; diesen Schwarzmarktsteigerungen, die in der zweiten Hälfte der Herrschaftszeit Ludwigs XIV. die Preise in den Wochenmarktberichten in die Höhe schnellen lassen.

Immerhin reißt dieser Zusammenbruch eines großen Landwirtschaftsbereichs nicht alle anderen Sektoren der nordeuropäischen Wirtschaft mit sich in den Sturz: Die englischen Exportindustrien sind von der Schrumpfung mehr oder weniger ausgenommen, sie nehmen sogar einen recht lebhaften Aufschwung im Jahrzehnt 1710, das in vielen Fällen unheilvoll ist für die Landwirtschaft; man kann ihren Fall deshalb in größerem Maßstab mit dem der Tuchmacherei des Languedoc vergleichen.

So gibt es in der Wirtschaft trotz der ländlichen Tragödie stabilisierende Elemente, industrielle und kommerzielle Gegengewichte: Sie bremsen den Absturz; sie bilden begrenzte Wachstumssektoren; sie sind Elemente der Rückkoppelung (feedback) und sie tragen dazu bei, eine Kettenreaktion des totalen Zusammenbruchs zu verhindern, ein *runaway* wie dasjenige, das am Ende des Mittelalters in verschiedenen Regionen eingetreten ist; sie schonen die schon nahen Aussichten auf einen künftigen Neuanfang.

Auch im intellektuellen Bereich ist trotz kultureller Sperren, trotz des wirtschaftlichen und sozialen Rückgangs am Jahrhundertende etwas Unwiderrufliches im Vormarsch; und manche Fortschritte, auch wenn sie winzig erscheinen, erreichen dennoch den »Punkt, von dem es keine Rückkehr gibt«.

Determinierendes Faktum: Die langsame Ausbreitung einer gewissen elementaren Schulbildung. Versuchen wir, den Zustand zu beschreiben. Ein typisches Beispiel wird dafür genügen: In Aniane, einer großen ländlichen Kirchgemeinde im Héraulttal, sind die Ratsregister des politischen Rates (ungefähres Äquivalent eines Stadtrates) von 1571 bis 1715 wohl erhalten. Bei großen Anlässen, ein oder zweimal im Jahr, schreiben sich alle Ratsmitglieder (ihres Zeichens Händler, Handwerker und Landwirte, manchmal auch Handlanger) in das Register ein. Unter diesen, in der Mehrzahl dem weniger armen Teil der Landbevölkerung angehörigen Männern gibt es in unterschiedlichem Grade Schreibkundige und Analphabeten.

Wie entwickelt sich diese Aufteilung im Verlaufe einer diachronischen Reihe, die sich über eineinhalb Jahrhunderte erstreckt? Im Anfang, um 1570–1625 etwa, zeugt die Reihe von einem phantastischen ländlichen Analphabetismus. In diesem Kreis von »Stadtvätern«, die ja keine Elenden sind, ist entweder ein Ratsmitglied von dreien, manchmal eines von zweien völlig schreibunkundig und unterzeichnet mit einem Handzeichen (Kreuz, Kelle, Hammer), was nicht nur seine Unfähigkeit zu schreiben beweist, sondern auch seine Unfähigkeit zum Gebrauch von Initialen.

Die Generation, die um 1620–1630 in die politischen Räte eintritt (eine Generation, die wahrscheinlich während der schweren Jahre des Krieges und der Liga erzogen – und sehr schlecht erzogen wurde), schlägt alle Rekorde elementarer Ignoranz; und Montmorency, der sich bei seiner unüberlegten Revolte oft auf die Ortsverwaltungen stützte[4], wird es nicht schwer gefallen sein, diese Analphabeten um den Finger zu wickeln.

Demgegenüber gibt es seit 1630 rasche, gleichsam stetige Fortschritte, bei denen man allerdings zwei Stadien unterscheiden kann:

---

[4] Henri II de Montmorency, Marschall von Frankreich, beteiligte sich mit Gaston d'Orléans an einer gegen Richelieu gerichteten Revolte, wurde geschlagen und enthauptet (1632). (Anm. d. Übers.)

Gegen 1660–1670 weist der Rat nur noch 10 bis 20 % Vollanalphabeten auf, die ein Handzeichen benutzen. In der folgenden Zeitspanne (1670–1710) wird diese Proportion noch geringer und neigt praktisch auf Null zu. Das heißt aber nicht, daß das ganze Dorf und besonders die Masse der Frauen, der Handlanger und Kleinbauern jetzt lesen, schreiben und rechnen kann, weit entfernt davon. Aber die Minderheit der Kleinbürger, die Plebejerelite von Handwerkern und Landwirten, die im Rate vertreten ist, zählt jetzt einen starken Anteil alphabetisierter Menschen, die die Anfangsgründe des Schreibens und vielleicht des Rechnens beherrschen.

Die um 1685–1690 angelegten Karten Maggiolos stehen nicht im Widerspruch zu dieser Ansicht. Gewiß zeigen sie, nimmt man beide Geschlechter zusammen, im Vergleich mit dem Nordosten Frankreichs eine krasse Ignoranz. Hält man sich aber nur an die männliche Alphabetisierung, so sieht man, daß das Gard (ein teilweise protestantisches und schulisch fortgeschrittenes Departement) und selbst das Hérault einen nicht zu verachtenden Prozentsatz männlicher Erwachsener zählt, die ihren Namen schreiben können.

Diese ehrenvollen Resultate entspringen der Bemühung der protestantischen Schulen (Gard), aber auch in katholischen Landen (der größte Teil des Hérault) einer ausdauernden Aktivität des Klerus. Denn der Erwerb einiger Kenntnisse ist ja untrennbar vom Erlernen der Rudimente der christlich-katholischen Lehre; und die Ernennung eines Schulmeisters, der sowohl die Schrift wie den Katechismus lehrt, ist Sache der Kirche.

Bei ihren Pastoralreisen vergessen die Bischöfe nie, auch die Dorfschulen zu besuchen. Sie erkundigen sich nach dem Schullehrer (hält er regelmäßig Unterricht? Läßt er nicht, seiner Verpflichtung entgegen, auch die Armen bezahlen? Singt er im Kirchenchor?), sie beklagen das häufige Fernbleiben der Schüler, wenn diese das Vieh hüten oder die Kirschbäume bewachen, statt in die Schule zu gehen. Noch ohne Staatlichkeit, dafür aber mit Mitra und Krummstab, ist das Episkopat ein Vorläufer der Grundschulinspektion.

Am Ende des Jahrhunderts trägt diese Tätigkeit der Prälaten ihre Früchte: Z. B. in der Diözese Montpellier, die von dem Bischof Colbert geleitet wird, der ebenso penibel ist wie sein Onkel, Jansenist und leidenschaftlicher Anhänger der Kleinen Schulen in Port-Royal[5]. Ihm ist

[5] Port-Royal, ursprünglich eine Frauenabtei in der Nähe von Chevreuse bei Paris, wurde ab 1636 ein Zentrum des Jansenismus, wo sich die sogenannten

es zu verdanken, daß im Jahre 1704 alle Dörfer, die noch 1677 keine Schule hatten, mit einem Schulmeister versehen waren. 1704 erhalten in 37 Dörfern (die 4082 Familien zählen) genau 1887 Kinder, davon 1247 Knaben eine Schulausbildung. Beinahe ein Kind auf zwei vollständige oder unvollständige Familien, das zur Schule geht: das lernen wir aus dieser sehr alten Schulstatistik. Nach heutigen Maßstäben ist die Proportion gering, besonders wenn man an das niedrige Niveau des damaligen Unterrichts denkt; trotzdem ist sie nicht bedeutungslos.

Noch immer besteht auf dem Lande ein ungeheurer Untergrund von Unwissenheit; doch hat die römische Kirche seit Ludwig XIV. es nach dem Beispiel der Hugenotten unternommen, das südliche Frankreich bildungsmäßig zu heben. Die Beweggründe des Klerus sind eigennützig, aber die Resultate sind wichtig und machen langsame Fortschritte.

Dieses Bildungswerk ist um so bemerkenswerter als es zwischen 1680 und 1720, also mitten in der wirtschaftlichen Katastrophe erfolgt und weiterbesteht. Auch die Kurven dafür kreuzen sich: absteigende Kurve des Bruttoprodukts; aufsteigende Kurve der Volksbildung.

Hier ist es also nicht die Wirtschaft, die die Kultur bestimmt; in diesem Falle würden wir einen Niedergang der Volksbildung erleben. Im Gegenteil ist es die Kultur, die mitten im Marasmus der Produktion der künftigen Wirtschaftsentwicklung und einer späteren Wiederbelebung des materiellen Wachstums, wie es ab 1720 eintreten wird, vorausgeht.

Die Kultur antizipiert und man kann sogar hinzufügen, daß sie bestimmend wirkt: Neben anderen Faktoren trägt sie seit den Jahren 1700, seit dem zeitlichen Beginn des Jahrhunderts der Aufklärung dazu bei, die Grundlagen zu schaffen, die Bedingungen vorzubereiten für diese künftige wirtschaftliche Wiederbelebung. Selbst die bescheidenste Verbreitung elementarer Bildung verbessert nämlich bis in die entlegensten Dörfer das Verhalten der an der Wirtschaft Beteiligten. So ist die Klasse der Großpächter, die noch am Ende des 16. Jahrhunderts völlig analphabetisch war, am Ende des 17. und zu Beginn des 18. Jahrhunderts oft lese- und schreibkundig. Ein Vergleich der Handzeichen und Unterschriften am Schluß der Pachtverträge zeigt das deutlich an.

»Solitaires« – unter ihnen in späterer Zeit Pascal – zusammenfanden und die Kleinen Schulen (im Gegensatz zu den Großen oder Hohen Schulen) gründeten, in denen u. a. auch Racine seine Schulbildung erhielt. (Anm. d. Übers.)

Die Pächter können jetzt also etwas schreiben, lesen und rechnen; daher können sie zu besseren Bedingungen verkaufen. Und man weiß, daß ein guter Landwirt nicht nur ein verdienstvoller Produzent sein muß; er muß auch im geeigneten Augenblick ein gewiefter Verkäufer werden.

Auch die großen Grundbesitzer, die Adligen und Priester, die, von der Krise gebeutelt, sich zwischen 1690 und 1720 dazu entschließen, zur direkten Bewirtschaftung überzugehen und – bei Gefahr, mit dem Anwesen sonst in Bankrott zu geraten – ihr eigenes Kapital in ihre Güter zu investieren, beschränken sich nicht auf eine – unwissentliche – Wiederholung der »Krisenbewältigung« wie sie von ihren Vorgängern oder Vorfahren unter etwa analogen Bedingungen im 15. Jahrhundert unternommen worden ist, die auch unter dem Zwang der Verhältnisse zu Unternehmern auf ihren eigenen Gütern geworden sind.

Denn die Grundbesitzer der Jahre 1700 haben es nicht mehr nur, wie es der Fall für ihre Vorgänger war, mit analphabetischen, tölpelhaften Rüpeln zu tun. Dank der zwar begrenzten, aber tatsächlichen Fortschritte des Elementarunterrichts können sie nun ihren Geschäftsführer, ihren Werkmeister oder ihren Gutsvorarbeiter aus einer Schicht von Bauern wählen, die bereits etwas gelernt haben und manchmal französisch schreiben und eine Addition aufstellen können. Diese kundigen Untergebenen werden zu tüchtigen, produktiven Mitarbeitern.

Veränderungen des Verhaltens

Schließlich sind die Fortschritte der elementaren Bildung auch untrennbar – und bis hinein in die niederen Volksschichten – von einer Verwandlung der Psychologie und einer allgemeinen Besänftigung der Sitten. Der Arzt Dr. Puech hat Ende des 19. Jahrhunderts die Archive des Presidials[6] von Nîmes der Zeit von 1620 bis 1720 ausgewertet: Je mehr er sich dem Ende dieser Phase nähert, verzeichnet der Arzt aus Nîmes – ganz wie Boutelet und Chaunu in einer ähnlichen Arbeit über die Normandie – bezeichnende Veränderungen des Verhaltens. Lesen wir nachstehend die anthropologischen Schlußfolgerungen, die Puech aus den Kriminalstatistiken zieht: »Der Mensch ist nicht unverändert geblieben; er hat seine Sitten gemildert; er läßt sich weniger vom Zorn hinreißen und ist weniger zu Tätlichkeiten geneigt.« Die Selbstbeherr-

[6] Im Ancien Régime (bis 1792) eine Art Amtsgericht für Zivil- und Strafsachen (Anm. d. Übers.).

schung, eine Haupteigenschaft der modernen Welt, macht große Fortschritte. Zweikämpfe, Säbel- und Messerstechereien werden zu Beginn des 18. Jahrhunderts in diesem Gebiet des Gard selten. Die Fechtmeister werden zugunsten der Tanzmeister und der Musiker vernachlässigt, die ab 1650–1660 in Mode kommen. Der *papegay*, ein Wettschießen nach altem Brauch, das bisher als Schule des Feuerwaffengebrauchs gedient hat, wird jetzt nur noch als Vorwand für Gejohle und Unzüchtigkeiten benutzt, so daß er bald ganz abgeschafft wird. Rauhe Sportarten wie Handball und Fußball werden für Wirtshaus und Spieltisch fallen gelassen. Zweikämpfe und Raufereien weichen Spiel, Ausschweifung und Betrügereien. Im allgemeinen beginnt die Aggression, sich zu verkleiden: Man geht »vom Kapitalverbrechen zum Diebstahl« über und aus Löwen werden Füchse, zumindest in der Nähe der Städte und in den zivilisierten Niederungen; denn in den Bergen und besonders im Vivarais der Revolte du Roures stehen die Faustkämpfe mit tödlichem Ausgang noch in voller Blüte und die physische Aggression drückt sich weiter ohne Umwege aus.

Dieselben Phänomene differenzierter Abmilderung auf dem Gebiet des religiösen Fanatismus oder auch einfach des religiösen Fühlens. In den Cevennen bleibt, wie wir gesehen haben, der »Fanatismus« in Reinkultur bestehen; er kann sich noch in blutige Ekstase verwandeln. Aber in der Nähe der Städte schwächt sich die religiöse Durchdringung seit dem Ende des 17. Jahrhunderts ganz deutlich ab. John Locke und Basville sprechen beide von diesem Phänomen, der eine für Montpellier, der andere für Nîmes und beide in bezug auf beide Religionen. Und in Celleneuve und Juvignac, beides Dörfer in der Nähe Montpelliers, ist der Bischof Colbert in den Jahren 1704 –1711 verzweifelt: Überall sonst in den entlegenen Landgegenden fern der Städte ist er vom Besuch der Messe befriedigt, von der Vollständigkeit der Teilnahme an der österlichen Kommunion, vom Glauben an die in den lokalen Heiligtümern der Mutter Gottes geschehenen Wunder. Aber in diesen beiden stadtnahen Dörfern, in denen es doch keine Hugenotten gibt, die jedoch von der benachbarten Stadt angesteckt worden sind, fehlen die meisten Männer bei der Messe, vor der Kirchentür wird getanzt und die Wirtshäuser sind voll während des Gottesdienstes. Die städtische Gleichgültigkeit beginnt also langsam auf das nahe gelegene Land überzugreifen.

Bilanz der Kontraste also: Eine große Masse, besonders im Gebirge, bleibt größtenteils vom Analphabetismus beherrscht (z. B. die Region Saint-Pons, obwohl auch sie einige Fortschritte aufweist), von primitiver Gewalttätigkeit (Vivarais) oder von religiösem Fanatismus mit neurotischen Symptomen (Cevennen). Aber die Städte und mit ihnen das nahe Flachland werden langsam alphabetisiert und verzichten teilweise auf individuelle Gewalt. Und, ohne deshalb ihre Religion aufzugeben, hören sie manchmal auf, ihr wie früher den ersten Platz einzuräumen. Sind diese verschiedenen, noch wenig ausgeprägten, in den Kinderschuhen steckenden Züge Anzeichen vom Keimen einer neuen, mehr vom Verstand als vom Gefühl bestimmten, mehr schlauen als aggressiven, mehr positivistischen als mystischen Psychologie? Auf alle Fälle können solche Veränderungen die Wirtschaftsgeschichte nicht gleichgültig lassen. In größerer Zahl vorhanden sind es gebildete und geschickte Männer mit praktischem, kaltblütigem Geist, die eines Tages das gute Wachstum herbeiführen werden.

Malthus kam zu spät

Bis dahin ist es gar nicht mehr so weit. In den fünf Jahren von 1715–1720 wird im Languedoc (wie im benachbarten Katalonien) der lange Verfall des Bruttoprodukts, der auf dieser Seite der Pyrenäen seit 1675–1680 angehalten hat, endlich überwunden. Man sieht wie die Woge der Rückflut, die eine mehrhundertjährige Wellenbewegung beendete, langsam verebbt. Nie gesehene Symptome erscheinen. Sie kennzeichnen nicht etwa einen normalen gewöhnlichen Aufschwung, eine Wiederbelebung, sondern im Maßstab des heraufziehenden Jahrhunderts ein neues Zeitalter des Wachstums, das sich mit dem unseren vergleichen kann. Die ursächlichen Kräfte der Wandlung – Weinbau und Fabriken, Know-how der Bewirtschaftung und neue Mentalität – sind jetzt stark genug, um der Wirtschaft kleine Anstöße zu geben; sie verleihen der unvermeidlichen Wiederbelebung einen Charakter, der über das einfache Wiederaufholen von Wirtschaft, Geldumlauf und Bevölkerungszahl hinausgeht. Sie durchdringen ihn mit einem Neuerungsgeist, der völlig verschieden ist von den Verelendungsmechanismen des 16. Jahrhunderts.

Zwischen 1720 und dem Jahrhundertende beleben sich die Landschaften und auf einigen Gebieten zieht die Produktivität an. Der Weinbau breitet sich aus und vermehrt das Prohektareinkommen; Mais, Luzerne und Bohnen werden auf den brachliegenden Feldern angepflanzt; auch der Weizenertrag, der seit Franz I. gleich geblieben war, erhöht sich etwas von 1750 an. Eine einzige schwere Unzulänglichkeit: Im Languedoc fehlt es noch immer an Bewässerungsanlagen, die zur gleichen Zeit in Katalonien mehr und mehr in Gebrauch kommen.

Auch Straßen, Kanäle, Häfen und Fabriken werden gebaut: Textil-, Tuch-, Seiden-, Baumwolle-, Strumpf-, Kohlen- und Metallwarenfabriken von Law bis Necker. Die für die Tucherzeugung veröffentlichte Kurve zeigt, daß es sich um einen fast stetigen Aufstieg handelt, der die winzigen Rekorde der Colbertpolitik weit hinter sich läßt. Nîmes mit 50 000 Einwohnern wird am Ende des Jahrhunderts eine der großen Industriestädte Frankreichs. Und die Protestanten, besonders die der Cevennen, die zwar von den Machthabern immer noch schikaniert, aber nicht mehr so gemein verfolgt werden, wenden sich dank der vernünftigen Predigten Antoine Courts vom Fanatismus ab; so können sie sich befreiten Sinnes und ihrer alten, gewinnträchtigen Bestimmung zur innerweltlichen Askese gemäß, dem Wirtschaftsleben widmen.

Aktivitätsindizien, Naturalzehent und Geldzehent bestätigen, daß von nun an das Bruttoprodukt den Ton angibt: Im Zeitraum 1715–1720 erwacht als erste die landwirtschaftliche Produktion; sie zieht vor den Preisen und vor der Bevölkerung an. Und eine Generation lang (1715–1745) ergießt die Steigerung des Bruttoprodukts und des Realeinkommens (bei schnellerem Wachstum des Nominaleinkommens als der Preise) ihre (noch bescheidenen) Wohltaten über eine rückläufige oder gleichbleibende Landbevölkerung. Das heißt also, daß sich das Bruttoprodukt pro Kopf der Bevölkerung erhöht.

Von 1740–1750 an erwacht auch die Demographie; sie wird durch die wirtschaftliche Belebung aus ihrer Lethargie geholt: durch das Reicherwerden der Gesellschaft, durch die zwar geringe, aber nicht belanglose Hebung des Lebensstandards des Volkes, durch das beständige Sinken der Sterblichkeit, das man aus den Eintragungen der Standesämter und den Statistiken der Intendantur ersehen kann.

Die Bevölkerungszunahme beginnt; und wieder entspinnt sich der Wettlauf zwischen der Bevölkerung auf der einen, den Lebensunterhaltsmitteln und dem Bruttoprodukt auf der anderen Seite. Es ist nicht möglich, im Rahmen des vorliegenden Buches alle Stationen dieses Rennens zu schildern. Sagen wir nur, daß die Diagramme keinen Zweifel an den Resultaten lassen. Im 16. Jahrhundert hatte die landwirtschaftliche Produktion die Partie völlig verloren. Nach 1750 kommt im Gegenteil der Aufschwung des landwirtschaftlichen Bruttoprodukts dem Aufschwung der dörflichen Bevölkerungszahlen gleich oder überholt ihn sogar. Der durchschnittliche Lebensstandard bleibt noch ziemlich niedrig, aber die Drohung einer allgemeinen Verarmung vom malthusianischen Typ ist abgewehrt.

Alles entwickelt sich im Gleichklang. Denn es wird deutlich, daß wie in Katalonien die Löhne sich das 18. Jahrhundert hindurch langsam an den Korn- und Brotpreisen ausrichten oder sie übersteigen. Auch hier ist die Entwicklung also radikal verschieden von der, die wir für die erste Preisrevolution verzeichnet haben.

Die Arbeiter bleiben weiter arm; vielleicht werden sie sich ihrer Armut sogar bewußter. Aber die Verelendungsprozesse sind gebannt, und das ist schon eine entscheidende Tatsache.

Genau wie die Lohnverelendung ist auch die Verelendung der Grund- und Bodenverhältnisse aufgehoben. Zwar greift ab 1750 oder 1770, je nach den Dörfern etwas früher oder später, die Zerstückelung in Parzellen wieder um sich. Denn natürlich stellt der einmal in Gang gekommene ländliche Bevölkerungsaufschwung seine Ansprüche und zwingt die Bauern, als Ausgleich für ihre Vermehrung den Grundbesitz auseinanderzureißen und unter die immer zahlreicheren Nachkommen zu verteilen. Am Ende der Regierung Ludwigs XV. tritt die Zerstückelung wieder in Erscheinung, in dem Augenblick, wo die lange Phase der Grundbesitzkonzentration, die von 1680 bis 1750 (ungefähr) gedauert hat, zu Ende geht; die Zerstückelung geht unter Ludwig XVI. weiter; sie hält während der Revolution ohne Abschwächung an und bleibt unter allen Regierungsformen bis zu der Reblauskrankheit bestehen. Davon zeugen zuerst die *compoix* und Steuerbücher und später die Kataster und Grundbesitzverzeichnisse von 1770 bis 1870.

So scheint denn diese Zerstückelung von derselben Art zu sein wie die analogen Prozesse des 16. Jahrhunderts. Jedoch ist ihre Bedeutung verschieden. Denn es ist weniger gravierend, die Hektare zu unterteilen, wenn das Prohektareinkommen steigt und wenn von Ludwig XV. bis Napoleon III. der Weinbau in alle Gemarkungen eindringt. Die Steigerung der aus einheitlichem Anbau erzielten Gewinne macht die Verringerung der bearbeiteten Fläche wieder wett. Und die Söhne, die Weinbauern, leben zwar auf ihrem Land in größerer Enge, sind aber weit entfernt davon, deshalb ärmer zu sein als ihre Weizen erzeugenden Väter oder Vorfahren.

Gesamteindruck: Nach 1715–1720, nach Ludwig XIV. wird die Gesellschaft nicht mehr von der unflexiblen Starrheit des Bruttoprodukts gebremst, blockiert und schließlich niedergedrückt. Im Gegenteil ist es nun gerade das Bruttoprodukt, das mehr als hundert Jahre hindurch (bis 1873) und hauptsächlich aufgrund des Weinbaus die Gesellschaft, die Bevölkerung und den Lebensstandard vorwärts zieht.

Der malthusianische Fluch hatte im 16. und 17. Jahrhundert das Languedoc beherrscht, ganz wie er noch heute trotz ganz verschiedener Lage den Bevölkerungsbestand in manchen Teilen der Dritten Welt beherrscht. In der Neuzeit (und in einer früheren Periode, im Mittelalter, bestimmt auch) hatte er einem großen Agrarzyklus nach einer triumphalen Anfangsphase den Charakter einer unerbittlichen Wellenbewegung aufgedrückt. Aber am Ende des 18. Jahrhunderts verschwindet dieser Fluch langsam, noch ehe ihn 1798 der Mann, dessen Namen er trägt, in Worte gefaßt hat. Malthus ist ein scharfsinniger Theoretiker der traditionellen Gesellschaften. Aber er ist ein Prophet der Vergangenheit: Er wird zu spät geboren, in einer zu neuen Welt.

Die compoix

Die nachstehenden Tabellen erlauben es, an zwei Beispielen und dank der *compoix* die »diachronische« Entwicklung des Grundbesitzes zu verfolgen. Ich hatte die Absicht, die vorhandenen Zahlen in der Form vieleckiger graphischer Darstellungen oder »Stufendiagrammen« zu präsentieren. Auf den Stufendiagrammen wären die Besitzkategorien von der kleinsten bis zur größten von links nach rechts aufgereiht erschienen.[1] Doch diese Form stellte den Druck vor schwierige Probleme und wurde schließlich verworfen. Die Lektüre der nachstehenden Tabellen ist jedoch leicht. Die Grundstücke sind in aufsteigender Größenordnung von oben nach unten angeordnet. In denjenigen Kolonnen der Tabellen, die die »Tendenz« anzeigen, bedeutet die Häufung des Vorzeichens »plus« eine zahlenmäßige Vermehrung des kleinen Grundbesitzes, also Zerstückelung; wenn umgekehrt die Vorzeichen »minus« an dieser Stelle vorherrschend sind, weist dies auf eine Tendenz zur Zusammenlegung des Grundbesitzes hin. Waagrechte Striche in Form eines Hakens geben die Position der »kritischen Schwellen« an.

Saint-Thibéry

A = Grundbesitzkategorien in Setéréezehnteln (erste 0: zu arme, nicht besteuerte Grundbesitzer; zweite 0: von 0 bis 10 Zehnteln; 10: von 10 bis 25 usw.)[2]
B = Zahl der Besitztümer in jeder Kategorie im Jahre 1460
C = Gesamtfläche dieser Besitztümer in jeder Kategorie im Jahre 1460
D = Zahl ... im Jahre 1690 (vgl. B)
E = Gesamtfläche ... im Jahre 1690 (vgl. C)
F = Tendenzen

---

[1] Von daher die Ausdrücke »Stufendiagramm« und »Verschiebung nach links des Diagramms« oder »nach rechts des Diagramms«, die in den Abschnitten über die Fragen der Grundbesitzverteilung häufig wiederkehren. Statt dessen muß es fortan heißen: »Nach oben« der Tabelle oder »nach unten«, anstelle von »nach links« oder »nach rechts«.

[2] Desgleichen entspricht in den Kolonnen A der folgenden Tabellen (Seiten 346 und 347) die Zeile 1 den Besitztümern, deren Wert zwischen 1 Pfund und 1 Pfund 10 Sols liegt; und so fort für die folgenden Zeilen.

A	1460		1690		F
	B	C	D	E	
0	8		39		+
0	3	23	34	235	+
10	22	398	59	1017	+
25	35	1446	58	2076	+
50	28	2020	85	6142	+
100	12	1585	17	2153	+
150	10	1765	19	3292	+
200	15	3478	10	2200	−
250	9	2445	5	1429	−
300	8	2594	6	1930	+
350	7	2684	1	387	+
400	6	2618	1	408	−
450	5	2384	3	1418	−
500	6	3188	5	2176	−
550			1	573	+
600	3	1898			−
650	1	662			−
700			2	1414	+
750	1	784			−
800	1	812			−
850					
900					
1000	3	3296	5	5323	+
1250	3	4207			−
1500			5	8713	+
2000	1	2225			−
2500	2	5180	2	8337	+
3000					
Insgesamt	189	45692	357	49223	

Montagnac

A = Besteuerungskategorien im Jahre 1520
C = Kategorien der Grundsteueranteile im Jahre 1660 (da die Gesamtbesteuerung im Jahre 1520 380 Pfund beträgt und die Gesamtwertfestsetzung im Jahre 1660 7600 Pfund, sind die Vergleiche Zeile für Zeile zwischen A und C nur im Prozentsatz möglich: Z. B. die Zeile »30 Pfund« unter A und die Zeile »600 Pfund« unter C stellen beide jeweils 8 % des Gesamten dar).
B und D = Zahl der Besitztümer in den einzelnen Kategorien.
E = Tendenzen.

A		1520 B	C	1660 D	1660/1520 E
x	s		x		
0		82	0	212	+
	5	69	5	135	+
	10	41	10	47	+
	15	26	15	28	+
1		33	20	29	–
1	10	26	30	16	–
2		11	40	10	–
2	10	2	50	10	+
3		11	60	4	–
3	10	3	70	3	=
4		5	80		–
4	10	2	90		–
5		3	100	2	–
6		5	120	1	–
8		1	160	1	–
10			200		
12		2	240		–
15		1	300		–
20			400		
25			500		
30			600	1	+
Insgesamt		323		499	

Saint-André-de-Sangonis

A = Grundbesitzkategorien in Katasterpfunden (die Gesamtwertfestsetzung im 1636 hergestellten Stammcompoix beträgt 1307 Pfund; die Vergleiche werden in einheitlichen Katasterpfunden vorgenommen).

B, C, E = Zahl der Besitztümer im Jahre 1665 (»Schuldenabteilung«) und in den Jahren 1690 und 1749 (Steuerrollen).

D und F = Tendenzen.

		1665	1690	1690 / 1665	1749	1749 / 1690
A		B	C	D	E	F
x	s					
	0	17	18	+	18	=
	1	186	218	+	120	−
	5	161	191	+	127	−
	10	136	132	−	141	+
1		67	102	+	63	−
1	10	51	53	+	43	−
2		28	37	+	23	−
2	10	32	23	−	20	−
3		51	36	−	39	+
4		24	21	−	31	+
5		16	19	+	14	−
6		18	20	+	24	+
8		15	15	=	23	+
12		4	4	=	8	+
16		2	1	−	1	=
20		2	3	+	2	−
20		1		−		
Insgesamt		811	893		697	

Die folgenden graphischen Darstellungen sind vom Laboratoire de Cartographie der École Pratique des Hautes Études, IV. Sektion, erstellt worden.

Langzeittendenz der im Kataster erfaßten Bevölkerung

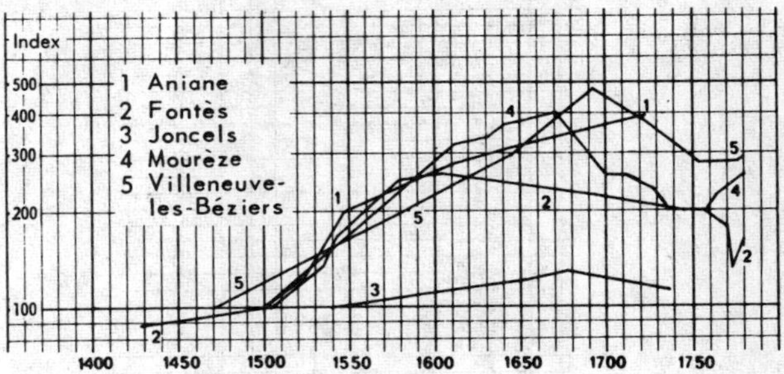

Anzahl der Kommunikanten
in den katholischen Dörfern der Diözese Montpellier

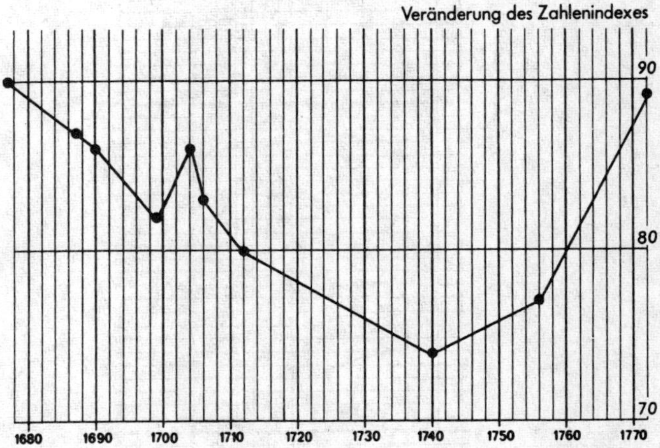

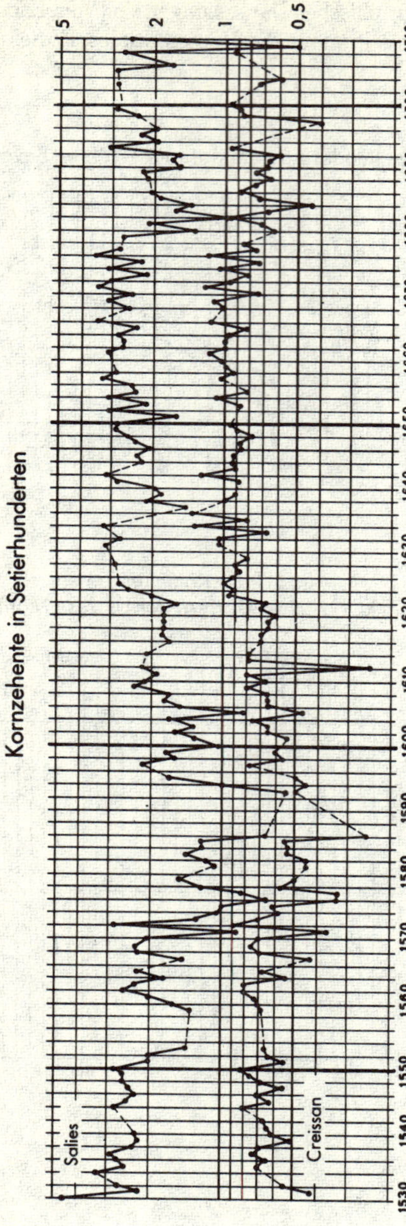
Kornzehente in Setierhunderten
5
2
1
0,5
Salies
Creissan
1530
1540
1550
1560
1570
1580
1590
1600
1610
1620
1630
1640
1650
1660
1670
1680
1690
1700
1710

Löhne in Prozenten von der Ernte

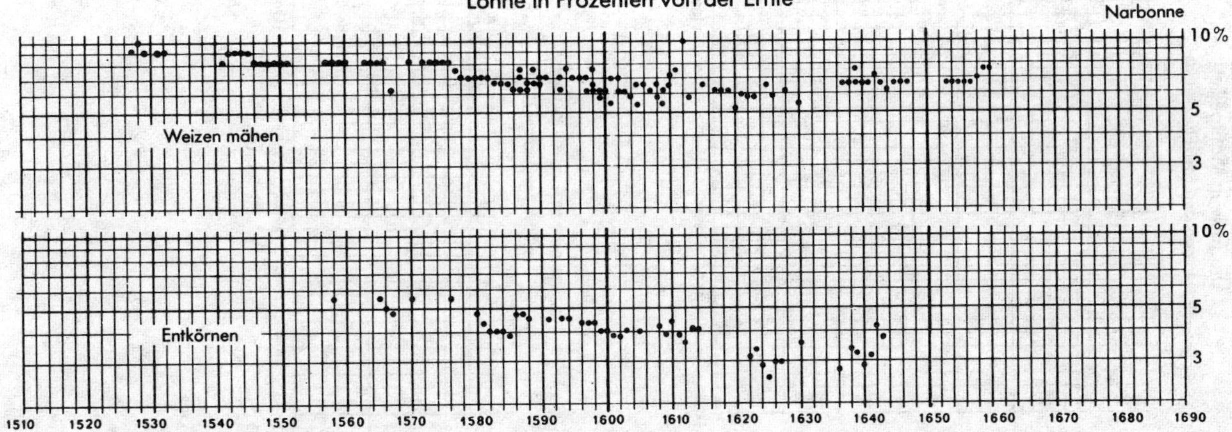

Ganz am Anfang der Reihe beträgt der Lohn der „Schnitter" 10 % der Ernte; um 1480–1500.

Die Taille in Montpellier

in turonensischen Pfunden

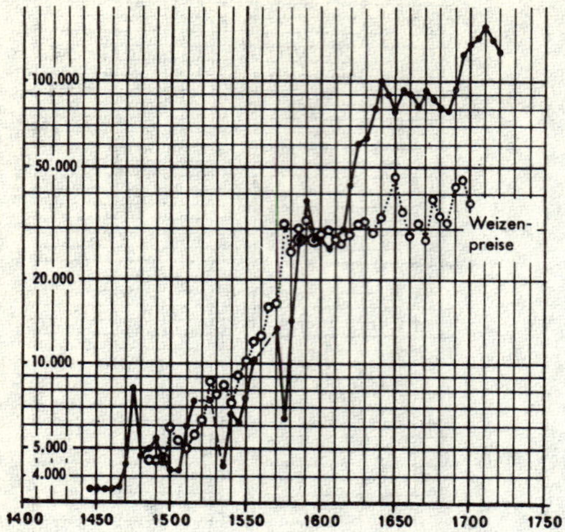

Salzpreise in Castelnaudary

in Sous pro Zentner

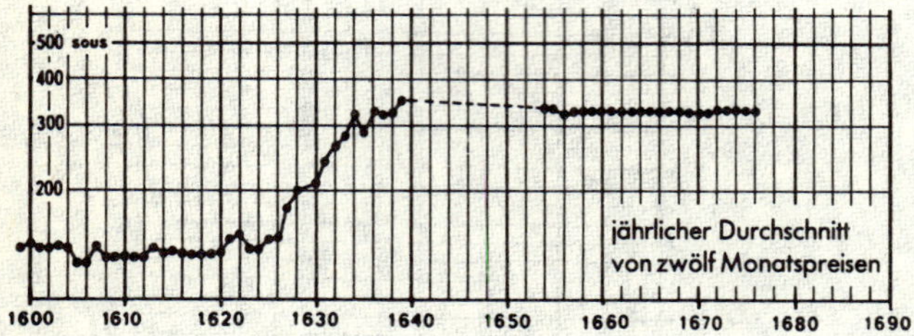

Analphabetismus und Gesellschaftsgruppen im 16. Jahrhundert

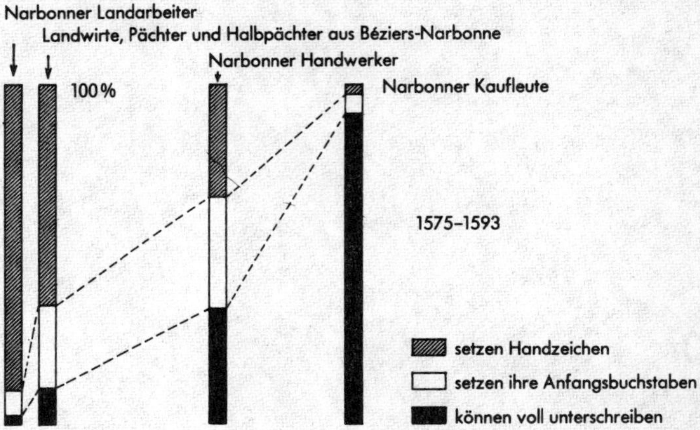

Prozentsatz der Handzeichen von den gesamten Unterschriften im politischen Rat von Aniane

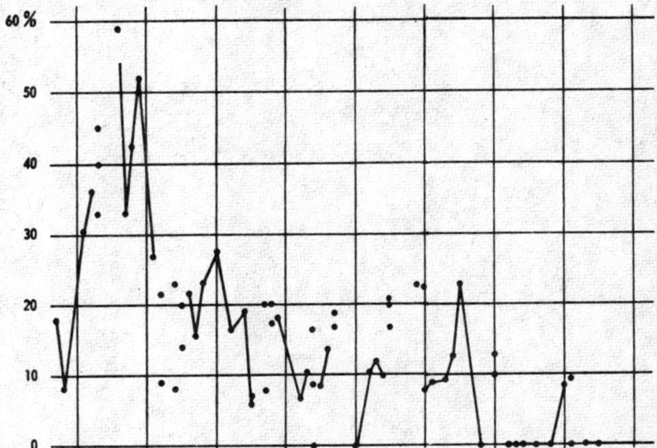

Europa im Mittelalter

Joachim Bumke:
Höfische Kultur
Literatur und
Gesellschaft im
hohen Mittelalter
2 Bände
dtv 4442

Ferdinand
Gregorovius:
Geschichte
der Stadt Rom
im Mittelalter
7 Bände, dtv 5960

Kaiser Friedrich II
Sein Leben in
zeitgenössischen
Berichten
Herausgegeben von
Klaus J. Heinisch
dtv 2901

Kaiser und Reich
Klassische Texte
zur Verfassungs-
geschichte des
Heiligen Römischen
Reiches deutscher
Nation
Herausgegeben von
Arno Buschmann
dtv 4384

Franz Irsigler/
Arnold Lassotta:
Bettler und Gaukler,
Dirnen und Henker
Außenseiter
in einer mittel-
alterlichen Stadt
Köln 1300-1600
dtv 11061

Reinhard Lebe:
Als Markus nach
Venedig kam
Venezianische
Geschichte im
Zeichen des
Markuslöwen
dtv 11060

Régine Pernoud:
Königin der
Troubadoure
Eleonore von
Aquitanien
dtv 1461

Régine Pernoud:
Christine de Pizan
Das Leben einer außer-
gewöhnlichen Frau
und Schrifstellerin
im Mittelalter
dtv 11192 (März 1990)

Der Prozeß
Jeanne d'Arc
Hrsg. von Ruth
Schirmer-Irmhoff
dtv 2909

Philippe Reliquet:
Ritter, Tod und Teufel
Gilles de Rais oder
Die Magie des Bösen
dtv 11174

Barbara Tuchmann:
Der ferne Spiegel
Das dramatische
14. Jahrhundert
dtv 10060